现代化网络型
田园城市

嘉兴市可持续发展新战略

甄延临　王迎英　等著

中国建筑工业出版社

图书在版编目（CIP）数据

现代化网络型田园城市——嘉兴市可持续发展新战略 /
甄延临等著. — 北京：中国建筑工业出版社，2015.6
ISBN 978-7-112-18054-7

Ⅰ.①现…　Ⅱ.①甄…　Ⅲ.①城市发展战略－研究－嘉
兴市　Ⅳ.①F299.275.53

中国版本图书馆CIP数据核字（2015）第082503号

本书以如何建设田园城市为主线，聚焦嘉兴城市发展的战略性问题，加强关联问题的综合分析，从城市整体发展的战略高度，从深层次挖掘城市发展面临的问题及其原因，集中反映在城市发展的本地问题，城市发展的结构问题，通过从总体战略到局部控制、从行动规划到实施策略的一系列探索，真实、全面、公正地记录了嘉兴规划的变迁、进步和成就，多视觉、多方位地描述嘉兴未来的生活和发展方向，展望了嘉兴的美好蓝图和愿景目标。

本书理论与实践结合，围绕嘉兴的规划建设，展示了新型城镇化背景下的田园城市建设，可供从事城市规划等专业的人员参考使用。

* * *

责任编辑：徐晓飞　张　明
责任校对：张　颖　刘梦然

现代化网络型田园城市
——嘉兴市可持续发展新战略

甄延临　王迎英　等著

*

中国建筑工业出版社出版、发行（北京西郊百万庄）
各地新华书店、建筑书店经销
北京京点图文设计有限公司制版
北京顺诚彩色印刷有限公司印刷

*

开本：787×1092毫米　1/16　印张：23　字数：408千字
2015年8月第一版　2015年8月第一次印刷
定价：98.00元
ISBN 978-7-112-18054-7
（27250）

编委会

牵头单位：嘉兴市城乡规划建设管理委员会

编写单位：嘉兴市规划管理局

嘉兴市城市发展研究中心（同济大学城乡发展联合研究中心）

嘉兴市规划设计研究院

指导小组：张仁贵　陶金根　骆小民　林　海　王　德　郑戚良　董玉良

执笔小组：甄延临　王迎英　侯　松　蔡　磊　潘　龙　熊志远　黄佳海

赵　璇　曹秀婷　葛　欢　瞿嗣澄　苏　亮　张建忠　徐天真

史琴燕　李　静　贺　亮　周志浩　晏　伟　刘　佳　刘　奇

宋忆雯　滕少波　王越舟　江军延　张国跃　王　菁　刘　茂

单新华　骆初嘉等

远见未来——让城市中的人生活得更美好

18世纪的工业文明虽然带来了经济发展的辉煌成就，却忽视了人与自然界的关系，导致城市病态丑陋现象丛生。直到工业化后期，人们才开始注意到人与自然相渗透、相转化、相依存的关系，尤其19世纪末霍华德提出的田园城市是当时经典的理论实践，它的精髓并非其形体规划、总平面布局，而是霍华德的社会改革主张，他试图提供一种新型的、城乡融合的发展思路，把人与自然、城市与乡村有机结合起来考虑，走和谐发展之路。

田园城市的理想模式诞生了一个多世纪后，我国城镇化水平已突破50%这个历史性转折点，步入社会矛盾凸现期，大城市的一些痼疾重复上演，且愈演愈烈，困扰着市民的生活，对效率的过分追逐使我们放弃了其他许多目标。大规模的城市建设并没有带来相应的生活质量的改善，反倒让我们失去了一些传统魅力地区，城市被切割成一个个孤岛，汽车仿佛成了城市的主角，空间变得单调乏味，可望而不可及或者专注表面文章，街道生活渐趋式微，人际关系也逐渐淡漠，"现代城市病"的若干症状开始凸现。在当前唯GDP速度论的经济增长助推器催生了宏大叙事的城市规划思路下，一出口的定位无一例外是全球化、国际化、大都市、中心城市，一出手的规划充斥高起点、大战略、大气魄的理念……然而这样的概念体系往往远离了城市的本真，使得城市多了增长，少了升级；多了气派，少了亲和；多了规整，少了魅力；多了冷漠，少了温馨……多了的部分是一味追求高速增长的衍生物，少了的部分是市民生活的幸福感和本身的诉求。这不得不使我们进行反思，什么样的城市才算得上是一个好的城市，什么样的模式才算得上是契合居民需求的理想模式呢？评价一个城市的好与坏，在不同的时期有不同的标准。在农业社会，战乱频发，"安全"是头等大事，因此好的城防是一个好的城市的重要标准。在工业社会，"效率"是第一要务，因此像机器一样高效运转是理想中的好城市，而到了后工业社会，生态文化成为关注焦点，因此好的城市标准体系除了物质环境之外，还必须考虑人文精神，包括清洁美丽的环境、安全干净的水源、诗意舒适的生活，等等。这就需要我们跳出规划者或建设者的角色，以一个住在城市中普通人的角度去认识和理解城市的基础，观察城市的生活。

《现代化网络型田园城市——嘉兴市可持续发展新战略》的精髓正是实现了从以物为本到以人为本的社会核心价值的转变，告别经济挂帅，关注生态特色、关注人的生活方式，探索终极式的静态规划朝过程式的动态规划转向，实现了由追求预测的准确数值规划走向一种方向明确的趋势规划。它深刻反思城市建设的习惯做法，校正我们观察现象、解决问题的坐标，在对当前城市发展作出客观评价和理性批判的基础上，从构建和谐可持续发展的角度来改进城市决策程序。它涵盖了经济发展和社会建设各方面的一个综合指引，是对城市很长一段时期的战略部署，也是一个漫长的发展过程，它关心的是自然系统、经济系统、社会系统三个系统的协调和耦合。自然系统是人与自然之间的协调和谐，它告诉我们城市发展需要的不是简单的布置移动，而是从头至尾的远见战略，体现了可持续、精致、人本建设的理念，体现了规划战略者对历史文化、对自然环境、对人的尊重，甚至也体现了对城市有机体的尊重以及后工业社会的吸引力、应变力和包容性。它是基于一定目标导向和时代背景的最优选择，而反映出来的超越发展阶段的基本空间要素和空间规律，堪称远见于千里。

嘉兴处于长三角大都市区的枢纽节点，这种"通过型"的地理特性往往使得要素资源在参与区域竞争中悄然流失，因此挖掘城市特色并保持延续是提升区域竞争力不可缺少的行为和手段。本书正是将枢纽城市的特色、提升区域竞争力与满足各方需求相融合，这种方式突出了有限目标和可达策略，只为城市发展提供策略性的、结构性的框架，允许城市自发生长过程中保持相当的灵活性，并在外部条件改变时能自发调整，这种弹性战略思路认识到城市也是有生命的，对城市特色的延续既控制又尊重，这样才有利于城市的健康发展，这种规划建设理念的转变值得许多中等城市参考。

另外此次新战略不仅关注了嘉兴经济社会发展关键的转折时期，更重要的是体现了城市规划人核心价值取向的回归，充分认识到城市发展的本与末，认识到城市发展绝不仅仅是"城市"的发展，更重要的是城市中"人"的发展，以此提出"让我们所热爱的这个城市变得更美好；让我们的下一代拥有更幸福美好的嘉兴"，这是表达出诉诸情感、亲民而又激情澎湃的愿景目标，一个围绕着"归属人"的规划"公意"得到了塑造。城市生态方面"生态共守，城田相融"，城市发展方面"精致城市，品质生活"，城市文化方面"多元文化，社会包容"，城乡关系方面"城乡一体，统筹发展"，市域空间方面"区域协调，分工协作"……这些核心要素的提出，都体现出关注人的可持续发展模式。

在"愿景核心价值"之外，还有两个重要特色。一是愿景实施的着力点，立足特色的功能定位，城田相融的产城空间，实现居民幸福感的人口策略，尊重文脉的有机更新，注重创新的转型发展，清洁环境的生态保障，安闲富足的生活状态，融合一体的城乡关系，绿色低碳的通达交通，这些看似独立，却相互关联的系统都是田园嘉兴愿景目标实现的关键环节。二是政策的实施保障。认识到空间和政策是经济与社会的两条腿，任何经济社会发展战略思路的实施，归根到底需要制度的保证和空间的落实，在行动措施部分的"拼图作业"管理手册保障，同时还对当地政府的角色提供建议，具有可操作性。

如今，新型城镇化发展把城市的关键词指向人本、生态、转型，这些理念将会被广泛推介。这次，通过嘉兴案例的全面系统的介绍，使我们对今后城市发展战略方向有了全面的了解，也为我们准确把脉多元化的新型城镇化思路并因地制宜地加以运用提供了启迪，我们期待更多城市借鉴嘉兴经验，走出一条符合当地特色的新型城镇化道路。

中国城市规划设计研究院副院长　杨保军

2013.3.28

走田园城市特色的嘉兴新型城镇化道路

党的十八大报告中提出了城镇化发展的新理念：推动城镇化与工业化良性互动、城镇化和农业现代化相互协调，促进工业化、信息化、城镇化、农业现代化"四化"同步发展。随后的中央经济工作会议更是强调走低碳新型城镇化道路，要把生态文明理念和原则全面融入城镇化全过程，走集约、智能、绿色、低碳的新型城镇化道路。目前，在区域城市化发展中，长三角地区已经由量的扩张进入质的提升发展阶段，开始更加注重内涵提升发展方式，对文化、创新、生态、宜居的重视已成为基本趋势。嘉兴市是长三角的中间城市，区位和交通优势在长三角地区无与伦比，水乡古镇资源、湿地资源丰富，游客资源充足，田园特色、网络特色、水乡特色明显，是田园宜居城市。因此，嘉兴有条件通过"精致城市建设＋田园特色农村＋精品都市农业"的发展模式实现田园特色特质，从而提升区域竞争力。

作为嘉兴人，经历了这座城市的起步与发展，见证了她的徘徊与停滞，儿时熟悉的江南水乡特色也在城市的快速发展中渐渐远去。出于对嘉兴的热爱及工作的热情，期望在新发展战略的指引下能够将我们这座城市的特色重塑起来，将我们特有的性格保留传承下去，在保持好历史悠久、江南水乡的嘉兴市的同时，发挥好节点型城市区位的优势，积极接受辐射功能，从接轨上海、高端要素引入等方面增强区域竞争力。

《现代化网络型田园城市——嘉兴市可持续发展新战略》真实、全面、客观地记录这座城市的变迁、进步和成就，多视觉、多方位地描述这座城市未来的生活与发展方向，当您翻过每一页时，能从中找到嘉兴的历史、现实与希冀，同时也是热爱嘉兴的人所期望的未来生活方式。她有着的浪漫、安宁、古老的衣衫，她比邻摇曳、时髦、精英……她的未来何去何从？这本书给了我们一些合理的建议。未来我们，需要的是一个可持续发展的城市，需要的是一个有"表情"，独一无二、独具特色的嘉兴。一座城市其实可以设计得像家一样的贴心，只要我们从人的角度出发，用心构筑，不再仅仅注重她的形式，回归城市的基础功能——为人提供一个好的居住条件，真正实现"来了就不想离开，也不曾离开"的城市。

展望未来，在新型城镇化和可持续发展新战略的指引下，嘉兴通过转型升级的产业、通过生态良好的环境、优质的生活方式构建，未来将会是一个更田园、更安宁、更富有文化性的精致城市！

嘉兴市副市长 张仁贵

2014.4.23

前言

嘉兴，古称"嘉禾"。以深厚的历史文化和浓郁的水乡风情闻名于世。几千年的农业文明，造就了嘉兴富饶丰裕的农业经济，形成了嘉兴繁荣兴盛的商业贸易，构筑了嘉兴轻盈精巧的城市格局，营造了嘉兴厚重绚丽的文化沉淀……

30年前，嘉兴城市总体规划确定了风扇形城市空间形态结构，三大绿地楔入城市，为嘉兴奠定了田园城市的雏形。30年来，嘉兴一直坚持田园城市的理想与城市结构。今天，嘉兴城市发展的区域背景、战略环境和基本条件发生了较大的变化，在长三角区域一体化、浙江省海洋战略和转型发展战略期的区域政策背景下，城市发展进入创新转型期，同时也存在着巨大的机遇与挑战，长时期单纯追求量的增长及对质的忽视带来城市病的频发，空间无序蔓延、交通持续拥堵、环境生态破坏……阵痛过后，新时代、新角色背景下可持续发展的未来何去何从需要今天重新探索。

当前，我们需要思考如何在新政策的背景下应对城市转型发展的要求；需要思考借助沪杭一体大战略，高铁、空港等重大区域性基础设施建设如何与嘉兴城市发展相结合；需要思考产业功能服务如何带动城市整体提升，更好地引导传统产业转型升级，保持民营经济的创新活力，培育区域的竞争力；需要思考如何传承与延续悠久的文化底蕴，利用好优质的自然水系和历史文化资源，统筹考虑好本地与外来人口的不同需求，兼顾好传统文化与新兴文化的碰撞与交融……这就要求我们在新一轮发展中以更深入的视角作进一步的研究。

然而嘉兴独特的小富即安的温和城市性格与转型发展期的特殊发展阶段决定了它将会走一条不同寻常的成长之路，而我们这次可持续发展战略研究的核心也在于更加了解这个城市，读懂这个城市，把握这个城市的脉搏，它将重心回归到以人为本、生态文明、宜居城市……并找到一条延续合理的发展路径。

本研究是聚焦嘉兴城市发展的战略性问题，加强关联问题的综合分析。从城市整体发展的战略高度，从深层次挖掘城市发展面临的问题及其原因，集中反映在城市发展的本地问题（底线），即人口、资源（土地、水资源、能源）、环境；城市发展的结构问题（框架），即城市空间结构、产业结构；城市发展的民生问题（宜居），即交通、公共服务设施等。通过从总体战略到局部控制、从行动规划到实施策略的一系列探索，记录嘉兴规划的步步脚印和思想精髓，展望嘉兴的美好蓝图和愿景目标。

目录

概述

新型城镇化背景下的田园城市建设

城市是一个提供舒适生活空间且充满魅力的地方。在这里，人们可以恣意发挥，享受生活的乐趣，并能最大限度地实现自我价值。近30年来的快速城镇化，尽管许多大城市在经济方面表现出卓越的贡献，但都难免带有"浮躁"的特征，倘若寻找一处宁静的港湾，嘉兴当为备选之地。嘉兴保留传承下来的水、绿、田、园等江南水乡要素，小富即安、藏富于民的城乡人文气质，悠然自得、充满幸福感的闲适城市氛围，时间的积淀与优越的自然禀赋、地理特性相结合，造就了"小桥流水人家"的美好意境，这些一直以来都是嘉兴的"迷人"之处。

然而，20世纪的经济大潮不可避免地产生一些影响，对当前经济、社会和环境评估的结果清晰地显示，要实现幸福和谐的持续发展还需付出比以前更多的努力。因为尽管城市规模不断扩大，但过度依赖投资于土地的高速增长发展模式却同时伴随着供需失衡的风险性与巨大的不确定性。尽管经济速度稳步提升，但稳中回升的基础还不稳固，结构性、素质性矛盾依然突出，科技创新能力有待提升，投入产出比偏低，中心城市辐射带动力不强。尽管投入大量资金及基础设施建设，但城乡发展不平衡、基础设施建设滞后等制约着居民生活水平提高。此外，环境污染等问题也日益突显。

未来，摆在我们面前的问题是，如何将嘉兴的历史之美、现在之美、未来之美保持并延续。在当前的机遇与挑战中全力以赴地响应生态可持续战略，凸显"地域特色美、水绿田园美、城市品质美、人文文化美、社会和谐美"五大嘉兴之璞。落实到嘉兴成为"田园城市"的愿景，将其提升到新战略的首要位置，同时也体现了这座城市的远见卓识。"田园嘉兴"，是作为一个全面的整体概念，强调从注重经济增长向关注"人"的生活方式为核心的多维目标转型，它的内涵并不是单单的环境和景色的优美，而是顺应新型城镇化发展理念，涵盖了经济、政治、文化、社会、生态文明"五位一体"的方方面面，特别注重城市的内在修养、气质等内容，尤其是嘉兴"温雅包容"的城市性格。温，就是经济的温和，政治的融合，主要表示软实力的可持续与和谐发展；雅，就是追求雅致、精细的生活品质，是精致化建设、精细化发展；包容，就是文化、人文色彩多元及社会的包容大气。

围绕"田园嘉兴"的建设目标，我们梳理了嘉兴的过去和现在，提出愿景目标及核心要素，在"真、善、美"的城市建设原则上提出发展战略。战略的关键在于方向上的正确性而不在于数值上的准确性。我们追求的战略理念是后物质主义的享受，而非物质主义的规模；我们追求战略思路是理想的趋势判断，而非现实的准确预测；我们追求的战略增长是区域网络的高价值区段，而非经济发展的高GDP数值；我们追求蓝绿镶嵌的田园格局，而不是纸上画画、墙上挂挂且不断被突破的城市边界。总之，田园城市是我们对嘉兴理想状态的一种思考，一种向往。

一、"田园嘉兴"愿景目标

当许多的城市都要把"宏伟"作为现代化的标志时，宁静的嘉兴是否可以给人们一个不同的选择？强调的是从空间拓展型向精致提升型转变，突出区域的价值链高价值方面，强调从经济增长向关注"人"的发展为核心，突出绿色宜居、多元包容。

展望未来，我们需要确立具有超前意识的规划思路及可持续的核心价值取向。因此，嘉兴市的可持续发展战略并不只是为了经济增长或竞争力提升，而更加关注真正的可持续发展模式，"让我们所热爱的这个城市变得更美好；让我们的下一代拥有更幸福美好的嘉兴"，这是表达出诉诸情感、亲民而又激情澎湃的愿景目标，而正是在这种"人本"和"地方"的诉求下，一个围绕着"归属人"的规划"公意"得到了塑造，从而构成了推动规划前进的民众意识基础。以舒适的住房、清新的空气、洁净的水体、整洁的街道、配套完善的绿地公园形成优美的生活环境；以高水平的教育、医疗、社会保障、公共交通，让全体市民享有优质的公共服务。

二、"田园嘉兴"愿景解读

我们在"田园嘉兴"建设中致力于挖掘田园嘉兴的核心要素，强调可持续发展，尊重人的精神需求以及自然和谐共处，致力于"生态、精致、包容、统筹"，从而实现城市生态方面"生态共守，城田相融"，城市发展方面"精致城市，品质生活"，城市文化方面"多元文化，社会包容"，城乡关系方面"城乡一体，统筹发展"，市域空间方面"区域协调，分工协作"。

三、"田园嘉兴"建设方略

邹德慈院士提到一座城市建设的本质是要追求"真、善、美"。

真——就是不夸大，不夸张，不浮躁，不要为形象工程而盲目攀比；善——就是要关心城市里的包括外来人口在内的每一个居民，通过加大公共基础设施建设让人人都有家的感觉；美——意味着城市建设要遵循"尺度"、"法度"以及美学的基本原理，让现代建筑与自然景观相得益彰。田园城市建设方略无不体现"真、善、美"原则。

方略一：立足自身特色，重塑理想功能定位

关键词：科技创新、旅游休闲、物流商贸、先进制造

核心观点：我们需要转变"城市发展的目标就是追赶大城市"这种观念，城市是否重要在于它的特色职能，而不是大小。一要顺应党和国家的战略，从关于实现中国梦的战略高度来谋划和确定发展目标。二要立足区域发展趋势，跳出嘉兴谋划嘉兴的发展。从长三角地区、市域、市区不同层面来审视、谋划发展，明确如何在区域中寻找到自身的合适定位和目标，如何与周边大城市、中小城市对接与协调是嘉兴未来发展的关键。三要凸显特色，不图虚名。强调改革创新和转型发展，突出统筹发展、创新发展、绿色发展、为民发展，注重与区域中其他中小城市的特色错位，发挥区位、生态、文化、人文特色，以特色制胜，在区域更有特色感和竞争力。

方略二：城田相融、产城相融的理想空间

关键词：功能整合、城市协同、有序分工；城在田中，园在城中，城田相融

核心观点：城市空间并非越大越好，要严格控制建设用地增长边界，倒逼城市转型发展，避免城镇空间无序蔓延。打造具有地方特色的"现代化网络型田园城市"，即充分传承现状嘉兴环状的城乡空间格局，也满足现实百姓在城乡生活的发展诉求，使这样一个田园城市理想能成为嘉兴在长三角地区独一无二的城市名片。市域空间注重整合与融合，呼应区域、错位发展、理顺体制，按照"同一个城市，同一个网络"的思路形成分工协作、各有特色的网络城市；市区注重传承与发展，彰显生态、人文特色。一是结构传承，传承环状的路网，环状的水系和绿楔的空间。二是空间整合，整体上需要传承嘉兴特有的水乡田园景观风貌和越韵吴风历史风貌，系统上结合历史文化名城保护规划（在编）内容对不同层次的历史文化要素采取针对性保护发展措施。三是功

能整合，重点在于传承和发展已有的特色功能和空间，强化各区优势，明确各板块发展方向，错位特色化发展。四是生态传承，严格保护中心城内现有三大楔形绿地，在中心城外围预留楔形绿地开敞空间，并对绿楔空间积极探索科学合理的保护式利用方式。

方略三：以幸福感为目标的新型城镇化

关键词：制定人口容量极限，提高城镇化质量，实现居民市民化

核心观点：以人口发展和生活改善为重点，让生活在嘉兴的每个人都可以找到自己生存的机会，都可以找到热爱的角落。一要为保证居民安全需求，采用耕地保护生态容量、水资源生态容量、生态承载能力、建设用地生态容量、经济产出效率预测等多种预测方法结合形成合理的人口极限容量；二要满足居民精神需求，优先解决市民化问题，提高人口素质和生存能力，要以人为本，推进以人为核心的城镇化，提高城镇人口素质和居民生活质量，把促进有能力在城镇稳定就业和生活的常住人口有序实现市民化作为首要任务，以包容互助、海纳百川的胸怀，汇聚各类人才，形成让所有城市成员发挥潜能的宜居家园。

方略四：尊重文脉、水脉的有机更新与生长

关键词：划定增长边界，精明增长土地开发；挖掘土地潜力，提高土地利用效率

核心观点：城市有机更新不同于拆老城、建新城的传统旧城改造，要求根据城市的新陈代谢，在遵从其内在的秩序和规律基础上，通过科学的整体规划，采用节制、平衡、适度、稳定的更新策略，充分考虑城市的整体发展，充分满足居民的多层次需求，充分体现城市的可持续发展。有机更新必须根据地块特色因地制宜，采取差异化的更新模式。注重城市历史文脉继承延续与城市更新发展的平衡。注重城市功能完善、形象提升与更新规模方式的平衡。注重服务配套与资源利用最大化、最优化的平衡。

方略五：对接上海，注重创新的转型发展

关键词：资源重新配置，价值链区段，区域关系融合，产城关系融合

核心观点：产业体系构建不能就城市论城市，需要分析宏观背景和区域整体发展趋势，基于接轨上海战略构建适应区域未来产业价值链区段，适合自身资源条件和发展优势的产业方向，科技创新、制度创新是关键。产业空间转型方向是融合，产业必须适应"人"的需求，服务"城"的成长。区域融合、产城融合是产业空间转型的重要内容，是实现工业化、新型城镇化融合的必然途径。嘉兴产业空间转型分为三个层次：宏观方向对接上海战略的科技创新服务价值链区

段，中观层面基于全产业链的产城空间布局，微观层面基于破解工业围城的产城融合策略。

方略六：以清洁的水与空间为根本的生态保障

关键词：生态红线、水乡肌理、五水共治，天蓝水清，饮食安全

核心观点：生态保护方面，科学设置开放强度，保持好生态用地红线，依托现有水、绿脉络把城市放在大自然中，把绿水青山保留给城市居民。围绕"要把最漂亮的景观留给最广大的人群去享受"，为现在和未来的居住生活、生产服务提供必需的生态环境与休闲娱乐机会，在满足生态容量及刚性生态基本控制线的基础上，形成"基质—廊道—斑块"的安全生态格局，在满足公园绿地建设的基础上，形成绿道系统网络和城市郊野公园，提高公园可达性和亲人性，让城市融入大自然。环境治理方面，以流域治理为先，力行环境执法，系统考虑嘉兴整体的水环境，同时跳出"头痛医头，脚痛医脚"的局限，提出治污水、防洪水、排涝水、保供水、抓节水的"五水共治"策略，考虑加大LID（低影响开发）系统方法治理污染。期望重新实现"清洁水源"的美丽水乡，让水"清"起来、"流"起来、"活"起来，再现悠悠碧水、小桥流水人家意境。

方略七：弘扬红色文化、运河文化、水乡文化、小富即安的慢文化

关键词：保护弘扬，传承发展，保持特色

核心观点：实现保护与发展的统一，传承传统文化不是要简单复古，城市建设会不断融入现代元素，但必须同步保护和弘扬传统优秀文化，延续城市历史文脉，鼓励城乡文化多样性发展，让嘉兴真正实现"城市作为一个活的博物馆，成为一个有故事的特色空间"的总体目标。为实现这一目标，城市文化传承发展必须与城市主题文化特色相匹配，我们有必要对城市的主题文化进行重新梳理。在此基础上，宏观层面需要对城市文化整体格局与风貌进行规划布局，中观层面需要对既有的历史风貌地段及街区进行圈定与设计引导，微观层面需要对文物遗存点进行适应性再利用及文化传承的诠释，最后通过建设管理层面确定展现文化特点的特色空间及文化产业发展指引。

方略八：构建城乡融合、田园相间的城乡关系

关键词：望得见山，看得见水，记得住乡愁；城乡一体，美丽乡村

核心观点：乡村文明是中华民族文明史的主体，村庄是这种文明的载体，耕读文明是我们的软实力。城乡一体化发展完全可以保留村庄原始风貌，慎砍树、不填湖、少拆房，尽可能在原有村庄形态的基础上改善居民生活条件。城乡一体化并非一样化，城市与乡村景观特色、产业特色等方面实现差异化发展，突出特色乡镇、特色乡村建设，以农村经济、政治、文化、社会、生态问题呼应五位一体发展，

真正实现"生态宜居村庄美、兴业富民生活美、文明和谐乡风美"，实现居民"望得见山，看得见水，记得住乡愁"的美丽愿景。因地制宜，进行合理微调"1+X"布局规划，这是一个长期的过程。通过目标时序的制定实施，特色生态经济推进，做到"一村一品、一村一景、一村一韵、一村一业"，重新认识乡村价值，弘扬耕读文明，注重乡村文化与风貌特色保护提升，保持好江南特色的水乡肌理建筑符号，完善公共服务设施均等化建设。

方略九：构建绿色低碳的通达交通

关键词：枢纽城市，公共交通，绿色低碳

核心观点：建设可持续发展、以人为本和动态满足交通需求、以公共交通为主导的高标准、现代化、网络型综合交通体系，引导城市空间结构调整和功能布局的优化。大尺度要提高效率，促进区域交通协调发展，实现"对外交通高速化、对内交通快速化"，支持经济繁荣和社会进步。小尺度更加人性化，以"高效便捷、公平有序、安全舒适、绿色低碳"为发展方向。未来交通结构更趋于合理，公共交通占主导，出行环境良好，出行效率提高，交通拥堵状态得到明显改善，公平分配道路空间资源，交通发展步入良性循环。

四、"田园嘉兴"保障措施

拼图作业一张图管理：为加强城市规划编制管理，保障城市总体规划强制性内容在各阶段城市规划中的贯彻落实，确保市区各主体规划的协调统一，实现全市"规划一张图"，统一规划思路，确保规划确定的强制性内容在分区规划、详细规划以及各类专项规划更好地落实不走样，进一步提高管理部门对规划质量管理能力。协调管制主要内容为规模容量、产业布局、重要交通等基础设施廊道、生态边界以及重要地段城市风貌等方面，秉承抓大放小、因地制宜、刚性与弹性相结合三大原则，引导城市的有序发展。

第一部分　理论探索

1

网络型城市的理论基础

1.1　研究的理论基础

　　城市作为现代市场经济的载体，是整个经济系统中的重要节点，将区域、国家和全球经济联系成一个系统。也就是，它作为一个资金、信息、商品、从业人员等经济要素流动的中心而存在于现代经济系统中。而系统论由相互作用相互依赖的若干组成部分结合而成，具有特定功能的有机整体，而且这个有机整体又使它从属于更大系统的组成部分。因此，就出现了城市内部系统的空间排列和城市外部与其他城市间的关系。我国城市地理学家周一星研究，从空间结构属性来看，对城市的研究分为两个层面：一个层面是把城市作为空间中的面，即研究城市内部功能组分及其相互关系，另一层面是把城市看作空间中的点，研究城市与外部其他城市之间的关系，它们之间不断地进行着物质、能量、人员和信息的交换，即所谓的流（Flow）。卡斯泰尔的流空间理论中关注的焦点问题是网络城市的问题，它认为全球城市是流空间的原始节点或中心，它用网络逻辑来解释"为什么城市还要存在，并且城市化态势愈演愈烈"，网络需要节点，否则将变为纯粹的流，而城市的存在保证了节点的存在性，创新是城市存在的支撑，通过流构成不同层次的复杂空间经济系统。基于此，网络城市研究的理论基础即为城市内部的空间关系理论、城市之间的关系理论。

　　城市关系的研究主要存在于城市地理学和经济地理学分析中。按研究对象尺度大小分类，可分为城市内部地域结构理论和城市区域发展理论，前者是以单一城市内部或个体为研究对象，后者是以区域内多个城市的分布关系为研究对象。

1.1.1　城市内部地域空间理论

　　传统三大古典空间模型，即芝加哥的人文生态学派认为在经济因素的主导下，城市内部的自由竞争和利益争夺是城市空间结构演化的重要动力，过程的差异导致城市发展的模式差异。伯吉斯的同心圆空间模式（concentric-zone theory），霍伊特的扇形空间模式（sector theory）对同心圆空间模式进行了修正，认为城市发展史从市中心沿主要交通线向外延伸，呈现出由交通干线支撑的扇形组合形式。哈里斯和乌尔曼提出了多核心空间模式（multiple-nuclei theory），认为城市中心的分化和城市地域的分异是基于微观经济的多个过程作用而形成的，由区位、可达性、集聚、分异和地价等因素综合发生作用。

1.1.2 城市间的空间关系研究

关于城市间的空间关系的研究可以追溯到德国区位论者克里斯泰勒 (W.Christaller) 的中心地理的经典研究。它强调城市系统中大城市与小城市之间的层级关系，并且城市之间的互动仅限于此层级上的单向互动关系（小城市从大城市获取商品和服务），不同规模的城市之间横向关系排除在外。从此开启了城市系统理论的研究，不再是就城论城、就市论市，而是从区域上思考发展问题。如法国佩鲁（F.Perroiix），美国郝希曼（Hirschman）等增长极理论，弗里德曼（J.Fredmann）的核心边缘理论，后来的点轴理论、大都市带理论。对城市间相互作用及演化进行模型化的是克鲁格曼 (Krugman) 和藤田昌久为代表的一些经济学家，以克鲁格曼等学者为代表的新经济地理学 (空间经济学) 对于城市体系的研究主要关注城市为什么能够存在、城市是怎样形成的、为什么城市会形成层级等问题。藤田昌久的城市体系的演变本质上是市场主体经济行为的产物或结果，具有自组织机制。

1.2 国外的研究进展

1.2.1 宏观层面的全球城市研究

经济全球化的重要标志是全球网络城市的形成。因此网络城市的研究与经济全球化是密切相关的，以经济全球化为分界线，经济全球化（20世纪90年代）以前是宏观全球城市的名词概念及首位大城市的研究，之后则是经济全球化影响下进行的网络体系的研究。

经济全球化以前，基本是世界城市的形成与发展阶段。以相关的理论假说研究全球城市的概念及其特征。可以说全球城市萌芽于格迪斯（Patrick Geddes）《演化中的城市》中的"世界城市"（the world cities），他从经济和商业两个方面将"世界城市"界定为在世界商务中占据绝对优势的那些城市。他认为，一些西方国家处在发展中的大都市就是世界城市。1966 年，城市与区域规划学家彼得·霍尔 (Peter Hall) 在《世界城市》一书中全面概括了世界城市的概念。霍尔认为，世界城市专指那些对全世界或大多数国家产生全球性经济、政治、文化影响的国际一流大城市，是具有全球意义的政治中心、商业中心、文化娱乐中心、各种专门人才及规模巨大的人口集聚中心。1982 年，美国学者沃尔夫 (Wolf) 和弗里德曼 (Friedman) 发表的《世界城市形成：一项研究与行动的议程》一文，首先提出在经济全球化背景下的"世界城市"概念，认为世界城市是经济全球化的产物，它们赋予世界城市全新的内涵：世界城市是全球经济的控制中心，只会产生在核心和半边缘地区，不会产生在边缘地区。1986年弗里德曼综合了若干年来城市研究的最新成果，提出了"世界城市假说"，详尽阐述了世界城市的理论，实质是关于新的国际劳动分工空间组织理论，是全球经济一体化、发达国家后工业化背景下的产物。世界城市是全球经济的组织节点和中枢，组织并连接区域经济、国家经济，从而形成全球经济。

经济全球化以后，随着经济全球化的深入，信息革命的发展及新经济的出现，研究成果深入到全球网络的各个层面，研究焦点从世界网络的等级体系转向探讨世界城市网络的形成与演化机制。曼纽尔·卡斯特（Manuel Castells）等为代表的全球流动（flow）空间理论提出信息革命与全球城市的关系的流空间理论，指出"全球城市并非一个地方，而是一个过程，在这个过程中，先进服务业的生产与消费中心及其辅助性的地方社会，被流连接进入世界城市体系中"。萨森（S.Sassen）的全球城市（global city）假说，从微观企业区位选择的角度，认为全球城市经济发展的关键动力在于其优良的基础设施和服务，从而使它们具有了全球控制能力，真正的全球化城市位于世界体系的金字塔顶端，是全面的互补关系而不是竞争关系，一起覆盖世界所有时区的范围，控制全球经济系统的运行。霍尔在全球城市中探讨了20世纪末出现的决定城市发展和变化的主要影响力为：第三产业化、信息化以及由此产生的空间分离、指挥、控制功能与生产功能不在同一个地点，制造业和信息业不断革新，产生与交换越来越多的信息等等变化。作为这些变化的结果，网络系统已经取代了等级结构，经济组织的流行趋势已经从精心组织的整体垂直链（福特主义的生产）转变到复杂的网络系统。以泰勒为代表的学者自2000年以来，创新性地运用跨国服务业企业的全球分布建立了全球城市之间的网络联系分析框架，为城市网络联系的定量化描述提供方向，指出了世界城市网络形成的关键因素，认为城市网络的形成可以从服务业公司、城市服务业、城市发展和国家经济四个层次上来解释其动因。他为这四个层次因素之间的关系进行了如下设定：他认为四个层次的要素组成了两种关系类型，一种是单向相关，一种是双向互为因果关系。

全球网络城市的研究可以表明，网络化城市空间形成与全球化、信息化息息相关，未来全球空间的组织趋势是网络化。网络中的层次、节点、作用是动态平衡的过程，共同构成多节点、多层次的网络体系。虽然这些理论建立在超越国家行政疆界的世界城市，但这种方法及相关研究的理论范式对于国家内部或区域内部的城市网络问题也具有极大的适用性。

1.2.2 中微观层面的城市集合体研究

国外对中观网络城市集合体的实证研究主要集中在欧洲的兰斯塔德地区、莱茵—鲁尔地区、英国东南部地区以及日本近畿和关西地区等，研究内容侧重网络区域的内部水平联系描述和测度。内容主要集中在3个方面：首先是形态描述，强调网络功能上的一体化，认为网络城市应由一些中等规模的城市构成，这些城市之间存在着既竞争又互补的关系；其次是策略描述，将网络城市看作是一种规范化的空间策略，认为网络城市是经济、社会和环境可持续发展的城市形态；最后是结构描述，将网络城市看作是实体联系。

与此同时，政界与城市规划界也升起了对"网络城市"的兴趣，"网络城市"相关的概念纷纷出现在欧洲各国的规划政策中。如比利时、爱沙尼亚与荷兰均提出"urban networks"的规划策略。又如丹麦的"polycentric national centres"，德国的"Metropolregionn"与"Stadtenetze"，希腊的"twinpoles"，意大利的"city networks"，爱尔兰的"linked gateways"，立陶宛的"Metro Polis Vilnius—Kaunas"，波兰的"duopols"以及瑞士提出的"vernetzte Stadtesystem"。

关于城市微观的城市网络空间研究有《美国大城市的死与生》中街坊网络的城市网络基本单元。扬·盖尔（Jan Gehl）《交往与空间》的城市公共空间网络，以及曼德勃罗(Mandelbrot)的分形概念，空间句法理论等。马里恩·罗伯茨（Marion Roberts）等关注到了新技术及新通信手段的大量运用对网络城市的空间与场所的影响，他们提出了一个多中心的网络城市构架，强调了节点间联系的重要性。21世纪新城市主义理论的创始人美国学者彼得·卡尔索普(Peter Calthorpe)和威廉·富尔顿（William Fulton）在《区域城市——终结蔓延的规划》中提出社会网络、形体网络、政策网络等重要性网络的观点。

1.3 国内的相关研究

国内对于"网络城市"的研究刚刚起步，理论研究不多，关于案例研究，则主要将网络城市作为重要策略应用于我国城镇密集地区的规划。汪淳、陈璐（2006）基于网络城市理念从城市功能整合、支撑体系建设、功能空间组织和协调规则构建四方面对苏锡常网络城市布局进行探讨；赵红杰（2007）以河北省环京津地区为例，提出网络城市系统节点的设计与构想；王珺、周均清（2008）以网络城市的概念模式优化武汉城市圈的空间格局；李国平等（2009）从空间重构、职能优化、机制创新三大方面提出杭州市域网络化大都市的发展战略；何韶瑶、马燕玲（2009）提出对长株潭城市群进行网络化布局。总结研究内容主要集中在以下几个方面：

一是概念辨析与特征描述，汪淳、陈璐（2006）指出网络城市指的是两个或更多的原先彼此独立、存在潜在功能互补的城市，借助快速高效的交通走廊和通信设施连接起来、彼此合作形成的富有创造力的城市集合体。张楠、郑伯红（2003）指出网络型城市是由多个不同节点组合形成的一个独特又富有弹性的交流环境。李国平、孙铁山（2009）认为网络化大都市是一个以有形和虚拟的网络为支撑，具有多中心、多节点的城市区域。它具备网络型空间组织特征，超越空间临近建立功能联系，是一个功能整合的城市网络。

二是关于形态和结构演化的研究。形态和结构演化多取决于基础设施网络的影响，如周一星、胡智勇（2002）和熊剑平等（2006）从交通运输网络的发展看结构形态演化特征。国内主要有姚士谋于1992、2001年提出的城市群空间网络结构连接特征，吴启焰于1999年提出的城市群空间结构特征网络化，薛东前于2000年提出的城市群空间网络框架，朱英明于2001年提出的城市群地域结构网络组合特征，王珺、周均清比较了"单中心区域"与"网络城市"，提出以"网络城市"的概念模式优化武汉城市圈的空间格局。

三是关于功能联系与整合的研究。而对于城市网络联系，国内学者大多强调物质联系和职能分工联系。胡彬（2003）概括城市网络联系包括三个层次：第一个层次是传统意义上的运输与交通联系；第二个层次是信息联系；第三个层次是文化、教育与创新的联系。他认为要素跨地域流动及异地整合、企业网络的渗透以及全球生产网络技术与信息的扩散是影响城市网络化的重要因素。石崧（2005）探讨了劳动空间分工主导下的大都市区多中心的空间结构，李健（2008）则从全球生产网络角度解释了大都市区多中心的生产空间组织。

1.4　网络城市理论范式

1.4.1　网络城市概念

网络城市是一种新的城市区域形式，目前还没有权威明确的定义。本次研究对于网络城市的理论研究主要集中在对其形态、策略以及结构的描述。形态上强调网络城市功能上的一体化，网络城市应由一些中等规模的城市构成，这些城市之间存在着既竞争又互补的关系；策略上强调规范化的空间策略，网络城市是经济、社会和环境可持续发展的城市形态；结构上网络城市是实体联系（快速交通系统）和虚拟联系（通信系统）活动的空间系统。

网络城市是多核心城市区域在经济全球化和新经济背景下新的发

展形态。经济利益外部性、弹性发展、创新性、水平联系、多节点性、协调与合作等是网络城市最主要的特征。

与相关概念的比较：与"单中心城市"相比（表1-1），网络城市在特征性质、内部组织、功能分工、产品服务、交通设施、流动方向六个方面体现差异化，网络城市在特征组织方面更强调各节点的性质，不依靠规模效应，倾向于各主体的功能互补，流的双向流动等。

与多中心城市、都市区（圈）、巨型城市区域、城市连绵区等相近概念比较见表1-2。多中心城市是从构建城市之间或者内部的有序网络的角度出发，追求城市的分工组合和协调发展，最大特点是水平的产业分工体系，多中心城市中的每一个中心都承担相对单一的城市功能，空间形态上表现出多个中心的结构。都市区是强调都市区内部城市与核心城市的垂直分工，核心城市对都市区的辐射和集聚作用极为明显，空间形态上是单中心结构，核心城市首位度高。城市群是大区域城市发展过程中逐步形成的，城市群内部城市相互之间既紧密合作又相互竞争，空间形态上可能存在多个核心城市或单中心，核心城市首位度较高，参与国际竞争的能力最强。

单中心区域与网络城市比较　　　　　表1-1

	单中心区域	网络城市
特征性质	向心性	节点性
内部组织	依靠规模效应	不依靠规模效应
功能分工	倾向于向首位屈从	倾向于弹性与互补
产品服务	同质性产品和服务	异质性产品和服务
交通设施	垂直的可达性	水平的可达性
流动方向	单向流动	双向流动

网络城市相关概念比较　　　　　表1-2

概念内涵	特点	典型区域	
多中心城市	把多种职能分散到多个城市，形成既有联系，又有区别的空间组织形式，以保持整体的统一性和有序性	具有明确的分工网络，每个城市在区域城市当中承担不同的主导职能；城市之间水平分工为主，强调城市之间功能上的差别化发展，区域整体参与国际竞争	荷兰兰斯塔德地区

续表

概念内涵	特点	典型区域	
都市区（圈）	由一个或多个核心城市，以及与核心城市有密切社会经济联系的，具有一体化倾向的外围城市（镇）所组成的城市区域	有明确的区域增长中心；有圈层状的组织结构；有相对完整的功能体系；城市之间垂直分工为主，都市区内的城市之间强调与核心城市的配套与支撑，核心城市参与国际竞争	日本都市圈、上海国际性大都市区
城市群	在一定连续地域范围内聚集的一定数量城市或城镇的群体	形成发展的动态性特征；具有区域内外的连续性和开放性特征；区域内城市具有相互之间的吸引集聚和扩散辐射功能；城市群内部存在较为明显的核心，核心与次级中心垂直分工，次级中心之间水平分工，核心城市参与国际竞争	长三角、珠三角城市群

1.4.2 网络城市内涵

在空间体系上，由多个主体相互组合而成的一个城市，具有明显的城市核心和多个中心。网络型城市是"同一个网络,同一座城市"（One network, One city）。由多个主体相互组合而成的一个城市，可以是多个主体，也可以有多个中心。但必须具有城市核心，作为城市发展的驱动力。

在空间形态上，是组团状集聚发展，而不是摊大饼式的蔓延。网络型城市在空间形态上具有组团式的结构，通过组团内部的紧凑建设和组团之间的生态隔离，形成田园式、组团式的空间结构，避免了大城市空间的无序蔓延而带来"城市病"。

在功能组织上，各组团之间分工合作，联系紧密成为一个整体。网络型城市内部各组团之间形成分工合作的关系，各组团形成具有一定特色和影响力的职能中心，各组团功能错位发展。同时各组团之间相互紧密联系，协调发展，形成特色明确、分工协作、联系紧密的整体。

在支撑体系上，通过有形网络和无形网络提供支撑。网络型城市各城市组团主要通过交通、绿道、能源、信息等有形和无形的网络来联系和支撑，尤其是突出交通网络的联系和支撑地位，通过现代化、大运量、快速便捷的交通形式来联系，包括快速路系统、轨道交通等。

1.4.3 网络城市要素

网络城市构成要素主要包括城乡空间要素、经济要素、社会要素、生态环境要素、基础设施要素、文化要素、制度要素等。从要素的空间特色可以分为点要素、线要素和面要素。

按照网络型城市的概念内涵和特征要求，主要的点、线和面要素概括如表1-3所示。

网络城市要素分类及主要作用 表1-3

要素分类			主要作用
点要素	城乡空间要素	城镇	建设网络城市的载体和网络城市发展的主体
		村落	
	交通节点要素	航空港	网络城市的重要增长极和对外联系节点
		港口码头	
		铁路站场	
线要素	基础设施要素	交通	建设网络城市的实体支撑
		给水排水	
		电力	
		通信	
		燃气	
	流要素	客货流	网络城市内在的功能联系方向
		资本流	
		技术流	
面要素	经济要素	经济总量	建设网络城市的基石与目标之一
		城市产业结构	
		主导产业	
	社会要素	人口与就业	建设网络城市的目标之一
		医疗与安全	
		社会保障	
	生态环境要素	自然资源	建设网络城市的基质
		能源	
		水环境	
		农田及生态敏感（涵养）区	
	文化要素	文化体育场馆	建设网络城市的纽带
		文化经营场所	
		物质文化遗产保护	
		非物质文化遗产保护	
	制度要素	城市管理、城市营销	建设网络城市的动力之一
		城市规划	

表1-3中的城乡空间要素、经济要素、基础设施要素、社会要素中的人口与就业是可以量化的要素。

2

田园城市的理论基础

2.1 研究的理论基础

追溯田园城市理论实质是乌托邦的延续和细化，它的主体思想和内容并未超出乌托邦的框架。从人类城市生活价值的共同关怀，对乡野生活所代表的自然的共同钟爱，对花园在城市设计中的重要作用的共同认识，对交通、健康、城市社会性的共同强调，包括在规模上对小城市的共同偏爱，对城乡紧密联系的共同关注和设计⋯⋯诸多从思想到内容，从内容到形式的共同点几乎说明，霍华德的"田园城市理论"是在莫尔的"乌托邦"思想指导下进行的具体设计和构思。如果说 18 世纪后半叶至 19 世纪人们对工业革命初期城市的那种恶化环境现象束手无策，由于科学技术的落后，以致只能寄托于"理想"或"空想"的话，那么 19 世纪后半叶起，随着科学技术上的突破，使得从功能上整治城市和规划城市有了现实的可能与希望。因此可以说田园城市的理论基础是托马斯·莫尔（Thomas More）的"乌托邦"和霍华德的"田园城市"。

2.1.1 乌托邦思想的诠释

随着城市快速发展引起的一系列问题使得托马斯·莫尔的乌托邦思想及其理论影响经久不衰。美国著名学者迈斯纳（Maurice Meisner）指出乌托邦来源于希腊用语的截然不同两种意思，其中 eutopia 为"福地乐土"，而 outopia 则是"乌有之乡"之意。德国著名社会学家卡尔·曼海姆（Karl Mannheim）指出乌托邦的两大特征：超越现实（不是脱离现实）和具有打破占优势事物的秩序的倾向。因此，乌托邦反映的是一种在批判现实基础上对未来发展的美好展望和设想，是一种人们在痛苦环境下对未来的理想构想，并非不存在于客观世界的子虚乌有的事情。

"乌托邦理论"的城市构想：首先，注重"自然秩序"，"自然 + 乐观"作为核心价值观，最终起决定作用的是"自然"，自然指示我们过舒适的亦即快乐的生活，作为我们全部行为的目标。其次，建立公有制基础上的城乡平等的关系模式。比如，在生产上，"乌托邦人不分男女都以务农为业"，而且要接受农业教育，市民轮流搬到农村居住，住满两年返回，农产品富余而且城市帮助农业生产。在交换和消费上，交易市场位于城市中心而且各取所需。在分配方面，他设想全面的公有制，也就是不但在城市内部、城市之间，而且城乡之间平均分享物资，任何地方都没有一样东西是私产。最后在城市规划的合理性和超前性上，总结为：城市应该均衡和整体布局，城市的家庭属性，城市人口合理的配置，重视健康卫生，重视生活质量，街道有利于交通，建筑安全⋯⋯

"乌托邦的伟大使命就在于"它为可能性开拓了底盘，以反对当前现实事态的消极默认。正是符号思维克服了人的自然惰性，并赋予人以一种新的能力，一种善于不断更新人类世界的能力。

——恩斯特·卡西尔

2.1.2 田园城市的诠释

霍华德"田园城市理论"，是鉴于当时英国农村人口向城市集中、城市环境恶化、就业困难、农村土地闲置、劳力不足等严重的社会问题提出的解决方案。他指出，田园城市是一个有完整的社会和社会结构的城市，有足够的就业岗位维持自给自足，空间合理布局能保障阳光、空气和高尚的生活，绿带环绕，既可以提供农产品，又有助于城市的更新和复苏。首先，城市核心问题是着眼于"人民"的引力，即"人民将往何处去"的问题，在著名的三磁铁图的中心，转变了长期以来规划主导思想显示统治者的无上权威，以对劳动人民的深切关怀向显示统治者权威的传统思想挑战，反映了强烈的人本主义思想。其次，田园城市规划设想的出发点将城市和乡村结合起来，在结构形态上，抛弃了城乡对立的旧传统，提出了城乡一体的新观念，建设城乡一体化的田园城市。在三磁铁理论的指导下，其具体构想是：以抵押债券方式购买土地，使居民取得较高购买力的工资；城市为圆形（图 2-1），总用地 6000 英亩，城市人口控制在 32000 人，城市用地 1000 英亩，农业用地 5000 英亩，城区有中心花园并由中心向四周分成 6 等份区；城外有 3 英里长的带形绿地，把外围城区分成两条环带，构成 115 英亩的公园，与最远的居民不到 240 码（约 220 米）；产业围绕铁路分布等。第三，田园城市最终追求的目标是社会城市。它的创新之处是通过城市组合体对错综复杂情况加以合理而有序的处理。在人民以集体身份拥有土地的条件下，遵循城市增长不降低或破坏而是永远有助于提高城市的社会机遇、美丽和方便的原则，保留乡村地带，在其附近建设新城，形成城市群，从任何城镇到中心城市中心距离只有 3.25 英里。

可以把城市和乡村当作两块磁铁，它们各自力争把人民吸引过去，然而还有一个与之抗衡的劲敌，那就是部分吸取二者特色的新的生活方式。……城市和乡村都各有其主要优点和相应的缺点，而城市—乡村则避免了二者的缺点。

……

但是，城市磁铁和乡村磁铁都不能全面反映大自然的用心和意图。人类社会和自然美景本应兼而有之。两块磁铁必须合而为一。正如男人和女人互通才智一样，城市和乡村亦应如此。城市是人类社会的标志——父母、兄弟、姐妹以及人与人之间广泛交往、互助合作的标志，是彼此同情的标志。我们以及我们的一切都来自乡村。我们的肉体赖之以形成，并以之为归宿。我们靠它吃穿，靠它遮风御寒，我们置身于它的怀抱。它的美是艺术、音乐、诗歌的启示。它的力推动着所有的工业机轮。它是健康、财富、知识的源泉。但是，它那丰富的欢乐与才智还没有展现给人类。这种该诅咒的社会和自然的畸形分隔再也不能继续下去了。城市和乡村必须成婚，这种愉快的结合将迸发出新的希望、新的生活、新的文明。本书的目的就在于构成一个城市—乡村磁铁，以表明在这方面是如何迈出第一步的。

——埃比尼泽·霍华德
《明日的田园城市》

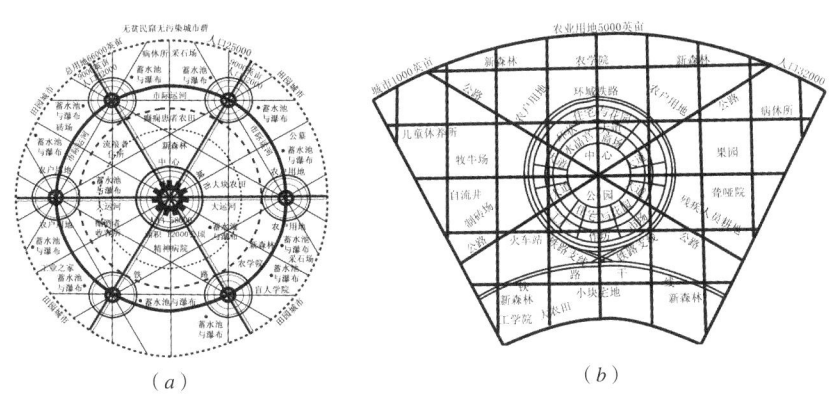

（ a ）　　　　　　　　　　（ b ）

图 2-1

（ a ）霍华德田园城市的空间结构；（ b ）霍华德田园城市的中心区图解

图片来源：[英]埃比尼泽·霍华德著.明日的田园城市 [M].金经元译.北京：商务印书馆，2010.

田园城市占据了集体用地中央的 405hm² 土地，这是总面积的 1/6，人口不超过 32000 人，其中 2000 人被安排在外围的农业地带，为避免空气污染，电力工业设在这里。社区平面被设计成环形，用 6 条林荫大道分割，占据中心的是公园，外围由主要的公共建筑围绕着。在公共建筑之外又是大公园，环绕大公园的是一座全玻璃封闭的长廊，既可以作为冬日花园，又是一个大型商业中心。再外面一些则是一条宽阔的环形林荫大道，128m 宽，街上有面向住宅的学校与游戏场地。住宅平面被设计成月牙形以提供更多的临街面。再外一圈是工厂、仓库、市场等等诸如此类的东西，有一条铁路线为其服务，再往外则是农业用地。无论是分开的还是邻近的房屋，都应有许多不同的风格。

霍华德提出建设田园城市的设想后，又从资金来源、土地规划、城市收支、经营管理等方面提出了具体的建议。1903 年，霍华德提出了具体建设田园城市的目标：第一，通过建造田园城市，最大限度地吸引私人企业或政府机构来田园城市投资。第二，鼓励制造业和其他工业从内城迁至田园城市地区，通过私人企业与政府机构合股经营的方式，提供足够的就业岗位，提供标准化的住宅。第三，通过国有企业和私人企业的合股开发，保证解决其中心城市的住宅和交通问题。第四，加快科学管理方面的研究，加强田园城市的控制，采取相关措施，尽量避免突发性的开发项目破坏田园城市。第五，鼓励采用花园型住宅。1919 年英国"田园城市和城市规划协会"与霍华德共同明确田园城市的定义：田园城市是为健康、生活以及产业而设计的城市，它的规模能足以提供丰富的社会生活，但不应超过这一程度，四周要有永久性农业地带围绕，城市的土地归公众所有，由一个委员会受托掌管。

2.2 国外的研究进展

《明日的田园城市》一书引起了世人的瞩目，而"田园城市"思想也成了"世界性的运动"。德国、荷兰、波兰、澳大利亚、比利时、美国纷纷建设了"田园城市"或类似名称的示范性城市。为推广实践田园城市思想，1903 年，霍华德和昂温（Raymond Unwin,1863-1940年）、巴里·帕克（Barry Parker）完成了莱奇沃斯（Letch worth）的田园城市规划设计，1903 年，在距伦敦约 56km 的地方成立了第一个田园城市公司，集资了 300000 英镑，在莱奇沃斯开发建成了第一个田园城市。昂温和巴里·帕克通过《实践中的城镇规划》（Town Planning in Practice,1909 年）的专著，对"田园城市"建设的实践过程做了全面的总结，A. R. Sennett、C. B. Purdom、Stanley Budder 和 Maureen Maddren 等对莱奇沃思的发展历史、建设成果、措施建议等进行了较为全面的总结恢复。随后，1920 年又在距伦敦约 36km 的地方着手建设第二个田园城市韦林（Welwyn）。当时，这两座城市由于规模较小，形态尚不成熟，但其独特的理念引起了人们的广泛关注。1944 年，在"田园城市"理论基础上，大伦敦规划确定了空间模式为"中心城—绿化隔离带—卫星城"的结构，通过鼓励人口迁移、扩散来缓解内城拥塞的压力。这些卫星城市和新城远离伦敦，城市功能完善，规模较大，形成了区域场所发展的新模式。随后，1998 年 10 月，时任英国城乡规划协会主席的彼得·霍尔与社会和环境规划事务评论家科林·沃德（Colin Ward）博士合作完成了《社会城市——埃比尼泽·霍华德的遗产》一书，系统评价了霍华德田园城市在 20 世纪的成败，以及社会思想的应用。

2.3 国内的相关研究

20世纪初期,中国近代一批新型市政学者开始关注和引介"田园城市"理论,刊发了一系列"田园城市"的论述和著作,代表学者主要有董修甲、杨哲明、张国瑞等人,他们提出了"田园城市"的要素、法律和制度等实施计划。董修甲认为,为满足建设城市的开发交通、维持卫生、整饰市容和防止空袭等目标,设置包括分区制度、街道制度、城市交通、公用事业、景观美化等要素;孙科、林云陔等在近代广州的城市规划设计理念中,初步融入"田园城市"的思想。国内霍华德田园城市理论取得较大进展,主要集中在城市规划学领域,如引介"田园城市"理论的译著和论文,《明日的田园城市》(埃比尼泽·霍华德著,金经元译)、《霍华德的理论及其贡献》;另外社会学、生态学的学者也深入研究了霍华德的理论和著作,如《读奥斯本著的〈埃比尼泽·霍华德和他的思想演进过程〉》、《从田园城市、园林城市到生态城市》;历史学界则主要是从世界城市史和环境史的研究角度上面,如《有价值的乌托邦——对霍华德田园城市理论的一种认识》、《田园城市理论的初步实践和历史影响》等论文。

近年来,随着经济社会的快速发展,许多城市针对各自特色提出了"田园城市"的建设理念。比如石家庄市出台相关规划,建设燕赵山水田园特色鲜明、宜居兴业的新石家庄;扬州市拥有园林绿地、名胜古迹和花园式居民小区等丰富的自然和人文资源,提出建设生态城市组群的发展目标;无锡市要建设"国家生态园林城市"和"全国最佳人居环境城市",打造"绿色"、"园林"、"生态"于一体的"田园无锡";宁波市江北区要建成"田在城中,城在田中"的现代生态型田园式城市。"田园城市"理念渐已成为国内城市规划建设的潮流,并有了一些新的内涵发展。

2.4 田园城市理论范式

2.4.1 田园城市概念

概念:在体现"自然之美、社会公正、城乡一体"思想内核的基础上,突出体现综合生态观,兼备城市和乡村的优点,强调人与自然相互融合、统筹城乡发展,依据自然、资源、环境特点,优化城市空间布局,各级组团围绕城市绿地紧凑布局,形成规模适度、功能健全、分工合理、合作紧密、相互依赖、城乡和谐的组团城市,实现社会、经济、资源、生态、环境在城市中协调发展,是城乡一体化的物质载体。

与相关概念比较：

（1）花园城市：花园城市的核心观念是追求自然环境的美化，增加绿地数量。主要标准有以下五点：一是园林绿化，指改善园林景观的设计，合理应用适合客观环境和城市文化的植物及美化城市的其他方式；二是遗产管理，指的是对现存的建筑和园林遗产的保护；三是环境的保护措施，指通过制定和实施公众环境保护活动，公众环境保护意识提高的状况及环境保护的程度；四是公众参与；五是政府保障。

（2）生态城市：1981 年苏联生态学家杨诺斯基（O.Yanitsky）第一次明确提出"生态城市"概念，他认为生态城市是一种理想城市模式，其中技术与自然充分融合，人的创造力和生产力得到最大限度的发挥，而居民的身心健康和环境质量得到最大限度的保护，物质、能量、信息高效利用，生态良性循环。1987 年美国生态学家理查德·瑞杰斯特在《生态城市伯克利：为一个健康的未来建设城市》中将生态城市概括为"追求人类和自然的健康活力"，认为生态城市是生态健康的城市，是紧凑、充满活力、节能并与自然和谐共存的聚居地。将生态城市的标准定为：生命、美、公平。

（3）卫星城市：20 世纪 20 年代昂温提出了卫星城概念来继续推进霍华德思想，提出建设卫星城市是防治大城市规模过大和不断蔓延的一个重要方法，明确提出卫星城市是一个经济上、社会上、文化上具有现代城市性质的独立城市单元，同时又从属于某个大城市的派生产物，有分担城市母体的部分功能。卫星城的发展经历了三个阶段：第一代卫星城市为了疏解母城的人口，基本上是住宅开发，称之为卧城。第二代卫星城是半独立的，开始强调生活配套和工作岗位，以新建为主，但非常依赖母城。第三代卫星城基本是完全独立的新城，在原有城镇基础上建设，具有反磁力的作用，特点是城市规模比较大，进一步完善了城市公共交通和公共福利设施。

总之，现代田园城市是一个综合的城市规划、发展、建设模式。在本质上花园城市与田园城市有着相同的地方，不仅要强调城市风貌、城市生态，更重要的是强调一种城市规划的改革，一种包括城市有机体以及城市总体运作、城市行政管理等一系列社会生活与城市建设上的一场重大革命。

2.4.2 田园城市内涵

现代网络型田园城市的内涵与霍华德"田园城市"的思想内核一致，均体现自然之美、社会公正、城乡一体的核心思想。取"田园城市"的"意"，借鉴霍华德"田园城市"的思想，并立足城市现实基础及发展目标，以城市复合型生态为基底，以城市生态设施为刚性节点，优化城市空间、经济布局、统筹服务，从而形成规模适度、功能完善、分工合理、协调紧密、相互合作、和谐共生的组团城市。其布局思想有三个方面的创新：其一，绿色安全的环境系统是构建网络型田园城市的基础，规划的重点在于便捷地与自然景观接触；其二，低碳高效的生产系统是发展动力，城市控制在一定规模（单元城市），当人口过多时，建设另一座单元城市，并拥有自己的乡村地带，几个单元城市围绕一个中心城市，形成城市组群；其三，公平标准的生活系统是重要内容，为居住、工作需要配置布局合理的基础设施，并用绿带和敞地，将相对独立的居住区隔开，各功能区之间建设良好的快速交通系统。

嘉兴市的现代化网络型田园城市，应具备四个方面的内涵要求，即"自然之美、城乡一体、区域融合、社会公正"。

（1）自然之美。即按照自然、低碳理念，优化空间组合、协调城乡建设和环境保护，突出对农业地带、湖泊、水网林带的利用和保护，既要让城市坐落于田园中，又要显现城市住宅和公共建筑的园林化，使城市居民始终能够方便地亲近自然、享受田园生活。同时，嘉兴的现代化网络型田园城市，要充分体现区别于其他城市的江南水乡自然特色、自然特点和越韵吴风文化特质，展现"水都绿城"风貌。

（2）城乡一体。即城乡二元分割体制逐步破除，城乡统筹理念得到贯彻，城市和乡村的环境、经济、社会因素恰当组合，使生动、活泼的城市生活优点与美丽、愉快的乡村环境和谐组合，让城乡的优势相互交融，建立兼有城市和乡村优点的新的城乡结构形态，使城市成为城乡一体化的中心，广阔田野成为支持城市发展、维护城市生态平衡的重要保障。

（3）区域融合。即坚持市域一体化发展方向，按照资源共享、功能互补、便捷高效的要求，依托现代化的交通、信息、能源等基础设施网络和一体化的公共政策，推动人、财、物、信息等在市域内的合理流动、高效配置，在实现市域内公共设施的共建共享的同时，使不同功能区发展更加协调、分工更趋合理、联系更加便捷。

（4）社会公正。就是以人的全面发展为目标，按照社会发展均衡、资源配置协调的要求，合理、高效布局教育、医疗、卫生、文化等社会事业设施，为生活工作在其中的每位居民提供均等化的公共服务，在市域范围内形成全体居民各尽所能、各得其所而又协调发展、和谐相处的社会环境。

2.4.3 田园城市要素

田园城市的构成要素重点在城市现代化、城乡一体化、生态田园化等内涵要素上，而非点、线、面的具体要素。

（1）"现代化"的要素。现代化也是区别于霍华德田园城市的第一要件，城市现代化主要包括城市基础设施现代化、城市管理科学化、城市功能多样化。就设施现代化而言，主要包括以公路、铁路、内河航道、机场等为重点的立体化交通运输网络，以电网、气网为重点的能源保障网络，以城乡一体化供水、污水综合处理、万里清水河道、防洪排涝、跨区域水资源配置等为重点的水资源综合利用网络，以互联网、物联网和广电网为重点的高速信息网络等四大基础设施网络。城市科学化，以及城市的国际化和信息化等方面，也同样要达到现代化水平。

（2）"一体化"的要素。一体化要素是霍华德田园城市的深化要素，随着社会生产力水平的提高，在城乡居民生产方式、生活方式和居住方式发生根本变化的同时，城乡之间相互分割的制度将被打破，逐步实现生产要素在城乡之间的合理流动和优化组合，促进城乡空间的有序组合，体现社会公正和城乡一体，实现城乡经济社会的一体发展。

（3）"田园化"的要素。"田园式"城市，不是回归传统农业社会的生产、生活方式，而是一个新型城乡形态，农村区域是"园中有城"，城市区域则是"城在田中"，城市区域与农村区域和谐相融、一体发展。同时，田园城市在城镇规模、功能布局、人口密度、环境保护等城市规划设计中有明确规范，在城市建筑风貌、自然景观、历史文化等城市特色和品质等方面有更具体要求。

3

未来可持续的城市模式

城市形态研究通过多年的探索形成两个重要思路：一是从局部各种影响要素到复杂整体结果的分析方法，另一种是强调事物演变过程研究的方法。第一种思路又可以理解为把城市形态区作为局部之和的城市和作为层的叠加。作为局部之和的城市空间形态可以视作不同层级的区段空间肌理填充在一个分级的空间框架内，层的叠加则是城市各种活动的叠加，其中包括政治、社会、经济和规划过程作用力下的城市物质环境演变的学科；第二种思路城市形态的演变，表现城市空间的深层结构和发展规律的显相特征。

3.1　城市形态研究的理论发展

自城市规划学科诞生之始，规划师一直致力于追寻通过塑造理想的城市物质形态来实现社会改良的目标，这也成为城市规划基本的使命和永恒的话题。杨东峰在《可持续城市形态：物质空间规划价值的重新发现》中总结了城市形态理论的演变过程。将19世纪以后的城市规划，根据"物质论—非物质论—物质论"的范式交替，形成了"黄金时期—批判反思—重新发现"的3个阶段（表3-1）。

19世纪末到20世纪中期的黄金时期，是围绕集中与分散的争论，主要是针对迅猛发展的工业化进程和大规模战后重建工程形成了城市地区大规模建设推动了快速城市化的历史进程，并由此产生了居住拥挤、环境恶化等城市问题。城市形态形成三个不同思想阵营：一是勒·柯布西耶（Le Corbusier）光辉城市集中论，二是弗兰克·劳埃德·赖特（Frank Lloyd Wright）的广亩城市分散论，三是霍华德提出集中分散相结合的田园城市理论，是结合大城市和乡村优点的理想形态。

第二历史阶段是对形态规划的批判反思成为主流，主要是后工业化社会的快速发展带来能源危机、环境恶化和社区隔离等城市问题。这一时段代表人物有简·雅各布斯、亚历山大等。简·雅各布斯认为物质形态规划忽视城市的社会性和多样性，使得规划理论的思想基础发生了根本性动摇。亚历山大（Alexander C.）则认为功能分区不适合城市内部丰富的功能联系，在此阶段社会环境的变化使得理论发展进入批判反思的阶段。

第三个历史阶段，随着逆城市化和都市化的城市转型，集中论、分散论进行了升华。一种是近年来形成的体现集中思想的紧凑城市、精明增长、新城市主义理论；另一种是主张分散思想的生态城市、绿色城市，体现有机分散性的可持续社会城市的理论主张，如多中心城市等。

物质空间规划的 3 个阶段　　　　　　　　　表 3-1

历史时期	19 世纪末 20 世纪初、中期	20 世纪 60 ~80 年代	20 世纪 80 年代至今
社会转型	工业化与战后重建	能源危机与后工业社会	全球化与环境压力
城市转型	快速城市化	大规模郊区化	逆城市化与都市区化
城市问题	环境恶化、居住拥挤	环境冷漠、社会隔离	都市蔓延与旧城衰败
意识形态	理想主义与乌托邦思想	怀疑主义与社会反思	实用主义与功利思想
形态规划	黄金时期	批判反思	重新发现
相关理论与实践	集中论——柯布西耶的光辉城市与旧城高密度化改造； 分散论——赖特的广亩城市与郊区建设思想； 折中论——霍华德的田园城市与新城建设运动	批判——简·雅各布斯对物质空间决定论的坚决批判； 反思——亚历山大对物质空间结构复杂性的反思； 综合——凯文·林奇对城市形态标准的综合探讨	集中论——新城市主义、精明增长、紧凑城市； 分散论——生态城市； 折中论——多中心城市

3.2　可持续范式影响下的可持续城市形态

3.2.1　可持续城市理念

　　来自全球各地的很多证据表明，在城市交通中对化石燃料的过度使用，产生了大量的温室气体排放，正在不断加速全球变暖的趋势，未来我们必须改变这种过度依赖交通能源的城市生活方式。20 世纪 80 年代以后面对席卷全球的城市化所带来的环境压力，可持续发展理念兴起并影响到社会经济发展的各个领域。可持续发展理念在 1987 年世界环境与发展委员会发布的《布伦特兰报告》中得到了正式确认，并在很短时间内成为世界发展的主旋律。20 世纪 90 年代至今，在欧美等西方国家，一方面得益于可持续发展理念在城市领域中的广泛应用，另一方面为了更有效地应对长期困扰城市地区的无序蔓延和内城衰败等问题，在城市规划学界相继出现了针对可持续城市形态的探讨，形成了一股影响深远的现实力量。

3.2.2　可持续城市形态理论

　　（1）可持续城市形态的科学内涵

　　可持续城市形态作为一个全新的理论分支，具有自身的独特内涵。它是在当代可持续发展理念的影响之下，为了应对全球城市化现象所带来的矛盾和挑战，在城市规划学科领域中，通过对城市形式与功能之间相互关系的重新反思，而逐步形成的一种全新的科学信念——即认为通过设计合理的城市形态，能够有助于维持人类社会的可持续发展目标。简言之，可持续城市形态就是指有助于实现人类社会可持续发展的城市物质形式。具体体现在两个方面：一个是在目标体系方面，城市形态对可持续发展的作用影响需要体现在经济、社会和环境等多个维度，因此通过城市形态的设计应该有助于提高经济效率、促进社会公平和增强环境保护等诸多目标；其次，在空间尺度方面，可持续城市形态的真正价值，并不仅仅是实现城市内部的良性运转，更在于通过城市自身建设来推动更大范围的区域可持续发展。

城市形态的可持续性是相对而言，如果某种城市形态有助于城市在其自然和人工环境承载限度内运行，能够促进社会公平，就可以认为是可持续的城市形态。可持续城市形态既是在可持续发展理念影响下逐渐发展起来的新概念，也延续了城市规划学科长期以来所秉承的通过物质空间形态改造来实现社会改良目标的思维传统和基本立场。

（2）可持续城市形态的关键要素

Hildebrand Frey 在《设计城市——迈向一种更加可持续的城市形态》中根据马斯洛（Maslow）的人类需求体系（表3-2），提出了可持续城市形态和结构的标准（表3-2）。

可持续城市形态和结构的标准　　　　　　　　　　表 3-2

马斯洛的人类需求层次	可持续城市应提供
所有的物质需求	①良好的生活和工作场所；②合理的收入；③教育和培训；④交通和通信；⑤服务和基础设施
安全和保护	①无论在视觉或功能方面环境都是有序的并得到控制；②没有污染和噪声的环境；③没有恶性事件和犯罪的环境
良性发展的社会环境	①城市是人民根治于此、孩子能找到朋友的地方；②使人产生归属感
良好的印象、地位和声望	①使人产生自信心和力量；②提升人的地位和尊严；③为个人提供机会营建自我空间
创造的机会	为社区提供机会建设属于居民的地区和邻里
在美学上令人愉悦的环境	①经过优秀设计的环境；②令人产生深刻印象的物质环境；③拥有深厚的文化和艺术的环境

对于可持续城市形态的研究，Jabareen Y. R. 将其特征要素概括为紧凑度（compactness）、可持续交通（sustainable transport）、密度与开放空间（density and open space）、用地功能混合（mixed landuses）、清洁能源（clean energy）、包容性（toleration）等方面。

其中，城市紧凑度是反映城市空间形态和功能布局的重要指标，具体指城市人口、经济、土地利用、交通等要素按照一定经济技术联系在空间上的紧凑程度，适宜的城市紧凑度是城市综合效益最大化的集中体现，紧凑度过高导致城市生态系统恶化，过低导致土地资源无序低效利用，城市发展的可持续性受到影响。可持续交通就是交通服务必须能够平衡可达性、机动性、安全性、环境质量和城市活力的不同需求。当前普遍的观点认为，作为迈向可持续城市形态的第一步，必须要提供高质量的公共交通，将其作为小汽车出行的一种可替代的选择方式。第二步提高交通通达性范围，鼓励大运量公共交通出行方式。密度是衡量可持续城市的基本指标，提高密度具有减少能源消耗、空间使用、交通出行和基础设施成本等优点；开放空间是将自然要素引入城市环境，城市系统中留有空地以进行呼吸，改善城市物质环境、提升城市形象品质、提高居民生活质量。用地功能混合允许相容的功能在空间上就近布局，旨在有效地降低相关活动的交通距离，减少机动车使用，提高社会公共设施使用率。清洁能源强调通过太阳能利用、街道布局等手段，降低城市对不可再生能源的需求。包容性意味着城市的社会整合和文化兼容，有助于提高城市的活力。上述各种设计要素都被普遍地认为能够有效提升城市形态的可持续性。

（3）可持续形态的实践模式

根据各设计要素与可持续城市形态有密切的关系，这些设计要素在不同组合的基础上，体现了集中或分散的规划思想，已经形成了包括紧凑城市、生态城市和多中心城市等一系列可持续城市形态的实践模式（图 3-1）。

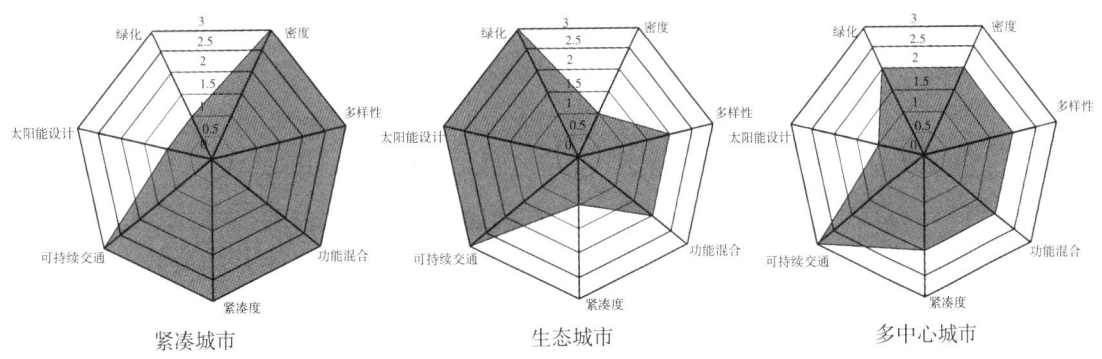

图 3-1　可持续城市形态的实践模式

图片来源：Hildebrand Frey. Designing the City: Towards a More Sustainable Urban Form. New York: Routledge. 1999.

紧凑城市是城市规划集中论思想的具体表现形式。紧凑城市理念最早由丹齐克（Dantzing）和塞蒂（Saaty）提出，通过紧凑度和密度等手段可以有效避免现代城市带来的环境问题。进入 20 世纪 90 年代以来，相关理论研究认为，应当倡导空间紧凑和土地混合使用的城市形态，将各类设施和功能活动紧密结合在一起，提高基础设施的经济性，减少交通能源消耗，节省土地资源，创造高品位的城市生活。1990 年，欧洲社区委员会在绿皮书中首次提出回归"紧凑城市"的城市形态，依据欧洲许多历史城镇保持紧凑而高密度的形态，认为紧凑城市能使现有城市地区环境更加持续，并提升生活质量。紧凑城市建设也带来诸多负面效应，过高的密度引起交通、资讯堵塞，环境污染及生活成本增加，城市继续发展，势必出现郊区化倾向。

生态城市体现了城市规划学科分散论的思想。它体现了城市发展理念中传统的人本主义向理性的人本主义的转变，反映出城市发展在认识与处理人与自然、人与人关系上取得新的突破，使城市发展不仅仅追求物质形态的发展，更追求文化上、精神上的进步，即更加注重人与人、人与社会、人与自然之间的紧密联系。

多中心城市是分散化集中的折中论思想，既有集中论吸纳遏制政策的节省用地、减少能源消耗等优点，又能吸收分散观点避免高密度和过度紧凑所带来的生活环境恶化问题。理论及实践研究表明，城市单中心向多中心演化将有效提升城市运作效率，居民福利得到明显改善。

城市空间的多中心化发展是网络化大都市形成的重要基础。随着大城市外围次中心的出现，城市形态将突破既有边界和"中心—边缘"的二元结构，形成网络化大都市多中心相互依存、分工合作的城市区域。

结论：将可持续城市形态的理论模式与设计要素结合起来，可以分析各理论模式的特点及本质差异。紧凑城市模式下的城市空间形态更加侧重于物质形态的紧凑度、用地功能混合、公共交通组织以及高密度开发，但缺乏对开放空间、清洁能源使用及生态绿化的关注；生态城市更关注对环境的管理、生态技术的应用，更加提倡城市开敞空间和生态环境的保护，反对城市高密度开发；多中心城市折中了城市集中与分散的特点，通过城市区域的适度分散和城市内部的合理集中以及大运量可持续交通等设计要素，使城市保持适当密度与开放空间，保留一定生态用地，城市生态系统良性、可持续运转。

3.3 网络型田园城市模式与可持续发展的契合

3.3.1 网络型田园城市的可持续发展选择

在当今全球化和信息化的世界中，一方面随着后工业化进程及生产性服务业的不断发展，多中心网络城市已被认为是信息时代和后工业社会背景下较为理想的城市形态，通过主副中心的自我完备和相互联系的发展方式，来实现可持续的多中心城市形态。另一方面，随着财富的增长，人们开始意识到，生态宜居的环境才是城市的根本，是城市发展的最终诉求之一。寻求新的可持续发展的方式，必须改善赖以生存的环境，人们开始追求与城市经济发展相匹配的生态环境、文化影响力,以增强城市的认同感,田园城市建设成为提升城市功能效益、建设宜居城市的重要手段。

3.3.2 网络型田园城市的动力机制

　　网络型田园城市发展机制有别于传统的城市发展机制,一方面强调发展要素的引导机制转变,由要素竞争型向结构竞争型转变;另一方面通过空间上的水平分工和垂直驱动,带动整个网络城市的有序发展。

　　（1）发展机制——提升软实力

　　传统的"资本→技术→人力（人才）→财富"发展机制,带来了严重的资源浪费和环境污染,对城市的可持续发展产生一定的负面影响。网络城市发展机制应转变为"环境→人才→技术→财富"（图 3-2）,由环境品质的打造,吸引高素质人才的集聚,带动技术结构的变化,达到财富积累的目的。这一模式的转变在空间要素上主要体现在由原先规划重视工业功能区的设置转向品质生活区的配置,用品质生活区吸引人才,人才创造技术和财富的发展模式,提升城市的软实力。

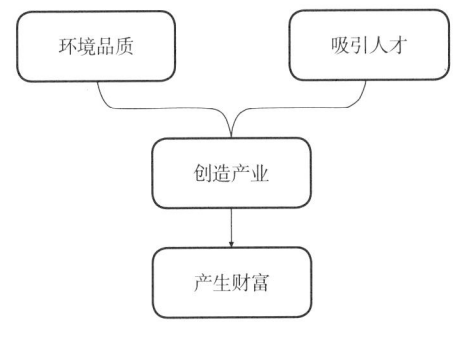

图 3-2　网络城市发展机制

图片来源：笔者自绘

　　（2）动力机制——核心驱动

　　网络型田园城市可以看作一部传动装置,由动力源（核心区域 / CBD）、传动轴（重要发展轴线）、功能组团（重要功能区）、功能节点（网络战略节点）组成（图 3-3）。

　　动力源：动力源是具有极化效应的发展极核。依托商务中心、港口等引擎点作为嘉兴网络城市的动力源。动力源强大的引擎力通过网络战略节点进行传动,将动力传递给网络各级节点和功能组团。

　　传动轴：传动轴是将动力源的发展动力传递到各个功能组团的重要纽带,传动轴是网络城市发展要素流动最密集的通道,例如嘉兴市区与滨海新区联系的走廊,可以发展为产—学—研结合的区域。

　　功能组团：是网络城市的重要功能区,是以副中心为核心的城市

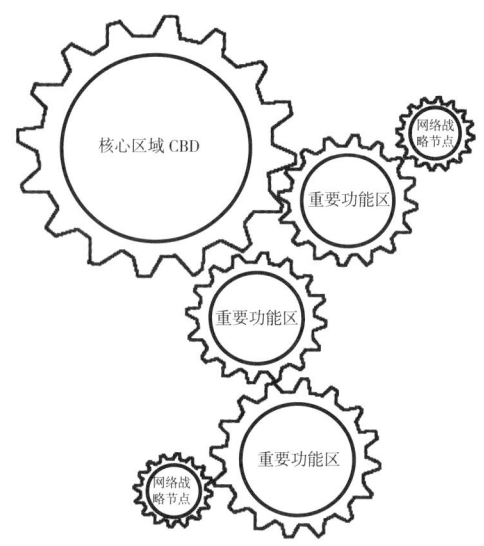

图 3-3　网络城市动力机制

图片来源：笔者自绘

功能区。各城市功能区通过传动轴接受动力源的动力，各功能组团之间错位发展，形成网络型城市的重要功能支撑。

功能节点：是介于各功能组团之间，具有功能连接、要素传动功能的节点区域，是网络城市功能关联的重要保证。

3.3.3 网络型田园城市的发展模式

城市空间的增长经历了漫长的演变生长过程。网络型城市建设模式就是选择区域城市和城镇空间发展的最优路径，研究一定范围内的城市时，既可以将其作为一个点，也可以作为一个面。研究网络城市地区与周边城市关系时作为一个点来考虑，而研究内部城镇联系时，作为一个面来进行研究。而田园城市的空间发展在传统城市自组织演变和人为控制规划的基础上生产新的城市模式，是整个社会经济文化等各方面发展到一定高度的理想城市空间。在空间形态、景观结构、建设设计、交通功能上与传统城市相比有很大的变化。

（1）区域模式——整合参与区域竞争

网络型田园城市作为一个强有力的整体参与区域竞争。中心城市与次中心城市之间存在明确的分工关系并且相互依存。这种发展模式最大可能的整合区域内部空间要素和空间资源，使得各个部分都成为区域不可分割和有机联系的组成部分。这种模式有利内部高效城市网络的形成，也有利于城市参与外部竞争。

（2）空间模式——多中心网络

城市的发展从农业社会到工业社会聚集作用不断增强，城市的中

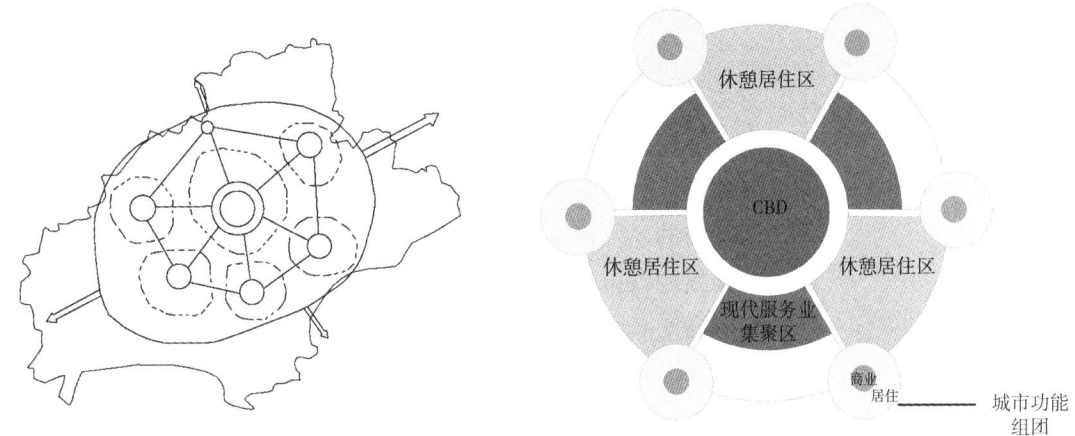

图 3-4　网络城市多中心网络

图片来源：笔者自绘

心作用十分明显，呈现从核心到边缘衰减的经济和文化的过渡。在空间发展上农业社会的城市往往是自发演变发展、相对依从于自然，城市的核心—边缘效应不明显，城市空间形态总体上是一种自然空间与人工空间相融合、结构简单的特征。城市发展到工业社会，工业革命带来了城市空间的剧烈震荡，城市集聚作用明显，空间结构复杂分化，城市的空间形态呈现同心圆式的发展模式，核心—边缘效应明显，中心城建成区集聚了城市的绝大部分功能空间，而且人工和自然空间分离明显。当城市发展为田园生态城市时，田园城市的空间结构呈现相对均衡发展与分布的模式，城市由原来的单核心结构演化为多核心结构，核心—边缘效应逐渐弱化，都市与边缘都融合进城市，城市和乡村呈现一体的状态，初期的多中心阶段是由明显的核心和次中心，当多核心结构发展到成熟阶段时，则在经济、文化、社会各方面走向均衡，人工空间和自然空间再次相融合。这种演变也是城市更高层次上的一种空间形态的回归。

　　网络型田园城市的内部采用多中心、组团式的网络模式（图 3-4）。多中心采用水平的网络分工和垂直的网络体系构建多维网络，根据内部核心、节点、通道、路径等组合关系考虑城市之间的相互联系，形成多中心网络发展模式。组团式内部呈现细胞增长的有机发展模式。传统城市的自发增长结果往往导致城市的蔓延，城市空间过度灰化，城市的生长往往需要规划控制，是一种有规划的有强行约束力的刚性生长模式。田园城市的建设是基于空间利用的高效性和局部的紧凑性，对空间的利用达到十分经济的程度，从而退让出大量的开敞的自然空间，空间的生长为柔性生长模式，呈现一种动态的细胞生长 (dynamic growth)，十分注意空间功能弹性。当城市细胞生长达到一定的生态门槛时，就进行非邻域扩散，在另一处形成新的组团。城市细胞之间不存在依附关系，每个新的城市细胞是一个完整的新的独立个体，这种生长方式是一种有机的新陈代谢的良性生长方式，是一种深层次的生态机制引导下的生态城市的发展。当然这种呈细胞有机生长的城市空间发展是与社会人口、经济等内在因素密切相关的。人的平衡发展使得田园城市的组团规模呈自控制发展，这与现代城市由于人口的猛增和集聚导致的城市空间扩张的不可控态有着本质的区别。经济和人口的均衡发展使得城市的集聚作用减弱，从而使得城市能够有机生长。

（3）城乡模式——城乡融合发展

网络田园城市最深刻的内涵即为城乡一体（图3-5）。从城乡公平的角度坚持新型城市化引领统筹城乡发展，促进城乡融合发展，建设城乡和谐、有机协调的网络田园城市。

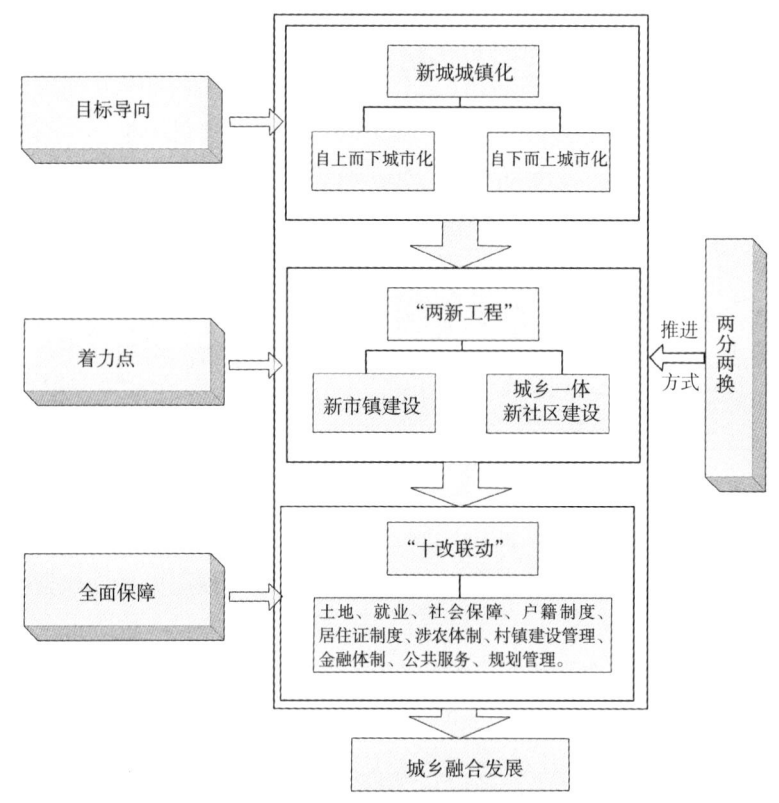

图3-5 城乡融合发展模式

图片来源：笔者自绘

（4）交通模式——TOD引导发展

TOD模式就是以公共交通为导向的开发模式。其中公共交通主要指的是地铁、轻轨等大运量轨道交通以及公共汽车与无轨电车干线等

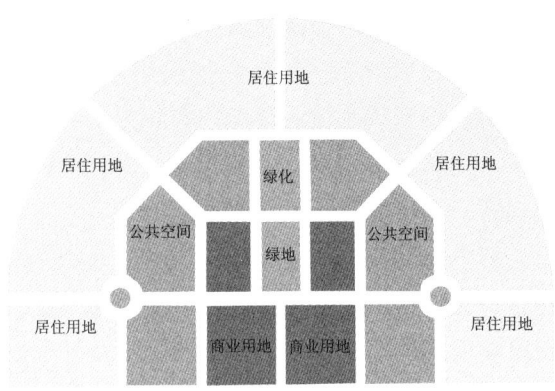

图 3-6　TOD 交通发展模式

图片来源：笔者自绘

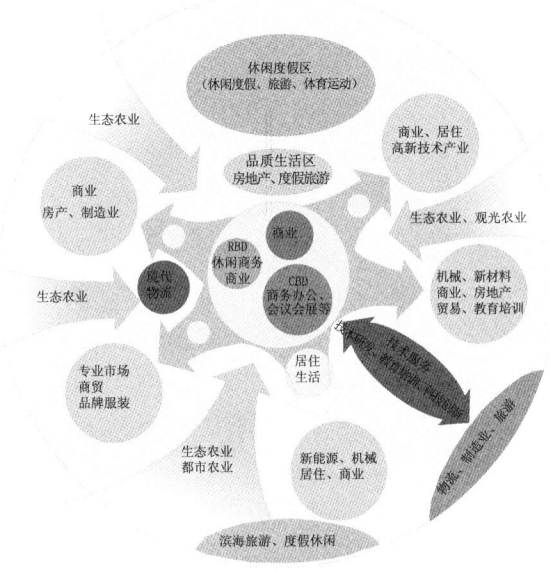

图 3-7　网络田园城市产业模式

图片来源：笔者自绘

组成的城市立体交通网络。如图 3-6 的 TOD 开发模式在公交站点形成地区的枢纽；临近公交站点进行高密度、混合和多样性开发。另外田园模式更加注重绿道、水系等慢行交通设施的建设，通过"WOD"（水系导向模式），让水成为城市的第一面，形成"水系—带形公园—（绿道）—道路—建筑"的空间肌理，通过将水放在城市第一面提升整个城市的文化品位与独特格调，来彰显水乡特色。

（5）产业模式——差异化发展与组合协作

应当按照网络田园型城市的空间构架，通过产业的转型升级发展和空间优化布局，形成分工明确，组织合理的网络型城市产业空间格局（图 3-7），确定网络型城市的核心地区、产业功能区、技术廊道区、城镇功能组团的产业优化升级方向。各个组团内部产业大力发展高端产业和产业高端，形成以现代服务业和总部经济为核心、以高新技术产业为先导、以强大的现代制造业和现代农业为基础的市域现代产业体系；各个组团之间则形成专业化的产业分工，实现差异化的发展模式。

（6）生态模式——"斑块—廊道—基质"

田园城市必须有足够的生态空间作为保障，营造开敞空间和大量的绿色用地，是以农田、山、水等自然环境要素为基质，由镶嵌在其中的一系列城市功能组团组成，以多种交通网络及基础设施网络联系的城市区域，与霍华德的"田园城市"具有相同的分形结构，在不同的空间尺度上，形成具有不同特点的花园式空间形态（图3-8）。

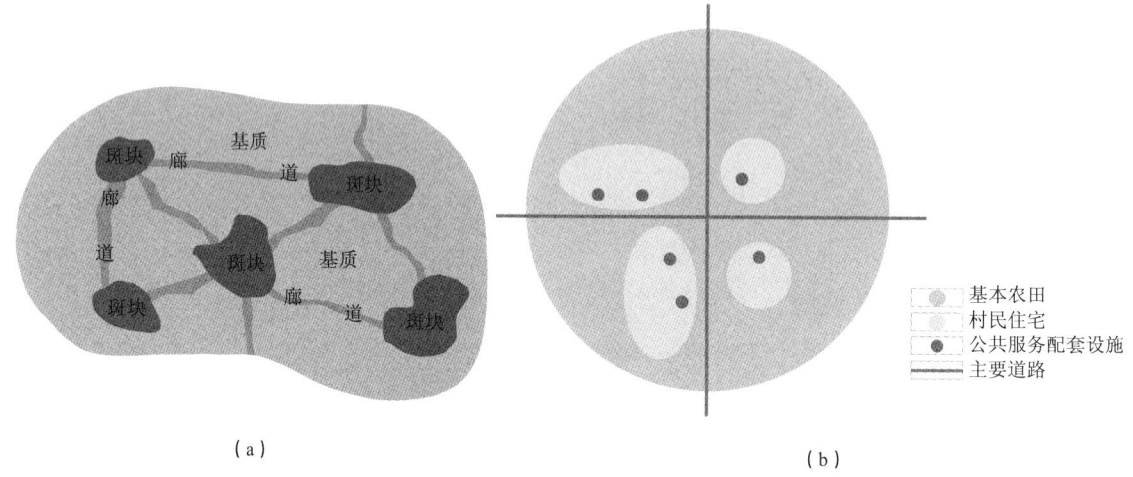

（a）　　　　　　　　　　　　　　　　　　（b）

图3-8　网络田园城市生态模式
图片来源：笔者自绘

田园城市的宏观空间呈现均质性的特征，整个城域（区域）由高效城市组团（多核型城市）和自然空间构成，而这些城市组团并无功能地位上的明显区别，都是一个功能复合体，功能结构上呈现均质性的特征。这种城市模式削弱了传统城市核心边缘结构和空间梯度分布，使城市达到空间分布的动态平衡。在微观层面上，生态城市的空间形态呈现多样性的特征，由生态基底和乡村基质共同组成。

生态建设按照"斑块—廊道—基质"的模式进行建设，整体上保护生态基质，构成生态基本格局；重点保护生态景观节点和斑块；加强重要绿色通廊建设。

第二部分　战略趋势

4

城市战略新动向

21 世纪的城市，开始面对激烈的全球化竞争、能源危机、城市蔓延等前所未有的诸多挑战，权利日益分散，而环境问题、城市区域可持续发展问题逐渐被从地方到全球各个层面所关注，所有这些都促使城市实现可持续发展并保护其周边的环境。由于进入 21 世纪的城市发展战略将随着城市的不同发展阶段以及所处的区域关系演变而越来越具有主题和表达方式的不确定性。因此，我们分三个层面把握战略规划新动向，有利于嘉兴更好地构建适合自身情况的战略思路框架。

第一个层面是对大都市层面的空间、经济、社会等领域的全面审视和未来的诠释，对于提高城市的竞争力、提升城市的建设品质，实现可持续发展具有重要意义。

第二个层面是大城市市区的周边城市发展思路，它们是如何成功发展起来的，与大都市的关系如何处理，这些为嘉兴谋求转型突破提供了很好的指导。

第三个层面是寻找类似嘉兴空间区位、资源禀赋的"中间城市"的发展路径。探究其作为中间城市，中心性是如何加强的。

未来处于战略机遇期和转型攻坚期的嘉兴市，研究以上三个层面城市的追求目标及相应战略政策将是嘉兴发展的重点方向，也为我们提供重要经验。

4.1 大都市发展战略新动向——绿色、可持续、以人为本

4.1.1 新加坡城市发展新战略

（1）新加坡概况

新加坡共和国是位于马来半岛南端的一个岛国（图 4-1）。其北面隔着柔佛海峡与马来西亚紧邻，南面有新加坡海峡与印尼巴淡岛相望，由本岛和 63 个岛屿组成。新加坡是全球最为富裕的国家之一，其经济模式被称作为"国家资本主义"，并以稳定的政局、廉洁高效的政府而著称。新加坡是亚洲重要的金融、服务和航运中心之一。根据全球金融中心指数的排名，新加坡是继伦敦、纽约和香港之后的第四大国际金融中心。工业是新加坡经济发展的主导力量，快速发展至今，已成为全球第三大炼油国以及世界电子工业中心之一。新加坡在城市建设方面成绩斐然，有"花园城市"之称。作为一个小岛国，有限的土地面积是城市发展的最大制约之一。新加坡国土面积目前 715km²，其中约 133km² 是通过填海造陆的方式增加的。常住人口 518 万，人口密度高达 7255 人 /km²，城镇化率高达 100%。

图 4-1　新加坡区域位置图

图片来源：笔者基于《新加坡 2001 概念规划》绘制

新加坡的城市规划主要由四个层次的规划组成：概念规划、发展指导蓝图、总体规划和城市设计。

（2）新趋势——挑战稀缺土地，保证高质量的生活

新加坡概念规划是一个创新、弹性的规划形式，以城市发展面临的主要问题为规划导向。为未来 40 ~50 年的发展规划了图景，这个图景基于将来 550 万人口的规模（图 4-2、图 4-3）。

对于新加坡发展来说，最大的挑战就是土地资源缺乏，随着经济增长和人口规模扩大，对土地的要求也与日俱增，它不仅要保证居住、工业、休闲等用地，还要提供基础设施、水源保护、军事用途等技术要求用地。虽然围海造田能够增加 15% 的国土面积。但土地需求量仍然较大。综合以上要求，规划以保证高质量的生活为目标，提供多种住房选择和舒适的生活环境，将增加休闲的去处，提高用于休闲绿地的可达性，为保证其国际商务中心的位置，强调商务活动需要，支持高附加值工业发展。新加坡人对未来城市环境的描述是：新加坡将成为一个拥有世界级设施的现代城市，同时也是娱乐休闲最佳的热带岛屿。它将是一个能够提供多种选择的、拥有丰富环境的、独特优雅的城市。

2001 年概念规划的主要目标：在住房、休闲、商务、基础设施和城市特色方面的目标归纳起来有 7 个：①熟地的新居；②拥有良好视景的住房；③更多的休闲去处；④对于商务的适应性；⑤建成全球性的商务中心；⑥发达的铁路网；⑦增强居民对城市的认同感。

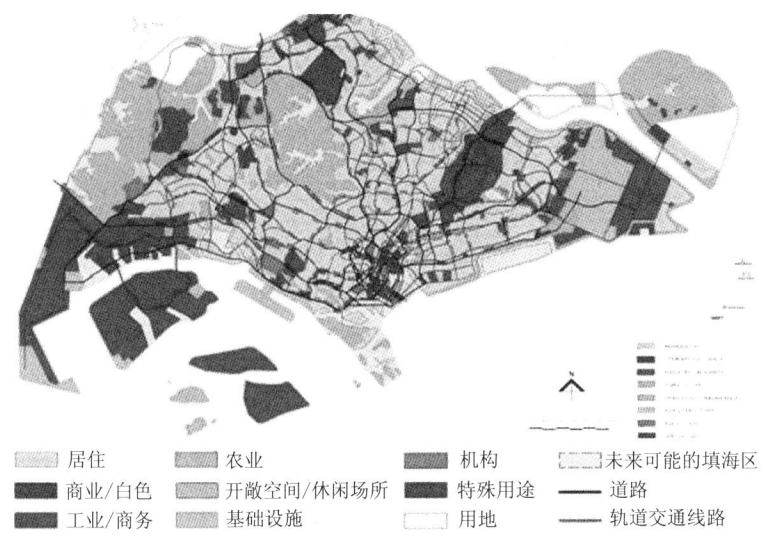

居住	农业	机构	未来可能的填海区
商业/白色	开敞空间/休闲场所	特殊用途	道路
工业/商务	基础设施	用地	轨道交通线路

图 4-2 新加坡行政区划及用地空间图

图片来源：新加坡 2001 概念规划

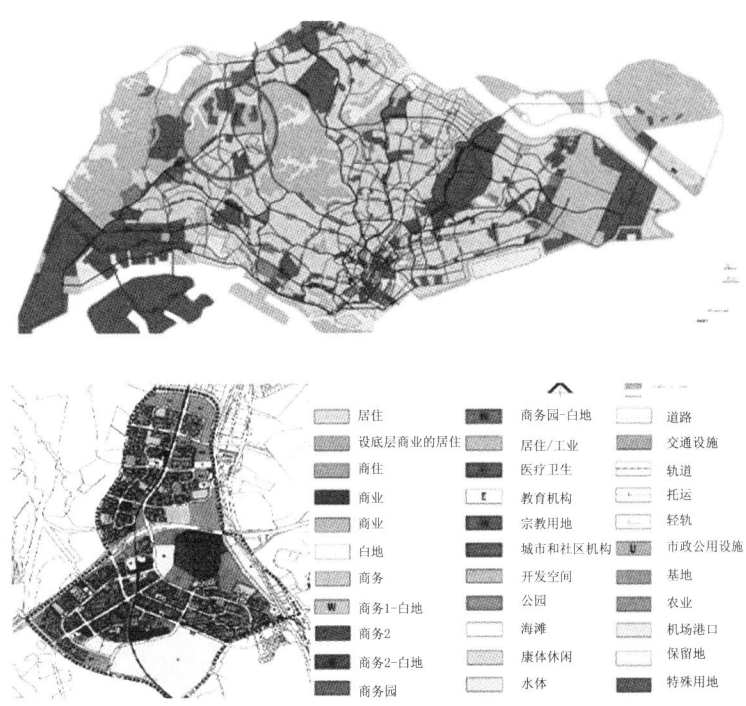

居住	商务园-白地	道路
设底层商业的居住	居住/工业	交通设施
商住	医疗卫生	轨道
商业	教育机构	托运
商业	宗教用地	轻轨
白地	城市和社区机构	市政公用设施
商务	开发空间	基地
商务1-白地	公园	农业
商务2	海滩	机场港口
商务2-白地	康体休闲	保留地
商务园	水体	特殊用地

图 4-3 中心区域总体规划用地空间布局

图片来源：新加坡 2001 概念规划

2001 年概念规划的主要内容：

住房方面，致力于创造一个适居性良好的城市，新加坡人可以在"住在哪里"和"住什么样的房子"方面有更自由的选择。并提出在熟地新开发住房，在西区提供良好的人居，增加各种便利设施和机构，未来提供新颖的高层公寓，使居民可以欣赏到良好的景观；高密度紧凑的社区有便利的设施，商店、学校、公园、公交车站和地铁站在步行可及的距离之内，城市生活将提供更多的住房，居住密度的高低搭配，保证居民生活环境的多样性。

休闲方面，新加坡将是一个有趣和充满激情的城市。致力于为每个居民创造休闲娱乐的去处。未来，将为市民们提供更多的运动、绿地、文化设施，市民们可以获得更多的选择机会。绿地方面，不仅绿地面积将增加1倍，还致力于绿地具有更好可达性和使用上的便利，使得公园形成网络；乡村地域方面，规划拟定长久地保留乡村地域；体育和文艺方面，将预留体育活动土地，取决于未来的需要建设运动设施，还为艺术爱好者们提供艺术场所……

商务方面，新加坡将是具有经济活力的城市，一个由尖端科技、高附加值工业和服务业所推动的城市，一个全球性的金融中心，一个能够在国际领域竞争的城市。保障包括电子工业、化学工业、制药工业、生物医药工业等显著推动经济增长的工业发展；金融和服务业将被集中在中心区域，对于商业发展需要更多的适应性，捷运站周边增强土地开发强度；居住与工作的距离尽可能临近；规划未来建设环状和放射状的便捷铁路网，增加高速公路的通行能力，驾车更加迅速、顺畅。

城市认同方面，注重居民对城市的认同，在高速发展的同时没有忘记保留物质景观的特色。将建筑遗产和街区作为重点保护的范围，用于保存居民集体的记忆。注重新城特色，城市风格协调，具有显著的地标和自然景观，尺度更加紧凑和人性化，使居民有归属感和社区感。

总体结构：新加坡的概念规划确定以中心区为主体的星座结构，组团发展的科学空间布局，按照市中心—次中心—副中心的结构将全新加坡划为55个小区进行建设，组团和小区中布局合理，功能齐全，兼有就业、交通、休闲、居住等功能，居民可就近就业、消费。

4.1.2 悉尼城市发展新战略

（1）悉尼概况及发展历程

悉尼（Sydney）（图4-4），澳大利亚新南威尔士州首府，濒临南太平洋，是澳大利亚乃至大洋洲最大的城市和港口，也是全球最繁华的国际大都市之一，面积为2400km²。悉尼是澳大利亚的经济、金融、交通中心，也是亚太地区重要的金融中心和航运中心。悉尼是国际主要的旅游胜地，以悉尼歌剧院和港湾大桥而闻名遐迩。悉尼在澳大利亚国民经济中的地位举足轻重，服务业是悉尼经济的主体，悉尼的国民生产总值约占全澳的30%，大部分世界知名跨国企业在悉尼都设有分公司或办事机构。

新加坡的城市规划为"问题指向型"规划，时刻围绕着三个问题：第一是使土地的利用最优化，使有限的土地满足所有的需求；第二是保持经济增长与城市发展的平衡，提供一个很好的生活和工作环境，创造一个有特色的、绿色而美丽的多功能城市。第三是区分轻重缓急，对城市发展具有方向性、战略性的问题，如住房、就业、城市环境等重大问题进行专题研究。

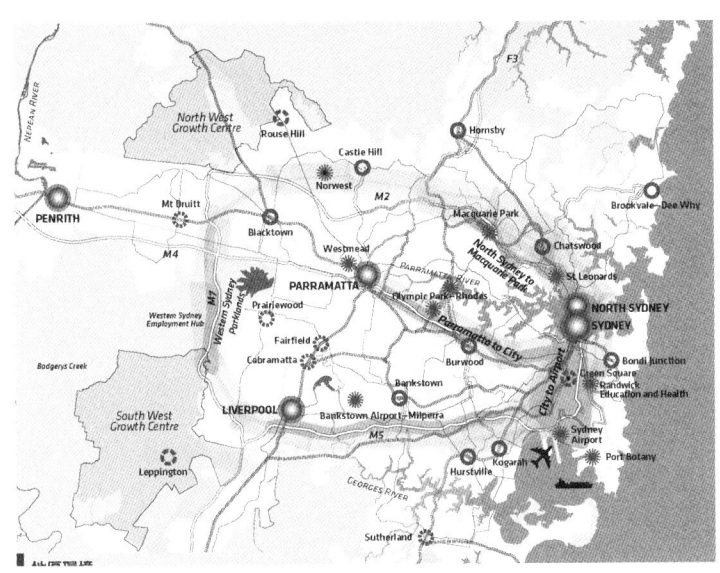

图 4-4　悉尼城市区域位置图
图片来源：网络图片

　　规划历史与现状：20 世纪 70 年代悉尼的经济建设主要集中于能源生产，投资社会基础设施的高额红利预期假象改变了能源市场繁荣这一经济战略，土地和住房价格上升，使得悉尼成为最昂贵的州府城市。1979 年新的环境规划和评估法案以及新的规划和环境机构（1980 年）承诺将制定一个现代风格的规划，更考虑人们对社会发展和环境保护的日益关注。悉尼地区规划大纲制定，但高估了悉尼的发展速度并由此带来的城市基础设施不现实的需求，尽管 80 年代澳大利亚对地方空间规划的细节关心不够，但对大城市发展规划总体来说还是产生了良好的效果，根据当地土地开发带来的种种变化协调了地方资源的利用。

　　（2）战略新趋势—— 一个绿色、全球化和网络化城市

　　《可永续的悉尼 2030》围绕悉尼如何实现绿色发展进行战略选择（图 4-5）。绿色：悉尼市将被全球公认为环保领先者，有杰出的环保业绩和推动经济增长的新型"绿色"行业。该市利用绿色基础设施网络，减少温室气体的排放，旨在满足能源、水资源以及废物排放要求，率先实行的是多个重建区域。通过规划新的住房机会，融合主要的交通、基础设施和公共空间，保留悉尼地区的都市足迹，保护本土动植物群落和生态环境。全球化：悉尼将以世界水准的旅游景点以及在文化基础设施、标志物和服务设施方面的不断投资，继续保持其在澳大利亚最重要的全球化城市以及国际门户的地位。悉尼将在市中心给商业活动和高质素职位保留优质的空间，并对社交、文化及娱乐设施提供支持，以培育、吸引及留住全球人才。悉尼将接受创新及新科技，注重新型媒体和互联网连接，鼓励创造与合作。悉尼将成为全球文化网络的一

1 在全球化的悉尼中央
地区设一个注重活力的市中心
充满活力，居民热情友善，还有一个高级的商务中心，
重新连接到海港。

2 一个结合性的悉尼
内城区交通网络
全新的可永续交通把悉尼内城区、市中心和市村地区连接起来，
把市中心和市村的拥挤分散出去。

3 一个适宜居住的绿色网络
连接的绿色通道融合舒适的街道，提供专用的行人道和单车径，
还有以新的方式发展这个城市和市村地区。

4 作为市村社区和交通中心的
活动枢纽
一个可永续的地方，让本市别具特色的社区集合、创造、
学习、工作和购物。

5 可变化的发展和永续的重建
重新创造悉尼市的措施，包括有效利用能源和水资源的基建，可负担住房，
高品质的公共空间和设计，以及提供必需的交通方式选择。

图 4-5 悉尼愿景图解
图片来源：笔者根据《可永续的悉尼 2030——悉尼市策略规划》整理绘制

部分，积极参与全球知识交流。网络化：凭借其局部性步行和自行车网络，以及连接市中心内部、市中心与外部其他地方的交通路线，悉尼的出行将更加方便。前往悉尼也将很方便，地区性交通网络将在现有网络的基础上进行升级改造，从各地前往悉尼市中心将会变得更加便捷。悉尼富有特色的城市小区将继续成为社区生活的主要焦点，并培养市民的归属感。这些小区中将设立活动枢纽，使各种服务相对集中、彼此互通互联，从而大大提升悉尼的宜居性，这也将从根本上不断提高悉尼的全球竞争力。

悉尼将变得多元化而且有包容性。通过增加提供价格适宜的住房，以及更方便地使用社区设施、计划和服务，相对平等将有所提升，从而改善社会福利和公平性。大量的艺术展览、表演、重要活动和节庆活动将促进城市的文化活力。悉尼将扶持土著居民，并弘扬其仍在传承的文化。悉尼将积极致力于提升政府、私营行业以及社区之间的伙伴关系和合作，鼓励和引领变革。悉尼是更广泛的国内和国际社区的一部分，将在文化、贸易和互利交流方面与其他澳大利亚和国际城市不断加强合作。

悉尼最终以实现"一个绿色的、全球化以及网络化城市"为愿景目标。绿色源于适度的环境影响，源于树木、花园、公园及相连的空地。

全球化体现与经济定位，全球化联系和指示交流，全球化和思想开放体验的想法和态度。网络化是指，由步行、自行车网络和高品质的公共交通构成的交通网络，由世界水准的通信构成的信息网络，由归属感和社会福利将政府和关心这个城市的人联系起来的社区网络。

总结以上两个案例：

一是强调对人文社会领域的关注。未来世界城市的发展涉及更加多元的人文发展空间，强调城市的宜居性。由此可见，以关注人的发展，展示多元文化、塑造城市形象、构建社会和谐为代表的人文环境是未来世界城市发展的重要主题。

二是强调绿色发展。对水、能源、空气、气候变化等领域的保护和有效应对是每个城市都应该重视的问题。通过构建绿色的环境、绿色的产业、绿色的基础设施、绿色的生态系统，使城市的发展更具可持续性。这些内容均体现出绿色对于未来城市发展的战略指导意义。

4.2　大城市周边城市新思路——立足区域，主动对接

全球影响下特大城市呈现出多中心城市区域空间集中式的分散特征。首先，资本、信息和产业的融合产生了专业性新兴产业的专门服务需求，生产性服务业异常活跃；其次，特大城市地区被高速公路、城际轨道、通信光缆、科技创新所构成的交通流、信息流、知识流连接起来，形成了以处理、交换、服务信息为核心的生产性服务业的城市空间扩散与集聚，逐步从依赖传统的商务密集地区走向虚拟空间与实体空间结合的新空间形态，即城市集中式的分散。具体有两种形式：一种形式是在这个城市区域内的特殊节点（靠近新的交通节点）重新聚集，如 CBD（上海陆家嘴）—二级 CBD（上海副中心）—三级 CBD。另一种形式，则是更广阔的城市区域尺度（距离中心城市150km 范围内）的战略性节点或交通枢纽区域，具备将这样多样化分散功能重新集聚起来，形成特定功能的专门化次级中心，比如展览会议中心、教育科研中心、休闲娱乐运动中心等。例如欧洲城市区域的一些中小城市，大都市圈的副中心城市等等。就产业空间来看，特大城市与周边形成分工合作又有竞争的产业发展阶段，随着产业体系的结构性调整，各区域节点城市的生产模式转向应对多样化的服务经济，包括弹性的生产者服务和多元的消费服务。

4.2.1 苏州城市发展战略

（1）苏州概况及发展历程

苏州，一座有着 2500 多年历史的文化名城，以其独特的吴文化底蕴、丰厚的历史传承、典雅的园林艺术、别具一格的水乡风光，古往今来一直是享誉国际的历史名城、文化古地、浪漫之都。

"上有天堂，下有苏杭"，这句谚语道出了苏杭古时的繁盛（图 4-6），也表达了人们对苏杭两地的向往。苏州给后人留下了丰盛的文化财富，市域内有两个国家级历史文化名城、四个国家级历史文化名镇，还有大量非物质文化遗产。

图 4-6　三吴都会，繁华姑苏景象

图片来源：（清）徐扬《姑苏繁华图》（局部）

长三角地区既是我国最大经济核心区之一，也是城市和人口最密集的地区，是世界第六大都市带。苏州处于长三角地区的地理中心，在农耕社会及工业社会发展时期，都是江南地区的中心，直至 19 世纪，苏州的中心地位才被上海取代。从新中国成立初期到改革开放前，苏州一直依托古城缓慢发展。改革开放后，苏州城市经济发展开始提速，从 1977 年到 1985 年短短的 8 年时间经济总量增加了两倍，城市财富也急剧增加，但另一方面古城却面临进一步的破坏。在这样的背景下，1986 年的苏州城市总规（图 4-7）做出了"跳出古城建新城"的选择，使得苏州成为国内为数有限的古城风貌基本保持完好的城市，苏州古城躲过了灭顶之灾。由于当时刚刚走上市场经济，经济活动还没有按照市场规律组织，而南京在西侧，东侧上海的经济中心地位还不突出，因而当时新区选择在古城西侧。

借助良好的基础和优越的区位条件，苏州发展不断加速。1990年，由新加坡劳工基金、市区重建局、新加坡港务局和新加坡置地有限公司的代表组成考察团在对我国几个地区进行比较后，建议园区选址在苏州古城东部，苏州新加坡工业园成立。1992 年 11 月，苏州新区被国务院批准为国家高新技术产业开发区，为苏州的发展注入了强大的发展动力。至此，苏州"一体两翼、东西平衡"的城市框架得以确立，之后的数次规划均是在这个基本框架下得以延续（图4-8、图4-9）。并在此框架下，苏州 2004 版总体规划提出了形成文化名城、高新基地、宜居城市、山水之都的建设目标。

文化名城：传统文化 + 现代文化

传统文化：苏州作为国家级历史文化名城，至今依然保持着宋《平江图》所记录的基本城市格局，是我国古代营城模式的一个优秀范例和实证。苏州也曾是江南地区的经济中心、商业中心和物流中心。苏州有发达的水系和温润的气候，目前在阳澄湖和湖岛地区、太湖东西山及湖中群岛地区、苏州东南部水荡地区依然存在保留着传统生产生活方式和景观的乡镇。作为这样一个文化强市，在当今和未来发展中应当更有效地保护苏州古城，并根据现代社会发展的需要进行环境整治、人口疏解和功能置换，逐步打造成为传统文化旅游、传统文化研究和传播基地，具有特色景观和文化的宜居之城。在太湖东西山及湖中群岛、阳澄湖环湖和湖岛地区建成江南庄园、农庄、水乡文化旅游休闲基地。

现代文化：目前的苏州吸引外资总量已经位居国内各大城市的前列，成为世界最重要的制造业基地之一。现如今国内制造技术和管理水平逐渐成熟，在激烈的竞争中，想要脱颖而出，就必须建立自己的设计中心，振兴设计产业和创意产业。当前中国设计产业开始繁荣起来，苏州需要在这一时刻为这些创意产业创造环境、提供场所。因此规划建议在主城周边的胥口、藏书、车坊等地，打造新兴的创意产业基地，再创苏州产业文化的辉煌时期。

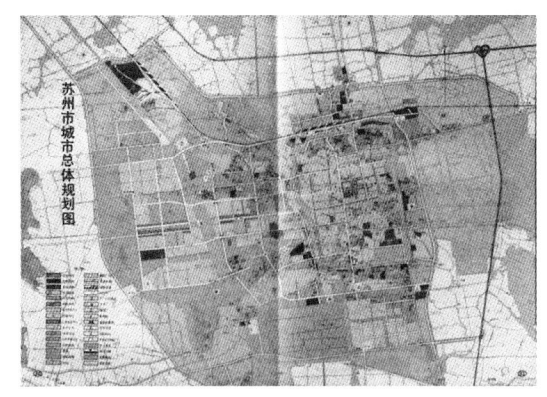

图 4-7　苏州 1986 版总体规划用地布局图

图片来源：《苏州市城市总体规划（2004–2020）》

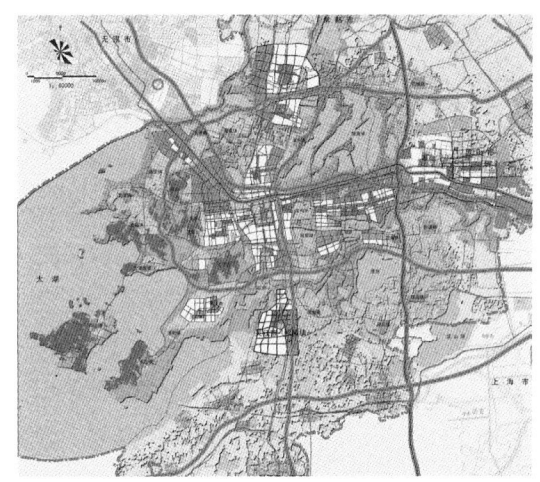

图 4-8　苏州 2004 版总体规划用地布局图

图片来源：《苏州市城市总体规划（2004–2020）》

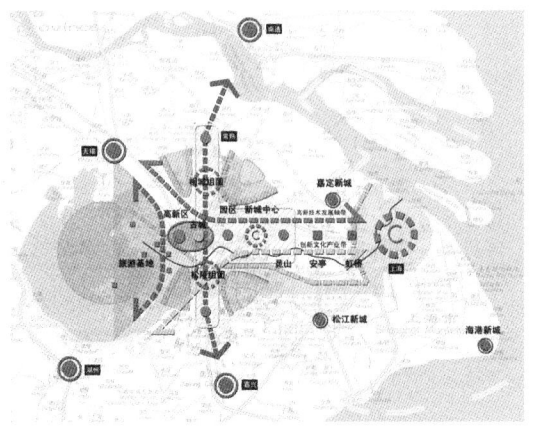

图 4-9　苏州区域空间结构图

图片来源：《苏州市城市总体规划（2004–2020）》

高新基地：现代服务产业＋文化创意产业

现代服务产业：苏州是世界知名的 IT 产业聚集地区，高新技术制造业在世界范围内具有重要地位，目前已经成为我国主要的高新技术制造业基地之一，在长江三角洲地区具有明显的优势，未来将成为该区域高新技术产业的核心地区。苏州位于长三角的区域中轴上，区域条件优越，应提升自身定位，成为服务于长三角地区的生产服务中心，同时应完善城市综合功能，成为服务于市域和周边地区的生活服务中心。

文化创意产业：目前苏州高新技术产业主要集中在制造环节上，研发作为高新技术产业的主要利润来源所占比重偏低，自主创新能力不强，因此必须推进高新技术产业结构升级，吸引高新技术产业的研发企业机构进驻苏州，是其从单纯的高新技术制造业基地向集高新技术管理、研发、制造和高新技术企业创业、孵化于一体的综合性高新技术产业基地转变。

宜居城市：宜居天堂＋创业天堂

宜居天堂：苏州应提供舒适宜人的居住环境，提供良好的事业发展条件，考虑苏州人民长期、共同的需要，与自然环境相协调，以满足人的多层次需要为工作重心进行城市建设。

创业天堂：宜居城市还要提供适宜创业的环境，为国内外高素质人才提供一个良好、稳定的制度环境，使苏州不仅成为承接国际制造业转移的世界工厂，同时成为民族工业培育与发展的孵化器。

山水之都：江南水乡＋生态绿都

江南水乡：苏州古典园林是苏州最知名的代表，它和周边地区的江南水乡是苏州小山水格局的代表，是苏州传统人文精神的体现。

生态绿都：以"青山绿水，新天堂"作为规划的主题，将山水这一概念进一步延伸到大山水的生态格局，提升到建设生态的、和谐的、可持续代表生态城市的高度。建设生态绿都不仅是当前社会经济发展的需要，也是传承苏州传统文化的需要。苏州历史对山水的不同认识和解读反映了江南文化在生活艺术、建筑艺术等方面取得的伟大成就，也体现了在人类文明不断进步、城市空间不断扩张的同时，延续和弘扬具有地方特色的空间意象的不断尝试。山水之都对于现代的苏州是一个景观建设的目标，形象建设的目标，生态建设的目标和营造生产生活环境的目标。

（2）新思路——对接区域、形成战略轴线

苏州城市历史演变由原来历史上的江南地区中心到计划经济时期的三级城市到市场经济时期的区域次级经济中心。这一过程中，不论是产业发展策略还是城市空间导向都是积极对接区域。

第一，积极构建适应世界目标城市定位的产业体系。就产业价值链的演变过程来看，不同城市发展阶段呈现出不同特征。从苏州的工业体系数据来看，20世纪70年代工业化进程加快，上海轻纺工业衰退，逐渐淡出历史舞台，苏州的经济数据呈现出传统纺织占据主导地位，而主导地位的产业随着苏州工业园区建设，逐渐从纺织工业转向电子、电器机械等制造业。从产业体系谱系来看，依附上海的作用越来越弱，苏州制造业逐渐呈现出从劳动力密集型到资本密集型再到技术密集型的转变。但在这个过程中苏州与上海的关系也从主动承接上海辐射的产业链条垂直分工体系，逐渐转向价值链垂直分工和水平分工并存的产业格局。结果，如图4-9所示上海市处于高价值区段的生产性服务业为主，苏州处于中高价值区段的技术密集型产业。苏州在致力于区域次级中心城市的建设中，居于价值链中段的制造业随着城市的产业升级改造而进行自身的产业调控，还积极利用上海的金融服务等生产性服务优势，培育价值链左端的商贸服务等相关行业，金鸡湖CBD成为主要代表项目。工业化发展时期苏州主动对接上海的以服务业为主的第三产业（表4-1），其发展与城市的区位和经济腹地的规模有着直接的联系，由于受制于上海和南京的双重制约，苏州第三产业发展态势与高度增长的制造业形成鲜明对比。因此规划中提出第三产业与上海的对接，关键并不在于产业的接轨，而是依托上海的服务设施和市场。充分借上海重塑金融中心地位，利用上海的资金市场发展贸易服务体系，打造苏州制造业融资服务的平台；主动接受上海的技术辐射和扩散，引进成熟的生产工艺，加快科技成果向生产力转化平台，瞄准上海市场的节点位置，进一步完善商贸流通合作体系、商贸物流平台。

工业化发展时期苏州与上海的定位对比　　　　　　　　　　表4-1

上海	苏州
现代产业管理服务中心，高新技术产业主要研发基地	加工功能，制造业基地
国际大都会，全国最大的对外开放区	上海国际活动的重要参与者（吸引外资、承办会议、文化交流、旅游休闲等）
长三角、长江流域物流中心，产品国际输入输出枢纽	承担上海向国内腹地辐射中转的作用
主城	副城（上海旅游、休闲、度假的后花园，与上海实现电话、通信、金融的互对业务）
国际航运中心、主港	太仓、常熟、张家港等具有仓储转运功能的辅助配套港

来源：《苏州市城市总体规划（2004-2020）》

第二，苏州积极构建面向区域的弹性产业空间。20世纪80年代，向西开辟高新技术开发区，主要是基于解决当时古城保护与发展的问

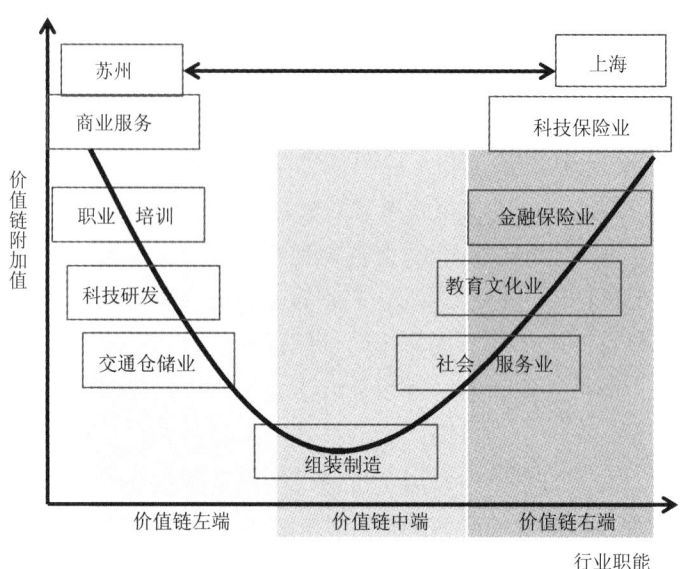

图 4-10 苏州与上海产业链条关系比较

图片来源：笔者自绘

题，向综合用地条件较好的西部明确了新城区空间定位与布局。在古城西面开辟新区，一定程度上缓解了古城的压力，有效地保护了古城风貌，也实现了古城人口规模控制的目标。但城市主导发展方向与区域经济流向不一致。

20 世纪 90 年代，为承接中新工业园高层次合作平台，苏州将东部一片沼泽填高 95cm 建设中新工业园。这个平台的搭建为苏州城市经济发展带来质的飞跃。产业空间布局与交通走廊基本一致，通过从上海辐射的交通走廊汲取经济快速发展动力；中心城区职能提升，形成"古城居中，东园西区，一体两翼"的城市空间构架，基本确立城市空间格局。此时，从大的产业区域空间格局来看，沪宁沿线承载了苏州主要的产业平台，在由沪宁铁路、312 国道、京沪高速公路所集成的交通束上，并且这三条轴线仅隔 2km。这条轴线上在苏州市域内集聚了 3 个国家级产业园区，2 个省级工业园区，称为"高新技术产业带"（图 4-11）。

此外，规划通过加强轴向与上海的联系，在产业、公共服务、旅游文化等方面加强与上海的对接、联系（图 4-12）。目前通过城际高铁、轨道交通、快速路等建设逐步深化东西向联系。通过交通束线的强化，将位于这束轴线上的空间与上海产业实现联系，大大提升了产业空间的弹性，使得在产业变化较快的二级节点城市能牢牢抓住每一个发展机遇。实际上苏州自 20 世纪 80 年代乡镇企业异军突起开始，牢牢地抓住了往后的每一个发展机遇，这与苏州建设高弹性的产业空间载体是密不可分的。

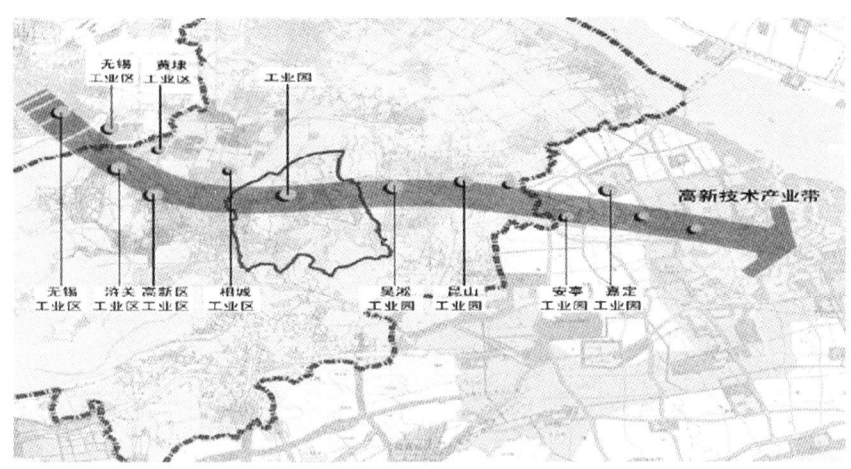

图 4-11 沪宁沿线高新技术产业走廊示意

图片来源：《苏州市城市总体规划（2004-2020）》

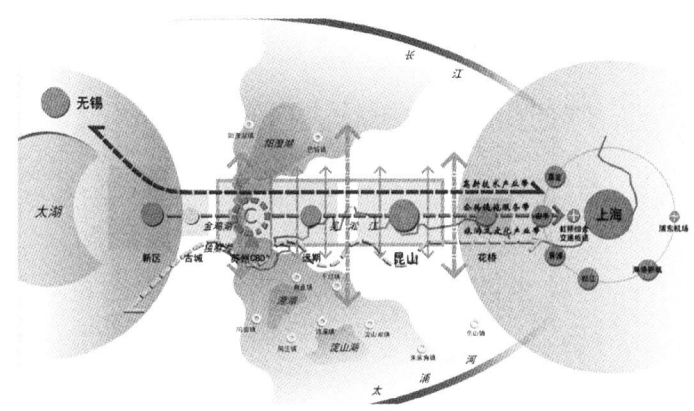

图 4-12 面向区域的苏州城市空间结构示意

图片来源：《苏州市城市总体规划（2004-2020）》

苏州前一段时间的发展历史告诉我们：在尚未形成城市发展特色体系的阶段，需要立足区域找寻发展思路，主动对接大城市的要素资源。

4.2.2 筑波城市发展战略

（1）筑波概况及发展历程

筑波市位于东京大都市地区的新城（图 4-13），距离东京 50km；距离东京成田国际机场 40km；距离茨城县县府水户市 50km；它主要是顺应东京"单中心—多中心"进入实质阶段产生的，"缓解东京人口压力"作为筑波科学城的最初建设目标，逐步变成满足生活需求、提升生活品质，增强对外交流扩大影响力。

在新一轮东京大都市发展战略中，逐步形成了"中心区—副都心新城—周边新城—公共大交通"的城市格局（图 4-14），建立了包括 8

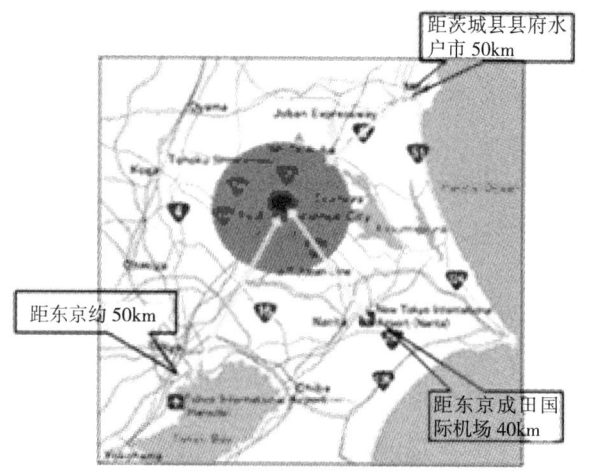

图 4-13　筑波科学城区域位置图

图片来源：百度文库

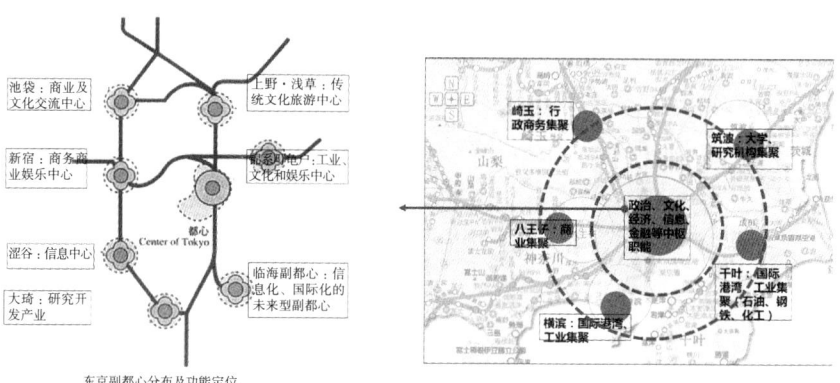

图 4-14　东京大都市圈层结构图

图片来源：百度文库

个副都心城市（池袋、新宿、涩谷等）、9 个周边特色城市（横滨、千叶、筑波、幕张等）在内的多中心多圈层的城市体系。从空间体系上来看，距离市中心 10~15km 的近距离新城包括新宿、涩谷、池袋等，主要以商务办公、商业、娱乐、时装、信息和服务业第三产业为主。距离中心 50~100km 的远距离新城包括横滨、千叶、筑波、八王子等则主要担负着商务服务、科研信息服务等功能。

其中筑波新城从一个以生态良好著称的农业城市，转变为拥有 43 个国家级研究机构、两个国家级大学和 8 个私人研究机构、聚合了国家研究院 40% 的研究员的日本第一个"国际性脑力城市"。

（2）战略新趋势——注重生态，培育价值链高端产业

一方面由于长期为日本提供大米和橙子等农副产品，在工业化进程中得以保留了良好的生态环境，另一方面得益于工业化进程较慢，

商务成本低，距离东京较近，基础设施建设较为快速，因此对环境等要素要求比较高的产业开始入驻，随着连接东京和筑波的 30 分钟交通圈的建立，筑波科技创新发展迅速。

筑波将科技创新作为城市特色及主导定位，不仅吸引了东京的研究机构，同时还逐步引进相应的大学机构、科研成果转化机构，从而形成了以国家实验室为主的基础研究，同时兼顾生活形态的城市结构，市区中部为服务和商业中心；北部为文教、科研区；南部为理工研究区，

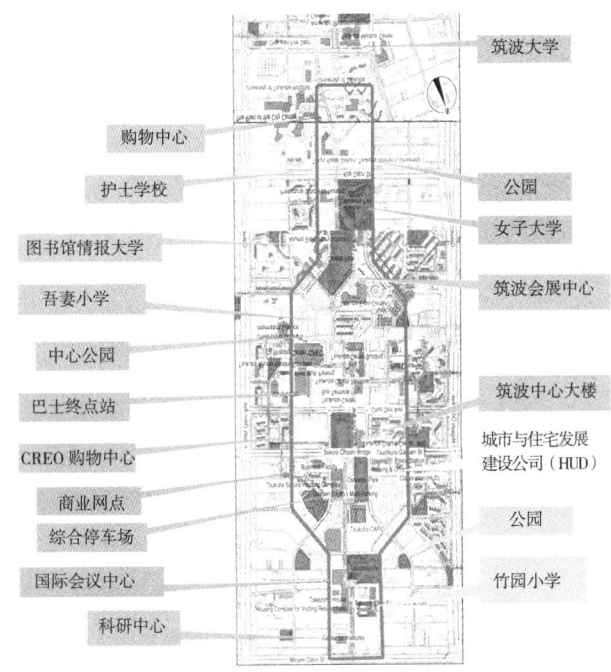

图 4-15　筑波科学城公共服务配套图

图片来源：百度文库

其中电子技术综合研究所是日本研究开发电子技术的最大基地，西北部为建筑研究区，西南部为生物、农业研究区（图 4-15）。

为增强科技城的城市竞争力，最重要有公共核心区，并对核心区重点服务配套，大量特色配套的投入在丰富园区员工生活的同时，极大地提升了园区的吸引力和知名度。

4.3 "中间城市"发展新路径——凸显优势，培育特色

4.3.1 费城城市发展战略

（1）费城概况及发展历程

费城（Philadelphia，图 4-16），是美国历史最悠久、最古老的城

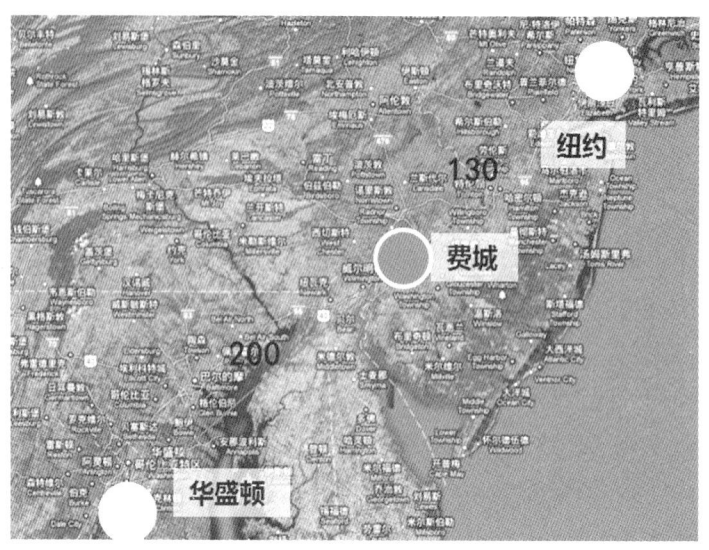

图 4-16 费城区域位置

图片来源：嘉兴市暨城市总体规划（2003-2020）（2012 年修改）

市之一，隶属于宾夕法尼亚州管辖，也是纽约大都市带的核心城市之一。费城市区东起德拉瓦河，西至斯库基尔河，面积 334km²，人口约 152 万（2010 美国普查数据），整个费城都市区人口约 600 万。费城的地理位置优越，东距世界最大的城市纽约 130km，西距美国的首都华盛顿 200km（图 4-15）。

费城曾经是美国的首都，很多重要的历史事件都发生在此地，包括 1775 年通过的《独立宣言》，1787 年诞生的第一部联邦宪法，1876 年的世博会等。因此费城具有丰富的历史文化遗产。

费城拥有便捷的水路运输条件，运河沟通了特拉华河和切萨皮克湾，并且设置了自由贸易区，多条铁路干线与公路网与港口连接，水路运输条件非常优越，因而形成了世界最大的河口港之一。在便捷的运输条件和理想区位的基础上，费城一度大力发展重工业，成为美国东海岸主要的炼油中心和钢铁、造船基地，还发展了化学、制药、电机、电器、机械、铁路机车、汽车等工业门类。此外，费城的商业和金融业也发展较早，包括美国第一所银行和证券交易所即诞生于此，现在也是美国第三联邦储备区银行的总部所在地。

（2）战略新趋势——致力于塑造环境特色吸引人

产业环境致力于转型：作为美国的历史文化名城，费城也曾经面临规划与历史文化遗产相矛盾、工业生产与环境保护相矛盾的问题，这些也是费城城市转型的契机。由于充分认识到保护历史遗留建筑和街区对于塑造城市特色的巨大作用，费城的规划中综合考虑了历史、环境等多方面的因素，积极争取民众意见，使得主张产业扩张的意见

图 4-17　费城一角

图片来源：百度图片

让位于历史遗存保护、城市有机更新的理念，这使得费城中很多重要
的历史事件和相应的环境都能得到很好的保存，也成为现在城市重要
的名片（图 4-17）。

　　工业的发展曾经为费城经济发展和社会繁荣做了重大的贡献，但
是随着规模的扩张，对环境的污染逐步增大，外部环境负效应逐渐超
过经济增长正效应，成为城市发展的桎梏。对此，费城增加了对环境
污染的治理力度，同时借助本地的一些优势资源（高校、历史遗存）
大力发展第三产业（其中费城金融业等生产性服务业的崛起最为重要），
两方面形成对传统低效、高污染产业的倒逼机制。传统产业通过重组
获得了更强发展的动力，通过更新工艺、淘汰落后产业等措施，较多
的传统产业可以和城市生活很好地结合起来。第三产业的崛起也使得
费城的产业结构更加合理。

　　生产环境致力于高效：费城第三产业尤其是生产性服务业的发展，
对城市效率的提高作用显著。金融业的崛起离不开宾夕法尼亚大学
（Penn）、卓克赛尔大学（Drexel）、天普大学（Temple）、圣约瑟夫学院
等城西高校区的大学，尤其是宾夕法尼亚大学的沃顿商学院更是享誉
全球。金融业等生产性服务业的发展也是对传统产业的重要支撑，使
得城市的产业系统能够更加高效的运营。

　　此外，依托港口的水陆联运优势、自由贸易区的设置、铁路干线
的建设、机场的建设等都使费城与其他城市的联系更加便捷高效。市
内也建设了地铁、高架铁路及完备的公共交通设施等，城市的运行效
率也大大提高（图 4-18）。

　　社会环境致力于民主：社会更加民主、更加公平向来是人们所追
求的，而费城在这方面堪称典范。首先，确立了公众参与规划建设全
过程的机制，虽然通常人们认为决策前的公众参与才能有作用，但事

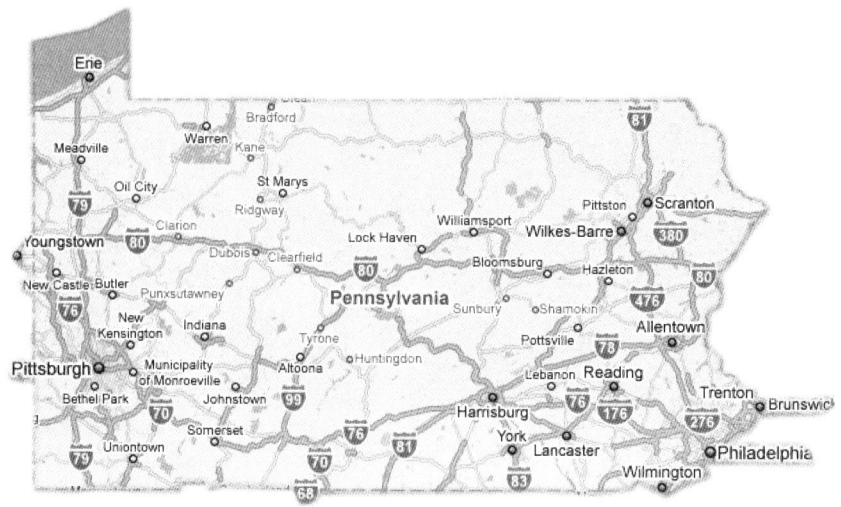

图 4-18 宾夕法尼亚州主要道路分布图

图片来源：百度图片

实上，在费城即使政府部门已经做了决定，只要决定的依据有一定的缺陷或存在一定的问题，规划建设所涉及的利益相关者均有机会参与，争取促成政府修正错误。其次，丰富了公众参与规划建设的形式和途径，费城的市民在规划建设的不同阶段有多种形式的参与方式，如规划建设的前期决策阶段，公众可以通过听证会等形式参与，并能通过多种渠道将自己的意见反映到相关主管部门。最后，城市规划建设过程确保了人民的利益高于一切，人民的利益通过社区的利益来体现，而社区的利益与城市的利益应该是相吻合的，在这样的大原则下，有利于协调相关利益者。费城在发展的过程中，很多案例（如费城华埠新型棒球场选址）都体现了公众积极参与、民主的特点，这也成为城市规划学习的典范。

生活环境致力于生态：随着城市环境的治理、效率的提高和更加民主的经营，使得费城更加宜居，获得"住家城"的美誉。市民在此可以享受新鲜的空气、洁净的水源、安全的食物、理想的工作、民主的权利，这大大增加了城市的吸引力。

4.3.2 长岛城市发展战略

（1）长岛概况及发展历程

长岛位于纽约州东南部（图 4-19），是美国本土沿海最大的岛屿。它南濒大西洋，北隔宽 20~30km 的长岛海峡与康涅狄格州和纽约州的本土部分相望，西越东河与纽约市的曼哈顿和布朗克斯相连。全岛东西长约 200km，南北最宽处约 30km，总面积约 4000km² 左右。由于长岛

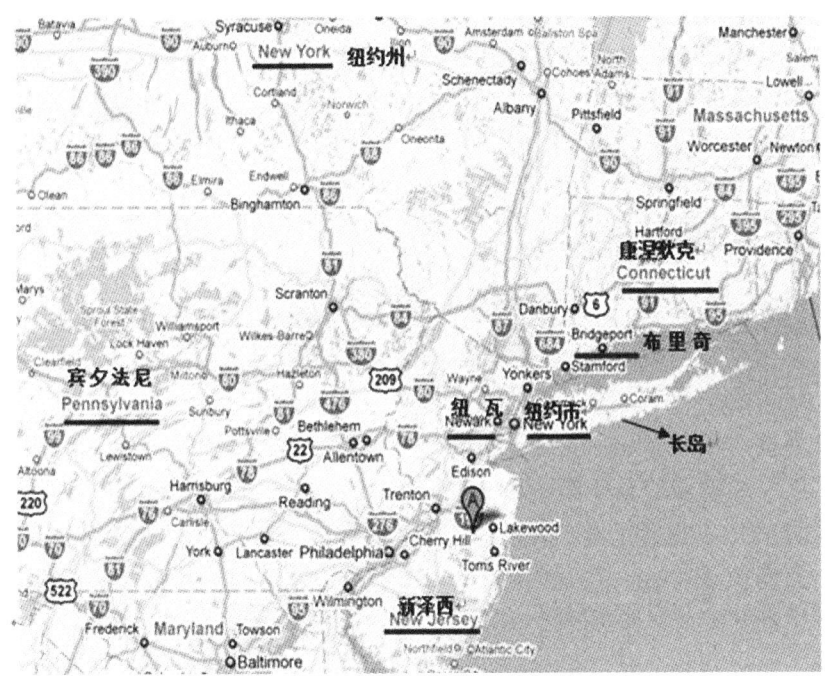

图4-19　纽约长岛区域位置图

图片来源：百度图片

有着紧靠美国最大的城市——纽约——的区位优势，经过一个多世纪的开发，特别是近几十年的发展，已经成为美国经济发达、交通便捷稠密、文教科技先进、旅游业兴旺、城市化水平较高的地区之一。

过去相当长的时间内，长岛一直是纽约大都市区外围的城郊农业带，以种植蔬菜、土豆、苗木，养鸭业和海洋捕捞业为主的农业城市。在纽约城市化快速进程中生态环境优美成为高素质人才的理想工作居住地。

（2）战略新趋势——强调生态，利用区位优势培育枢纽、科技、旅游特色

利用生态软环境建设吸引高素质人才：得益于交通条件的改善，绿港铁路和布鲁克大桥的建设、铁路隧道等交通联系，高速公路或城市快速通道成为岛上骨干公路。吸引大批教育科研资源，形成美国"技术岛"。

利用良好生态、海滨条件发展大都市的后花园：长岛有众多的文化、体育和休闲历史古迹可以作为旅游点，公园、绿地、海滩广布，旅游设施完善，是纽约闹市区人民理想的周末度假场所。长岛南岸有一列屏障砂岛，碧蓝的海水和金黄的海滩可以进行海浴、钓鱼赛艇等围绕以海洋为主的各种旅游活动，同时发展科技休闲观光，高端海滨旅游，逐步成为纽约交通便捷，风光绮丽，文教、科技和经济高度发达的现代

化和城市化的郊区。

最终形成一个生活水平和文化素质较高阶层的居住区，一个文教科研机构集中的科技岛；一个风景优美的旅游区，成为纽约市居民的近郊旅游胜地。

4.3.3 东莞城市发展战略

（1）东莞概况及发展历程

东莞位于珠江口东岸，是岭南文化的重要发源地，也是广东历史文化名城，有 1700 年的郡县史。东莞东接惠州市惠城区和惠阳区，南抵深圳市龙岗区和宝安区，西挨广州市南沙区、番禺区、黄浦区和增城区，北达博罗县（图 4-20）。广深铁路、广深高速公路和广深公路（107 省道）贯通全境，处于穗、深、港经济走廊的黄金地段。东莞全市总面积 2465km²，2011 年常住人口超过 800 万，此外东莞的港澳同胞 100 万人，海外华侨约 30 万，是著名的华侨之乡。

改革开放以来，作为全国改革开放的先行区。东莞以"三来一补"政策起步，走上了外资驱动、以地生财的工业化和城市化道路，经济社会发展迅速，完成了农业化向工业化的转变，成了一个具有国际影响力的制造业基地。但是发展至今，土地资源紧缺、环境受到不同程

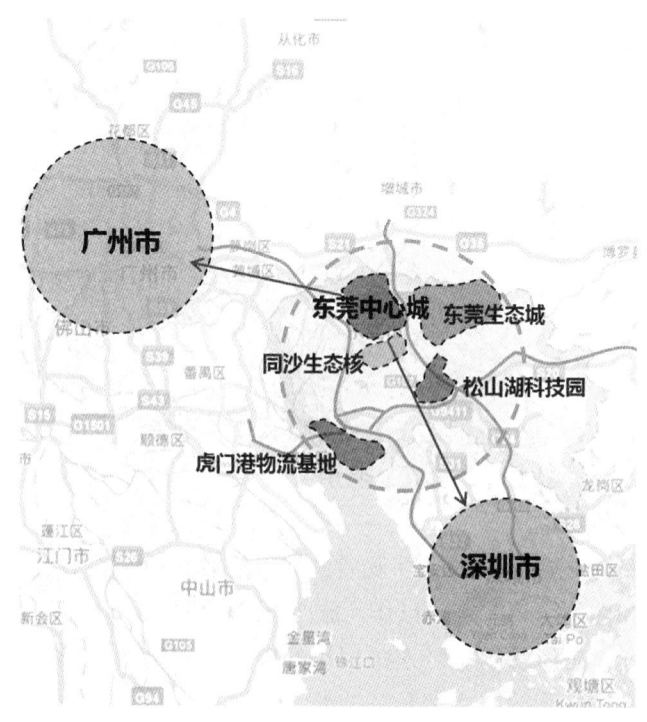

图 4-20 东莞城市区位图

图片来源：笔者基于百度地图绘制

度的污染等已成为东莞产业转型升级的一大瓶颈。在经济全球化发展的今天，东莞必须思考转型发展的新路径，更加关注创新创业、关注城市的宜居性、追求价值链的更高阶段成为主要方向。

（2）战略新趋势——适应转型升级培育科技创新特色

为适应东莞转型发展期的需求，完成出口加工基地型城市向区域性经济中心城市转变，构筑广州、深圳和惠州协调发展珠三角组合城市群，把松山湖区域作为广东省高新技术产业开发区成为空间应对策略，从而构筑大广州、大东莞、大深圳"三位一体"城市群；也作为构成东莞城市拓展轴线的主要方向，整体上构建"现代制造名城、创新创业热土、宜居生态城市"的发展目标。

现代制造名城：东莞是一个备受争议而制造业又空前发达的城市，常常是制造业大市的一个样本区域，但是产业结构中过高的低端制造业（主要是劳动密集型）比例使得城市抵御经济突变的能力不高，如2008年的金融危机就给东莞带来了巨大的打击，产业工人一年中丧失160万，因而从传统制造业向现代制造业的转型成为东莞的必然选择。推进制造业的转型升级，必须紧紧围绕新型工业化的基本要求，着眼于提高制造业自动化、智能化水平，推进电子信息技术在工业生产各

图 4-21　松山湖园区规划

图片来源：东莞松山湖科技产业园总体规划

个环节的应用，树立"融合发展"理念，在企业增长动力上依靠科技进步和技术创新，积极推广先进设备、先进技术和现代管理模式，树立"创新发展"的理念，加快推进清洁生产和低碳发展模式，努力减少污染排放，走可持续、可循环发展之路，树立"绿色发展"理念。具体包括：抓"机器换人"，实现智能制造；抓工业投入，增添发展后劲；抓技术进步，增强创新驱动能力；抓淘汰落后，推进水环境综合治理；抓低效整治，促转型增效；抓能源双控，推动绿色低耗；抓主体升级，提高企业竞争力；抓产业培育，助力结构优化；抓管理创新，改善粗放经营模式。

创新创业热土：东莞综合实力能够排在全国地级市的首位，很大程度归因于其发展创新模式，给广大创业者提供了适宜的土壤。在东莞转型、创新，推进结构调整和产业升级之际，东莞松山湖高新区顺势而生。2001年11月经广东省人民政府批准设立，2010年9月经国务院批准为国家级高新技术产业开发区，东莞按照成为"东莞乃至珠三角科学发展示范区、转型升级引领区"的发展目标，努力打造"科技创新高地、人才集聚高地"。随着产业集聚水平、自主创新能力不断提高，松山湖逐步发挥出产业龙头和研发龙头的双带动作用，已经成为东莞乃至珠三角高水平崛起的强大引擎。

东莞松山湖高新技术产业开发区在拥有良好自然淡水湖、生态湿地的基础上，坚持"融山、水、园为一体"、"科技共山水一色"等彰显生态绿色的规划理念，努力优化城市生态环境，实现了人与自然的和谐共处，经济社会与资源环境的协调发展。园区按照功能布局，从北向南依次划分为北部区、中部区、台湾高科技园、南部区四大片区。

宜居生态城市：东莞在建设宜居生态城市方面也做了很大的努力，城市发展的规模、发展方向和空间布局等都是围绕着宜居城市这一主题，通过公共服务体系的构建，完善城市综合服务功能；推进绿道、公交等绿色交通系统建设，构建"绿色生活网络"等。

为建设宜居生态城市，东莞从宏观、中观、微观三方面做出了努力。宏观方面，东莞拥有良好的自然生态环境、社会人文环境、人工建筑设施环境，并在城市规划中强调自然生态环境的保护，社会公共秩序的倡导，人工建筑设施环境的总体控制；中观方面，东莞通过合理的规划设计，建设完备的公共服务设施体系，创造优美、和谐亲切的社区环境来满足人们的日常需求；微观方面，东莞也在构建良好的居住环境，建设面积适宜、房屋结构合理、卫生设施先进，以及在良好的通风、采光、隔声等方面做了较多的努力。

5

网络田园城市案例借鉴

5.1 网络城市建设案例

1. 多中心城市网络：兰斯塔德地区

兰斯塔德地区是由多个功能上互补的专业化中心构成城市网络的典型案例。该地区各个城市分工明确，并通过快速交通网络有机连接起来，城市之间是"绿心"和绿色走廊（图5-1）。其中，阿姆斯特丹是经济、金融服务、港口中心，主要承担金融、贸易、文化、旅游的职能；海牙是行政中心、政治中心和国际事务级外交活动中心，主要发挥公共管理以及会展旅游的职能；鹿特丹为欧洲第一大港，主要承担物流贸易、临港制造业的职能；而乌得勒支为全国的交通运输和物流城市，同时还承担部分的文化教育职能。其他中小城市的专业化分工也十分明确。

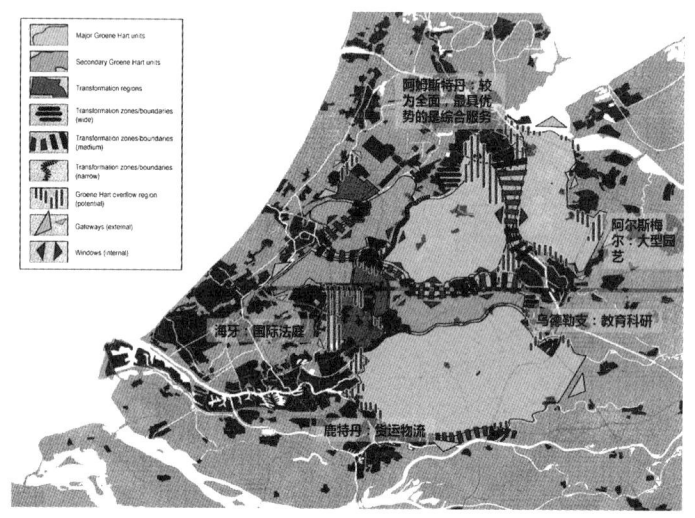

图5-1 兰斯塔德地区多中心城市结构

图片来源：笔者基于哥本哈根指状规划绘制

2. 多中心城市网络：洛杉矶

洛杉矶是美国航空、娱乐、金融、制造和交通中心，在美国和世界经济格局中起着重要的作用。

（1）多中心的城市空间结构

洛杉矶城市空间结构整体上呈现多中心、分散化等特点。包括洛杉矶市中心、好莱坞、威尔夏走廊、洛杉矶国际机场区和洛杉矶港口区六个主要部分（图5-2）。各个部分功能差异化发展，重点突出国际职能的培育和发展，如好莱坞和港口。

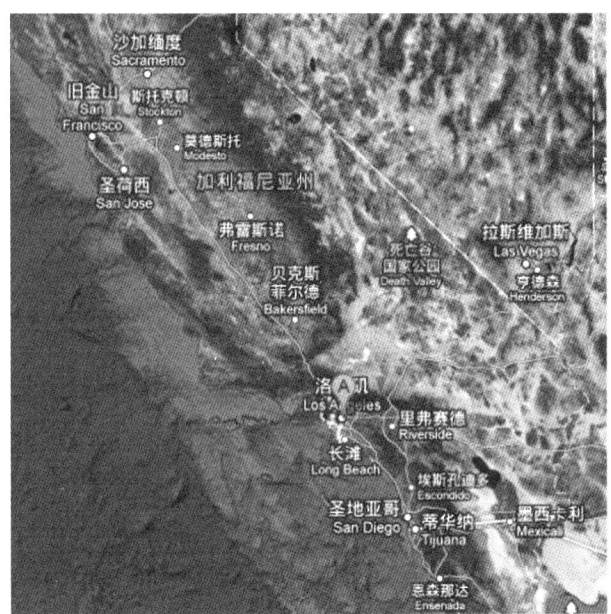

图 5-2　洛杉矶多中心网络城市

图片来源：谷歌地图

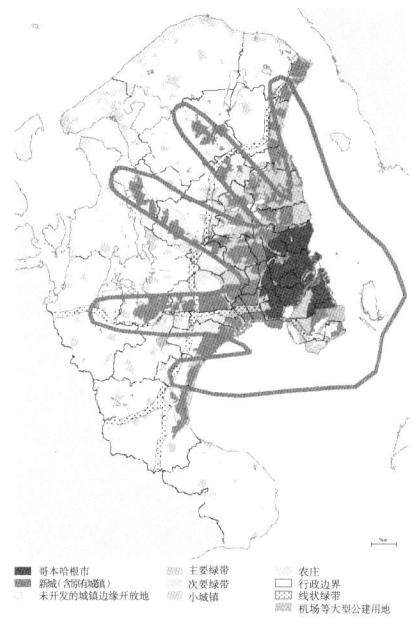

哥本哈根市　　主要绿带　　农庄
新城（含原有城镇）　次要绿带　行政边界
未开发的城市镇边缘开放地　小城镇　线状绿带
　　　　　　　　　机场等大型公建用地

图 5-3　哥本哈根多中心网络城市

图片来源：笔者基于哥本哈根指状规划绘制

（2）快速网络化的城市交通结构

洛杉矶拥有高速公路、高速铁路、港口、航空港等区域性交通基础设施网络，高速公路网络构成了城市空间结构的骨架和连接枢纽；国际机场、港口成为城市发挥国际职能的主要对外联系方式。

3. 指状规划：哥本哈根区域

哥本哈根位于西兰岛的东北端，在丹麦王国扮演着十分重要而独特的作用。一方面是国家政治、经济、文化中心；另一方面作为区域内的大都市，对国内周围地区的发展有着重要的影响，又对临国周边地区的发展产生辐射作用。"手指规划"充分考虑新城镇、老城区、中心市区、城镇社区之间的空间关系，"以人为本"的规划与建设主张，通过"指状规划"（图 5-3），营造绿色开敞的公共空间。

5.2　田园城市建设案例

1. 经典的莱契沃斯（Letchworth）

1899 年霍华德及其支持者成立"田园城市协会"，1903 年霍华德和田园城市协会在距伦敦约 56km 的地方成立了第一个田园城市公司，建立了第一座田园城市——莱契沃思。1920 年在距伦敦 36km 的韦林建立了第二个田园城市。1944 年在田园城市理论基础上，大伦敦规划确定了空间模式为"中心城——绿化隔离带——卫星城"的结构，通过鼓励人口迁移、扩散来缓解内城拥堵的压力。这些卫星城市和新城远离伦敦，城市功能完善，规模较大，形成了区域场所发展的新模式。

2. 澳大利亚田园城市：堪培拉

1880~1914年，澳大利亚处于经济低谷和城市危机之中，为摆脱危机，霍华德的田园城市理论被介绍进来。1917年10月，在澳大利亚东南部港口城市阿德莱德，召开了一次田园城市问题会议。之后，田园城市理论中的一些概念，开始在澳大利亚逐渐推广，形成了一些田园城市的代表。澳大利亚首都堪培拉，田园城市特色非常明显，该城市50%以上的面积为国家公园或保留地，城市呈环状由市中心向四周辐射，城郊与周边乡村毗连，景色秀丽优雅，环境清新宁静，市区民居前后种植草坪花木，无论市区或城郊，城市建筑分布在绿荫花草中，整个城市犹如大花园，堪称现代田园城市的范例。

澳大利亚首都堪培拉（Canberra），一开始就按"田园城市"（Garden City）理想规划建设的大规模田园城市（图5-4）。1977年堪培拉人口为20万，城市总面积440km²。20世纪70年代，堪培拉已经基本建成田园城市。城市中心为澳大利亚联邦首都，在其外围，规划了5个相互隔离的社区（远期为7个）。社区之间主要是牧场，澳大利亚是羊毛出口国，所以隔离带主要是农地、生产用地等绿色空间。

图5-4 田园城市堪培拉平面布局

图片来源：百度图片

3. 花园城市典范：新加坡

素有花园城市美誉的新加坡采用了城市与乡村结合的思想，在城郊建设"原始公园"，将农田和森林及其他景观融入"田园城市"建设中，

图 5-5　新加坡环岛结构

图片来源：新加坡 2001 概念规划

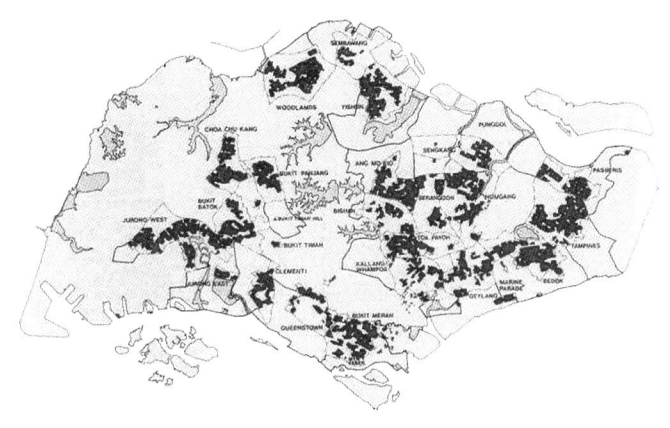

图 5-6　新加坡新城结构

图片来源：新加坡 2001 概念规划

新加坡真正地将"田园城市"理念付诸城市建设实践是 20 世纪 70 年代开始的，直到 20 世纪 90 年代初期才初具成果，并得到国际社会的广泛认可，经历了两个过程。

第一是探索有限土地资源的城市空间模式，确定了"环状格局 + 新城模式"（图 5-5、图 5-6）。"环状"格局模仿荷兰兰斯塔德地区为快速城市化时期的新加坡保留了中心广大的自然地带（中央集水区和原始森林），这一策略延续至今使其成了新加坡今天最大的生态基础设施的核心。"环状"确定了分散的带状新城分布格局，将一个旧的新加坡殖民城市化解为一个项链式的"新城环"，由现代交通 MRT 连接（图 5-7、图 5-8）。这一架构确定了全岛范围城市与自然的分布格局，构建了"田园城市"的基础。"新城模式"环上的每个新城面积都不太大，其中包含了公园、学校、商业等功能。公园被看作其中重要的城市要素，与城市、学校、交通设施、居住、购物中心、工业区等其他功能进行平衡，成为住房发展的一部分，并且分等价建设：包括城镇公园

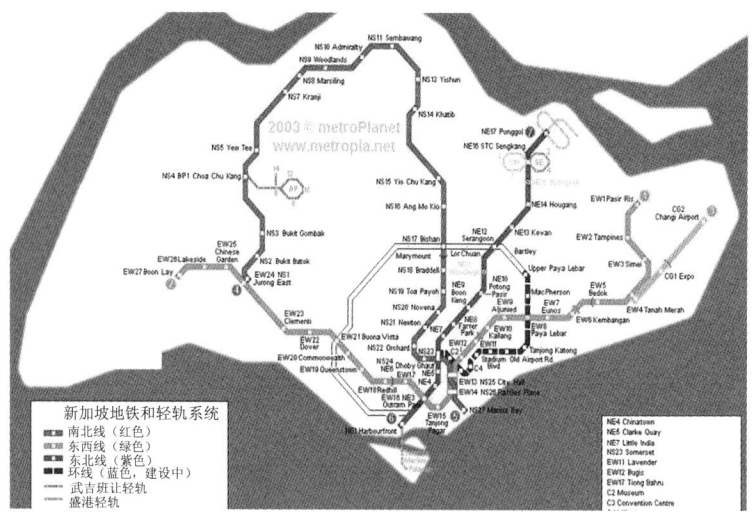

图 5-7　新加坡轨道交通系统

图片来源：新加坡 2001 概念规划

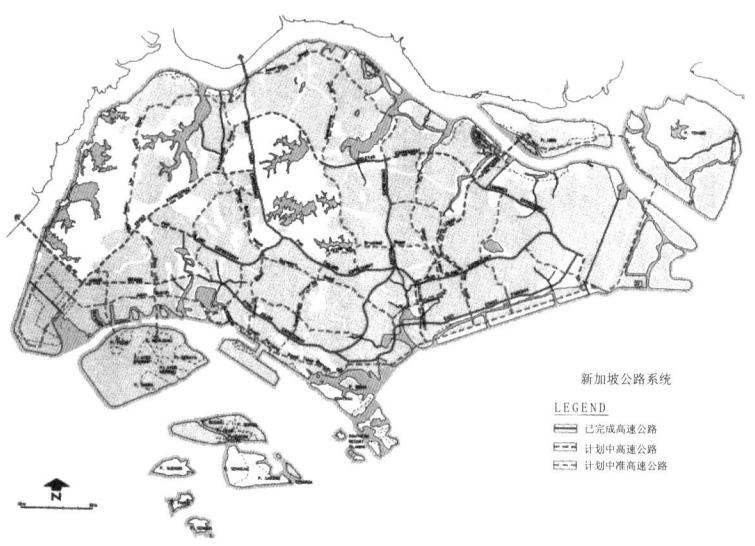

图 5-8　新加坡公路系统规划

图片来源：新加坡 2001 概念规划

（5~10hm^2），每个邻里有一个邻里公园（1~1.5hm^2），以及游戏场、游泳池等。其基本模式是解决居住问题、引导城市化的同时布置公园绿地。"环状城市"＋"新城模式"在之后的实践中一直被应用，这是 20 世纪 70 年代城市化空间模式的延续。之后，新加坡的新城格局更像"星群"，之间留有大量的绿地和生态地带。

第二个过程是（1981 年至今）为提供更多的开放空间进行全岛开放空间建设：20 世纪 80 年代对于绿地和公园的建设已经不仅仅和新城相伴随的参加平衡的土地。在 20 年快速城市建设之后，人们对于自然环境和开放空间的需求大大增强，开放空间逐渐成了规划考虑的主要内容，人们开始强调更高质量的生活。从而进行了绿地连接体的建设（绿地系统建设）：20 世纪八九十年代，新加坡进入构建生态网络、重新建构人工自然系统的阶段。1989 年公园与游憩局开始制定全岛范围的公园网络。1991 年制定绿地和水域规划，明确制定的公园网络规划的具体化，明确提出并规划 6 类不同类型的开放空间（自然开放空间、主要公园和花园、运动和游憩场所、边界隔离带、绿道、其他开放空间），并将这些空间类型明确地融入建设发展中。

4.世界现代田园城市：成都

2009 年，成都提出建设"世界现代田园城市"的城市建设目标，认为"世界现代田园城市"这一城市定位包含"世界级、现代化、超大型和田园城市"四个基本要素，要具有六个方面的具体特征：一是田园式的城市形态，具有多中心、组团式、网络化的城乡空间布局和人性化、生活化的城市空间结构，既有优美的田园风光，也有强大的现代化功能。二是国际性的城市功能，要成为国际性的区域枢纽和中心城市。三是形成辐射带动西部乃至全国，进而融入世界，在国际产业分工体系中占有一席之地的现代产业体系。四是城乡二元体制全面破除，城乡居民享有更充分的社会福利和更有力的权利保障。五是"山、水、田、林、城"融为一体，生态良好环境优美。六是基础设施现代化、智能化，城乡贯通、配置均衡、功能完善。

在具体建设思路上，成都提出了布局组团化、产业高端化、建设集约化、功能复合化、空间人性化、环境田园化、风貌多样化、交通网络化、配套标准化等"九化"建设原则。在成都市域范围内构建现代城市和现代农村和谐相融，其次整个区域构成超大型、田园式的城市群。在建设过程中，"田园城市"的思想将体现在城镇规模、功能布局、人口密度、城乡公共服务、环境保护等方面，体现在城市建筑风貌、生态建设、自然景观、历史文化等城市特色和品质塑造，形成城与乡有序交融、历史与现代有机辉映、人与环境协调发展的可持续发展蓝图。在建设路径上，成都确立近期着力抓好几项重点工作：一是按照现代世界田园城市定位和目标，完善全域成都城乡规划，加快形成城乡一体、多中心、组团式、网络化的空间布局和城镇体系，形成"青山绿水抱林盘、大城小镇嵌田园"的整体风貌（图 5-9~图 5-11）。二是以对外通道建设为重点，推进"两枢纽、三中心"建设，加快构建以成都为中心、辐射中西部、连接国内外的现代交通体系。三是实施三次产业追赶型、跨越式发展，加快形成具有强大竞争力和支撑力的现代产业体系。四是全面推进城乡统筹发展，促进城乡群众共创共享发展成果。五是加快城市国际化、现代化。

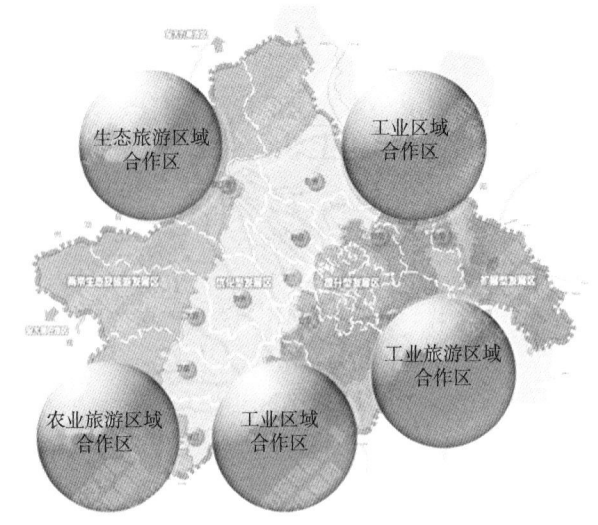

图 5-9　成都田园空间组团

图片来源：成都世界田园城市规划纲要

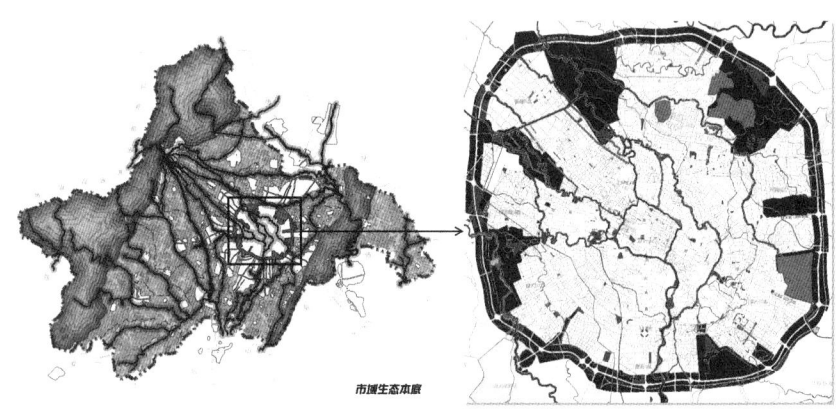

图 5-10　成都田园空间形态

图片来源：成都世界田园城市规划纲要

图 5-11　成都田园空间功能组成

图片来源：成都世界田园城市规划纲要

5.3　案例小结

不管是兰斯塔德、洛杉矶、哥本哈根等经典的网络城市，还是莱契沃斯、新加坡、成都等田园城市的案例，虽然内容各有侧重，但其发展都有以下几点：

第一，更加注重功能分工，各中心之间通过不同的功能特色形成一个整体，分工协作，同时更加注重中心区活力的提升。

第二，更注重便捷的交通联系，通过轨道交通、公共交通等完善措施做出支援和综合性规划，发展一个综合性内城区交通网络，减少交通对中心和活动枢纽公共空间的影响，处理地区道路，支援增多的公共交通并减少街道的汽车。

第三，注重以人为本的交通模式，致力于构建公共交通的交通计划。

第四，生态绿色建设是永恒的主题，通过街道、广场、公园及空地的规划建设从而提升它们对行人及公共生活的作用。

第五，更加重视社会基础。如新加坡政府建设花园城市的做法，一方面政府广泛接触国际社会，紧紧跟随和正确把握全球绿色运动的趋势，并大胆付诸实践；另一方面政府通过主导公共住房建设的方式合理引导城市化。再一方面政府设置了许多专门的管理机构。这些管理机构在推动"田园城市"建设中起了很重要的作用。"田园城市"理念的提出和实施过程正是新加坡这个国家在全球范围内寻求国家认同感和国家身份的过程，使得田园城市成为新加坡的一种文化，并成为一个城市特色和地方民族文化特征的核心观念。

6

战略核心理念与任务

　　当前，中国城镇化水平达到 50%，我国正处于能否突破"中等收入国家陷阱"，进入世界"第一集团"，实现"大国崛起"的关键时期 (图 6-1)。国家提出提升竞争力，应对全球化的新挑战；满足人民对环境改善和生活质量的新要求；改变发展模式，缓解生态资源环境压力的新趋势。

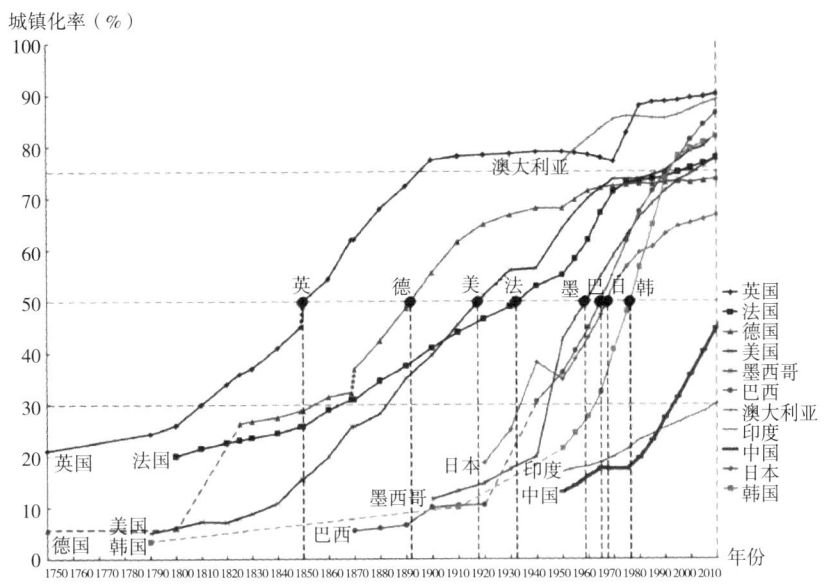

图 6-1　全球国家的城镇化发展趋势

数据来源：1950 年以后城镇化率数据统一取自历年"联合国城市化报告"；1950 年以前的城镇化率数据，欧洲国家取自"The Making of Urban Europe. 1000–1994"，(Paul Hohenberg. Lynn Lees. 1995)，其他国家通过网站资料查询公报获得。

　　国家战略转型期间，嘉兴作为工业化后期进程的城市，有着后工业化城市相似的担忧，全球化背景下工业重构、劳动力就业、住房短缺的变化；贫富差距的不断拉大；中心城市的空间蔓延和交通拥堵；长时间注重经济增速忽略生态保持导致的环境恶化……很明显，当前及未来可持续发展战略的制定应该是在以上背景下普遍适用的策略。未来应以创新转型驱动，以环境保护驱动，以人民的生活品质作为驱动，为城市发展质的提升奠定基础，强调"区域衔接、空间品质、可持续发展"。

　　（1）创新（Innovation）

　　必须着眼于自身在区域市场中独特的优势——未来竞争力的提升将不再依赖税收减免、企业激励和地区推介优惠等政策手段，而更多地从拥有的人才和城市的环境、创新的条件及相关产业集群等要素优势。在劳动技能的提高、先进技术的应用、先进设施的建设、政企的良好合作等方面形成良好的创新环境，这也是保持经济稳定、提升城市竞争力，取得长远成功的关键因素。

（2）品质（Quality）

全球化影响下的快速城镇化进程带来了文化多样及新移民，但众多新移民需要就业岗位、学校、劳动培训、住房、基础设施等方面的配套。确保原有居民生活水平的提高，确保新居民获得与原有居民同等的服务和机会，就必须以人为本，着眼于形成有活力的中心，形成有保障的住房，保证交通方式的便利，加强制度管理，加强空间资源的管理，支撑产业升级，倡导广泛的公众参与、将战略规划作为一个持续过程。

（3）环境（Environment）

一方面，过去长时间城市的蔓延发展态势蚕食了农田等生态空间，研究证明实际上紧凑发展比蔓延发展对资源的消耗及环境的影响要小得多；另一方面，城市的环境及固体废弃物的管理处理等在环境保护方面有限，因此绿色基础设施建设对环境保护具有重要的引导作用。突出保护生态、爱护环境和实现可持续发展是核心要素。

第三部分　城市愿景

7

回顾时刻

几千年的农业文明，造就了嘉兴富饶丰裕的农业经济；形成了嘉兴繁荣兴盛的商业贸易；构筑了嘉兴轻盈精巧的城市格局；营造了嘉兴厚重绚丽的文化沉淀……

今天，站在嘉兴历史发展的新的十字路口，回首千年，往事如烟。我们探寻嘉兴一路走过的足迹，试图解读嘉兴的历史，从中收获的不仅仅是对历史的认知，更是沉甸甸的对历史文化传承的反思——嘉兴的未来之路在哪里？

7.1　嘉兴的概况

7.1.1　基本概况

"吴中过客莫思家，江南画船如屋里。"嘉禾自古乃富庶繁华之地，是一座具有典型水乡风情的历史文化名城。四大城市环抱的区位造就了嘉兴独特的经济地理格局，田园生态小桥流水的自然条件赠予了嘉兴的无尽魅力，衍延3500多年的历史古朴与舒缓赋予了嘉兴的独特个性。

嘉兴位于浙江省东北部、长江三角洲杭嘉湖平原腹心地带 (图7-1)。市境介于东经120° 18′ 至121° 16′，北纬30° 21′ 至31° 2′ 之间，东临大海，南倚钱塘江，北负太湖，西接天目苕溪，大运河贯穿其中。全域面积3915km²，下辖南湖、秀洲两个区，平湖、海宁、桐乡三个市和嘉善、海盐两个县（图7-2）。2012年全市生产总值2884.94亿元，比上年增长8.7%，增幅比上年回落1.9个百分点。其中第一产业增加值150.05亿元，增长1.1%；第二产业增加值1620.82亿元，增长8.4%；第三产业增加值1114.07亿元，增长10.2%。三大产业结构比例由上年的5.3：57.5：37.2调整为5.2：56.2：38.6。按常住人口计算，人均

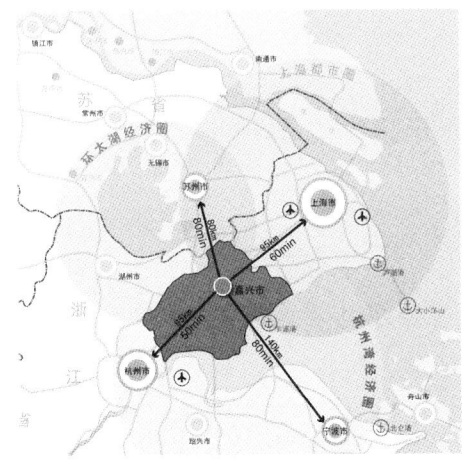

图 7-1　嘉兴区域位置图

图片来源：笔者自绘

图 7-2　嘉兴行政区划图

图片来源：笔者自绘

生产总值 63580 元（按年平均汇率折算约为 10072 美元），增长 8.2%。2012 年末全市户籍人口 344.52 万人，比上年末增加 1.47 万人。

7.1.2 历史沿革

城市空间承载着城市经济、社会、政治等活动，也记录着一个城市的文化和历史。嘉兴有 7000 年人类文明史、2500 年文字记载史、1700 年城市建设史（图 7-3）。

嘉兴是新石器时代马家浜文化的发祥地，距今 7000 年前市境就有先民从事农牧渔猎活动。

春秋时期，嘉兴地域称"长水"，又称"檇李"，是吴越争雄之地。秦始皇二十五年（公元前 222 年），秦置由拳县、海盐县，属会稽郡。两汉时煮海为盐，屯田为粮。三国时吴国雄踞江东，析由拳县南境、海盐县西境置盐官县。是全国实行郡县制建置最早的一批县，也是今嘉兴市境建置之始。

三国吴黄龙三年（231 年）"由拳野稻自生"，吴大帝孙权以为祥瑞，改由拳县为禾兴县，三国吴赤乌五年（242 年）禾兴县改称嘉兴县。两晋、南北朝时，嘉兴得到进一步开发，"一岁或稔则数郡忘饥"，嘉兴由此得名。

隋大业六年（610 年）开凿江南河，即杭州经嘉兴到镇江的大运河，给嘉兴带来灌溉舟楫之利，成为嘉兴真正繁荣兴旺的起点。唐天宝十年（751 年）析嘉兴县东境及海盐、昆山等县部分辖地置华亭县。

唐代嘉兴屯田 27 处，"浙西三屯，嘉禾为大"，嘉兴已成为中国东南重要产粮区，有"嘉禾一穰，江淮为之康；嘉禾一歉，江淮为之俭"

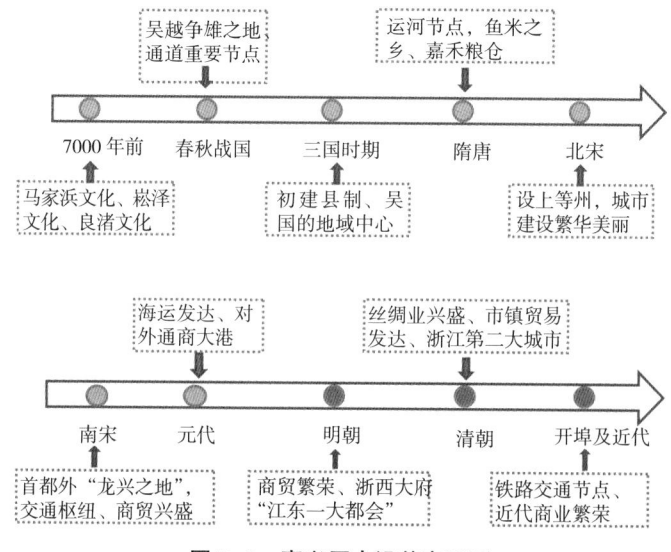

图 7-3 嘉兴历史沿革变迁图

图片来源：《嘉兴市城市总体规划（2003-2020）》（2012 年修改）

的说法。唐末嘉兴始筑外城，原内城遂称子城。至此，嘉兴古城格局基本定型。

五代十国时期，吴越国在嘉兴设置开元府，领嘉兴、海盐、华亭3县，是为嘉兴首次设州府级政权。后晋天福五年（940年），因吴越王钱元瓘之奏请，在嘉兴置秀州，领嘉兴、海盐、华亭、崇德4县。北宋改秀州为嘉禾郡，南宋庆元元年（1195年）升郡为府，后改嘉兴军。南宋建都临安，嘉兴为京畿外围重镇。嘉兴广开圩田，进一步发展了农业，促进了商业和手工业的发展。"人烟稠密，灯火万家"，城市已十分繁荣。元世祖至元十三年（1276年）改嘉兴军为嘉兴府安抚司，旋升为嘉兴路总管府。宋元时，嘉兴经济较发达，被称为"百工技艺与苏杭等"，"生齿蕃而货财阜，为浙西最"。乍浦、澉浦、青龙等港口外贸频繁，海运兴隆。

明宣德五年（1430年）析嘉兴县西北境为秀水县，析东北境为嘉善县；析海盐县置平湖县；析崇德县置桐乡县，嘉兴府下辖7县。此后四五百年内嘉兴府县体制基本未再变动。其时，在农业和手工业发展的基础上，商品经济日渐繁荣，棉布丝绸行销南北，远至海外，嘉兴王江泾镇的丝绸有"衣被天下"的美誉，嘉善有"收不完的西塘纱"的谚语，桐乡濮院镇丝绸"日产万匹"，名闻遐迩。明弘治《嘉兴府志》记载："嘉兴为浙西大府"，"江东一都会也"。由于商品经济的发展，特别是丝绸贸易的兴盛，嘉兴达到繁荣的顶点。

清朝初期，清政府进行了赋税改革和整顿，并多次对杭州湾沿岸海塘进行修筑，嘉兴社会经济不断好转，市镇更加繁荣。

清咸丰十年（1860年），太平军攻克嘉兴，建听王府为当地军政领导机构。清朝中期以后，受帝国主义掠夺和封建主义的剥削，嘉兴的经济和城市面貌日渐衰落和凋敝。

1911年11月7日，辛亥革命党人占领嘉兴，成立嘉兴军政分府。民国初废府存县，改称嘉禾县，后复称嘉兴县（图7-4）。

1921年8月初，中国共产党第一次全国代表大会在嘉兴南湖的一艘游船上闭幕，宣告中国共产党成立。

1937年11月5日，嘉兴被侵华日军占领，惨遭践踏达8年之久。

1949年5月7日嘉兴解放，分设嘉兴县、嘉兴市均隶属嘉兴专员公署，期间撤并频繁。

1983年8月，撤销嘉兴地区行政公署，分设嘉兴、湖州市，嘉兴市设城区和郊区，下辖嘉善、平湖、桐乡、海宁、海盐5县。

1986年11月，海宁撤县设市。

1991年6月，平湖撤县设市。

1993年5月，桐乡撤县设市。

1993年11月，城区更名为秀城区。

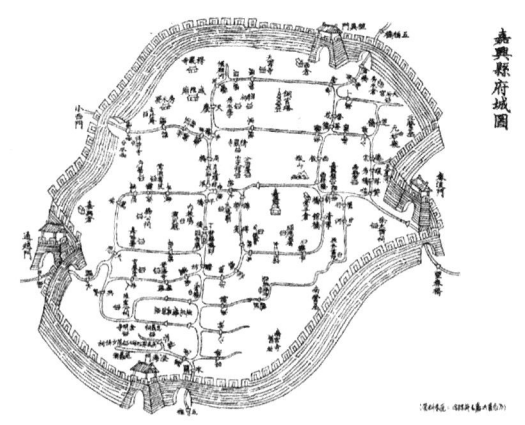

图 7-4　嘉兴县府城图

图片来源：嘉兴市城市总体规划（2003–2020）（2012 年修改）

1999 年 6 月，郊区更名为秀洲区。

2005 年 5 月，秀城区更名为南湖区。

1985 年 1 月，经中共中央、国务院批准，嘉兴市区及所辖嘉善、桐乡、海宁县被列为长江三角洲经济开放区，至 1988 年嘉兴市及所辖 5 县（市）均被列为经济开放区。经过 20 余年的改革开放，嘉兴市的经济建设和社会发展均取得了辉煌的成就，日渐成为长江三角洲的经济重镇、上海南翼的港口新市、江南水乡的文化名城。

穿越嘉兴的历史时空，透过嘉兴的发展轨迹，我们能清晰地感应到嘉兴跳动的历史脉搏——以水为载体的农业文明。水成了连接历史与现在的纽带，成了承载嘉兴文化的核心和灵魂。

大运河的开通给嘉兴带来了繁荣的商贸流通，嘉兴商贾舟航通各省。手工业也随之得到发展，宋代嘉兴即已"百工技艺与苏杭等"，纺织、丝绸产品各领风骚。嘉兴所产的工艺品精美绝伦，行销南北，远舶海外。

发达的农业经济成就了嘉兴的辉煌历史，富裕的生活形成了嘉兴重学尊教的民风，从而构建出嘉兴人文荟萃的文化格局。

7.2　嘉兴的基础

嘉兴由地域中心到节点中心，再到新中国成立后的红色文化基地，每一次转型发展都与当时所处的国内外政治经济格局有密切的联系，并伴随着社会、经济和环境的全面转变，最终在空间秩序和城市形态上留下深刻印记。当前城市发展面临创新转型的宏观要求，也面临着土地资源紧张的约束、人口规模持续增长、环境建设压力不断加大等瓶颈，诸多矛盾都将反映在城市空间发展中，因此研究空间发展历程，评估现状突出问题，借鉴国际城市发展的经验和规律，有利于思考如何通过调整城市布局、优化城市土地和空间资源配置、协调各项建设、完善城市功能，从而促进城市的全面健康可持续发展。

7.2.1 区位特征：典型中间城市，未来枢纽城市

（1）典型的中间城市

① 地理上的"中间城市"

中间的地理位置优势无与伦比，地处长三角地理位置的中心，位于沪、浙、苏三省交界，东接上海、西接杭州、北临苏州、南濒杭州湾，与宁波隔海相望，距离上海90km，距离杭州85km，距离苏州80km，距离宁波140km，处于四大城市的中间区位位置。

② 交通联系的中间性

地理位置的中间性使得交通联系具有中间特性。与沪杭的联系，通过高速公路小汽车流量统计，嘉兴与杭州联系占37.4%，与上海联系占36.6%，比重相当；从区域高速铁路班次联系中，嘉兴通往上海、杭州的班次每天25班以上，与沪杭相当。

③ 文化的中间性

得天独厚的中间区位带来了吴越文化的中间性特色，苏浙经济文化的中间性，而对于处于沪杭两大城市的中间城市，如何把握中间性流通、流动特征，发挥优势，是需要思考的问题。

（2）枢纽区位优势明显

① 枢纽地位加强

近年来，随着区域中高铁、机场、港口等大型基础设施的建设，枢纽地位不断凸显，中间性开始向中心性转化，此外，杭州湾跨海大桥、杭州湾嘉绍通道的开通、杭州湾萧山通道的即将通车，长三角开始由原来的"Z"字形（图7-5）交通结构中的中间城市逐步演变为区域"8"字形交通骨架中的交通枢纽城市,嘉兴承担着"8"字中间的重要交会点。

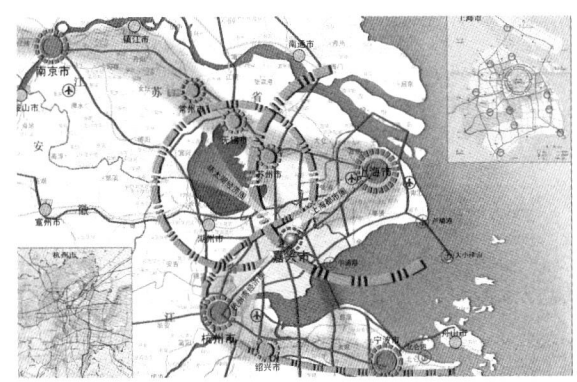

图7-5　长三角"Z"字形交通结构

图片来源：嘉兴市城市总体规划（2003–2020）2012年修改

② 枢纽发展机遇优化

不断优化的交通条件，也给嘉兴带来了更多发展机遇。在当前区域特大城市开始功能外溢、寻求错位合作背景下，得益于枢纽优势有机会和竞争力承担起区域外溢的功能，且能够选择一些高端和有价值的功能。以上海为例，由于土地空间有限和地价的上涨，物流、仓储等功能已经向外围溢出，支撑国际贸易中心的物流、仓储、转运、配送等功能，需要更多地由周边地区一同承担。除此之外，随着产业转型，上海的一些重要的制造业也开始向外扩散，嘉兴的姚庄产业园区、桐乡的机械制造等承接上海产业转型的制造园区，海宁、嘉善也开始探索与上海园区共建的产业园区模式。从对杭州方向来看，依托嘉兴出海港口及浙西北腹地，嘉兴的区域一体化功能也得以体现。对接苏、甬、湖州等地区的区域联系作用与集散功能进一步突显。

7.2.2 生态特征：生态条件优越，江南水乡特色

（1）独守一隅的优越生态本底

嘉兴生态本底条件优越，区内绿意盎然水网密布。从长三角航拍图中可以看到，在城市快速扩张下，"村村点火、户户冒烟"，区域中许多城市的生态空间都受到侵占，无锡、常州等苏南城市建设用地占总面积比重达到30%以上（图7-6），苏州甚至接近40%。而嘉兴，建设用地占地比重仅为17.8%。可以说，在区域整体快速发展、用地侵蚀的背景下，嘉兴独守着这一份生态宁静与美好。毫无疑问，在生态、可持续等越来越得到重视的今天，这种生态本底将构成嘉兴在未来可

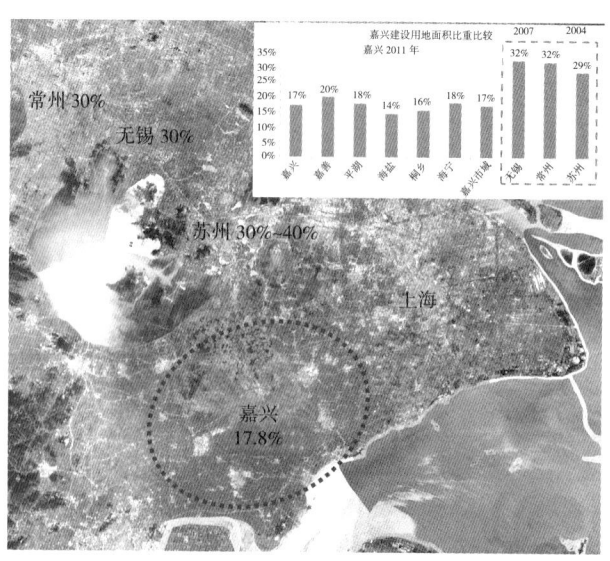

图7-6　区域生态空间分布及比重

图片来源：嘉兴市城市总体规划（2003-2020）2012年修改

持续发展重要的一笔。

（2）独树一帜的江南水乡风貌

① 水城一脉

嘉兴城市发展历来与水息息相关，以水为架骨、水城一脉的空间特色格局，早在城市发展之初就得以彰显："水阁枕河，埠头系舟，石桥通巷，河埠驳岸"，城市"依水而筑、因水而兴、以水取胜"，小桥、流水、人家，建筑与景观，有种未经粉饰的朴素优雅。形成了"湖、荡、河、塘、湾"的水系。基于运河开通而形成的两环八放射的水网格局自古延续（图7-7），构筑了嘉兴城市基本骨架"运河抱城，八水汇聚"。目前嘉兴全市水网密度达 3.5km/km²，为全国之最，是当之无愧的"江南水乡"。

图7-7 嘉兴市水网格局

图片来源：嘉兴市域绿道网规划

图7-8 嘉兴江南水乡风貌

图片来源：嘉兴市城市总体规划（2003-2020）（2012年修改）

② 水乡风韵

江南水乡风貌气质孕育了乌镇、西塘等著名的江南水乡名镇，月河、梅湾等特色历史街区（图7-8），也带动了嘉兴休闲旅游产业的发展，打响了嘉兴江南水乡的名片。难怪在外来游客眼中，嘉兴是一个景色优美、人情味浓的城市。

7.2.3 文化特征：底蕴深厚名城，名镇名人众多

文化是历史的沉积，它存留于意识中，融汇在生活里，对城市的营造和人们的行为起着潜移默化的影响，是城市的灵魂。

（1）历史悠久，越韵吴风交汇

嘉兴历史悠久，文化灿烂。春秋战国时期，嘉兴已是吴越争雄之

地和重要交通节点，历来是吴越争霸的疆场，有"吴根越角"之称，历史留下了丰富的记载和遗迹。同样，嘉兴文化体现了吴越文化交融的特点，呈现出吴越文化的双重特征，"吴根越角"是对嘉兴文化特征的形象形容。吴文化圈以水著称，水至柔，盛行以水衍生出来的文化韵味；越文化圈以山水著称，乐山静水；两地文化交流互融，文化特质相似，但又有差别。"吴愉越吟"——吴地民风是愉快的，越地的民风是悲怆的。描述的就是两地细微且难以言传的文化差异。嘉兴以水闻名于世，嘉兴文化"多近吴而偶似越"，根植于吴文化而融合越文化，创造出了灿烂辉煌的水乡文化。

自隋唐以来，嘉兴农耕文化快速发展，粮桑并茂，鱼牧齐进，有"天下粮仓"的美称。宋元时期，嘉兴经济快速发展。而后，随着运河商贸的兴盛，嘉兴商贸功能不断强化。明朝年间，嘉兴府志记载其为"浙江第二大城市"之况。

嘉兴土地肥沃却官田多，税赋高，漕运重，也就是所谓"天下赋江南居十九，浙东西居江南十九，而嘉禾半之"（《嘉兴史志》）。由于嘉兴历史上高度发达的农业经济，使得历代均重视对嘉兴的统治。"衣食天下"的负担使嘉兴无巨商大贾，只能小富即安，有余则庆。同样，地富民安的环境给嘉兴的人文发展带来了两方面的影响：一方面，孕育了浓厚的耕读文化，嘉兴历史上重视教育，自明清时即有"人文之邦"的美誉，文人荟萃，名人辈出。另一方面，山温水软、物产富饶、人文荟萃的环境，带来了嘉兴人的为人之道也充满了水的韵味：冲淡平和。"饲鹤调琴，笑谈风月，养鱼种竹，不问春秋"（姚孟起），嘉兴人奉行恬淡自得的生存之道，与世无争却乏进取精神，追求安逸却少冒险精神。

（2）物华天宝，名城古迹众多

① 丰厚的历史文化遗存

悠远的历史给嘉兴留下丰厚的文化遗存（图7-9）。文物古迹星罗棋布，现有全国重点文物保护单位12处，省级文物保护单位15处，市级文物保护单位60处，馆藏文物5万多件。其中市本级有全国重点文物保护单位4处，省级文物保护单位7处，市级文物保护单位40处，市级保护点400余处，各类博物馆7个，馆藏文物2万余件。同时，全市还有人类非物质文化遗产2项，国家级非物质文化遗产13项，省级非物质文化遗产62项，市级习俗等140项，各级"非遗"

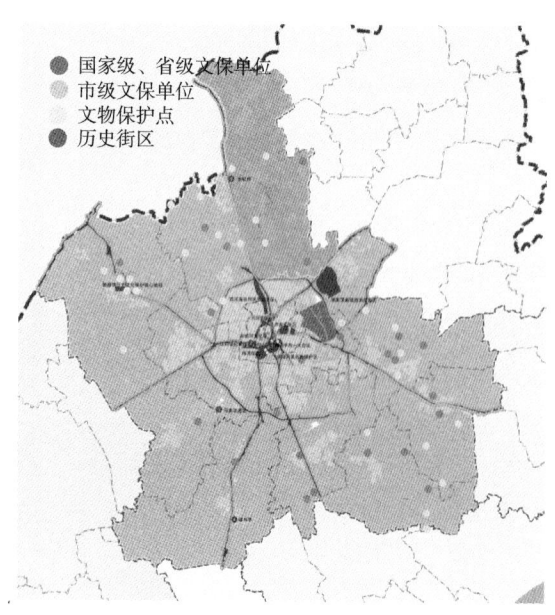

图7-9 嘉兴市文物古迹分布图

图片来源：嘉兴市历史文化名城保护规划

代表性传承人 146 人。嘉兴市已被评为国家历史文化名城，还有乌镇、西塘、盐官三个国家级历史文化名镇，省级历史文化名镇新塍，以及 8 个省级历史文化街区。

② 典型的江南水乡街区建筑

嘉兴作为典型的江南水乡古城，城市布局极具因水而生、临水而建、沿水成街依兴之特色。传统建筑简洁朴素清新淡雅而建、沿水成街依兴之特色，临街多为两层砖木结构建筑，排门式店铺对称中有错落整齐显变化。水阁、过街楼、廊棚、观音兜山墙、一门三吊闼等建筑形式颇具嘉兴地域特色，虽历经百年沧桑犹存风骨。月河、梅湾街、芦席汇 3 片历史街区较好地保存了清末民初的建筑格局与特色。新塍、王江泾、王店、凤桥西塘、盐官、硖石、濮院、乌镇等古镇，也保留了大片的历史街区和不少的古巷、古弄。

③ 丰富的旅游文化资源

除了历史遗迹外，嘉兴也有着丰富的旅游资源。自然风光以潮、湖、河、海并存驰誉江南。既有"轻烟拂渚"的圣地，引发诗人杜牧"南朝四百八十寺，多少楼台烟雨中"的感慨，又有"天下第一潮"海宁钱江，"一片真山水"海盐南北湖，"南方北戴河"平湖九龙山，江南水乡古镇嘉善西塘和桐乡乌镇及梅湾街、月河，芦席汇历史街区等著名风景胜地。嘉兴市的文生修道院、清真寺、三塔等运河宗教文化建筑，以及落帆亭、南湖心岛、瓶山等与运河攸关的古园林建筑也为嘉兴增色非常。

（3）崇文厚德，名人灿若星河

古老的历史文化浸润了嘉兴人"师好学、士幕儒"气质。嘉兴土沃民秀，学风盛，"奇才异士辈出"，自秦汉起历朝古书均载有嘉兴人的业绩。"好读书，虽三家之材必储经籍"。汉有辞赋家严忌，晋有"文藻独步"的陆机和陆云、志怪小说家干宝，唐有诗人顾况和刘禹锡、名相陆贽，宋有词人朱淑真、孙岳珂及名将岳飞，元有画家吴镇，明有史学家谈迁，清有棋圣范西屏等。在《中国大百科全书》记载的 1800 位全国名人中，嘉兴占了 80 余人；清代共出进士 695 人；近现代涌出王国维、徐志摩、沈钧儒、茅盾、丰子恺、陈省身、金庸、李叔同等一大批名人；现有嘉兴籍"两院"院士 45 名。大师、巨匠、名臣、高士等如潮涌，蔚为壮观。

7.2.4 人文特征：城乡差距较小，幸福指数高

（1）一个城乡差距较小，藏富于民的城市

① 城乡差距小

虽然从经济总量上，嘉兴不比苏南等城市的富庶与丰饶，但嘉兴

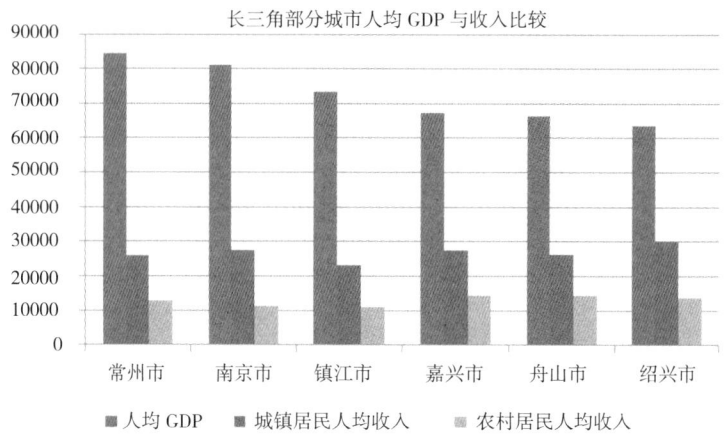

图 7-10　2010 年长三角部分城市人均 GDP 与收入比较

数据来源：嘉兴市统计年鉴 2011

城乡差距小，藏富于民的特征十分明显。2010 年，嘉兴城镇居民人均可支配收入 27487 元，农村居民人均纯收入 14365 元，位于浙江省第一位，城乡收入比仅为 1.91，城乡收入水平差距为长三角最小（图 7-10）。

② 藏富于民

在相近人均 GDP 条件下，嘉兴的收入水平也是整体较高。对比长三角 GDP 总量相近的城市（图 7-11），如舟山、镇江等，嘉兴城乡居民 收入都高于它们，嘉兴城乡居民人均 GDP 甚至还明显优 于常州、南京等城市，可见嘉兴居民在创造价值中受益明显。

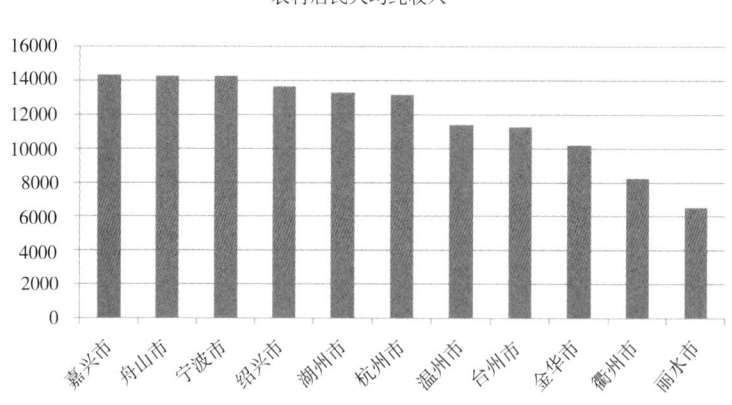

图 7-11　2010 年长三角部分城市农村居民人均纯收入比较

数据来源：嘉兴市城市总体规划（2003-2020）（2012 年修改）

③ 城乡统筹先行试

近年来，嘉兴在城乡统筹方面先行试探索形成了"两分两换"、"十改联动"、"五个一百工程"在内的城乡统筹发展措施，城乡生活水平与生活环境得到整体改善，农民宅基地、社保等利益得到全面保障。

（2）一个居住成本较低，适宜创业的城市

① 较低的房价收入比与物价

除了收入的富足以外，嘉兴还是一个生活、就业创业成本较低，幸福宜居的城市。从生活成本来看嘉兴房价与人均可支配收入的比例低于全国大部分中等城市。在长三角 30 个城市中，嘉兴的房价与收入比倒数第 2；物价指数也较低，居于 11 位。并且近年来涨幅较少，在全国大中城市尤其是沿海发达地区普遍"成本高、就业难"的压力下，嘉兴可谓长三角难能可贵的低成本高品质地区。

② 较低的商务成本，嘉兴还是吸引创业者的天堂

比较长三角各主要城市写字楼成交均价，嘉兴约为 0.7 万元 /m²，不足上海的 1/3，也远低于杭州、苏州、宁波、无锡、常州等长三角地区其他城市。优越的交通与城市环境，较低的就业成本，为初创期中小型企业提供了孵化与成长的沃土，也为嘉兴吸引到许多国内外创业人才奠定了基础。"交通方便、产业好，成本低受到重视，城市氛围不浮躁"是许多创业者对嘉兴环境的基本评价。因此，嘉兴也吸引了像麦包包、juststyle 等国外知名网商企业落户，区位优势加城市氛围吸引众多企业都有弃沪至嘉的意愿。

③ 较高的基础教育水平

除了创业成本外，嘉兴基础教育优势也较为突出。从重点中学分布来看，嘉兴拥有 3 所一级重点中学，3 所二级重点中学，在上海周边城市中，嘉兴基础教育资源优势较明显。这些高水平基础教育资源也成为吸引高端就业人群的重要因素。

（3）一个人情味浓厚，幸福感很强的城市

① 外来游客眼中的嘉兴

在外来游客眼中，嘉兴是一个景色优美、人情味浓、悠然闲适的城市。在他们的眼中，嘉兴没有大城市的浮躁，有着已不多见的江南韵味，小而精致，未经粉饰的朴素，处处充满人情味。城市环境是嘉兴吸引外来者的最重要因素。城市历史、建筑特色、景观环境、地方民俗是嘉兴留给外人的最好印象。

② 新嘉兴人眼中的嘉兴

从在嘉兴工作的外国人访谈中，他们表示喜欢嘉兴的城市氛围，朝气，充满活力，安静悠闲。"亲切，平和，一个可以落脚的城市，停留了就不愿意走的地方"。同时，他们也表示"嘉兴很有活力，也有许多机会，生活氛围又强于上海、杭州等大城市"。在外来创业者眼中，这里是一个交通方便、产业基础好、成本低、氛围不浮躁的地方。普遍认为"成本比上海、杭州低了近 2/3；员工买房压力小"，"嘉兴的人文气息吸引了我，城市不浮躁"，"创业氛围较好，受到政府重视"。

③ 市民眼中的嘉兴

市民眼中的嘉兴，是一个生活安逸，节奏慢，很适宜居住的城市。"生活压力小，节奏慢，舒适安逸"是久居嘉兴市民的心声。水乡文化造就了嘉兴人优雅包容的性格，嘉兴的情感浓缩于城市各个角落。无论是从街上温馨的挡雨篷，还是人行散步道路，都可以看到嘉兴充满人情味的一面。在这种城市氛围浸染下，平和自足、小富即安的嘉兴一直位于中国最具幸福感城市之列。

7.3 嘉兴的成绩

7.3.1 城市网络空间逐渐明晰，城镇体系不断完善

1983 年 7 月，国务院批准嘉兴地区撤区建市，设立城区、郊区及嘉善、平湖、海盐、海宁、桐乡等五县市，并重新编制"嘉兴城市总体规划"，明确"上海经济区对外开放重要工业城市之一"的职能定位。在城市总体规划的引导下，嘉兴城市规划、建设和管理对城市发展的作用强化，嘉兴抓住商业体制改革、国企改革，以及长三角被列为对外经济开放区和经济开发区的机遇，加快推进国资、民资、外资"三资"齐上，加快经济发展步伐，夯实了嘉兴城市建设和经济发展基础，基础设施和社会事业全面发展。

改革开放 30 多年的嘉兴城镇化进程与城市空间结构调整相辅相成，初步形成了相对完整的网络型空间构架，"中心城市—副中心城市—新市镇"组成的城镇体系不断完善 (图 7-12)，节点城镇之间基础设施体系不断完善，城市发展的各项要素顺畅流动。

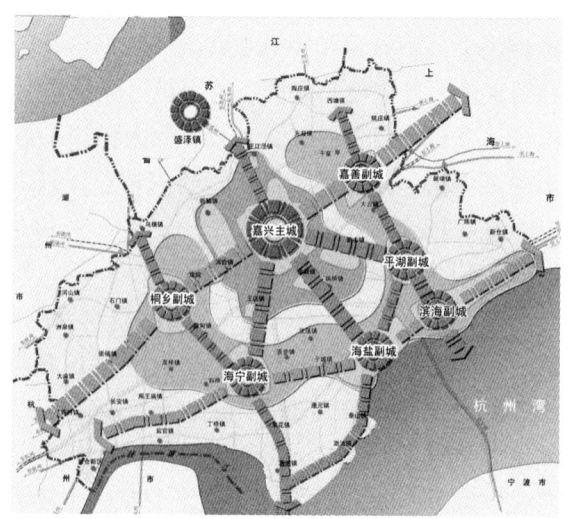

图 7-12　嘉兴网络城市空间结构

图片来源：嘉兴市域总体规划（2008-2020）

7.3.2 城乡统筹发展进程加快，城镇服务能级逐步提升

嘉兴城市化进程具有明显的城乡一体、统筹发展特色。2008 年嘉兴市出台《嘉兴市打造城乡一体化先行地行动纲领》，提出城乡空间布局、产业发展、基础设施、公共服务、社会保障、生态环境、组织保障等"7 个推进体系"。同年制定实施《嘉兴市开展统筹城乡综合配套改革试点的实施意见》，创新开展"两分两换"及"十改联动"以推动嘉兴城乡统筹进程。

城乡统筹的大力推进，使得嘉兴城镇服务功能不断提升。充分发挥小城镇作为城乡连接点的重要作用，突出城镇特色化建设，并实施强镇扩权策略，促使小城镇发展向现代化新市镇迈进。

新一轮城市总体规划提出郊区城镇化的城镇化发展策略，要求发挥城镇自身优势，吸纳农村剩余劳动力，完善城镇基础设施及公共服务设施建设，提升城镇服务功能。

7.3.3 生态文明建设成果巩固，田园城市形态初显

环境设施日趋完善，环境质量持续改善。到 2012 年底，嘉兴市完成污水管网建设 258km，市区污水处理率将达到 95%，各县（市）污水处理率也将全部达到生态市建设目标。全市河道疏浚长度 1073km，清淤土方 1064 万 m³，投资 2.39 亿元。

推进清洁生产，全面推进企业排污权初始分配。同时，建立 19 个地表水自动检测站和 14 个大气监测站，完成了污染源自动检测监控和大气、地表水自动检测两大环境检测系统建设，实现对全市污染物排放总量的全天候实时数据监控和图像监控。

积极采取有效措施，控制畜禽养殖污染。各地积极推进散养户的治理工作，重点开展对存栏 50 头以下养殖场治理工作，通过整村或者整片治理的方式有序推进。注重转型升级，推动畜禽标准化建设。以项目为载体，深入推进我市畜牧业的转型升级，进一步提高我市畜禽养殖规模化、标准化和生态化水平。全力推进现代园区创建，以良种繁育、设施养殖、生态养殖和公共服务体系建设为重点，通过养殖区域、模式调整，积极创建现代渔业园区。目前各个园区建设工作正在加快推进。

7.3.4 市域一体化基础良好，制度化保障不断强化

嘉兴市地势平坦，所属各县、市、区自然条件、资源禀赋相似，文化习俗互通互融，具有市域一体化发展、建设网络型田园城市的良好基础。根据《嘉兴市域总体规划》，嘉兴拟构建网络型大城市的空间

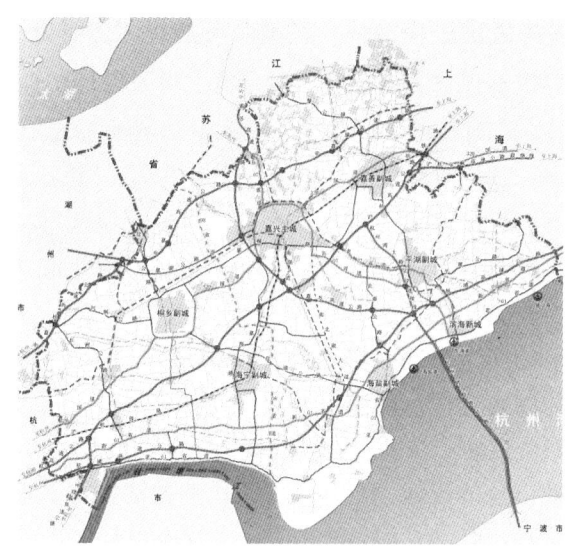

图 7-13　市域网络化交通体系

图片来源：嘉兴市综合交通规划

结构，形成 1640 城镇体系，即一主六副四十镇。

目前，嘉兴市基础设施、公共服务一体化取得了实质性进展。公路交通四通八达 (图 7-13)。"城际快速路 + 市域主干公路"形成"一环四纵三横七连"的格局，嘉兴各县市区的联系较为便利。截至 2011 年底，全市公路总里程（含县乡道）达到 7758km，近年来里程增长量趋于平缓。

铁路运输发展迅速。2008 年沪杭高铁的开通极大地拉近了嘉兴与杭州、上海的距离，2012 年沪昆铁路嘉兴站旅客 62 万人次，沪杭铁路嘉兴南站客流达到了 34.7 万人次，沪杭高铁分担了大部分短途客流。

未来嘉兴军用机场将改建为军民合用，为进出嘉兴提供了新的便捷通道；随着周边上海、杭州机场的饱和，嘉兴航空业将迎来发展机遇。目前嘉兴正在编制空港总规，计划以机场为核心，以物流为重点，以产业为支撑，打造一个生态、活力、科技、创新型的现代田园新城，成为嘉兴主城区的重要组成部分。

7.3.5 各级政府对市域一体化的认同感不断加强

通过主副中心分工合作形成合力，增强嘉兴在区域综合竞争力的思想认识逐渐统一。近 10 年间，嘉兴市委市政府将市域一体化发展，建设网络型城市贯穿于实际工作。2004 年，市委市政府首次明确提出"大力发展中心城市、积极培育壮大中小城市、扶持发展中心镇、整合中心村和农村居民点建设，构筑以市区为中心，一主多副、功能互补的网络性大城市框架"的工作思路。嘉兴市"十一五"规划提出，要加快城镇化进程,基本形成结构合理、功能互补的现代化网络型大城市。以此为目标，2006 年编制完成了浙江省第一个全市范围的市域城市总体规划，规划建设"一主五副、一新城十五镇、三轴两环"的网络型大城镇群。2007 年确立"1640"的现代化网络型大城市的城镇发展目标。2009 年。嘉兴市市委提出"加快推进市域一体化建设现代化网络型大城市的实施意见"，并成立基础设施、社会发展、规划管理等 5 个专门委员会，为强化对现代化网络型田园城市建设的组织协调提供了有力的制度保障。

7.4　嘉兴的问题

在历版总体规划的引导下，嘉兴田园城市的形态初步显现。三片楔形绿地基本保留，在"北控"的城市空间发展战略指引下，北片湿地作为生态资源被保留，外围乡镇呈现出组团发展的态势。城乡一体化进程加快，城镇体系更加完善，功能布局更趋合理，集聚能力不断提升，城乡体制的均等化不断改进。城乡生态建设、景观建设、绿化建设稳步推进。但同时，也存在诸多的问题：

7.4.1 区域地位的失落

改革开放以来，嘉兴的经济发展一直处于快速增长之中，从 1978 年到 2012 年逐年增长。2012 年，嘉兴市人均 GDP 达到 63580 元（按年平均汇率折算为 10072 美元）。处于中等发达国家水平的阶段，人民生活水平得到不断改善。在经济增长的同时，嘉兴市的产业结构也在不断演化，第二和第三产业发展，三次产业增加值在 GDP 总量中的比例由 1978 年的 49.8∶33.0∶17.2 演变为 5.2∶56.2∶38.6，工业和第三产业的生产取代农业生产成为嘉兴市经济活动的主体。虽然嘉兴的经济增长迅速，但应该看到的是，在区域经济整体强势发展中嘉兴相对经济地位却呈现弱势状态。

（1）嘉兴在长江三角洲中经济地位的相对弱化

在当前大好形势下，长江三角洲这一强势区域继续走强，城市间竞争力将决定谁在新一轮发展中成为优胜者，嘉兴面临"不进则退"的现实压力。采用层次分析法，选取 GDP、产业结构、人口规模、建成区面积、居民人均收入、居民生活水平等指标进行城市综合竞争力的测算。从长三角综合竞争力变化情况来看 (图 7-14)，嘉兴在长三角的地位仅高于湖州市，处于第 15 位；就自身来看，综合竞争力指数从 0.606 增长到 0.638，城市各方面情况有所增长。

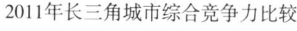

2011年长三角城市综合竞争力比较

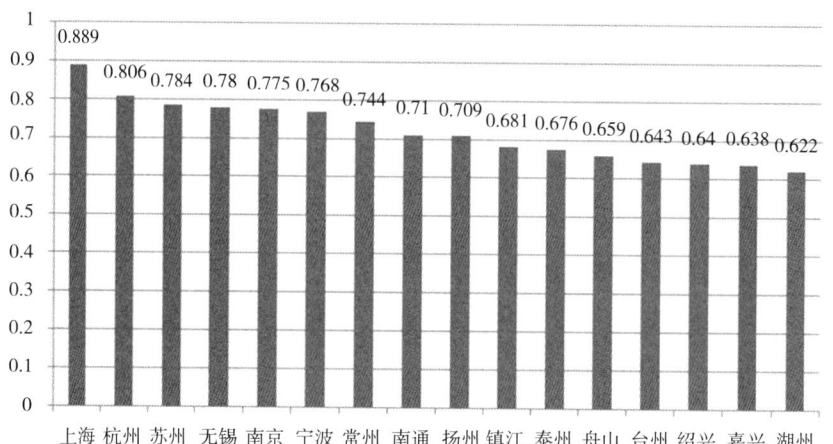

图 7-14　2011 年长三角城市综合竞争力比较

数据来源：倪鹏飞，等. 中国城市竞争力报告 No.10［M］.北京：社会科学文献出版社，2012.

（2）嘉兴市区在市域中心地位的相对弱化

　　上海、杭州两大中心城市对嘉兴中心产生袭夺效应,对于周边县市而言,外围引力远强于嘉兴中心城市的吸引力。由于浙江省实行"强县经济"战略，使地级城市的财政能力受到一定的限制，再加上嘉兴地区十分匀质的自然条件，使周边城镇的发展与市区处于几乎同等的发展环境，市区与各县市之间的经济差距逐渐缩小，从而使嘉兴市区在市域范围内经济地位和中心职能逐渐弱化。具体表现在市区的经济份额和经济首位度不断降低 (图 7-15~ 图 7-17)，引领作用不强，市域内部集聚效益不突出，致使嘉兴城市综合竞争力较弱，嘉兴优越的战略区位并未在发展中占据应有的战略地位。

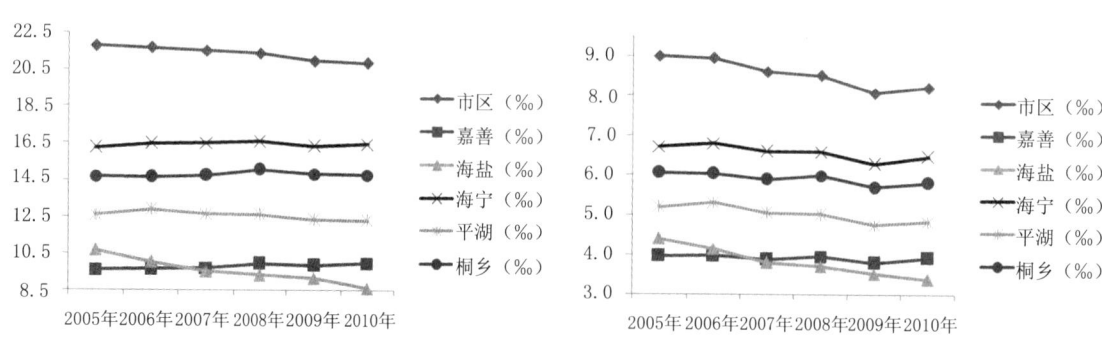

图 7-15　嘉兴各县市区 GDP 占浙江省 GDP 比重
　　数据来源：嘉兴市统计年鉴 2011

图 7-16　嘉兴各县市区 GDP 占长三角 GDP 的比重
　　数据来源：嘉兴市统计年鉴 2011

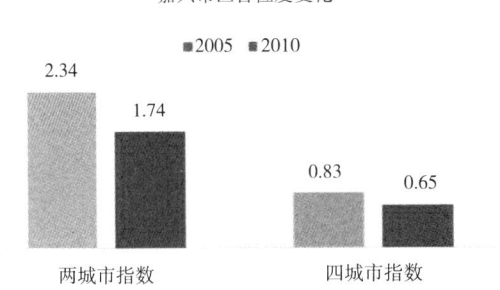

图 7-17 2005、2010 年嘉兴市区首位度变化

数据来源：嘉兴市城市总体规划（2003-2020）（2012 年修改）

7.4.2 缺乏活力的增长

嘉兴经济发展之所以未能与苏州、温州等地区取得同等的进步，在很大程度上源于其产业结构和经济机制缺乏与市场经济相适应的强大活力。近几年以来，嘉兴市第一产业比重持续下降，第二产业和第三产业比重快速上升，2012 年，一、二、三次产业之间的比重为 5.2 : 56.2 : 38.6。产业结构逐步优化，基本符合工业化中期的经济特征，也是产业结构趋向高度化的反映。但是，在这种宏观上较为合理的产业结构背后，却隐藏着一系列重大的缺陷：第二产业比重仍偏高，城市经济的内部增长模式主要依靠制造业投资拉动。第二产业内部主要以纺织、机械制造、化工化纤等传统工业占主导，高新技术产业比重偏弱。第三产业内部生活性服务业占据优势，生产性服务性的产业支撑作用不足。

（1）工业内部结构缺陷

工业是嘉兴国民经济的支柱，在全市 GDP 总量中占近 56%。从其产业内部结构来看，嘉兴的工业发展具有以下特征：

产业技术层次低，传统产业多，呈"轻、小、散"状态：根据 1998 到 2000 年销售收入 500 万元以上工业企业分行业总产值前 10 名进行分析，纺织业（包括丝绢）多年来一直占据龙头位置；服装、化学纤维制造、皮革、食品等传统行业始终处于前 5 位，而技术含量较高的电气机械及器材制造业排名非常落后，这说明嘉兴市的轻型工业和劳动密集型行业有着良好的基础和比较优势，但同时也反映了新兴产业培育的不足。

高新技术产业基础薄弱，仍处于孕育状态。20 世纪 90 年代以来，嘉兴高新技术产业开始起步。高新技术产业化水平居全省中游，但与苏南地区以及杭、甬、绍地区相比差距明显。主要表现在产业规模小，出口比重低，企业数量少。

（2）尚待发育的第三产业

第三产业滞后是嘉兴产业结构的一个明显特点，近年来第三产业的快速增长，实质上是一种"恢复性增长"。第三产业的发展是滞后于经济发展总体水平的，是在"补缺"、"补差"。第三产业的发展不力带来的社会服务和配套设施弱势将会阻滞其他产业的发展。

7.4.3 城市特色的消失

虽然 2004 版城市总体规划提出集约、内向式发展的原则，要求紧凑有弹性的空间布局结构，提高土地利用效率，但城市空间蔓延未得到有效控制。嘉兴作为平原水乡城市，水、绿是最大的生态景观特色。昔日的嘉兴水乡有着穿镇而过的狭窄河道，一座座雕刻精致的石桥，枕河而筑的民居（俗称河房），各户大多有自家的河埠头，顺着一级级石阶往下走，便可贴水洗涤衣物。这样的民居密集在一起，便成了一个夹河生息的居民生活区，长长的河流，夹峙着黑压压的河房，隔不多远飞架出一座圆拱形的小桥，偶尔有一两艘小木船摇漾而过，夕阳把它金黄的光芒投射到河上，满河荡漾着潋滟的水波，便有一种意想不到的美感，它的色彩是平和的，淡泊宁静之中充盈着温馨的气氛，让人流连忘返。

但是，在全球化浪潮的席卷下地域文化正遭遇全方位的碰撞和交融，中心城市圈层式空间拓展呈现出结构特征的过程中，城市空间未被有效控制在合理的空间规模内，导致连绵蔓延和空间秩序紊乱的现象开始出现，水绿交融的生态景观特色正逐步弱化，日趋雷同的城市形象使越来越多的城市失去个性。嘉兴人引以为傲的水乡特色在逐渐褪色，三片楔形绿地面临被城市建设用地"蚕食"的境地，河道和传统民居被安置在高楼大厦身后苟延残喘，成为一幅被覆盖的淡淡的背影。

此外，对文化资源缺乏认识与整合。现代文明的冲击早已惊醒了遥远的水乡之梦，外部世界和人的内心，再也没有平静如诗的角落。随着旧城改造力度的加大，城市拆迁破坏了老城风貌，城市化过程中新的城市空间建设又忽略了对城市公共空间、建筑风格、建筑高度、建筑色彩等要素的有效控制。新塍、王店、王江泾等历史老街缺乏有效的保护和整治措施。嘉兴城市文化特色尚未彰显，城市肌理未能延续水乡特色。

7.4.4 扩张中迷失的城市

（1）嘉兴：曾经是城市布局的经典

由于"八水汇流"、"地平如砥"的自然特征，嘉兴城市布局曾经几乎可以成为规划者的经典。以古城为核心，环城河围绕其外，八条主干河呈放射状均匀分布；东、南、西各有一大面积楔形绿地分隔；道路呈环形方格网加放射状；居住区居于内，工业区置于外；城市外围是广袤的农田和拱卫的城镇。

（2）现实的发展：无奈与挣扎

然而，随着城市的发展，原有规划中许多重要的合理要素被迫曲解和退让（图7-18）。

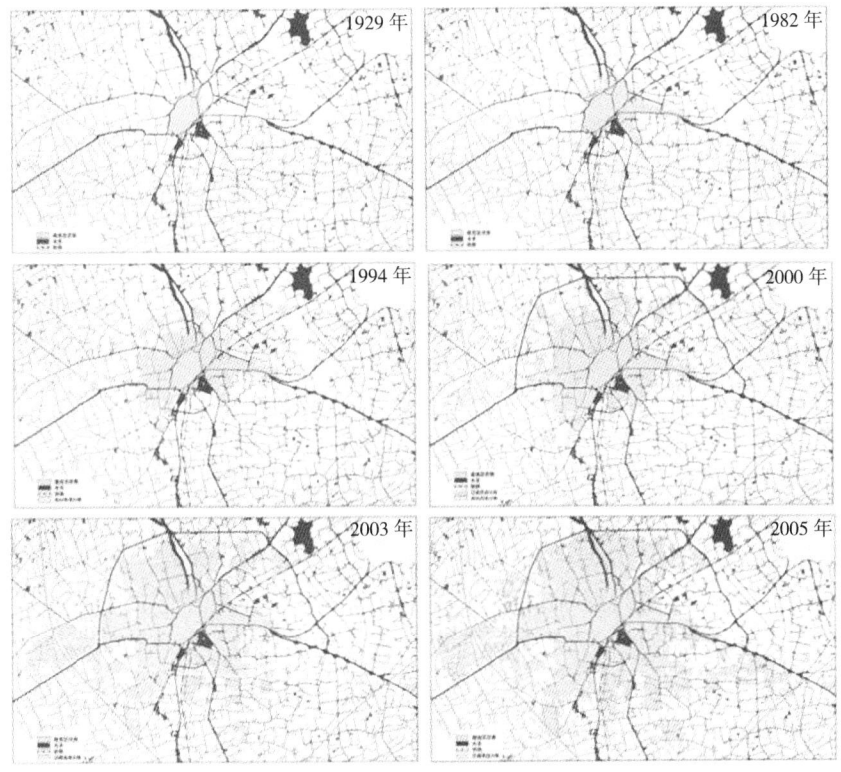

图 7-18　嘉兴城市空间演变

图片来源：嘉兴市城市总体规划（2003-2020）（2012年修改）

① 由于铁路的阻隔作用，目前城市的发展大部分局限于铁路西北侧，东南部的发展长期受到交通的抑制，造成城市发展空间的不均衡性。西北部过于密集并不断向外扩张，而东南部具有良好用地条件的建设区域却未得到相应的发展。

② 大的路网格局虽然已基本形成，但由于河道、铁路、南湖等因素的影响，方格网体系未能得到完善。因此，虽然近年来嘉兴道路建设较为超前，人均道路用地面积达到 $17.17m^2$，但高峰时仍然出现道路阻塞现象。

③ 规划楔形绿地在建设发展中受到严重的威胁。目前，西北部楔形绿地规模已大为缩小，并且在北郊河以外正面临着被嘉北开发区包

围的危险；南部楔形绿地由于行政中心的建设所带来的联动效应，也将被大规模缩减和解体。

④ 随着城市发展和工业的逐步外移，目前嘉兴城区工业用地主要集中在城东工业区和嘉兴技术经济开发区。嘉兴经济开发区作为城市型开发区，由于以现有城市为依托，建区以来得到了快速发展。但由于其布局呈"C"字形环绕大部分城区，对于城市发展和开发区的发展双方面均造成了制约，其选址与布局的潜在弊端正日益显现。

另外，城市空间结构还需进一步优化，其一，老城区功能分布重复穿插，各种类型、各种层次的服务功能在局部区域过度重叠，并与主要历史文化街区相互穿插包围，造成核心区过分拥挤和功能紊乱。其二，多主体开发建设，导致用地功能无序，城市整体功能被不断涌现的新城、新区人为肢解，地域功能重复，零散破碎。其三，城市空间利用、拓展的导向性尚不明确，缺乏明确的发展导向和长期的规划引领，空间利用率不高。其四，外围城镇发展较粗放，发展导向不明。城市空间结构需进一步优化。

7.4.5 求稳怕变的传统

（1）**"富庶"的泥沼：小富即安，有余则庆**。悠久的历史使嘉兴在自豪与回味中沉浸，骄人的富裕让嘉兴在安逸与从容中固守，夺目的荣耀助长了嘉兴的自满与保守，繁杂的细节则将嘉兴的灵性与气韵淹没。嘉兴的美丽中隐藏着太多的忧患。然而在现代文明的冲击与洗礼中，嘉兴似乎深深地陷入了"富庶"的泥沼："小富即安，有余则庆"的传统心态又成为制约嘉兴人前进的历史包袱。在地域文化的传承和现代文明的覆盖下，嘉兴面临着艰难的抉择：一方面是坚韧而顽固的传统心态，另一方面是强大而猛烈的现代思潮。求稳怕变的传统与现代社会的矛盾日益凸显，嘉兴面临着激烈的竞争。

（2）**竞争与独立精神的缺失：不敢选择发展**。从某种意义上讲，嘉兴最缺乏的不是区位、机遇、政策、资金等发展条件，而是选择"发展"的勇气和魄力。长期担负"国家粮仓"的职能，使嘉兴的发展之路显得平坦而狭隘，从而嘉兴逐渐形成了被动求稳的性格，并衍生出选择发展时的保守心态，因为选择意味着取舍，变革伴随着风险。竞争与独立精神的缺失，使得嘉兴在选择发展时瞻前顾后，犹豫不决，缺乏冒险精神。这一点与温州、台州地区形成鲜明的反差。比如，同样面临宏观调控，温州人往往把国家采取紧缩的政策看成是自身发展的机遇，敢于灵活变通；而嘉兴"总是'收'的时候比别人快半拍，'放'的时候比别人慢半拍"；同样是加大行政推动力度，温州始终坚持以市场为导向，实行"人本经济，适度政府"，而嘉兴往往习惯于计划经济的思维方式；同样是减负增效，温州人把下岗看成是转岗，失业看成是再就业，不找"市长"找"市场"，而嘉兴的许多人仍留恋着"大锅饭"、"铁饭碗"。

（3）**机遇：曾经一次又一次地错过**。机遇总是首先眷顾有准备者，而固守和犹豫的嘉兴曾经一次又一次看着机遇从眼前走过。改革开放以来对嘉兴而言，曾经面临三次大的发展机遇：第一次是20世纪80年代乡镇企业的发展高潮；第二次是90年代中期招商引资的高潮；第三次是90年代后期私营经济发展的高潮，但由于种种原因，嘉兴在第一、第二两次机遇中落后于苏南地区，在第三次机遇中又落后于温、台、金等地区。面对长江三角洲新一轮经济发展的大好机遇，嘉兴必须审时度势，趁势而上，否则，也许可能再次错失良机，陷入更为被动的境地。

7.4.6 管理体制的耗散

（1）**强县战略：大政府、小财政的难题**。浙江省在20世纪80年代后期提出了"强县经济战略"，通过计划、财政、人事等方面的放权，使县市一级政府拥有更大的资源配置和剩余索取的权限，推动县（市）域经济的发展，已经形成嘉善木业、平湖服装业、海宁皮革业、海盐与桐乡的化纤业、秀洲的丝织业等五大区域特色产业。但也应该看到，"强县经济战略"在刺激经济发展的同时，形成了嘉兴、金华等地市出现大政府、小财政的局面，地市级政府由于财政权的架空造成行政权的不断虚化。

（2）**"诸侯经济"：事权与财权的错位**。大政府、小财政局面形成的原因是行政权与财政权的不对称，而行政权与财政权不对称所带来的直接后果就是事权与财权的错位。"强县经济战略"使嘉兴市各区县在经济发展过程中各自为政，由于起点和发展环境相近，各区市县之间产业结构雷同，彼此之间竞争激烈，形成了诸侯争雄的局面，呈现典型的"诸侯经济"模式。

"诸侯经济"使得区县经济实力增强，财力雄厚，而市本级的财政实力则相对弱化，与相应的行政权不相匹配，出现财权决定事权的情况。财权比重较大的一级政府实际事权更大，导致一些事关全市的重大公共配套设施无法安排实施，区域内重复建设严重或一些必要公共配套设施的缺失。另外，由于市本级财力的相对弱化，使得市本级政府对区域内各级政府在行政控制上也相对弱化，降低了市本级政府的威信和政府办事效率，不利于区域内各级政府之间的配合与协调。

8

危机、机遇与应对

我们正处在大变革的时期，"转型"成为当前城市发展的核心，也是城市面临的新抉择。嘉兴的发展过程是在特定历史条件下进行的。进入新世纪后，内外部条件发生日新月异的变化，当今嘉兴的发展可谓是喜忧参半，喜的是嘉兴面临着经济全球化动向、千载难逢的快速城市化动力等外部环境新机遇，忧的是嘉兴不得不承受周边城市的竞争压力，自身的资源约束趋紧、环境污染严重、生态系统退化等内部条件的约束。这些表征的背景对未来嘉兴将要到哪里去将至关重要。

现在，怎样借助一个具有前瞻性和整体性的长远规划确保城市的长期、健康和积极发展，备受政府决策者及规划师的关注和青睐。我们迫切需要对各种可能影响嘉兴发展的有利和不利因素提出合理的分析。据此，才能对未来发展有一个基本判断，才能把握"需要与现实、延续与转型"城市发展阶段的核心问题的博弈判断，而危机、机遇与应对是对未来嘉兴成长的基本判断，对这些问题做出了基本的回答。

纵观国际国内大势，我们的发展仍处于可以大有作为的重要战略机遇期，我们要准确判断重要战略（机遇期）内涵和条件的变化，全面把握机遇，沉着应对挑战，赢得主动、赢得优势、赢得未来。

——党的十八大报告

8.1　危机与挑战

在我国的快速经济发展和城镇化过程中，无论是北京、上海和广州等为代表的超大城市，还是像嘉兴此类中等规模的区域性城市，都既要承担驱动市域周边区域社会经济发展的重大责任，又要不断解决自身在快速发展过程中涌现的各种矛盾和问题，要关注时代面临的新的城市问题，诸如城市生态危机、社会分异、文化趋同等，探索新的城市观和城市规划价值观，寻求解决之道。

8.1.1　挑战一：区位竞争激烈——影响城市发展地位的提升

近年来，嘉兴市经济社会呈现出持续平稳较快发展的良好态势，很多工作都走在了前列。但与此同时，周边兄弟城市的发展同样取得了巨大的成就。区域竞争更加激烈的态势十分明显。主要表现在近年来城市竞争力的持续下滑。通过长三角经济竞争力比较来看，由于"十一五"期间江苏省各市经济增长速度普遍高于浙江，使得嘉兴GDP增速排名由"十五"期间的前五位左右落到了2011年的第11位，经济总量方面更是与上位城市的差距越来越大，与后面城市排名的差距越来越小。

8.1.2　挑战二：发展目标不明——影响城市发展方向的确定

当前从内城外郊、东西各半、四分天下的格局形成了奇特的行政边界，这种多主体至上的形态加剧了空间发展方向的不确定性，从整体上看城市呈现 4~5 个发展方向，城市重点不清晰、结构不清晰、建设品质不高，城市低效建设。尤其工业围城，四面开花，产业空间无序，效益偏低。

8.1.3 挑战三：政策体系缺乏——增加了城市发展的不确定性和风险性

由于体制上省直管县的做法，使得地级市嘉兴对县级市行政权限架空，一方面，市域内部资源难整合、难集聚，县市各自为政，导致竞争大于合作，形成了自下而上加剧离心力；另一方面，由于高端竞争不过大城市，成本竞争不过县市的地级市尴尬局势存在，造成高不成低不就的发展状态。

8.1.4 挑战四：空间资源的局限——影响原有模式下城市的快速持续发展

土地指标紧缺，刚性控制下增量减少。根据国家要求，土地约束情况可以根据已建设用地与可建设用地的比值来表示土地资源的稀缺性。当比值 <30% 时，城市发展处于无约束阶段；当比值在 30%~60% 时，城市发展处于弱约束阶段，当比值为 60%~80% 时，城市发展处于强约束阶段；该比值 >80% 时，城市发展处于刚性约束阶段。而嘉兴未来十年平均每年新增建设用地量为 $3.5km^2$（约为 5300 亩），嘉兴建设用地对城市发展的影响已进入刚性约束阶段，"以土地换产值"的发展模式使得空间利用低效、用地布局混杂等问题，土地资源短缺的难以为继，面临着城市更新发展、用地结构调整等空间诉求。当前推进现代服务业大发展、加速传统产业升级过程均需要大量土地资源作为支撑，而城市转型过程中可供新功能、新产业的用地十分有限，未来可增量开发的用地将不能满足未来发展的需求，这种简单的外扩行为未能从根本上扭转开发区外延低效扩张、后备土地资源不足的困境。因此过去低效、混杂的土地利用方式和外延式的空间扩张模式已经无法满足开发区产业升级与功能完善的迫切需求，给嘉兴市带来了强烈的转型发展诉求。

8.2 机遇与优势

8.2.1 机遇一：长三角全球化、区域化的趋势客观要求

长三角在全球分工中的地位在加强，外部全球化与内部区域化是区域发展的两大机遇。一方面，伴随着全球化的要求，对高端产业、企业、

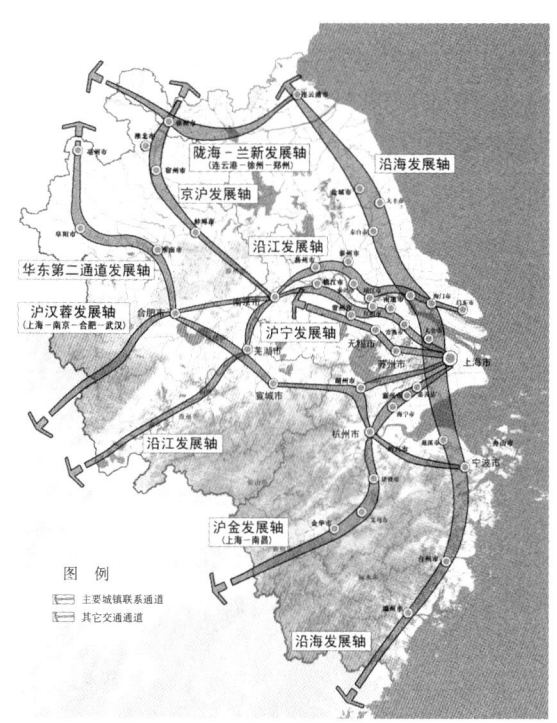

图 8-1　长三角网络化发展趋势

图片来源：嘉兴市市域总体规划（2014-2030）

人才的集聚能力的要求提升，创造具有国际竞争力的发展环境，形成国际化的产业集群；另一方面，伴随着区域一体力化实力的加强，要素、劳动力、市场、人才等区域统一市场的构建，需要发挥内部各主体的比较优势，加强区域分工协作。受到城市区域化及区域城市化态势的日益显现，2010年嘉兴将"接轨上海、扩大区域合作"战略提升为"与沪杭同城"战略（图8-1），从而更好地参与"三个圈"（长三角城市经济协调会、杭州都市经济圈、浙东经济合作区）。

8.2.2 机遇二：后工业化消费时代的到来

后工业化消费时代的消费特征表现为顾客对多方位、多层次体验的需求，这种多方位、多层次的消费体验给品牌提供了广阔的发展空间，也对城市提出了更高的发展要求。长三角旅游资源众多（图8-2），在生态文明背景下竞争力逐渐从量的竞争到品质的竞争，从单纯追求GDP转向注重可持续发展。

8.2.3 机遇三：浙江省强调转型发展

"十二五"时期是浙江省的"加速转型期"，是浙江省深化改革，加快转变经济发展方式的必然要求。为"创业富民、创新强省"总战

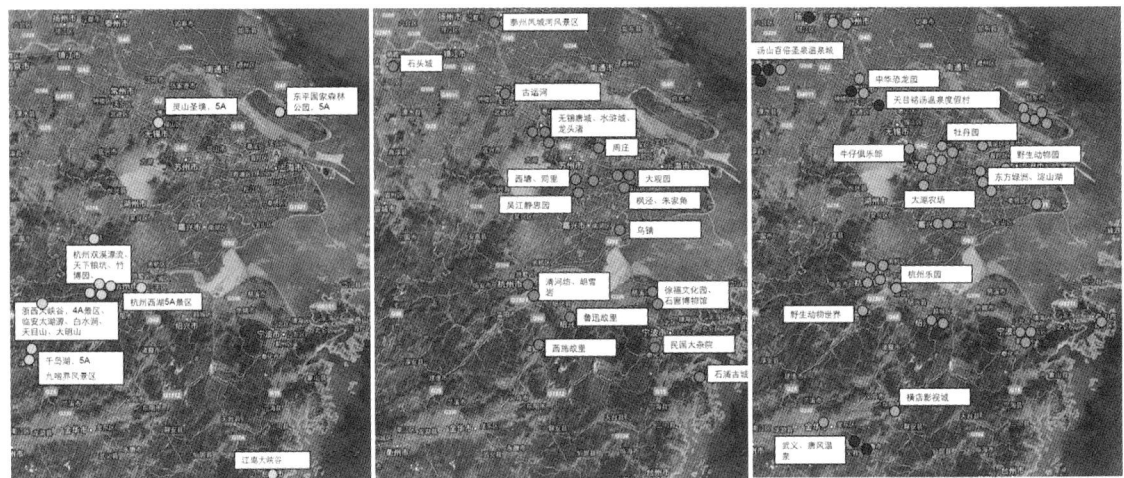

（a）长三角山水旅游胜地　　　（b）长三角古镇与历史古迹胜地　　　（c）长三角温泉度假胜地

图 8-2　长三角旅游资源分布图

图片来源：嘉兴市城市战略 2030 暨城市总体规划（2003-2020）（2012 年修改）

略的落实，加快推进经济转型、社会转型和政府转型，以创新促转型、以转型促发展，努力开创具有浙江特点的科学发展新局面。嘉兴需要抓住区域转型发展契机，积极探寻经济和城市空间重构的路径。"十二五规划"中强调，加快产业结构调整和产业布局优化，优先发展现代服务业，改造提升优势主导产业，加快培育和发展新兴产业，积极发展现代都市型生态农业，实施"三大倍增计划"，促进产业结构从工业经济为主体向先进制造业和现代服务业为主体转变，推动"嘉兴制造"走向"嘉兴创造"。根据不同区域的基础设施、资源禀赋、环境容量、开发程度等，优化市域生产力布局，形成"一核两临三沿"产业布局（图8-3），"一核"，即把嘉兴主中心城市打造成为引领全市转型发展的现代产业集聚核心。"两临"，即规划建设以嘉善、平湖、海盐为重点的东部临沪经济区，以海宁、桐乡为重点的西部临杭经济区，推动嘉兴全面融入沪杭，构建沪杭现代服务业延伸基地和先进制造业转移基地。"三沿"，即规划建设以临港产业、核电关联产业、先进制造业等为重点的沿杭州湾北岸产业带，以现代服务业、先进制造业为重点的沿沪杭线（高速公路、高速铁路）产业带，以生态经济、特色文化、旅游休闲为重点的沿申嘉湖高速公路产业带，充分发挥"三沿"要素流通功能，强化"三沿"产业发展竞争力。加快建设嘉兴现代服务业集聚区，按照"一心三片"总体框架和构建现代产业体系、新型城镇体系和自主创新体系的要求，加强高端现代服务业和高新技术产业集群发展，构建高端商务、科技研发、现代商贸、现代物流、服务外包、文化创意、航空产业、物联网产业、先进制造业等在内的九大产业功能区块。

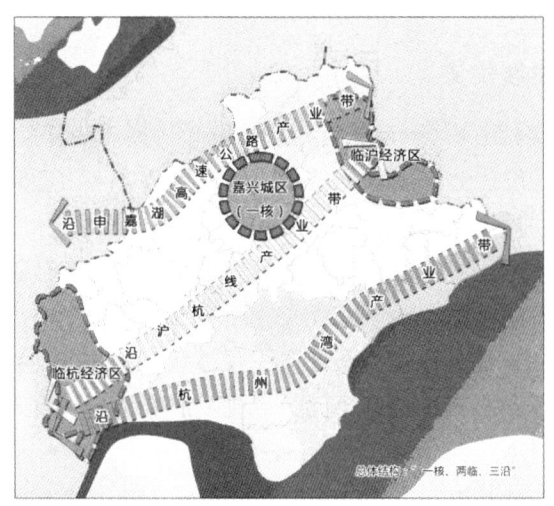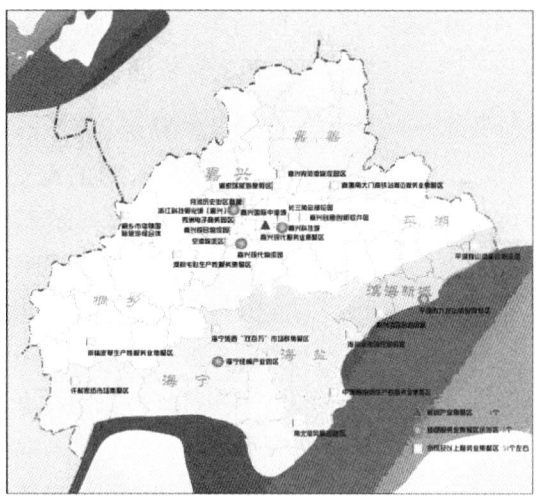

图 8-3　嘉兴市产业空间布局及产业集聚区规划

图片来源：嘉兴市国民经济与社会发展十二五规划

8.2.4 机遇四：区域大交通设施建设

区域大交通的建设，为城市发展迎来新发展机遇和新要求，区域一体化、交通高铁沪宁线和沪杭线的开通让长三角城市进入了"高铁"时代，沪杭同城化成为现实，而这既是机遇也是挑战，因为在同城化时代，要素流动更加畅通，要素在哪里"留下来"是由地区的吸引力决定的，城市之间的竞争力也日益强烈（图 8-4）。

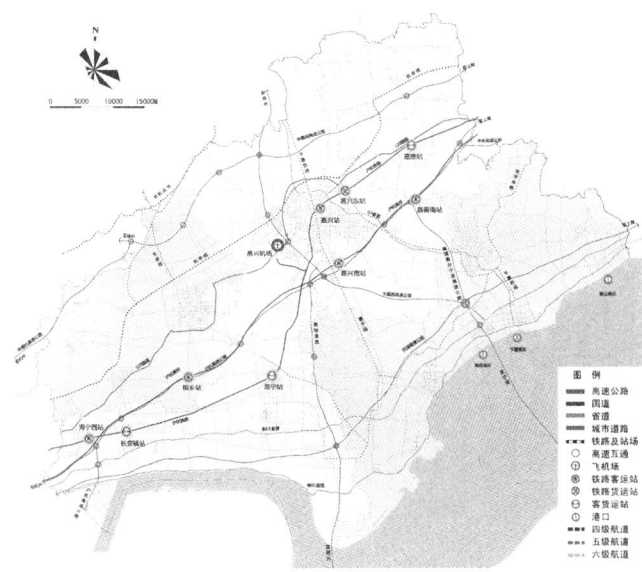

图 8-4　市域网络大交通体系

图片来源：嘉兴市城市总体规划（2003-2020）2012 年修改

8.2.5 机遇五：自身的发展优势

优势一：区位条件仍十分突出——为拓展国内外市场提供条件

无可比拟的大交通区位优势：随着长三角空间结构由 Z 字中心到 8 字节点，嘉兴逐渐由中心城市向长三角的交通枢纽城市转变。

无可比拟的交通条件。公路：公路网密度长三角第一，高速公路密度仅次于上海；内河航运方面，通航密度长三角第一，有 6 个内河港，海运港口方面，有三大港口，位居浙江第三位；航空方面，洪河军用机场转民用，发展潜力大；铁路方面已经形成"沪杭城际 + 通嘉苏城际枢纽站"的系统。

优势二：创新活力渐渐凸显——网络田园城市发展的灵魂和魅力所在

嘉兴是首批全国创新试点城市、浙江省区域创新副中心。由于嘉兴民营企业占主导，民营企业具有科技创新的天然动力与优势。创新基础良好，具有嘉兴科技城、浙江科技孵化城、嘉兴科创中心等科技创新平台，有嘉兴学院、上海交通大学南洋学院、同济大学浙江学院等大专院校，还有成熟的南湖新区、秀洲新区、空港、国际商务区、湘家荡等新城发展的良好基础。

优势三：相对成本优势明显——未来发展的动力源泉

有相对较低的生活成本：在房价前 30 位的城市中，嘉兴房价 / 人均可支配收入位列倒数第二，购房压力相对较小。另外，物价指数也不高,嘉兴的物价指数居长三角城市第 11 位,并且近年来涨幅较小（图 8-5 ）。

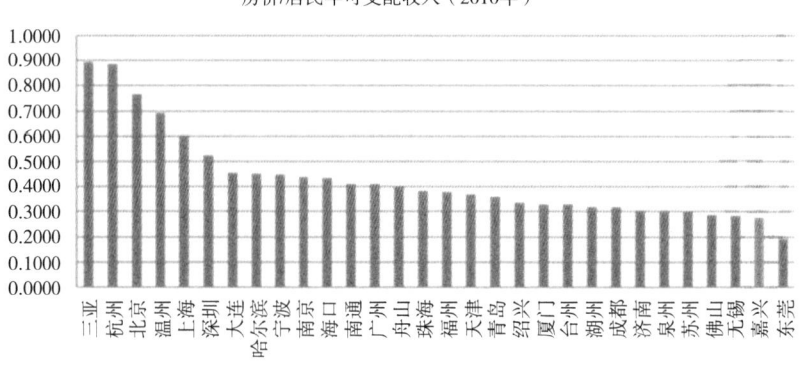

图 8-5　嘉兴成本较低

数据来源：嘉兴市城市总体规划（2003–2020）（2012 年修改）

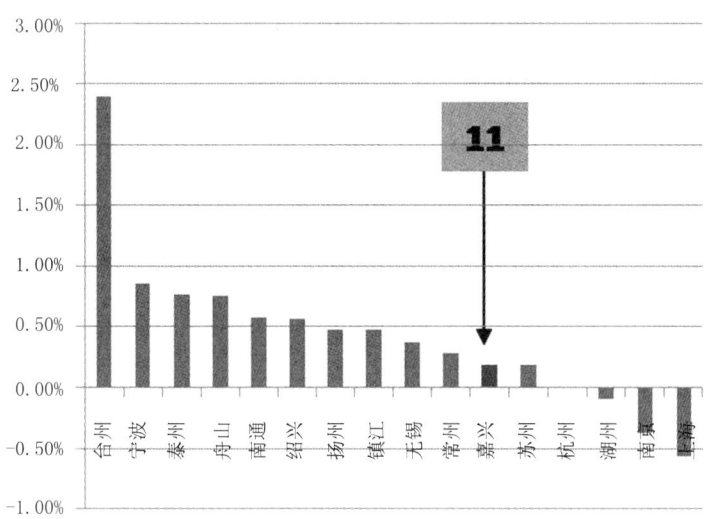

2008-2011年长江三角城市物价指数变化比较

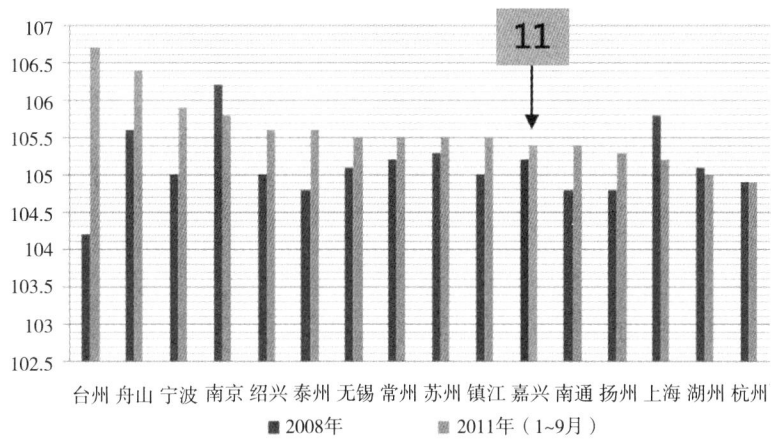

长三角城市物价指数比较（按上年均为100）

■2008年　　　■2011年（1~9月）

图8-5 嘉兴成本较低（续）

相对较高的城市幸福感与包容性：嘉兴一直将幸福感作为城市民生改善的活指标，努力提升城市居民的幸福指数，并取得了不错的成绩。"新嘉兴人"已经成为嘉兴新时代发展的生力军之一，嘉兴这个城市为"新嘉兴人"带来的关怀及"新嘉兴人"的认同都体现了嘉兴城市的包容性。

较低的商务成本：商务成本低廉，同等条件下土地价格远远低于上海、杭州、无锡、苏州、昆山等周边城市，人力成本与周边其他城市相比，普通人工成本可降低 20%~ 30%；物价指数比周边城市低 5%~ 10%，嘉兴一般商品房均价在 7000~ 8000 元 /m²，不仅远远低于上海、

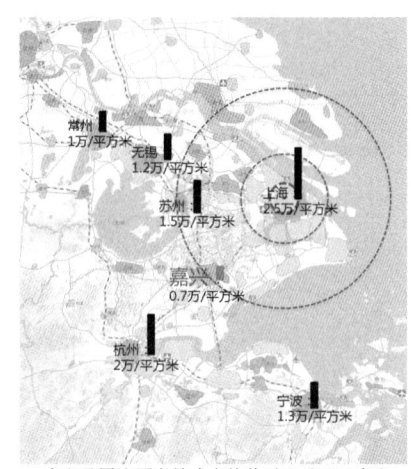

嘉兴及周边写字楼成交均价对比（2011 年）

图 8-6   低廉的商务成本

图片来源：作者自绘

杭州等大城市，也低于周边同类型的城市（图 8-6）。

优势四：景观环境颇具吸引力——城市可持续发展的保证

"水 + 湿地 + 林地 + 文化 + 农田"等特色本底形成了颇具吸引力的软环境。

水："水乡文化"是嘉兴众多文化中的核心与灵魂。河网水系最发达，水域占土地总面积的 8.3%，水网密度高达 3.5 km/km²，城市"依水而筑，因水而兴，以水取胜"，具有浓郁的江南水乡特色，水系格局呈现"双环 + 八放射 + 水网"（图 8-7）。

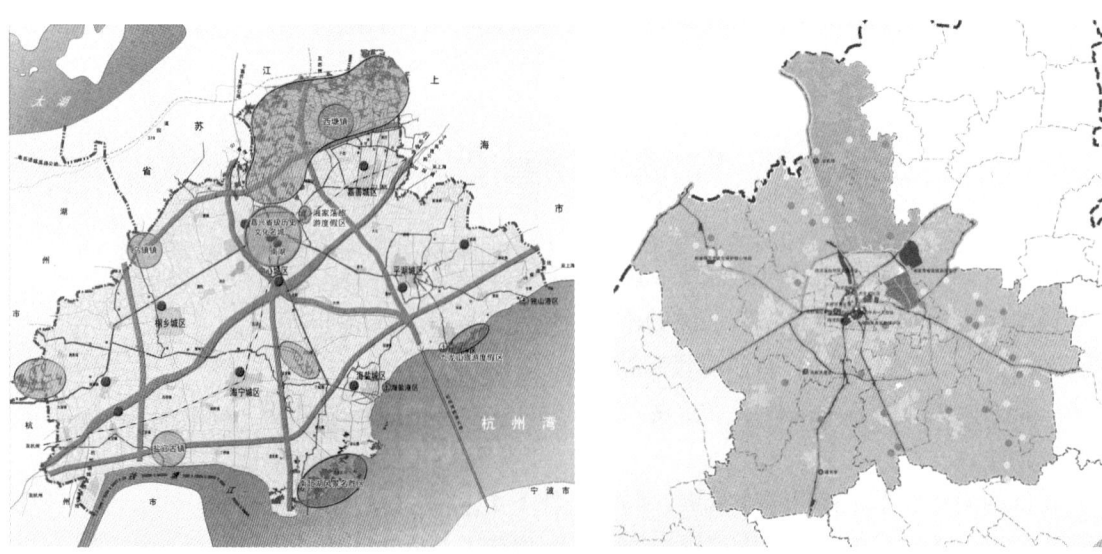

图 8-7   嘉兴水绿田园要素

图片来源：嘉兴市城市总体规划（2003-2020）（2012 年修改）

　　沿水绿化廊道：水网周边控制的生态绿带；环状水网内形成生活休闲岸线，环状水网外呈郊野风貌。其中中环路内的放射状水系防护绿带控制大于30m，中环路以外控制大于50m，外环河两侧150m。

　　区域绿地、湿地等生态资源协调：明显区别于周边基质与廊道的特殊区域，它包含成片的林地、果园、特色农业园区以及城市中的公园、开敞空间。

　　林地：面积约6km^{2}的嘉兴东郊林地，作为城市的天然氧吧净化空气。

　　文化资源丰富：点缀其中的风景名胜区、历史文化街区、工业遗产区、历史保护区等文化要素。

　　基本农田要素：根据土地利用总体规划提供的数据，市区至2020年基本农田保护面积为463.81km^2，耕地保有量为505.73km^2，根据生态足迹容量预测出耕地面积至少需要458.82km^2，因此耕地将会成为生态基质最主要的构成要素，也可以认为嘉兴生态底线安全格局下至少需要保证458.82km^{2}的耕地。

8.3　应对与判断

　　通过回顾时刻、危机挑战、机遇优势等一系列的分析，我们对嘉兴未来的判断及应对主要有以下几点：

8.3.1　发展阶段：增长缓慢／注重效益／转型发展

　　20世纪90年代中晚期以来，在增长主义的目标引导下，城市发展及规划建设以"经济生产"为主要内容的空间载体迅速形成、扩张。毫无疑问，随着增长主义走向终结，影响城市的外在环境和内在要求都将发生巨大的变化，为了化解增长主义所积累的种种城市问题与挑战，发展阶段必须积极做出新的应对。

　　根据波特关于区域发展四个阶段的阐述，过去在规划指导和调控下进行的城市建设和发展，发现基本呈现典型的投资推动阶段的"规模扩张"、"土地换产值"发展模式，随着经济社会发展的不断推进，城市将进入经济社会发展的转型期。而从香港和其他转型的城市经验来看，城市高速增长期的结束，关键取决于两个方面：第一个是劳动力的供给，而这个又取决于劳动力的价格，随着价格的上升，劳动力的需求逐渐减少，人口规模进入稳定期，城市的发展也趋于稳定，因此就业结构的变化表征产业结构的升级，从而由外延的扩张向内涵和外延共同发展转变，城市进入成年阶段。第二个是土地的供给，这取

　　城市转型是指基于推动城市发展的主要因素变化而导致的城市发展阶段和发展模式的重大结构性变化。根据不同时期推动经济发展的关键要素，将区域发展划分为要素推动、投资推动、创新推动和财富推动四个阶段。
　　——哈佛大学教授迈克尔·波特（Porter）

决于土地的价格，如果新开发土地的价格大于老城更新的成本，此时外延发展的土地需求较小，土地需求进入稳定期。因此两个因素共同作用于城市，则形成了产业结构的转型升级和城市空间的转型升级两个阶段，此时城市也将进入成熟发展阶段，劳动力需求大的低水平产业被高附加值、高产出产业取代，成为重要城市经济的支柱。从此进入成熟期。

就国家层面来看，沿海地区是我国实现城镇化参与国际竞争的重要地区，也是我国城镇化的重点地区，城镇化成熟时期，中国大部分人口将集聚分布沿海城市。因此，如果沿海城市的要素增长过快，将导致城市竞争力下降，市场经济的机会成本导向下，全球生产力将转移到亚洲其他成本低的国家，从而使国家竞争力水平不高。因此，要实现国家竞争力水平的持续增长，就要保证在经济转型机会成熟时期，保持成本优势，尽可能长时间地维持低成本，实现规模上的扩张。

就嘉兴来看，土地资源短缺、产业两退两进推进、城市有机更新实施⋯⋯种种自上而下政府推动力和自下而上自发动力作用下的表征，表明嘉兴城市正在步入经济社会发展的转型期，注重发展效益成为"十二五"时期的主旋律。

所谓转型，首先需判断我们现在处于什么位置，从哪里来，然后往哪个方向走。因此，我们对城市现状如何，过去发展还有哪些在发挥作用（不可能推倒重来），还有哪些潜力没有发挥出来，要深入研读。我们解读到转型时期的一些新特征，包括城市空间结构——便于高效率提供城市公共服务，城市要素成本——包括地价、劳动力成本基本稳定，城市弹性发展——城市结构转型成本较低，城市的资源——生态环境优美和未来发展的空间充足。总之，转型时期的一个重要特点就是对历史的尊重，不是推倒重来，而是在研判和尊重以前的基础上，在策划过程中采取继承、解构、重组、创新的理念。城市的发展和转型是一个连续的过程，不可能"毕其功于一役"。而转型时期则联系嘉兴青春期和成熟期的一个关键时期，要完成这个转折，所有这些都需要足够的时间。

8.3.2 转型要点：协调 / 整合 / 更新 / 多元

（1）从分立冲突到统筹协调——城市增长管理的转向

融入区域，致力于由过去关注城市、关注自身发展转变为积极主动融入区域整体发展，长三角区域空间分异明确，形成多元化的空间格局。重点发展沿海重型产业发展带、沪宁—沪杭甬轴线城市发展带、环太湖 / 沿山生态旅游发展带。

市域协调，推进高品质规划引领，重点关注中心城区的核心引领作用，重点关注大都市边缘地区（临沪、临杭、临苏地区）等重要战略连接区域建设，鼓励空间、功能对接，构筑开放的城市空间结构。

（2）从空间分割到资源整合——城市重点任务的转向

由增量扩张转为以存量优化为主。针对空间资源的"约束性"条件，主动实施"用地非扩张"的空间发展策略，提升空间效益，转向内涵式发展。①主动划定生态控制线范围，将单纯注重增量扩张的传统发展模式转变为有限供给、集约使用、内涵式增长的发展模式。②对非常有限的增量土地强调高效节约利用，具体而言，对产业用地标准进行修订，倡导 TOD 开发模式，对地下空间进行综合开发利用。③对存量用地进行优化，目前进入了以存量用地二次开发为主的发展阶段，采取了两个手段进行优化，即土地整备和城市更新。④未来将产业转型作为推动城市发展转型的切入点，提高产业用地效益的门槛，促使产业发展由规模向效益转型，优化产业用地布局，倡导"产—城互促、产—城融合"的发展新模式。

（3）从粗放外延到集约内涵——城市主导范式的转向

城市发展需要脚步与灵魂同时进行，对应规划内容，城市急速扩张脚步的渴望是空间规模方向的选择，而灵魂提升则是保量提质的模式选择，即横跨宏观—中观—微观，经济—景观—社会的综合视角，模式规划是立足于本地资源和系统刚性要素的把握，也是规划确定性的根源。新型城市化背景及生态文明建设等宏观背景下，更加注重质量与品质的建设，突出保护生态和实现可持续发展，采用"先底后图"的规划方式确定未来的空间发展，即严格保护土地、生态、文化、历史等资源底线，实现"规模方向"向"空间模式"转变。

未来城市的核心竞争力在于注重发展质量，即保持高端产业、高级人才，而发展高端产业、留住高端人才则在于良好的环境。长期以来推动经济增长主要依赖资源消耗带来资源环境问题，需要转变发展思路，从资本资源的粗放投入到创新、技术要素的集约投入，城市发展路径由原来的"大项目带动—城市用地扩张—吸引劳动力资源的集聚—集聚经济—创造财富"转向"注重城市环境—高品质环境吸引高端人才—促进技术及制度创新—产业升级转型—创造财富"，确保发展质量的基础上进行空间、产业、社会发展的安排。实现"速度增长"到"效益提升"的转变。

（4）从经济主导到多元发展——城市发展价值观的转向

经济利益主导下 GDP 增长至上理念追求导致凸显城市竞争力的生态文化资源被漠视，快速城市化期间重短期利益的低水平建设带来城市病的频发；新背景下则需从可持续发展角度，改变重开发、重建设的发展模式，从关注城市经济向关注社会、经济和环境的全面协调发展转型，从保护、控制方面确保资源环境得到有效保护，发展内容的重点逐渐从经济利益优先向生态效益优先转变。

8.3.3 结论

嘉兴的自身发展阶段（逐步进入后工业化阶段）和外部环境（土地、资源、环境的难以为继），决定了必须开始进行转型发展的准备，瞄准城市的精明增长、精品特色、精细管理，才能为城市长远竞争力的实现提供必要准备。因此要减缓发展速度，注重效益，升级的地位渐渐高于扩张。

而如何将成功的转型变为未来的现实，则关键取决于在特色竞争力方面获得相对于其他竞争对手的比较优势。而这个比较优势的基础就是我们良好的软环境资源、低成本的成本以及能够让人找到的幸福感。而这些竞争要素都与内涵式的增长、城市精致化建设有关。因此，未来能否转型成功，特色的塑造将是能否承担起未来区域经济角色的关键。

9

未来愿景

9.1 描述愿景

愿景是我们带着期望、憧憬未来的一种状态，而城市发展战略则是为实现愿景而制定的行动方向。物欲纵横、瞬息万变的今天，及早谋划好发展道路是城市能够进入正确轨道的不可或缺的一环。因此，我们要制定令嘉兴迈入可持续未来，清楚地、理性地描绘愿景是必需的一步。愿景目标提出的背后，是广泛理论研究、深入的民意调查与多方参与的利益协调。在各项分析中，亟需要有宏观层次显示的分析结论，也有从微观层次和个人角度反映现实状况的案例剖析。确立的愿景分项目标往往是综合判断城市在该方面的资源条件、历史经验、现实问题、当前趋势和各方意见等因素的结果。从而实现规划的总体目标的"虚"和分项目标力求的"实"，建立在科学研究和可操作性的基础上，很大程度上这一套"虚"、"实"结合的目标体系，把我们长期规划意向有效落实到具体规划行动中。

9.1.1 周边区域的发展出路

（1）对长三角区域发展的认识

长三角区域目前已经由量的扩张进入质的提升的发展阶段。核心城市寻求提升内涵，二三线城市突出特色，比重不断上升，长三角区域进入均衡发展阶段。从周边城市的发展来看，上海、杭州、苏州、无锡、宁波等城市越来越多的在承担区域高级别的服务职能。南通、常州、绍兴、湖州等城市则突出自身特色。南通建设北上海门户、港口城市，常州提出打造休闲创意龙城，绍兴建设特色产业城市，围绕纺织为核心，发展制造、贸易、研发中心等功能，湖州打造现代化生态型滨湖大市。一些县级市也正在以特色寻求新的突破，太仓建设创新经济先导区，吴江建设高品质滨湖城市，青浦建设绿色水乡都市，海宁建设特色商贸城市。处在区域一体化发展阶段，因此从区域发展角度看，嘉兴以工业、经济规模在区域中难以找到自己的地位，以城市品质、特色经济才能脱颖而出。

（2）上海发展思路及对嘉兴的启示

从发展阶段看，上海已经由生产要素阶段、投资导向阶段，进入创新驱动阶段。面临着高成本、高负荷的发展压力，上海"十二五"时期提出"转型发展、创新驱动"的发展思路。在功能定位上，注重集聚高端功能，面向国际服务和国际创新功能，定位于世界城市的发展目标。在发展空间上，面向两翼，以大浦东为主体，依托洋山港和浦东空港，面向国际功能；以大虹桥为主体，依托虹桥枢纽，联动长三角。

从上海周边地区的发展看，沪宁线上的城市，包括苏州、无锡、常州等，把握上海功能释放的发展机遇，强调与上海的对接，包括功能、空间、交通、基础设施等。紧邻上海的昆山花桥，更是瞄准上海的功能需求，发展服务外包。建设轨道交通，衔接上海的11号线，强调生活居住的同城化。

嘉兴应该把握上海功能释放的发展机遇，承接物流商贸、创新创业和技术服务、高品质休闲居住等功能，成为浙江对接上海的桥头堡。解析上海四个中心功能，对接经济中心，嘉兴可以发展高技术产业和装备零部件产业、民营企业创新中心、高技术企业创业中心；对接金融中心，嘉兴可以发展中小企业金融服务中心、金融后台服务中心、外包服务中心；对接贸易中心，嘉兴可以发展区域物流中转中心、区域商贸中心、区域专业产品采购中心；对接航运中心，嘉兴可以发展国际航运中心的组成部分、海河联运枢纽等功能。

（3）杭州发展思路及对嘉兴的启示

从杭州城市的发展来看，近年来杭州提出建设一基地四中心，包括国家高技术产业基地、国际重要的旅游休闲中心、全国文化创意中心、全国电子商务中心、区域性金融服务中心。一方面突出特色，强调生活品质之城的特色功能，另一方面强调中心功能。在空间上，杭州采用组团式发展，形成一主三副六组团的结构。随着区域合作的推进，杭州不断扩宽辐射圈层，提出构建杭州都市经济圈，推进杭嘉湖绍的合作。建设第二绕城高速公路，将海宁、桐乡、德清、临安等周边县市纳入杭州都市经济圈。

随着杭州都市圈的建设，海宁西部与杭州接壤地区的许村—长安地区已经在积极对接杭州都市圈。现状服务于杭州的商业、居住功能等已有一定规模的布局。而嘉兴港区作为杭嘉湖平原的重要出海口，可以成为杭州及周边区域产业发展的重要口岸。因此，嘉兴在市域层面可与杭州一体化培育，同时嘉兴港区可以吸引杭州将其作为出海通道。

（4）苏州、宁波发展思路及对嘉兴的启示

苏州城市的发展思路，提出优化沿江、提升两轴、东融上海、西育太湖，加强对接上海、集散中心，并突出战略性要素。吴江并区，加速融入周边，扩大区域辐射力。从宁波城市的发展思路上看，大力发展海洋经济，突出港口优势，提出建设"国际强港，智慧城市"，重点发展临港装备制造业，对接上海打造杭州湾新区。

嘉兴应与苏州、宁波合作共赢，一方面强调产业合作，与苏州偏重纺织产业、电子信息产业，与宁波偏重家电产业、装备制造业等，另一方面，突出特色优势，与苏州重在环太湖区域生态休闲区、古镇旅游的建设，与宁波重在港口的合作，嘉兴港与宁波港可以寻求优势互补，推进两个港口的联盟建设。

9.1.2 战略上如何明智地选择？

（1）嘉兴：无法平庸的城市

嘉兴的地理和历史坐标决定了嘉兴无权选择平庸。单从城市形态和特色而言，嘉兴应该成就伟大。嘉兴应超越历史，着眼未来，成就一个独具特色和充满魅力的水乡名城。

就经济而言，长江三角洲地区作为一个整体的腾飞是必然的趋势，而嘉兴所要争取的仅仅是排在这列经济快车中的第几节车厢。作为这列经济快车车头的上海，成为中国经济中心的地位已是不争的事实。以一个庞大的需求市场、全国营销体系的核心之一和强大的投融资平台，上海的影响力已经超过了中国其他城市，从而使依附于上海的长江三角洲经济圈各城市连带受益。嘉兴以紧邻上海且又位于大都市圈中心位置的优势占据了天时地利，应该说嘉兴想平庸都难。

就生态来讲，"水"也是嘉兴未来的希望。嘉兴如果能够存留与发扬其水乡文化的特色，并尽力营造良好的水乡城市风貌，无疑将大大提高城市的吸引力。江南水乡的诗意生活、小富即安的慢生活品质对于大多数在大都市的竞争中绷紧了神经的现代人来说，永远是心灵深处的一个梦，嘉兴将为实现这个梦想提供可能。

（2）零度竞争：优势最大化策略

在区域整体发展呈现乐观态势的同时，嘉兴应清醒地认识到目前强邻环伺的局面，嘉兴不具备周边大城市的优势，更不具备与之竞争的实力。因此，嘉兴应当采取"零度竞争"策略——即使自身具有唯一性与排他性的优势得到最为充分的发挥，避免以通常方式与周边城市进行全面竞争，从而实现"不战而胜"的目标。

嘉兴未来发展的潜在竞争者不是上海、不是杭州，甚至也不是苏州和宁波，而是经济规模与之较为接近的绍兴、湖州、昆山、吴江、南通等周边城市。与潜在竞争者相比，嘉兴具有唯一性的优势在于：

①区域中心与交通枢纽；

②良好的港口条件；

③密集的水网与可能塑造水乡城市的潜力；

④优雅闲适的城市性格。

　　嘉兴应当围绕以上优势建立自身的产业与城市发展战略，充分发挥和挖掘这些优势的潜在效应，在"零度竞争"理念下，嘉兴要使自身的水文化优势发挥到最大，反映在城市建设形态中就是要依托"百川环绕，八水汇流"的自然资源，重塑东方水城的形象。

　　（3）守望发展：有准备的等待

　　当区域经济的大幕缓缓拉开，新一轮竞争的战鼓响起的时候，嘉兴应该沉着冷静，审时度势，蓄势以待，守望发展的契机。

　　嘉兴在守望发展契机时可以借鉴东莞的经验。东莞位于广州、深圳、香港的中间位置，其区域位置类似于嘉兴在长江三角洲的位置。东莞最初发展就是抓住了台商进军大陆的机遇，20世纪90年代中后期，台湾IT业大规模向大陆转移，并逐渐集聚在毗邻香港的珠江三角洲地区，但最终大规模落户东莞则存在偶然因素。东莞主动出击，与深圳、广州争夺发展先机。到90年代后期，东莞已发展成为全球最大桌面电脑零配件的加工出口基地，从事电脑IT产业的企业超过2000家。东莞的发展轨迹给嘉兴的启示有三：

　　启示之一：主动出击，抓住必然中的偶然。趋势的形成往往始于偶然，1992年，东莞吸引台湾台达电子公司进入东莞石碣镇，从而揭开了产业集聚的第一页。长江三角洲的整体发展是必然，但作为15个城市中的一员，嘉兴的发展程度却存在很大的偶然性，因此能否抓住瞬间的机遇是嘉兴取得跨越发展的关键因素。

　　启示之二：有准备的等待，营造机遇光临的"巢"。嘉兴具有良好充裕的用地条件，空间匀质，能够适应将来城市的大规模发展，但目前面临的主要问题是发展的"饥渴"，周边乡镇无序开发，低档次的开发区围绕中心城遍地开花的模式，将使嘉兴面临发展的"陷阱"，甚至将来痛失唾手可得的发展机遇。嘉兴要争取更大的发展，必须摆脱这种低水平的发展模式，整合用地，为城市寻找新的生长空间。

　　启示之三：守望，黎明前的静默。由于嘉兴处于几个巨型经济体的中间地带，带来发展机遇的同时，也带来嘉兴选择发展"自主权"的无力状况，直接表现在开发项目的不确定性。这种不确定性是导致周边乡镇开发区茫然无序，存在一种"守株待兔"的心理诱因之一。嘉兴在大规模开发之前应该沉着冷静，蓄势以待，营造发展的软硬件环境，打造高品质的平台，守望发展的契机。

9.1.3　政治力量推动下的理念

　　嘉兴第七次党代会报告中提出了"以科学发展、富民强市为主题，以加快转变经济发展方式、推进统筹协调为主线，以改革开放、全面创新为强大动力，以加强党的建设为根本保证，突出发展转型、发展惠民、发展保障，大力实施与沪杭同城、城乡一体化、创新引领、服务业优先发展、滨海开发带动、生态立市和文化兴市战略，着力提升区域竞争力和可持续发展能力，着力提升城市功能品位、着力提升人民群众生活满意度，全面建设创业创新城、人文生态城、和谐幸福城，加快建设现代化网络型田园城市，力争转型发展走在前列，全面建成惠及全市人民的小康社会，为率先基本实现现代化奠定坚实基础。"此后，将"三城一市"（创业创新城、人文生态城、和谐幸福城和现代化网络型田园城市）作为城市建设的战略目标。报告指出：

坚持创新引领，加快转型升级，努力打造创业创新城。创业创新是科学发展、富民强市的动力源泉。打造创业创新城，就是要把推进全民创业作为富民强市的基础工程，把创新作为未来发展的核心驱动力量，全面实施创新引领战略，提升区域创新能力，优化创业创新环境，加快产业结构优化升级，深化重点领域改革，扩大对内对外开放，不断增强经济转型发展的动力和活力，促进经济转型升级，增创嘉兴经济综合实力新优势。

坚持统筹发展，提升功能品位，努力打造人文生态城。人文生态建设是科学发展、富民强市的内在要求。打造人文生态城，就是要顺应城乡统筹和区域融合发展趋势，坚持把统筹城乡区域发展作为新型城市化和城乡一体化重要引擎，增强文化软实力和生态亲和力，彰显越韵吴风、水乡绿城的城市魅力，促进人与自然和谐共处、文化与生态相生共荣，全面提升城市竞争力和软实力，形成富有活力、文明秀美的城乡新形象。

坚持富民为先，增进民生福祉，努力打造和谐幸福城。和谐幸福是科学发展、富民强市的根本目的。把改善人民生活、增进民生福祉放在更加突出的位置，加快社会事业全面发展，加强和创新以"六大专项工作"为重点的社会管理服务，努力提高人民群众的幸福感、满意度。打造和谐幸福城，就是要坚持以人文本、富民为先，着力促进城乡居民收入普遍较快增长、切实增进民生福祉，维护社会公平正义，提高社会文明水平，让人民群众过上生活更加富裕、精神更加富有的美好新生活。

"创业创新城、人文生态城、和谐幸福城"是现代化网络型田园城市的应有之义。瑞士、瑞典被公认是最具田园特色的典型国家，他们在空间布局上注重城市与自然的融合互动，在规划编制上注重科学性与前瞻性的统一，在城市管理上注重人性化与精细化的结合，在城市风貌上注重历史与现代的交融，在公共服务上注重城乡和人群间的普惠均衡。这些方面促成了它优美的环境、稳固的经济基础、全市市民享有较高的人均收入。使得市民在充分享受城市文明的同时，又能方便地融入园林和田野中，享受自然之美。

我们为实现这个愿景，战略研究报告中综述了发展愿景的各项目标和目的、影响达到这个愿景的各个议题，以及推动实现这个过程所采取的步骤等。这个研究强调支持可持续发展的重要性，以确保下一代能得到所需的资源，维持一个繁荣的社会，以及享受优质的生活。

虽然当前嘉兴拥有比较超前的基础设施，但与建设完善的网络型大城市的总体要求还有差距。必须在各主副中心道路骨架的基础上，提升现有道路的等级并作必要的联通。

此外，当前嘉兴的土地资源有限，如何在有限的土地资源上发挥价值的最大化，例如采取创新的城市设计概念，探讨如何通过市区有机更新增强竞争力和提升生活素质，以及如何通过产城融合实现城市功能与产业功能的融合等等······这些建议成了可持续研究的重要依据。

9.1.4 民主参与中的社会期望

城市是为居民提供良好的工作、居住、游憩和交通环境的地方。为了让人们生活得更舒适，可持续战略的愿景需要建立在基于多个团体及民众代表的意见，因此制定之初，我们借鉴国内外规划建设公共参与的相关经验，亦咨询了公众对于未来目标的意见，借此更深入了解公众对嘉兴愿景的期望。

整体来说，愿景的理念得到了广泛的支持。不少人认为面对日益加剧的全球化、快速的城镇化发展趋势，我们仍然需要继续加强经济地位，以保证区域竞争力的增强。也有人认为，网络型田园城市更加看重的是生态、文化、社会等与环境方面的考虑，而非经济增长方面。亦有人认为这个概念流于表面、华而不实，并不符合嘉兴当前呕需要解决问题的需要，而他们希望能有实际的策略、目标及执行计划来达到预期成效。的确，网络型田园城市必须贯彻可持续发展的理念，致力于满足当代和后代在社会、环境和经济等方面的需求，从而提供更佳的生活素质。

展望未来，我们需要确立更有超前意识的规划思路及可持续的核心价值取向。因此，嘉兴网络型田园城市的可持续发展战略并不只是为了经济增长或竞争力提升，而更加关注真正的可持续发展模式，"让我们所热爱的这个城市变得更美好；让我们的下一代拥有更幸福美好的嘉兴"，这是表达出诉诸情感、亲民而又激情澎湃的愿景目标，而正是在这种"人本"和"地方"的诉求下，一个围绕着"归属人"的规划"公意"得到了塑造，从而构成了推动规划前进的民众意识基础。

9.2　规划目标

虽然现代化大都市的繁华充满了诱惑与躁动，然而，"中国文化的帆船，永久载着这个港湾的梦，中国文人的脚步，始终沾着这个庭院的土，因此，再壮丽的航程，也隐藏着回归的路线。"（余秋雨）在越来越多的都市人日渐复苏的田园梦里，实际上追求的是人与自然的和谐相处，追求内心的平和与安宁。

当几乎所有的城市都要把"宏伟"作为现代化的标志时，宁静的嘉兴是否可以给人们一个不同的选择？

根据战略的"让我们所热爱的这个城市变得更美好；让我们的下一代拥有更幸福美好的嘉兴"愿景目标，并致力于"生态环境、经济发展和社会进步"三者之间平衡发展的研究，需要分阶段地设置多项具体的规划目标，这些目标是在考虑到各方面之间的平衡基础上提出的。这些目标包括：

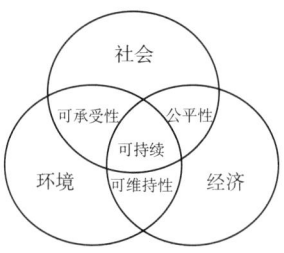

图 9-1　生态环境、经济发展和社会进步三者之间的关系

（1）提供优质的生活环境，包括：使城市宜居的环境承载力；老旧住区等衰败地区的改造。

（2）保持优美的自然环境，对具有生态保育、生态屏障功能的自然环境加以控制保护，保证未来我们还有清新的空气、清澈的流水和优美的环境。

（3）传承悠久的历史文化遗产。对具有历史意义的文物保护单位等物质遗产及民俗节庆等非物质文化遗产进行保护。

（4）提升嘉兴综合竞争力。必须提供充足的土地以满足不同经济行业不断变化的需求。具体工作有：做强物流园区，结合交通优势，打造区域枢纽城市；做出科技新城，实现创新创业强市，中产阶级创业家园；做美田园城市，利用环境特色突出，借机后消费时代到来，打造江南水乡田园城市。

（5）保证能够提供充足的基础设施配套及公共服务设施，满足居民及社区的需求。

（6）加强交通研究，借以构建一个安全、效率、与经济效益相呼应，与环境友好原则相符合的交通系统。

（7）加大对接区域的力度，加强沪杭同城，顺应区域一体化的发展格局。

以上分项目标总结起来有以下几个范畴：

①融合网络的区域环境；

②称心幸福的生活环境；

③转型发展的经济环境；

④开放包容的社会环境；

⑤安全承载的宜居环境。

面对如何制定可持续发展的愿景目标来衡量进程的挑战，建议制定相应的具体指标体系进行量化（表9-1），从而保证"文化、经济、环境和社会长期的健康与活力"，并遵循以下原则：①相关性，每一个指标都能反映社区的经济发展、环境保护或社会福祉某一重要方面；②地域性，指标体系反映当地的特定环境以及社区特定的价值观；③可测量性，通过数据的使用使得指标直观可信；④可比性，标准化的数据能够将未来与现在、本地与外地等相比较以分析其优劣势；⑤易读性，每一个指标都能向市民清晰地传达社区在可持续发展进程中哪些方面正在变好、哪些方面正在变坏；⑥前瞻性，通过指标的趋势分析可以在问题变得严重前预先得到警告。

可持续发展为导向的愿景指标体系　　　　表 9-1

方面	具体指标	趋势
融合网络的区域环境（区域空间）	区域交通网络	增高
	区域经济网络	增高
	与生态环境的融合	增高
称心幸福的生活环境（社会公平）	图书馆与社区中心	增高
	公共艺术活动	增高
	社会保障全覆盖	增高
	住房体系完善	增高
	居民交往活动	增高
	对生活质量满意	增高
转型发展的经济环境（经济效率）	低失业率	降低
	服务经济完善	增高
	高科技产业比重	增高
	循环经济工业较高	增高
	科技创新能力较高	增高

续表

方面	具体指标	趋势
开放包容的社会环境（文化多元）	低犯罪率	降低
	文化活动丰富	增高
	文化遗产保护	增高
	居民交往空间	增高
安全承载的宜居环境（生态优美）	生态健康，多样性丰富	增高
	开放空间重组	增高
	空气质量良好	增高
	水环境良好	增高

9.3 功能定位

9.3.1 寻找区域比较优势

前文已分析嘉兴在区位、生态、文化、人文方面优势十分明显，在长三角中更是难能可贵。区位是嘉兴的先天优势，邻接几个大城市，沪杭两个国际化大都市之中，机会与优势不言而喻，也是其他城市所无法比拟的，如何发挥这种中间城市的特色与优势，将枢纽功能更好地体现，是未来嘉兴发展应关注的重点。优越的生态本底是嘉兴与生俱来的特色，并且这种江南水乡韵味的生态资源仍较好留存，这是转型时期嘉兴发展难能可贵的财富。现有的水系、绿楔、田园生态特色都得到较好的保留，构成了嘉兴水城一脉的城市骨架。悠久的历史文化底蕴则是嘉兴得以一路走至今天的内在动力，是经由时间积淀而来的宝贵财富。充满幸福感的城市氛围，藏富于民的城乡人文气质，使得嘉兴在后工业时代得以脱颖于周边的城市，还原了一个城市对于居民的最原真也是最根本的意义。所以在未来发展中，嘉兴需要充分传承现有的深厚文化、生态、人文特性，这些特征是经由地理特性和时间沉积给嘉兴留下的资本，将在嘉兴未来发展中发挥着积极作用。

如何能够充分发挥这些本底条件的优越，以更加开放的姿态去面对其本身所处并为这个区域贡献上一份其特有的力量。

首先应当呼应区域。嘉兴身处长三角这一在全国甚至全世界都有重要影响力区域，"因时而动，顺势而为"是基本要求。新时期的全球竞争更多是区域的竞争。随着长三角区域一体化的深入推进，如何在区域中寻找到自身的合适定位和目标、如何与周边大城市、中小城市对接与协调是嘉兴未来发展的关键。其次应当错位发展。长三角地区城市密集，各城市都有自身的特点，发展水平整体都较高。在这一背景下，嘉兴一方面要注重与区域中特大城市的功能错位，才能够更好的与其互动，更有机会承担重要的区域功能；另一方面注重与区域中其他中小城市的特色错位，才能够特色制胜，在区域更有特色感和竞争力。

在长三角区域一体化深度推进的发展时期，嘉兴作为典型的中间城市，需要突出特色，发挥后发优势，打造高品质低成本的门户城市。同时结合周边城市的发展态势，嘉兴应主动对接上海、杭州，联动苏州、宁波，发挥十字枢纽的优势，借势区域，寻求自身功能定位。因此，结合长三角发展趋势，嘉兴自身优势，其应主要发挥科技创新、旅游休闲、物流商贸以及先进制造业。

9.3.2 找准确定功能定位

（1）功能一：科技创新

长三角区域目前已经由开放型经济主导转向创新经济主导的发展时期。从长三角的分析来看，现代服务业、战略性新兴产业向中心城市集聚，一般生产功能向外围扩散。从上海市现代服务业集聚区的分布来看，目前也已经出现由中心城市向周边地区扩散的发展趋势。因此，嘉兴作为成本洼地，生活成本低、商务成本低，可以承接上海的功能释放和外溢，满足中产阶级、创意阶层的工作和生活需求，成为中产阶级创业家园，打造长三角最佳创业城市。

从嘉兴自身的发展来看，科研创新能力较强，被评为首批全国创新试点城市、浙江省区域创新副中心。嘉兴 R&D 经费占 GDP 比重，居浙江省之首，达到 1.98%。嘉兴的科研创新产业呈现以下特点：①科研创新活力足，目前已经集聚了多家科研院所机构，包括浙江清华长三角研究院、浙江中科院应用科技研究院、中央企业公用信息服务中心、上海交大嘉兴科技园、中关村长三角创新园、北航科技园嘉兴分院等。②增速较快，科技城近年来发展迅速。③转化率较高，中国科学院连续五年的院地合作一等奖，每年转化项目超过 100 个。因此，顺应经济产业转型发展的趋势，嘉兴未来应该重点建设创业创新基地。发展关键是形成产业与城市的互动发展，促进产学研结合，形成科研机构与民营企业的合作关系，打造适合企业成长的创业环境。步入转型发展的新时期，产业的转型发展和创新经济的培育都需要高技能人才，需要创新型人才。从企业的发展来看，人才更是企业的关键。但是从现状发展来看，嘉兴的教育资源明显不足，导致人才质量偏低。无论是美国硅谷还是台湾新竹，无论是北京海淀区还是上海杨浦区，从科技创新型地区的发展经验来看，产学研结合的发展模式，是形成创新经济发展的关键。对嘉兴打造创新创业基地来说，民营企业、科研机构、教育培训，三者缺一不可。教育培训提供人才，是人力资源的保障；科研机构专注于科研创新，是技术提升的关键；民营企业结合市场需求，转化科研成果，形成终端产品。因此，嘉兴未来应打造文化教育中心的功能。发展关键是吸引教育机构进驻，为人才需求提供保障，实现产学研协同发展。

同时，充分应用科技研发以及教育培养的丰富的产业人才，结合嘉兴优势区位发展高新技术产业，通过产学研的方式有效推进嘉兴产业转型升级发展。

（2）功能二：旅游休闲

嘉兴资源环境本底条件优越，水乡泽国、水绿交融。整体城镇聚落空间循着星罗棋布的水网而生，在主要河汊口形成城镇，乡村更是依水而建，形成以水为脉的田园水乡风貌。因此，在未来发展中，嘉兴应强调空间品质，突出嘉兴江南水乡特色空间形态的塑造和田园宜居特色功能的打造。

在生态文明建设的背景下，嘉兴应突出自身的田园水乡和生态休闲的优势，着力打造生态休闲名城。发展关键是传承良好的城市生态格局，挖掘文化潜力，提升环境品质。

（3）功能三：物流商贸

比较嘉兴的交通条件，可以看出嘉兴公路网密度长三角第一，高速公路密度仅次于上海，内河通航密度长三角第一，拥有6个内河港。随着海盐港、乍浦港、独山港的整合，嘉兴港发展潜力巨大。同时航空上，嘉兴又在着力将嘉兴军用机场转为军民合用机场，铁路除了沪昆普铁外，沪杭高铁和规划建设的通苏嘉城际将会促进嘉兴与周边城市的同城化，加强嘉兴的枢纽地位。从长三角地区来看，嘉兴无可比拟的交通区位条件使嘉兴成为枢纽的同时，将带动物流、商贸等功能的发展。

从物流行业的发展来看，面临着增速快、需求大的发展背景。从行业布局来看，主要面向消费需求大、生产需求大、转运需求高的地区。面向消费需求，主要向大城市周边集中，发展配送型物流。如京东商城区域配送中心在嘉定、亚马逊区域配送中心在苏州、乐购区域配送中心在嘉善。面向生产需求，主要是大宗货物的运输，从目前区域来看均结合转运需求，对交通条件要求高，因此布局上往往靠近港口、高速公路口等口岸型地区。

从物流行业的发展趋势看，服务外包加强，第三方、第四方物流成为主要趋势。能够集成物流配送管理、同时成为供应链的集成商，提供系统的解决方案。大型物流企业的出现，正是适应了这一发展趋势。从大型物流企业的选址来看，往往青睐能够满足综合性需求的地区。

如普洛斯、沃尔玛、安博大型物流商贸企业的选址都选择在靠近大城市的周边地区，满足消费需求高、生产需求大、转运能力强等综合型条件。

同时，从现状嘉兴来看，拥有区位和交通枢纽优势，目前已经受到众多知名物流企业的青睐。商贸配送型企业沃尔玛、生产资料物流配送企业宝银重钢、大型综合性物流企业安博、供应链管理企业川山甲等均落户嘉兴，知名物流企业如申通、中通、圆通等也选址嘉兴。因此，嘉兴未来应重点发展长三角物流枢纽功能，成为东侧面向国际、西侧面向国内的重要枢纽城市。发展的关键是注重交通联运、错位发展、业态提升。发挥港口、航空、公路、铁路、内河等多种交通运输方式的优势，发展多式联运，形成便捷的交通枢纽；依托综合性枢纽优势，发展物流商贸等功能，寻求错位发展；依托空港、高铁枢纽，发展商务航空、航空物流、商贸功能等，提升业态。

（4）功能四：先进制造

作为距离上海最近的城市之一并且随着近年来高速铁路、高速公路等大型设施的完善，同时，随着上海的战略转型，即走向世界城市，在这一战略下上海也开始调整发展策略，近年来就明确提出要从自我为中心走向区域腹地，从东部发展走向西部腹地，结合此正在积极打造大虹桥综合枢纽功能，可以看出上海成就世界城市地位，不仅仅是自身需要努力，还需要周围区域的密切配合，这为上海周边城市提供了发展机遇，即上海的部分功能向周边城市扩散已日趋显现。苏州工业园区、昆山花桥国际商务区即是利用区位上毗邻上海、在功能上服务上海并同时积极构建对接平台而迅速成长为国内知名的现代生产线服务业基地。

鉴于此，嘉兴发展现代生产性服务业同样需要借助上海的力量，在与最易于与上海对接的空间节点上构建现代生产性服务业性发展平台，重点发展两方面具体产业。第一，发展能服务于上海及周边区域的现代生产性服务业，如服务外包、金融后台服务、呼叫中心等后向服务产业；第二，发展服务于市域、市区制造业、市场、科技研发等产业需求的生产性服务业，如金融、风险投资、区域总部。

10

核心要素

嘉兴网络型田园城市是置于嘉兴市域这一特定场景，由嘉兴市区这一主中心，嘉善县、平湖市、海盐县、海宁市、桐乡市、滨海新区6个副中心，以及新市镇、城乡一体新社区在内的城镇和社区节点共同构成，节点间保持稳定的功能链接，节点内生产、生活和生态区块有机融合，城镇和农村融为一体，具有现代城市功能、网络城市组织、田园城市形态的城市。

嘉兴网络型田园城市的核心价值在于发挥各功能节点的增长极作用，共同组成的城市聚合体，并具有城市核心，作为城市发展的驱动力，共同拉动区域经济的发展。田园城市的核心价值在于构建"城田相融"的图底结构以及新型城乡关系。针对网络型田园城市的核心价值，提出嘉兴网络型田园城市的价值要素。

> 网络城市以一个庞大的系统，与社会和自然链接，形成三维网络空间。
> ——《网络城市》

> 田园城市是为安排健康的生活和工业而设计的城镇；其规模要有可能满足各种社会生活，但不能太大；被乡村带包围；全部土地归公众所有或者托人为社区代管。
> ——《明日的田园城市》

10.1　生态共守，城田相融

10.1.1 "生态共守"的城市底线——实现田园式生态环境的基本条件

嘉兴地处江南水乡的杭嘉湖平原，生态基底保持是田园城市的基本要求，也是网络城市中隔离各组团（功能区）的自然基底。"生态共守"需要通过立法的形式划定永久性生态用地的范围：水源保护区、自然生态保护区（包括湿地、楔形绿地等）、基本农田保护区、较大水体内的用地以及城市长远发展必须控制的绿化隔离带等。永久性生态用地要求严格控制，只能用于城市发展所必须的公园、道路交通、市政设施、旅游及特殊用地等建设用途，以及郊野公园、风景区、生态保护区、农业开发等非城市建设用途。

10.1.2 "城田相融"的田园形态——实现田园式生态环境的物质基础

嘉兴网络型田园城市的首要价值在于"城"与"田"的关系，摒弃就城市论城市、就农村论农村的城乡分割观念，强化"园在城中，城在田中，城田相融"的田园形态。

"园在城中"就是嘉兴网络型田园城市建设要实现由"生产城市"到"生活城市"、"生态城市"的转变。中心城区充分发挥各类公园、绿地、绿楔等生态板块的生态、游憩与景观功能，实现大地生态林化。各特色新市镇组团之间预留生态空间，形成城镇组团之间的"绿心"（图10-1）。

"城在田中"包含两个层面的内容：一是城在田中，即主副中心

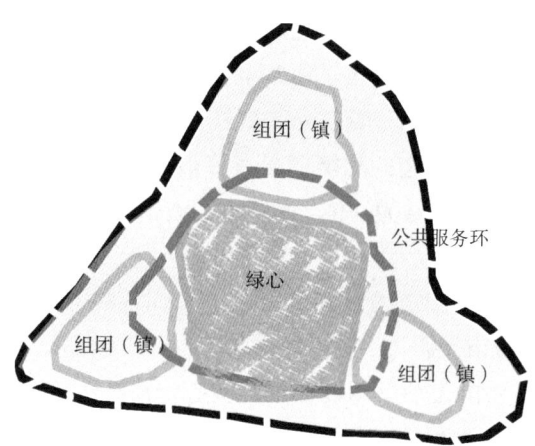

图 10-1 "城田相融"的田园形态
图片来源：笔者自绘

在广袤农田的包围中。二是小城镇点缀，即新市镇点缀在农田中。严格保护耕地，通过城乡统筹，节约集约利用土地。在土地利用规划的基础上，对主副中心城市之间的斑块状分布的广袤农田进行严格控制，既扩大生态安全格局范围，又呈现田园城市形态。嘉兴网络城市中的特色新市镇，通过发展生态农业、特色农业，实现农业的规模化，并合理控制新市镇规模，避免新市镇之间空间绵延，形成"星状"点缀于绿色田园之中。

"城田相融"就是嘉兴网络型田园城市中"中心城区＋特色板块＋特色乡镇"组成的城市建设空间与"公园＋绿心＋农田"组成的自然生态空间形成完整的、紧密结合的整体，两个空间系统有机共生，形成城乡一体的田园形态。

10.1.3 "水绿相间"的生态架构——实现田园式生态环境的特色体现

延续嘉兴特色水乡肌理形态，通过市域绿道建设，串联各个开敞空间系统，形成嘉兴独特的环形与放射状相结合的水绿网络结构。进一步提高生态绿道绿化景观、配套设施、文化品位，是嘉兴网络型田园城市的生态价值要素的重要体现。

10.2　精致城市，品质生活

在经济快速发展，嘉兴独守着一份宁静与美好，和已不多见的江南韵味，小而精致，那唯独保留下来的小富即安的状态显得弥足珍贵，同时它也是建设幸福嘉兴的精神支柱，也是嘉兴城市价值的核心内容。

10.2.1 精致城市

精致城市建设是转型期嘉兴实现"三城一市"目标的重要表现，从三个"精"领会突显精致城市新内涵。精明增长，就是要努力实现从外延式增长向内涵提升转变，从注重项目数量的增长向注重项目质量的提升转变，从政策优惠措施吸引向城市环境品质吸引转变，从招商引资向招才引智转变。精致建设，就是更加注重土地资源的利用效率，优化城市布局，整合空间资源，更加注重历史文化的保护，水乡文化的营造，彰显城市魅力，更加重视整体环境品质的提升，提升城市宜居生活品质。重视硬环境建设，织交通、市政网络系统，构建科学化、可持续的城市支撑体系，补民生、基础服务设施，构建多层次、全方位的城市民生体系，还要更加重视软环境建设，进一步实现活力驻留，驻留城市商业消费活动，提升现有公园绿地品质，驻留休闲休憩活动，开展传统文化活动，驻留特色文化活动。精细管理，就是更加重视城市管理的精细化、法制化、信息化水平，明确市、区、镇（街道）在城市网格化管理职责，建立协调统一、分工合理、权责一致的长效管理机制。

10.2.2 精品发展

网络型田园城市以生态文明的理念推进工业化和信贷化的进程，以环境保护优化经济发展。未来的嘉兴，三次产业协调发展、互动发展，逐步实现创新驱动的经济发展方式，逐步实现以循环经济、低碳经济和绿色经济为特征的生态经济体系，逐步实现以精品产业的发展推动城市的精致建设。安逸的生活培养了嘉兴人对细节、品质的追求，"食不厌精"的饮食文化、精雕细琢的制作工艺、平和恬淡的处事态度，适于产业向精品化发展。精品产业的发展需要在传承和发展中保持平衡，依托科研实力，在精品农业、精品加工、精品服务业中寻求突破。

10.3　城乡一体，统筹发展

城乡统筹是实现嘉兴市可持续、特色发展的必由之路，原因有三：第一，城乡发展的一般规律决定了城市与乡村互为依存的紧密关系，生产、生活、休闲的互相支持；第二，国家宏观政策的体现，党的十六届三中全会提出的"五个统筹"中，统筹城乡关系位列五个统筹之首，足见其重要性；第三，嘉兴市自身特色的体现，符合嘉兴实际，嘉兴市城乡居民收入差距小，城乡关系和谐，又是浙江省城乡一体化先行示范基地和浙江省城乡统筹试验区，有较好的客观基础和政策保障。

追根溯源，霍华德提出的田园城市理论中已经体现出他对城乡关系的深度思考，把城市的发展从城乡协调的角度重新阐释，把城市与外围乡村当作一个整体来分析。嘉兴市在建设田园城市的过程中要始终贯彻城乡统筹发展的思路。

10.3.1 兼有城市的繁荣与乡村的清丽

网络型田园城市与传统工业城市最大的区别是把乡村纳入网络城市体系，给予乡村新的定位，使其成为网络城市的一个重要组成部分。在网络型田园城市模式中，城市和城镇作为节点，具有集聚功能，形成人、商品和信息的高度密集区，带来城市的繁华。然而，网络型田园城市的理念并不是提倡城市规模越大越好，而是主张城市被乡村包围，城市（镇）的规模适中为宜。城市和乡村承担着不同的发展任务，有不同的发展路径，不同的城乡聚落空间也承担着不同的职能。嘉兴网络型城市包括三个层次的节点：城市、城镇、乡村，城市和城镇集聚着工业园区、商业中心、公共服务中心和科研教育机构，彰显城市繁华。外围是清丽的乡村，为城市提供绿色农副产品和优良的生态环境。

10.3.2 适宜的城镇化发展速度和适当的城镇化水平

城镇化发展速度并不是越快越好，城镇化水平也不是越高越好。健康的城镇化应该是与当地的社会发展水平相适应，与当地的文化、特色相协调。嘉兴市的田园、水乡文化是最大的特色，历史上农业文明也传承了几千年，这里城镇化水平不高（低于周边城市），但城乡居民收入差距小，农村居民人均纯收入较高，是典型的藏富于民，城乡关系较为和谐，并被列为"省级城乡统筹示范区"。据嘉兴郊区乡村居民调查研究显示，农村居民搬迁到城市和中心镇的意愿不强，大多较为满意现在的生活状况，对生活环境也有较高的期望与需求。

因而从嘉兴实际特点、对环境的保护和当地居民的迁居意愿来看，嘉兴市的城镇化速度不宜过快，城镇化水平不宜过高。未来城镇化水平维持在 65%~75% 较为适宜。

10.3.3 保留江南水乡的特色乡村风貌

在嘉兴，广阔的江南水乡农村与城市一样，也是历史最悠久、文化最深厚的地方（例如以稻作文化著称的马家浜文化就与农业直接相关）。而到了现代，社会、政府普遍着眼于经济快速发展和城市规模迅速扩张，城市也逐渐蚕食着周边的农村地域，在这样的时代背景下，保留一定规模和数量的江南水乡的农村和乡村风貌就显得格外重要。试想一下，忙碌了一段时间的城市居民节假日可以到广袤的农村呼吸新鲜空气，吃农家饭，干农家活，享农家乐，将会是一件很幸福的事情。

保留特色乡村既是保留江南水乡特色风貌、构建田园城市形态的需要，也是城乡统筹发展、稳步推进新型城镇化的需要。根据不同特征发展休闲养生、旅游观光、生态农业、体验农业等特色产业，实现经济发展和生态文明共建。

10.4　多元文化，社会包容

社会文化上的城市特征，是田园城市建设的内在要求，是城市发展的根基，是城市延续和发展的基础性力量。田园城市的社会文化应当具有多元化、开放型、包容性特征。历史的悠久、文化的交融、平和的性格，孕育了嘉兴多元化城市文化，处于经济迅速的前沿地区，塑造了嘉兴开放型、包容性的城市人文特色。

10.4.1　多元化城市文化——社会包容的基础

城市文化是生活在城市中的人的特质的体现，是城市的气质。依据王恩涌等人的研究，人们通常将文化分为三类：物质文化、制度文化和精神文化。嘉兴优美的水乡风光、越韵吴风的文化、恬然自得的生活、鱼米之乡的富庶，"因水而灵、因绿而秀"的特色以及创造灿烂辉煌的"渔耕文化"、吴越交融呈现的历史文化，形成了意境深远、特色鲜明的江南水乡文化等丰富的历史文化沉淀，也形成了嘉兴独特的城市气质。将多元文化遗留的物质文化和历史上传承下来的非物质文化遗产在建设发展中保护和发扬，形成具有历史文化内涵的江南水乡特色"韵"味城市。

精神文化的多元：嘉兴地处吴越两国相交之地，吴越文化时期本土文化的代表，在当今新形势下，要使之得到应有的发扬和推进，并赋予新的内涵。海纳百川、兼容并蓄，嘉兴揽江、海、湖之胜，造就了吴越文化缔造者的文化习性与人文精神，注定了这一方文化与生俱来的开放胸怀。未来的嘉兴要不断强化这种开放、开拓的自觉意识，努力把嘉兴文化打造成"包孕吴越"、"汇通大海"的多元文化体。聪慧机敏、灵动睿智。嘉兴世代相袭的聪明才智，不仅赋予锦绣江南特有的柔和、秀美，而且熔铸出由这些精雅文化形式所体现的审美取向和价值认同。重视教化、尊重人才，蔚然成风，理应对其予以充分吸纳并使之不断发扬光大。经世致用、务实求真。大力弘扬崇真向善、淳朴平实、诚信守份的精神，是思想文化建设和核心价值体系建设面临的重任。嘉兴文化的繁荣发展，离不开求实、务实风格的延续。敢为人先、超越自我，坚持永不止息的创新精神，增强突破意识，摆脱狭隘的视域和地域羁绊，才能进一步推助区域的文化整合，切实加强先进文化建设，不断谱写新的华章。

制度文化的多元：嘉兴网络型田园城市的制度多元化将体现在多方主体参与、自主治理为主的方式，是政府、非政府组织、企业、公众等多方参与的过程。多元的制度文化离不开参与主体的多元化，嘉兴田园城市的管理主体包括政府、非政府组织、行业协会、企业、公众等，在促进城市和谐发展的共同目标下，建立完备的资源分配、产业协调、利益博弈体系，使城市高效运作。多元化治理动力，通过建立财税激励、规制激励等机制，引导并激励各主体更多承担公共资源和城市职能的责任，促进网络型田园城市资源优化配置。充分发挥多主体监督机制，提高决策水平。

环境文化的多元：嘉兴城市的建设体现着多元文化的特质，给外来人员以归属感，给初始者以认同感，给本地居民以自豪感。尤其是嘉兴着力打造宜居宜业城市，创业创新城市的今天，吸引着不同文化背景的高端人才集聚。城市的归属感是城市居民情感寄托的方式，在全球化的大背景下，频繁的人口流动与交融形成了突出的混合文化，并由此在城市内部形成不同的文化融合，造就了多样并兼容的城市文化景观。同时开启了一系列新的城市空间与城市建成环境。这些变化在很大程度上影响着城市的文化脉络，在改变城市景观面貌的同时，也改变着城市的文化。嘉兴地处长三角中心位置，经济的繁荣带来人员交流的频繁，由此带来多元文化的碰撞。因此，嘉兴城市建设，不应仅停留在物质的、实体空间的规划和建设上，而是认识到城市及其居民作为一个整体环境进行规划和建设的重要性和必要性，规划和建设城市建成环境的目的是为居民提供更加舒适、便捷和健康的生活环境。城市公共空间是城市文化集中表征的载体，面向公众开放使用并进行各种活动的空间，是城市实体环境的核心。嘉兴城市建设中，公共空间的塑造本着形成"一个有特色、带有多元文化特质的起居室"的目标，唤起不同文化背景的人某种情感的共鸣，产生的归属感和认同感。历史遗迹，城市自身所拥有的历史传统、文化遗产是众多文化元素中最能代表一个城市文化特质。嘉兴作为历史文化名城，城市内的历史遗迹保护始终贯穿于城市建设的始终，并与城市的现代化建设相得益彰。以休闲、文化和创意为主体的现代新兴产业日益成为城市发展的主动力，而具有地方特质的城市历史文化遗产是城市文化表征的核心，也是形成城市竞争力的重要影响因素。

10.4.2 鲜明的"慢城"性格——未来城市发展的后发优势

"慢城"是一种引导城市经济的模式与方法，提倡保护地方传统特色及多元文化以提高城市生活质量，使城市更加宜居。

敬重自然，保护环境。嘉兴作为目前长三角地区最具优势的生态空间，本着为居民创造一个优美宜居的生态环境的目的，重视地方传统物质文化遗产和风貌的保护，保持和维持自己城市的独有个性。

遵循传统，持续发展。嘉兴悠久灿烂的历史文化，积淀了天人合一的传统生产、生活方式。注重保护和维持当地传统的生产方式、传统的土地利用、传统的食物等，致力于利用这些传统为当地创造一种可持续的经济发展方式。

生活生态，精致乐享。嘉兴人平和的性情、知足常乐的生活态度，无不体现着"慢生活"的淡然。田园城市的嘉兴应更加注重人性化的空间设计，将"慢"的理念引入，强调空间的多样性，打造慢社区等。充分利用地方的自然生态资源，结合本地文化传统，营造宜人的独具地方特色、满足精神需求的活动空间。

10.4.3 包容性的社会内涵——城市凝聚力的重要形式

包容体现在建设规划上，就是我们必须要确保能让全社会成员，不论贫富、宗教、种族和能力，均能平等受惠，这点尤为重要。随着城镇化进程的日益加快，我们确保进入城市的所有成员都具有使用城市基础设施的权利，包括可以负担的居住、公共交通条件、医疗卫生服务、子女教育问题等等。这些包容互爱的城市内涵有助于社会各个阶层的流动性，建立有利于促进社会和谐的城市社区，这也是建设"社会资本"的基本元素。

10.5　区域协调，分工协作

10.5.1 区域协调，城市网络一体化

城市网络一体化是指长三角城市群相关城市一体化，这种一体化超越行政区划，是更大范围和更高形态的城市网络的一体化，它集中反映在城市之间的合理化分工、重大基础设施的共享、商品与要素市场的一体化和制度建设的合作创新。紧密型、集群式的城市发展模式，是城市自身发展、壮大，在激烈竞争中占有主动地位、保持领先地位的捷径佳路。嘉兴在长三角具有极为难得的区位优势，但长三角强市林立，发展迅猛，嘉兴虽然具有明显的战略地位但不具备相应的战略

优势。只有城市开发网络积极融入区域发展，才能不断提升自己的区域地位。

10.5.2 市域统筹，网络城市一体化

网络城市一体化是指嘉兴市域范围的统筹发展，处于嘉兴城市网络内部的各网络节点可以作为一个城市进行发展建设，重点是一个中心城市和6个副中心城市之间空间布局合理，强调节点之间的内在联系和分工合作关系的建立，处于嘉兴城市网络内部的各网络节点可以作为一个城市进行发展建设，强调节点之间的内在联系和分工合作关系的建立，基础设施互补完善，是增强城市综合竞争力的重要策略。在市域范围内，进行统筹考虑，确定"中心城市——副中心城市"的前店后厂关系，核心区作为产业服务中心，通过城市"二传手"，向其他城市功能区提供商务办公、技术、教育培训、金融商贸、物流交通等服务，并在空间上集聚区域内产业服务职能，形成在长三角地区具有一定竞争力的综合服务中心。而各城市功能区考虑其产业特色及基础，错位发展，最终形成网络型结构。

第四部分　建设方略

11

空间架构

在未来发展中，由地理特性和时间沉积给嘉兴留下的深厚文化、生态、人文、区位特征是空间架构的重要影响因素，需要进一步充分传承。而空间架构这一章节就是如何能够充分发挥这些本底条件的优越特色，以更加开放的姿态去面对其本身所处并为这个区域贡献上一份其特有的力量。就是如何能够破解当前困境，实现市域一体化发展，如何能够应对当前区域发展态势，从而提升区域竞争力，能够为嘉兴未来的发展寻找到一条更好的发展道路提出一些战略措施。

11.1 现状及趋势判断

11.1.1 现状空间的特色

（1）"因水而生"的聚落空间

嘉兴市域河网密布（图 11-1），城市因水而生，水网格局是构成嘉兴市整体空间特色的基础。整体城镇聚落空间循着星罗棋布的水网而生：在主要河汊口形成城镇，乡村更是倚水而建，自成以水为脉的田园水乡风貌。

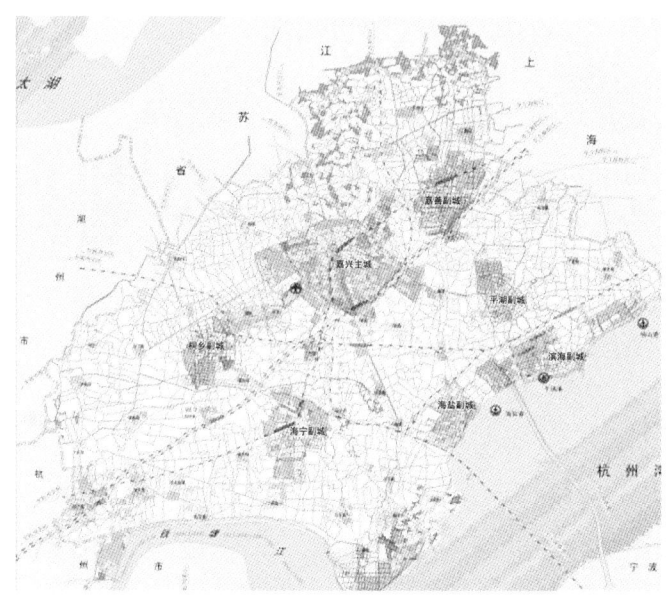

图 11-1 市域河网密布
图片来源：嘉兴市城市总体规划（2003-2020）

（2）"相对均衡"的市域空间

嘉兴市为省辖市，下设南湖区、秀洲区、经济技术开发区，辖嘉善、海盐 2 个县以及平湖、海宁、桐乡县级市。不管是从空间分布还是经济联系来看，都呈现相对均衡离散的状态，导致了发展机会的均等化，嘉兴内嘉善、海宁、桐乡与中心城市同处于沪杭甬沿线发展轴上，在

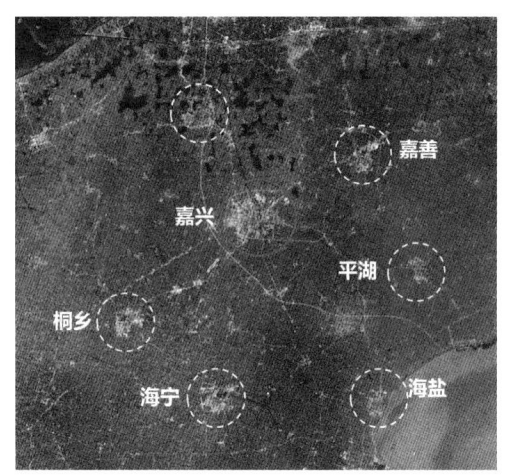

图 11-2　均衡的市域空间

图片来源：笔者基于航拍图绘制

对接上海、杭州的过程中，伴随着大型基础设施的对接，他们相对于中心城市反而具有更加优越的区位条件，包括空间上的对接及交通上的联系。相对于均质的经济发展水平，嘉兴市域空间发展较为离散（除了非连绵，还表现为联系不太紧密）和相对均衡，各级聚落若即若离。从汕头"半城市化"的发展状态经验中可以看出网络化的空间绝不意味着绝对的均质。

（3）"以水架骨"的城市空间

无论是最初自身作为城市交通骨架、依水建路（图 11-3），还是后来将水作为城市的生态骨架，我们都可以看到嘉兴城市"以水架骨"、水城一脉相承的特色空间关系。

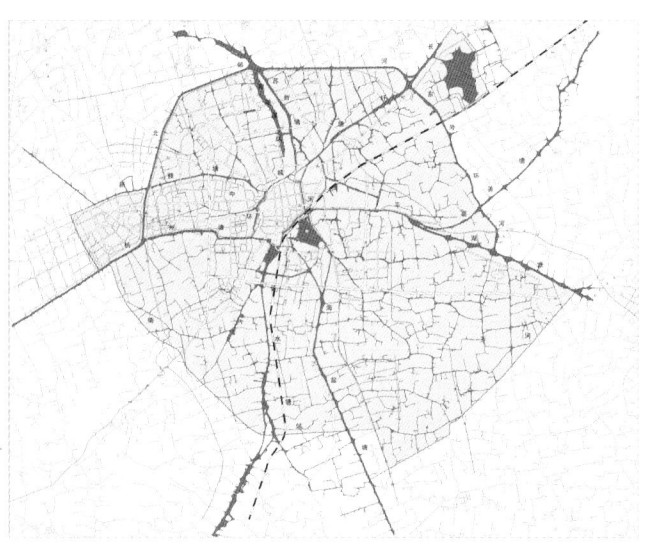

图 11-3　以水为骨架的城市空间

图片来源：笔者自绘

（4）"规划导向"的城镇框架

嘉兴的空间布局结构具有很强的延续性，主要得益于 1982 年版、
1994 年版、2004 年版三版总体规划（图 11-4、图 11-5），它们对嘉兴
城市功能布局和空间结构有着决定性影响。其中，1982 年版的城市总
体规划提出以旧城为中心，沿着主要水系向西、北、东南三翼组团式
发展，各组团之间保留园林绿地，从而形成"风扇型"城市空间形态
结构，形成"单中心，三组团，三楔形绿地"；1994 年版城市总体规
划则延续 1982 版风扇型形态，确定了以老城区为核心向西、向北、向

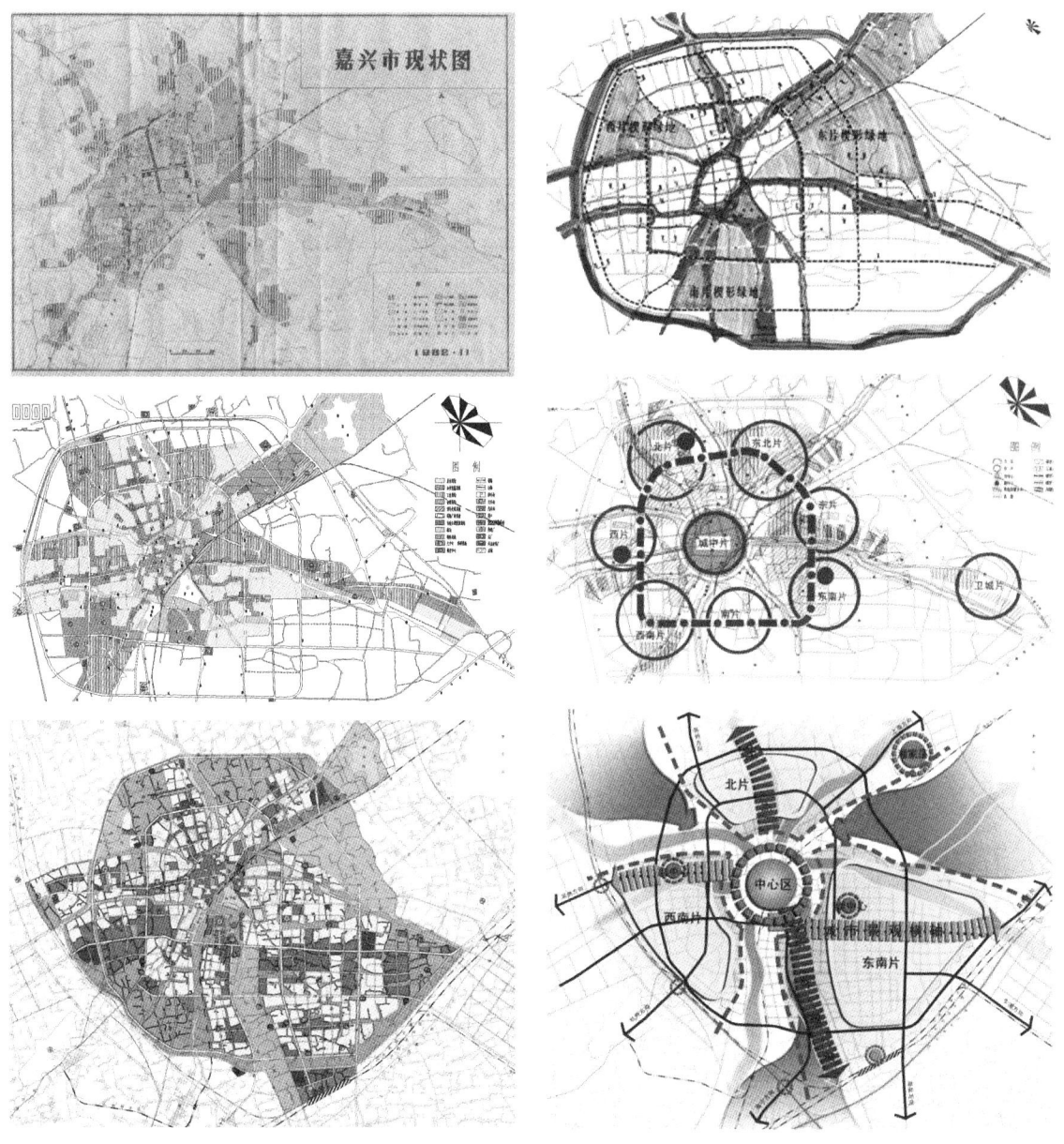

图 11-4　历版城市总体规划城市用地空间布局　　　　图 11-5　历版城市总体规划用地空间结构
　　　图片来源：历版嘉兴市城市总体规划　　　　　　　　　图片来源：历版嘉兴市城市总体规划

东发展的空间战略，形成相对独立的"三大区一中心共九片"的生态型空间结构，"单中心，多组团，多方向"；2004年版城市总体规划提出建构"一心双核、两副两轴、三片三楔"的空间布局基本形式，提出"多中心，三组团，三楔绿地"。三版城市总划都基本上将嘉兴大的空间格局定下，将中心城区内部水系、绿廊、空间格局得到延续传承，使得嘉兴市中心城区各阶段空间发展都延续了"双环八放射水系"、"三大绿楔"、"风扇型空间形态"等格局特征，田园与水乡的城市风貌得到传承。环城河、外环河的"双环"水系、八条放射状水带总体得到保留，水系空间结构总体实现。城市绿地无论从量还是质都有明显提升，至2011年底，嘉兴市区人均公共绿地面积达到13.2m²，绿地率40.7%，绿化覆盖率42.7%，林木覆盖率17.9%，均达到了2004版城市总规确定的中期（2010年）规划指标。同时城市公园建设卓有成效，2012年现状公园已建成共36个，已超额完成上版总规目标。受益于城市水系、绿地建设成效，城市西部、东部和南部的三大绿楔在空间扩张中总体得到了保留，奠定了嘉兴"风扇型城市形态"格局特征。

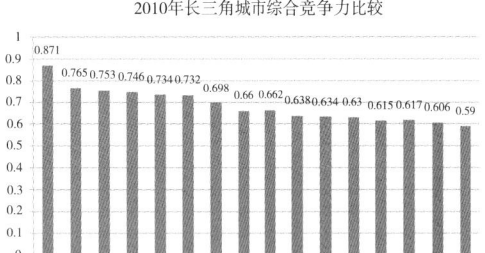

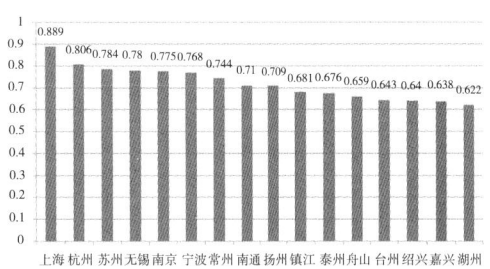

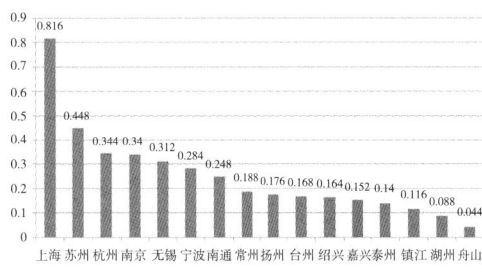

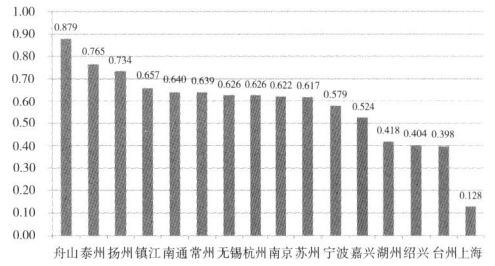

图11-6 长三角城市综合竞争力比较

数据来源：倪鹏飞，等.中国城市竞争力报告No.10[M].北京：社会科学文献出版社，2012.

11.1.2 空间面临的困惑

（1）区域格局的嘉兴：经济竞争力减弱

城市综合竞争力是一个综合概念，指的是一个城市多快好省地创造财富的能力。它是一个包含城市综合增长、经济规模、经济效率、发展成本、产业层次和生活质量等多个维度的综合指数，城市综合竞争力的高低及其变动，直接反映着城市各个方面的状况以及变化。

笔者采用层次分析法，选取GDP、产业结构、人口规模、建成区面积、居民人均收入、居民生活水平等指标进行城市综合竞争力的测算。从长三角综合竞争力变化情况来看（图11-6），嘉兴在长三角的地位仅高于湖州市，处于第15位；就自身来看，综合竞争力指数从0.606增长到0.638，城市各方面情况有所增长。

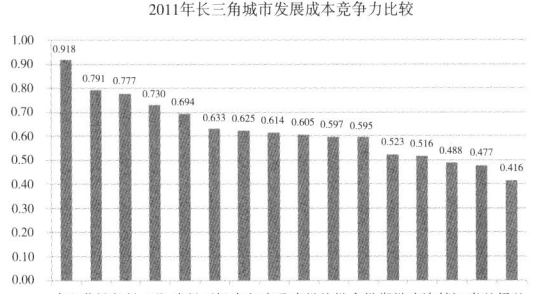

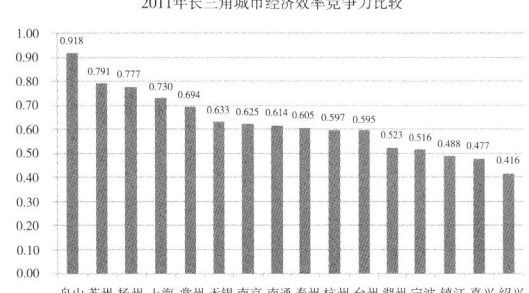

图11-7 长三角城市中嘉兴分项竞争力比较

数据来源：嘉兴市城市总体规划（2003-2020）2012年修改

另外，无论是城市规模竞争力还是城市增长竞争力等显性竞争力指标，还是经济效率竞争力和发展成本竞争力等隐性竞争力指标，嘉兴与周边相邻的上海、苏州、湖州、杭州、宁波相比，均有一定差距，是长三角地区和周边区域竞争的"洼地"。

（2）市域空间的嘉兴：均值与重复竞争

高密度城镇与人口下的均质空间分布形态：从嘉兴市域城镇及人口的空间分布状况来看，其空间特征呈现高密度城镇与人口下的均质空间分布形态的特点。嘉兴市域拥有地级市一个：嘉兴市；县级市三个：海宁市、桐乡市、平湖市；县城两个：海盐县（县府驻地武原镇）、嘉善县（县府驻地魏塘镇），其余建制镇56个（不含海宁、平湖市区所在硖石镇、当湖镇），平均每62km²就有一座城镇，比浙江省平均城镇密度高出近一倍。

市域内各行政单元专业化程度高、非等级扩散特征明显，城镇个体直接参与区域分工：虽然嘉兴市城镇空间分布均质，且造成这种空间分布均质的原因在于其发展的比较优势相似，但是城镇体系的职能结构却未因此而出现同样的相似与均质性，而是在"自下而上"的经济发展模式以及地区职能发展的轨迹性下城镇职能分工明确，专业化程度高。与此同时，职能空间结构并非如中心地理论所概括的等级扩散，而是具有水平性，城镇跳过其上级城市直接与上海、杭州等长三角城市群中的中心城市联系，参与区域分工。

市域内各城市之间联系强度低：我们通过对上海、杭州以及嘉兴市域内各县市的通信量指标进行分析来研究各城市之间的联系强度。城市体系内部的信息流是研究体系内城市之间联系强度的重要依据，信息流中的电话通信量反映地域间经济、社会、政治等多方面的联系，是一个综合性较强的指标，而且这种资料在电信部门有准确的发信收信记录，较易获得原始数据。通过首位对地原则法可确定各地主要的信息联系方向，具体做法是：对于任意一城市 i，判断其与上位城市的

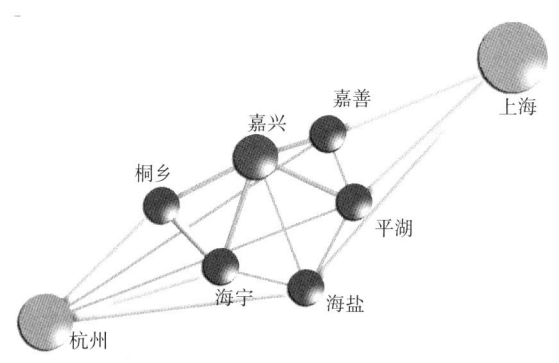

图 11-8 嘉兴与上海、杭州联系强度

图片来源：嘉兴市城市发展与建设信息内参 2011

通信量大小，取其中最大者 $P_i=\max(P_{i-j})$，$j=1$、2、3、······、n，设当 $j=k$ 时，P_{i-j} 取得最大值，则一般城市 i 即与城市 k 的联系强度最强，也就是轴向性最强，对于所有城市采用此方法进行判断，即可得到联系强度表。在软件处理时为了能够清晰地反映在图纸上，我们将计算得到的联系强度数据标准化处理后分类整理成 1、5、10 三个指标（10 表示联系强度很强，5 表示联系强度较强，1 表示城市间联系强度微弱）。

从图 11-8 可以看出，联系强度为 10 的城市为杭州—桐乡、杭州—海宁、杭州—海盐；上海—嘉善、上海—平湖、上海—海盐，桐乡—海宁。除海盐外嘉兴与其余县市的联系强度均为 5。而嘉兴与海盐以及嘉兴各县市之间的联系强度为 1。由此我们可以看出，市域内各城镇个体越过其上级城市直接与上海、杭州等长三角城市群中的中心城市联系，参与区域分工，且相互之间联系微弱。这种空间联系特征造成了中心城腹地被分割、强区域弱中心情况的形成，也因为缺少上级城市的"二传手"作用，使分布于各县的生产要素资源无法整合、生产难成规模。

市区城市首位度低，位序—规模结构呈现过渡型：市区相对于各县、市具有一定首位度（表 11-1），与海宁、桐乡的人口首位度分别为 1.47、1.46，户籍人口首位度分别为 1.35、1.32，对外来人口的吸引力不明显；经济首位度分别为 1.26、1.38，反映了市区经济实力不具备明显优势。教育、医疗资源的首位度同样未达到 2，反映出市区公共服务设施水平与其应当承担的职能不相符；文化旅游资源的首位度均小于 1（表 11-1），说明市区的文化旅游资源整合、开发力度不够，相关配套设施的数量及等级偏低。以上分析表明，嘉兴城区在市域网络化过程中实际承担的职能与其定位存在巨大差异，市区地位不强，影响嘉兴市在区域中整体地位和综合竞争力的提升。未来发展中重要的并非是城市首位度的提高，而是广泛经济一体化支持下城市中心吸引能力的增强。首位度提高却没有建立面向区域的向心力产业体系，没有区域内的分工协作，那最终的结果就只能是城镇体系二元结构的出现。

嘉兴市首位度指标比较　　　　　表 11-1

指标		市区	海宁	首位度	桐乡	首位度
户籍人口（万人）		89.27	66.03	1.35	67.39	1.32
总人口（万人）		120.4	81.72	1.47	82.2	1.46
GDP（亿元）		669.77	532.67	1.26	483.78	1.38
教育	省、市级中小学	128	77	1.68	92	1.53
	中等职业学校	16	13		5	
	大专院校	7	0		0	
医疗	病床数	5899	5400	1.22	2680	2.18
	卫生技术人员	8094	6075		3747	
文化旅游资源	三星以上旅游资源	1	3	0.55	2	0.79
	三星以上宾馆床位数	819	1493		1040	

（3）市区空间的嘉兴：蔓延无序

由于城市区级行政主体的空间发展动力较强，表现为在既有建成区基础上绵延外拓，对城市整体空间形态构成较大冲击，但并没有改变城市整体的空间结构转型。如秀洲区已将乍嘉苏高速公路西侧用地与中心城区连成一体，空间绵延发展，并未按照 2004 版城市总规留出中心城区与城市西翼间的绿色廊道。这不仅使建成区突破了 2004 版城市总规设定的中心城区用地范围，也使得城市没有真正塑造出"西翼"空间，空间结构与形态依旧在原有基础上维持低效增量扩张。

中心城区外围空间增长无序：城市空间依然体现了外延式增长，中心城区外围集中了大部分增长空间，但缺乏有效协调，导致空间增长无序，对城市形态造成一定冲击。经统计 2004~2012 年嘉兴市新增建设用地 64km^2，其中中心城区外围新增 43km^2，占 64%。这直接导致城市绿廊在局部受到侵蚀蚕食。从深层机制上看，空间增长无序、空间建设热点分散等问题主要源自发展主体多元，市级政府管控和协调效力缺失。秀洲区、南湖区、经济开发区、湘家荡管委会四大行政主体都具有较强发展诉求，各自编制规划主导建设，导致投资效益低下，基础设施建设缺乏统一整合和全盘考虑。而中心城区外围城镇也在延续着利用临近城区发展土地经济的传统开发路径，导致镇与城区用地绵延，建设用地低效扩张。如王江泾在远离城镇、紧贴中心城的地区布置工业飞地，余新、七星镇不顾海盐塘绿楔扩展镇用地等。一系列现象都反映出未来嘉兴城市空间发展需进一步整合。

工业围城，效益低下：在中心城区外拓的新增用地中，将近 53% 的用地类型是工业用地，在城市空间景观上造成了工业包围的窘境，也产生许多潜在安全隐患，危及周边城市安全。这一空间现象一方面是

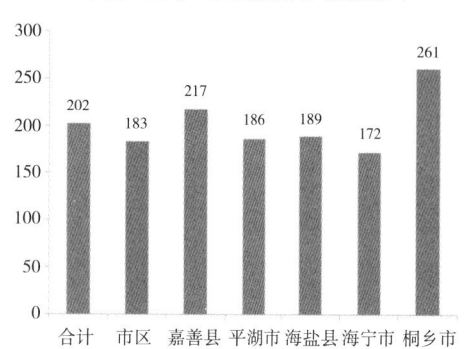

市镇工业园区地均效益比较（万元/亩）

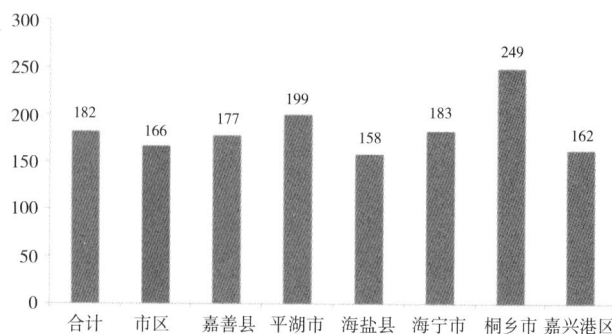

省级以上开发区地均工业产出（万元/亩）

图 11-9　嘉兴市区工业用地地均效益

数据来源：嘉兴市城市总体规划（2003-2020）（2012 年修改）

由于中心城区"退二进三"使得部分工业用地迁至郊区，另一方面市区各城镇依旧依托工业化进程带动城镇化发展，乡镇工业成为发展主导模式，形成工业区遍地开花的局面。然而这种以土地供给为主导的工业发展布局并没有带来集约高效的地均经济收益。无论在嘉兴市域还是全省范围（图 11-9)，嘉兴市区的工业用地地均效益排名都处于末端：市镇工业园地均效益为 183 万/亩，仅高于海宁市，落后市域其他县市；嘉兴市经济开发区的地均效益为 147 万/亩，仅为全省的 56%。

11.1.3 空间发展的趋势

（1）区域对接轴线化趋势

长三角地区三大轴带区域空间格局初步形成，分别是：沿海重型产业发展带，空间上以斑块为特征，主要产业包括装备制造、化工、机械、物流等；沪宁—沪杭甬轴线城市发展带，空间出现连绵的情况，主要包括中心城、先进制造业和服务板块；环太湖/沿山生态旅游发展带，空间上以点状为特征，主要发展生态旅游、休闲服务等产业。嘉兴的市域特征与长三角地区的轴带格局基本呼应。北部地区湖塘、湿地众多，人口密度较低，有西塘、乌镇等水乡古镇旅游资源，初步形成了北部生态旅游发展带。中部地区是区域交通走廊的密集区，沪杭铁路、沪杭高铁、沪杭高速公路等区域基础设施从中部通过，人口密度高，城镇密集，包括嘉兴城区、桐乡城区、嘉善城区以及嘉兴经济技术开发区等国家级、省级开发和现代服务业园区，中部城镇功能发展带初步形成。沿海地区拥有优良的港口资源和沈海高速公路等便捷的交通设施，形成了独山港区、海盐大桥新区、尖山新区等临港重化工业集中区。

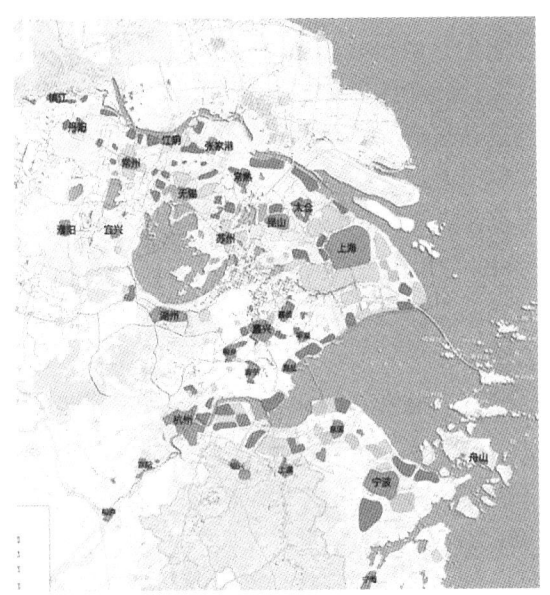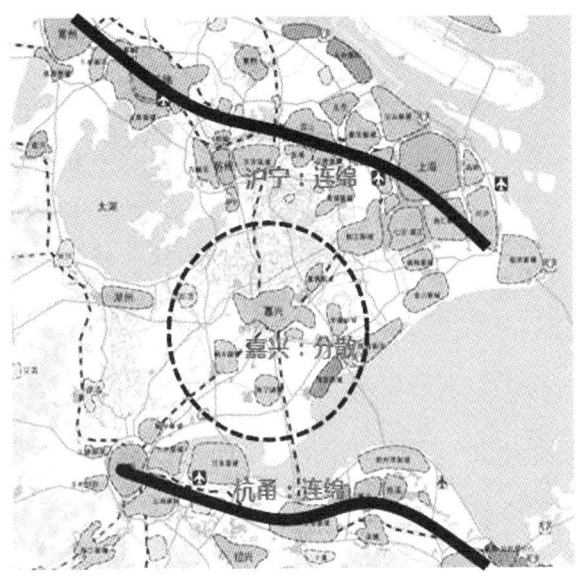

图 11–10　区域发展趋势

图片来源：嘉兴市城市总体规划（2003–2020）（2012 年修改）

（2）市域网络板块化趋势

从长三角地区来看，沪宁沿线和杭甬沿线已经形成了空间连绵发展的趋势（图 11–10），尤其是沪宁沿线从上海、昆山、苏州、无锡、常州，一直到丹阳已经几乎连绵一体，城市之间的产业分工和商务联系、通勤联系等也十分密切。而上海和杭州两大中心城市之间却出现了断裂，嘉兴的市域城镇空间呈星云状布局，城镇群体的空间分布较为分散，城镇建成区的密度也较低。这样的空间格局一方面与杭州的主要发展方向在杭甬线上有关，更重要的是嘉兴缺乏整体对接区域的空间考虑，"自下而上"的发展模式加上松散的市域空间管制导致"自然生长"的空间格局。

尽管从总体而言嘉兴的市域空间布局较为松散，然而从县市层面来看仍然具有一些对接区域的考虑。一般情况下，当资源要素流动顺畅时，城市边界地区往往是具有活力的地区（边界地区的交易费用最小），而且边界两侧的经济势能差越大，要素的流动越频繁，边界地区的发展动力也越充足。尽管上海和杭州两大中心城市的区域最强联系方向不是沪杭线方向，但是随着中心城市的不断扩大，产业功能和城市功能也在不断外溢。临沪的嘉善和平湖主要通过发展制造业对接上海，嘉善姚庄的临沪产业园、平湖新埭的贸易、独山港的化工等都力图对接上海。海宁的许村—长安连杭经济区紧邻杭州余杭区，全力打造杭州第七组团，在道路交通、基础设施、公共服务、产业体系等方面与杭州全面对接。

（3）市域网络城市发展需求

从 21 世纪初叶，信息化、全球化和网络化相互影响、作用，催生新的社会经济发展范式，并深刻影响着嘉兴城市、区域的空间组织与发展。其中最重要的是城市的发展及竞争力不再取决于要素禀赋及区位优势，而更多地取决于比较优势及资源的相互协调配置。

网络化大城市是一个以有形和虚拟的网络为支撑，具有多中心、多节点的城市区域。它具备网络型城市空间组织特征，超越空间临近建立功能联系，是一个功能整合的城市网络。各个中心之间相互依赖，共同发展，既彼此竞争又合作，具有密切的社会经济联系，且平等地分享和参与地方网络，同时与全球网络相联结。

《嘉兴市国民经济和社会发展第十一个五年规划纲要》中明确提出了"加快现代化网络型大城市建设"的战略目标；2009 年嘉兴市政府印发了《关于加快推进市域一体化，建设现代化网络型大城市的若干意见》，并成立了市推进市域一体化建设现代化网络型大城市委员会，以切实推进相关工作。2012 年嘉兴市提出"三城一市"建设。嘉兴建设网络化大城市既代表一种新的城市空间形态，也代表一种新的城市空间发展模式。它强调各个主体之间的职能分工，强调城郊、城乡的社会经济联系，促进城市——区域协同发展。强调多中心间的专业化分工和职能互补，强调流动空间的结构性支配（图 11-11、图 11-12）。

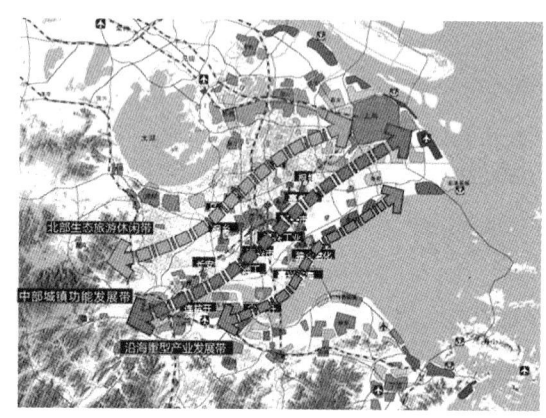

图 11-11　市域发展趋势

图片来源：嘉兴市城市战略 2030 暨城市总体规划（2003–2020）（2012 年修改）

图 11-12　市域网络发展需求

图片来源：嘉兴网络型大城市研究

（4）市区功能提升、宜居特色的需求

长期以来，由于嘉兴中心城市的整体实力不强，转型发展期、区域一体化发展阶段，我们认为嘉兴以工业、经济规模在区域中难以找到自己的地位，嘉兴市提出了"提升中心城市"的思路，强调以"突出城市品质、发展特色经济"为两大抓手，打造"最具特色"的嘉兴，协调和优化配置市域优势资源。

11.1.4 嘉兴空间目标

空间布局方面，我们期望能够在区域联动的基础上，实现"市域网络空间，市区理想田园"的空间布局，提升嘉兴整体的区域竞争力。

11.2 战略的相关建议

11.2.1 区域层面要做到呼应区域，错位发展

首先应当呼应区域。嘉兴身处长三角一体化这个在全国甚至全世界都有重要影响力区域背景下，"因时而动，顺势而为"是基本要求。新时期的全球竞争更多的是区域竞争。随着长三角区域一体化的深入推进，如何在区域中寻找到自身的合适定位与目标、如何与周边大城市、中小城市对接与协调是嘉兴未来发展的关键。

其次应当错位发展。长三角地区城市密集，各城市都有自身的特点，发展水平整体都较高。在这一背景下，如果走别的城市旧路，跟在其他城市后边跑，嘉兴很可能沦于平庸并适得其反，还白白浪费了自身绝佳的资源本底。一方面要注重与区域中特大城市的功能错位，才能够更好的与其互动，更有机会承担重要的区域功能；另一方面注重与区域中其他中小城市的特色错位，才能够特色制胜，在区域更有识别感和竞争力。

11.2.2 市域层面要做到协调合作，城镇网络

加强城镇的区域间协调，抓住长三角区域结构变动的契机。建立面向区域的开放式城镇空间结构。通过交通等区域性基础设施的建设，强化与上海中心城市的对接，协调与杭州、宁波、苏州等周边城市的关系，确立嘉兴在沪杭轴线以及未来形成的苏嘉杭轴线上的节点地位，提升嘉兴在长三角区域中的地位。

做大做强嘉兴中心城市，打造长三角次中心。优化产业结构，在提升第二产业的基础上，强化城市的生产性服务职能，以现代物流业、旅游休闲、商务服务和房地产业为重点，拓展职业培训、创意加盟和各类技术服务业，强化嘉兴中心城市在市域中的核心地位。

加强市域城镇之间的协调与合作，通过中心城市服务促进市域范围产业全面升级，保障大、中、小城市全面协调发展。各级城镇应摆脱单纯依赖工业区和外向型加工业拉动的模式，发挥各地优势，走多元化发展道路；嘉兴中心城市区域服务职能的加强，也将强化与各级

城镇之间的协调与合作，通过中心城市服务促进市域范围产业全面升级。协调市域基础设施配置，提高基础设施利用效率。统筹考虑资源利用，划定不可开发地域范围。

择优培育重点镇。为了优化城镇空间布局，有选择地培育一批重点镇，给予其一定的政策倾斜。改善重点镇的投资环境，完善基础设施和公共服务设施，增强重点中心镇对人流、物流、信息流的集聚能力，集约利用有限的资源，提高综合效益。发挥嘉兴市江南水乡特色，塑造各具特色的小城镇。

11.2.3 市区层面要做到空间拓展，提升功能

强化生态田园形态，保障好城市生态环境。保护好田园特色，保护好嘉兴具备的田园城市基础与环境，环放射的路网、水系和绿楔构成了环+放射的城市空间，原有中心城区作为田园城市主城，外围沿轴线拓展的区域称为城市新区，市区乡镇成为特色卫星城镇。

强化中心服务集聚，提升集聚辐射能力。为提升市区功能，战略研究中提出城市规模有效扩张、城市社会加快推进、城市功能显著提升、城市辐射明显增强的目标思路，并通过"产业提市、科研提市"发展策略来实现。从三个方面领会产业提市的内涵，一是先进制造业的转型与发展，重点在传统特色制造业的升级和战略性新兴产业的积极培育两大方面，采用新技术、先进标准、新型业态推进传统制造业改造，加快提升电子信息、装备制造、汽车及零部件、纺织、服装、化纤等传统优势产业的发展水平，以高技术和高附加值为导向，重点培育发展新能源、新材料、物联网、节能环保、生物医药五大产业。二是生产性服务业的集聚与培育，嘉兴市区的低成本、高品质优势适于承接全球及其区域的外移服务业，科研资源优势适于发展与本地特色产业联动的服务业，市区其他优势条件适于发展特色鲜明的现代服务业，特色资源优势适宜发展生态休闲旅游业。三是生活性服务业的提升与丰富。一方面提升市区商业设施档次，主城区内以子城地块、湖滨地块的城市有机更新为契机，努力形成集高端商务、休闲购物、金融服务于一体的区域商贸中心。另一方面丰富商业服务业态，嘉兴中心城区内着力打造禾兴路、勤俭路、少年路、建国路为市级棋盘状组合商业街，突出选择品、高级品、文化健身、餐饮娱乐功能。三塔路、中环西路借助有机更新，打造风情商业街，蜕变为中高档、小规模、精致化、时尚化、个性化、创意化商店的集聚区。从两个方面领会科技提市的内涵。一是大力构建自主创新平台体系。按照"科研新城+科技创业园+高技术产业体"全面结合的发展模式，加快建设嘉兴科技城、浙江科技孵化城省级重大产业创新平台。积极培育集研发、成果

转化和产业化于一体的产业创新基地。二是大力完善科技成果孵化体系。加强科技创新载体能力建设。加快企业研发机构建设，增强企业研发能力；加快重点实验室、实验基地、研究院科研所建设，增强创新源泉。积极引进企业区域性科技服务中心，提高技术开发、产品设计、成果转化、检验检测、企业诊断、技术培训等技术服务。

11.3 战略的实施策略

11.3.1 区域联动提升——对接长三角区域三大轴线

在长三角区域一体化深度推进的背景下，嘉兴应该主动对接上海、杭州，联动苏州、宁波，进一步融入区域。发挥8字形枢纽的优势，借势区域，提升自身竞争力，从"中间城市"转变为"特色枢纽城市"。对接上海，应重点发展物流商贸、创业创新和技术服务、休闲宜居等功能；对接杭州，应加强一体化培育，并力促嘉兴港成为杭州的重要出海通道；联动苏州，强调产业合作和环太湖生态休闲区的建设；联动宁波，强调产业合作和港口的联盟发展。

在城市之间联系日益密切的长三角区域，嘉兴需要以更加开放的姿态融入区域的竞争与合作中，因此要求嘉兴市域空间结构也是开放的，与区域形成联动效应。基于此，嘉兴应该准确把握区域发展的三条功能轴线，形成城市功能、生态功能、产业板块与区域对接，构建多层联动协作的空间格局。

在区域层面"突显三带,强化三临"，"三带"包括北部生态发展带、中部城市服务发展带和南部重型产业发展带（图11-3）。"三临"指临

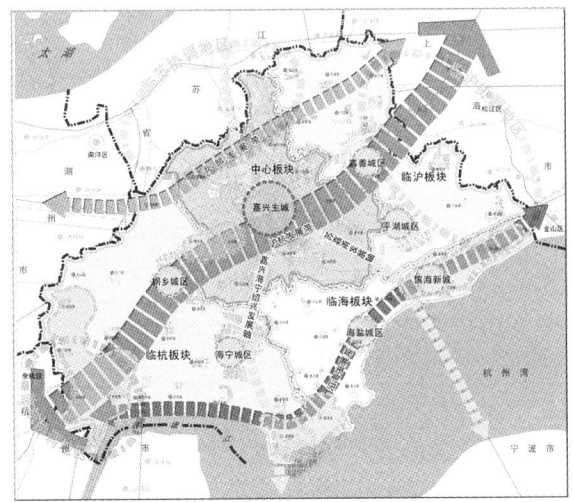

图 11-13　嘉兴开放的区域空间结构

图片来源：嘉兴市城市总体规划（2003-2020）（2012年修改）

杭地区加强海宁、桐乡与杭州的一体化服务；临沪地区加强嘉善、平湖与上海的产业对接；临苏地区主要任务是嘉兴与苏州地区的生态协调。跟着长三角主要三大轴带，嘉兴沿沪杭轴线，形成三条主要的产业带，分别为：北部生态旅游发展带（包括西塘、乌镇、新塍等水乡名镇）；中部城镇功能发展带（嘉兴、桐乡、嘉善等重要高新技术园区、现代服务园区）；沿海产业发展带（独山港、海盐大桥新区、秦山核电、尖山新区）。

11.3.2 市域网络空间——基于内部联系"同一个城市，同一个网络"

（1）市域网络发展模式

现阶段较为成熟的区域开发理论主要有增长极理论、点—轴开发理论和网络开发理论，这几种开发理论的具体组织过程和区域开发思路见表11-2。

区域开发理论及评价 　　　　　　　　　　　　　表11-2

理论模式	理论基础	评价
增长极模式	增长极模式强调据点开发、集中投资、重点建设、集聚发展等，由于资金有限，要开发一个地区，不能面上铺开，而要集中建设一个或几个具有资源优势的极点，通过这些极点的开发来带动周围地区经济的发展	嘉兴市已经出现了多个增长极，但按此模式发展忽视了城市之间的分工协作和协调发展
点—轴开发模式	点–轴开发是区域经济空间开发的一种重要模式，"点"指区域中的各级中心城市，有较强的经济吸引力和凝聚力。"轴"是联结点的线状基础设施束，包括交通干线、通信设施线路、供水线路等工程性线路。该模式是由轴联结各个点而构成的发展模式	嘉兴市可以利用高速公路、铁路、航道等交通要素连接各级城镇、港口、经济开发区等，形成区域城镇空间格局
网络开发模式	在点轴系统的发展过程中，位于轴线上的不同等级的点之间的联系会进一步加强，一个点可能与周围的多个点发生联系，而点与点之间会建设多路径的联系通道，形成纵横交错的交通、通信、动力供给网络。网络沟通了区域内各部分之间的联系，使得各种要素和资源在全区范围内传送，最终形成网络式空间结构	嘉兴市目前虽然已经形成了多个增长极，空间形态和交通联系上初具网络开发的基本条件，但城镇之间的经济、信息等社会要素联系仍不密切

依据均质化区域空间演化发展的阶段特征，判断嘉兴空间发展所处的阶段，是空间模式选择的首要依据。

目前，嘉兴人均GDP接近7000美元，城镇化水平超过50%。对照嘉兴社会经济水平与各空间发展阶段的相应要求，可以判断：嘉兴总体上已经进入高水平均衡的网络结构和网络城市的建设完善阶段。

以网络城市理论为基础，选择网络型大城市的空间结构模式，不仅是实践和理论证明的结果，也是嘉兴自身发展的趋势和要求，未来市域形成"同一个城市，同一个网络"的网络型城市。

（2）市域网络空间布局

以计算机科学、区位论、经济学、社会学等学科对网络结构的认识和研究成果为基础，借鉴国内外网络城市建设的实践经验，概括网络结构的核心要素包括中心、节点、通道、范围，作为网络结构方案构思的核心内容。

① 市域结构空间要素

A. 网络中心

中心是指网络结构的组织和领导中心，网络中心强调的是中心的管理协调能力，突出的是网络中心在高端产业、服务业等方面的优势，而不同于传统等级结构强调中心的极化作用和规模上的优势。在我国目前的行政管理体制下，网络中心通常是县级以上的各级政府驻地。

网络型城市中心发展能级确定评价指标　　　　　表 11-3

评价指标体系		城镇要求具体要求	
		网络型城市核心区要求	网络型城市区要求
规模要素	非农产值总量（亿元）	≥ 5 亿	≥ 5 亿
	人均 GDP（元）	≥ 5 万	≥ 4 万
	城镇人口密度	≥ 5000 人	≥ 5000 人
空间结构要素	与中心城区通勤距离（min）	15min 可达市区	20~30min 可达市区
	与紧邻城市联系通道（条）	2 条以上	2 条以上
	与城区功能关系	与嘉兴市区功能联系紧密，存在潜在的分工协作关系	与紧邻城市功能联系紧密，有一定的分工关系
发展度要素	城镇化水平（%）	30%	30%
	外贸依存度	较高	较高
人文生态要素	与紧邻城区的文化同质度	文化认同度较高	文化认同度较高
	对城市生态功能提升作用	强	强

根据网络结构对中心发展水平和潜力的规定，并从建设完善嘉兴网络型大城市的要求出发，规划确定七大网络中心，分别为嘉兴、海宁、桐乡、平湖、嘉善（魏塘）、海盐（武原）和滨海副城。把滨海副城作为网络结构的一个中心，是考虑到滨海新区拥有国家级的嘉兴出口加

工区和一类开放口岸嘉兴港，是嘉兴网络型大城市对外交流的主要窗口，已经具备了良好的发展基础，同时滨海新区也是嘉兴网络型大城市接轨上海、融入长三角、参与杭州湾开发的战略区域，是嘉兴未来的发展重点。

依据交通区位条件、行政等级、集聚辐射能力以及发展潜力，7个网络中心可进一步分为网络主中心（嘉兴）和副中心（嘉善、海盐、平湖、海宁、桐乡、滨海副城）。

B. 网络节点

网络节点区别于中心，是网络结构的基层发展点，网络节点强调的是对居民生产生活基本需求的满足，其服务的规模范围小、标准档次低。与网络中心类似，网络节点通常是基层政府所在地（如乡镇政府所在地），是一个区域最为基础和底层的城镇等级，是城市伸向乡村的触角。

根据网络结构对基层发展节点的要求，并以构建高水平均衡发展的嘉兴网络型大城市为目标，规划确定嘉兴市域范围内拟最终保留的建制镇作为网络结构的基层发展节点。一般来说，农村人口首先迁往距离较近的建制镇（即网络节点），而后再继续迁往县城、地级城市乃至省会（通常是各级网络的中心），是成本低、难度小、易接受的城市化方式。从这个角度看，嘉兴网络型大城市的基层发展节点起着承上启下的衔接和过渡作用，既需要注重各种生产生活配套以辐射和满足周边农业发展和农民生活的各种需求，又应通过社区建设、环境品质提升以及生活方式转变等方式提高城镇的吸引力以加快城市化的进程。

根据嘉兴下辖44个建制镇的交通区位、产业特色以及发展前景，可将其分为四大类：

第一类是中心城市邻近型；

第二类是特色产业支撑型，如西塘、盐官、乌镇、濮院、洪合、王店、洲泉、新仓、秦山、许村、河山等；

第三类是新兴活力发展型，如尖山新区、盐仓新区、高桥、余新、大云等；

第四类是片区综合服务型，通常一个县市有一到两个，如王江泾、余新、西塘（既是特色产业支撑型，又是嘉善县的副中心）、沈荡、长安、崇福、新埭等。

在经历过数次行政区划调整之后，嘉兴各级中心城市（县级城镇）的集聚辐射能力明显增强，展示了良好的发展态势和巨大的发展潜力，然而，经过近年来的快速扩展，各级中心城市的发展空间已经十分有限，以致制约了城市功能的进一步提升和竞争力的进一步增强。与此同时，在经过多轮的镇级行政区划调整之后，嘉兴多数建制镇人口规模已经超过 5 万人（一些建制镇甚至超过 10 万人），建制镇之间进一步整合调整的空间已经非常有限，难度也非常大。规划建议创新网络型大城市建设完善的机制，在尊重各新市镇自身发展意愿的基础上，重点在产业、功能、环境、管理等方面提高新市镇的建设水平和发展层次，凸显特色，彰显其独特的吸引力。网络节点的选择遵循两大原则：

一是从进一步增强网络中心的辐射能力、扩充网络中心的发展空间入手，确定需要整合调整的建制镇，此类建制镇多属于中心城市邻近型，其产业、功能、用地、设施等按照城市标准进行控制和规划，在空间上、功能上与网络中心融为一体。如嘉兴主城附近的七星、油车港、大桥等；嘉善副城附近的惠民、姚庄、干窑等；海盐副城附近的西塘桥；桐乡副城附近的濮院；海宁副城附近的斜桥以及滨海副城范围内的黄姑、全塘、乍浦、林埭等多个新市镇。

二是重视新的交通设施、产业项目建设带动的一批新兴发展节点的非常规、跳跃式发展，应提高其地位和影响力，此类建制镇多处于新兴活力发展型。如沪杭高铁站点附近的余新、大云、高桥、许村等；零距离对接杭州下沙的盐仓新区；环杭州湾重点开发的尖山新区等。

为区别于传统的乡镇，并呼应嘉兴市委市政府相关政策文件的精神和要求，规划将重点建设的建制镇统一称为"新市镇"。新市镇作为嘉兴网络型田园城市的基层发展节点，作为主副城的重要功能组团，共有约 40 个。

C. 网络通道

通道是网络结构的基本骨架，通常依托重要的区域性交通设施，起沟通网络内外、联系中心节点的作用。网络通道根据交通设施的重要性和建设标准的高低划分为不同等级，从而构成网络通道系统。一个高效的网络通道系统是网络结构得以顺利运行的重要条件（图 11–14）。

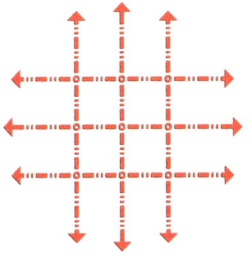

图 11–14　网络通道
图片来源：笔者自绘

从构建完善网络型田园城市的支撑系统入手，主要依托高速公路、铁路等区域性交通设施，确定六条网络通道，具体是指沿申嘉湖高速公路形成的网络通道、沿沪杭交通走廊形成的网络通道、沿杭浦高速形成的网络通道、沿杭州湾北岸连接线和杭州湾萧山通道形成的网络通道、沿乍嘉苏高速和杭州湾嘉绍通道形成的网络通道、沿杭州湾大桥北岸连接线形成的网络通道。上述六条网络通道相互配合，共同构成了网络结构的通道系统，不仅沟通了嘉兴网络型大城市与周边上海、杭州、苏州、宁波、绍兴、湖州等城市，同时，通过网络通道的架构，也沟通了网路型大城市内部各个不同等级的节点，使得某些节点在网络中的地位得以提升，成为中心节点。上述通道串联了嘉兴大部分（超过 70%）的发展节点，也成为沿线节点未来发展前景的主要决定因素。

网络通道串联的主要节点   表 11–4

网络通道	沿线主要节点
沿申嘉湖高速公路通道	乌镇、新塍、王江泾、天凝、西塘、干窑、姚庄
沿沪杭交通走廊通道	许村、长安、高桥、屠甸、王店、余新、大桥、新丰、大云
沿杭浦高速通道	新仓、西塘桥、袁花、通元、于城、丁桥、盐官、盐仓新区
沿杭州湾北岸连接线和杭州湾萧山通道	盐官、周王庙、长安、石门、乌镇
沿乍嘉苏高速和杭州湾嘉绍通道	王江泾、新塍、王店、百步、袁花、尖山新区
沿杭州湾大桥北岸连接线通道	陶庄、天凝、西塘、大云、西塘桥

D. 网络门户

门户是指网络结构对外沟通联系的门户系统，是网络城市成长的重要依托。

嘉兴网络型大城市的重要门户包括：海盐（到宁波）、嘉善（到上海）、滨海副城（到上海、宁波）、王江泾（到苏州）、乌镇（到湖州）、崇福（到杭州）、许村（到杭州）、盐仓新区（到杭州）、尖山新区（到绍兴）。

E. 网络范围

范围是指网络的作用辐射范围（图 11–15），网络范围可以根据辐射强度的不同划分为不同的等级或圈层，从而构成有序的网络范围格局。辐射范围通常与网络中心节点一一对应，并且中心的辐射范围要远远大于节点，其范围的等级也更高、面积更大。

区域发展缺乏凝聚力、中心性不强，一直都是嘉兴发展的最大特色，然而也是其进一步提升竞争力和功能层次的主要制约。规划以嘉兴中心城市为核心，构建网络型大城市的范围层次，形成两个环状圈层，依次为：

内圈（主城环）：包括嘉兴主中心及其外围组团，是网络结构对外辐射、对内服务的中心区域，是网络结构发展完善的动力源；

外圈（副城环）：包括 6 个副中心，是承接内圈辐射并向外圈扩散的过渡区域，是网络结构发展完善的重要支撑。

② 网络结构空间布局

通过网络中心、网络节点、网络通道、网络门户、网络范围五大要素叠合形成的复合网络结构是对嘉兴市网络城市的抽象概括（图 11–16），也是构思嘉兴网络型结构的原型和基础。落实到空间有以下三种选择：

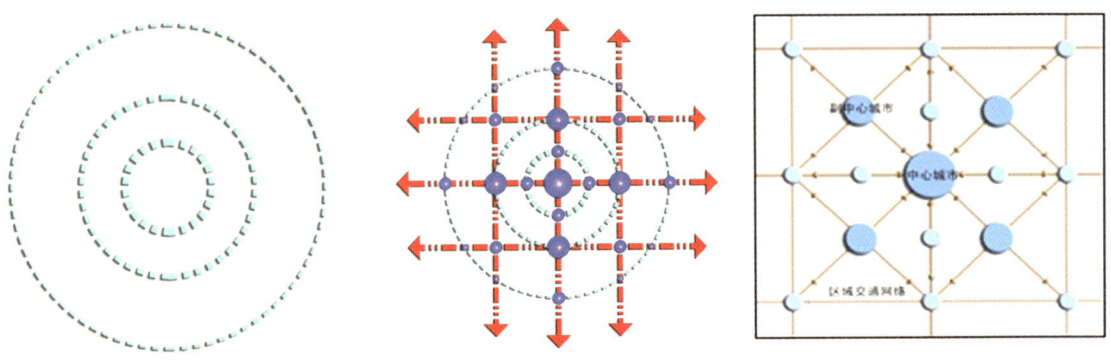

图 11-15 网络范围

图片来源：笔者自绘

图 11-16 网络结构构思的原型

图片来源：笔者自绘

A. "多中心 + 绿心"的圈层式发展模式

发展模式： "多中心 + 绿心"的圈层发展（图 11-17）。

空间结构： "八城环一心、八楔嵌四廊"。

发展理念： 注重都市区开场空间营造。利用沪杭高速、乍嘉苏高速等四条通道的绿化带的建设，在嘉兴都市区中间形成都市绿心；注重生态环境保护。在高速公路绿化廊道和都市绿心的基础上，外围城市之间形成八大绿楔，整体形成"生态夹城区"的圈层结构。

方案说明： 这种结构以生态环境保护和区域开场空间营造为基本理念，形成八城环绕都市绿心的格局，八条绿楔从城市之间分割，形成圈层的田园式空间发展模式。但此模式提出的都市绿心建设难度很大，同时也忽视了海洋对实现区域经济腾飞的重要意义。

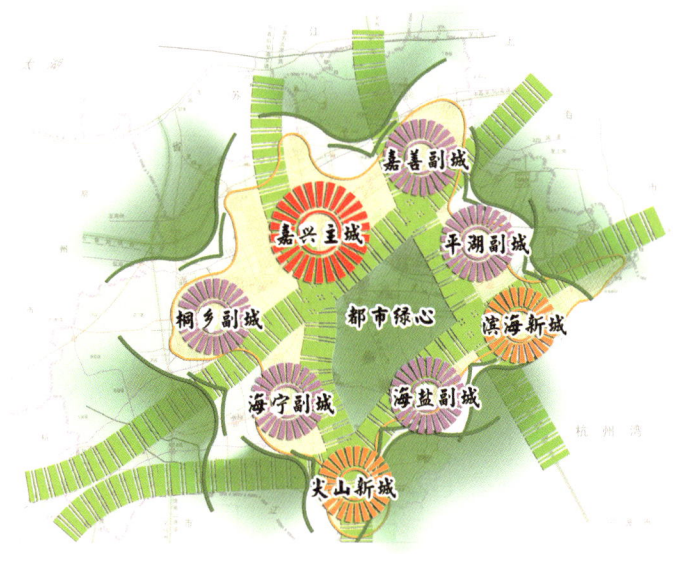

图 11-17 "多中心 + 绿心"的圈层发展模式

图片来源：嘉兴市远景规划研究

B."多中心＋轴带"的网络化发展模式

发展模式："多中心＋轴带"的网络化发展（图 11-18）。

空间结构："一主六副、三纵三横成网络"。

发展理念：注重交通基础设施对区域的带动作用。利用现有的和规划建设的高速公路等交通通道，构成三纵三横的发展轴线。注重嘉兴与周边区域的联系与合作。通过交通廊道的建设，沟通与周边地区和城市的社会、经济联系，加强嘉兴与周边地区的联系合作。

方案说明：这种结构以通过嘉兴市域的纵横高速公路，形成纵横交织的城镇发展轴线，并在现有城市格局的基础上，确定嘉兴市区为一个主中心，其他包括滨海新区的六个副城。通过交通基础设施网络的空间布局发展，整个市域形成以高速公路网为通道、城镇为节点的网络化空间结构。但这种模式忽视了市域范围内城镇之间的分工协作。

图 11-18 "多中心＋轴带"的圈层发展模式

图片来源：嘉兴市远景规划研究

C."功能区＋廊道＋轴带"的开放式网络发展

发展模式："功能区＋轴带"的开放型网络发展（图 11-19）。

空间结构："一主六副、两带三区、网络发展"。

发展理念：参与全球竞争的区域协调理念。根据嘉兴市域经济发展的特点，建设三个功能区，优化提升功能区内部产业层次，功能区之间分工合作，通过提升发展和协调发展形成具有全球竞争力的城市区域。

落实生态优先的可持续发展理念。通过功能区之间产业优化发展，向资源节约型、环境友好型方向发展；功能区之间建设楔形绿色开场

图 11-19 "功能区 + 轴带"的开放网络发展模式

图片来源：笔者自绘

空间，优化区域生态环境，全面落实生态、可持续的发展思路。

强调城乡统筹的空间分工理念。城乡之间通过产业、经济、生态、文化、基础设施等要素的分工协调，统筹规划建设。

方案说明：这种结构以区域协调和生态可持续的开放式发展为基本理念，形成"一主六副、两带三区"的开发、协调、整体的空间格局。通过功能区内部的产业升级发展、功能区之间的协调发展、中心城综合服务职能的全面提升，提高嘉兴的区域竞争力。通过两条城市聚合轴带的建设，充分发挥嘉兴临杭（杭州）接沪（上海）面海的区位优势，抓住经济全球化和区域一体化的契机，建设具有国际竞争力的大嘉兴区域。

方案重点：打造市域核心：市域中心城市及周边城镇统筹优化，加强在城镇空间、产业布局和基础设施方面的协作关系，发挥其集聚与辐射功能，形成嘉兴未来最具区域影响力与活力、产业与城镇密集的中心地区，成为未来大嘉兴的核心地区。

强化东西中轴：强化中心城区联结桐乡、海宁组团的 320 国道、联结平湖、滨海新区的新 07 省道，这一区域将是市域城镇发展最为密集的地带，也是高新技术产业密集带。未来应进一步强化嘉兴与上海的联系，嘉沪一体联动，积极、主动地接轨上海与承接辐射，构建未来长三角地区中的集高端制造业、信息服务、文化教育一体的核心城镇发展轴。

构建南北通廊：依托 320 国道，发展商贸、物流业产业。充分发挥其联系上海、杭州的优势区位条件，强化大嘉兴的市域中心地位，有力提升苏州未来在区域中的竞争实力。同时，促成嘉善科技、软件等高端产业区的形成。

协调沿海轴带：嘉兴沿海地区是浙江省着力打造的沿杭州湾发展带的核心地区，也是嘉兴市以港口物流业和重型制造业为主导的产业带，有着包括高速公路、铁路等在内的强大交通支撑，沿海两个重要产业湾带（滨海新区、尖山新区），应加强在空间、产业、生态环境和基础设施等诸方面的协作关系，打造江苏省沿江基础工业带。

保育绿楔：保育区域性生态绿地，构建以绿心为骨架的市域生态绿楔系统，合理引导城镇与产业的发展方向。

（3）网络城市职能分工

① 市域产业格局

产业格局是在综合考虑各城市产业特色的基础上划分片区，形成了"中心城市 + 东西南三片 + 产业走廊"的城市发展格局。

"中心城区"：以嘉兴市区作为市域发展的核心，重点发展面向中小企业服务的金融业，以及商贸物流、职业培训等现代服务业，建设宜居休闲城市。

"东西南三片"：东片区以嘉善为中心，重点发展科技、电子、软件等产业；西片区以桐乡、海宁为依托，产业由服装、皮革跃迁至高档服装、高档纤维、精密服装设备等产业；南片区以滨海新区、平湖市、海盐县为主体，重点发展机械装备制造、精密仪器、人工智能、核相关产业等。

"产业走廊"：依托现有条件，构建东西向城镇发展带，南北向城镇发展带和沿海城镇发展带。

② 市域功能组织

市域功能组织以错位发展和挖掘特色为原则，由功能互补、分工明确、联系密切的中心、节点构成特色鲜明的功能区块，合力推进嘉兴网络型大城市的发展和完善，其中，网络中心是在网络城市占据价值链的高端；网络副中心是网络城市垂直分工的次级中心，承担网络城市部分职能，与网络中心是垂直分工，六副之间是水平分工；新市镇作为网络结构的节点，作为主副城的重要功能组团，起着承上启下的衔接和过渡作用，既需要各种生产生活配套以辐射和满足周边农业发展和农民生活的各种需求，又通过社区建设、环境品质提升及生活方式转变等方式提高新市镇吸引力以加快城市化进城（表 11-5）。

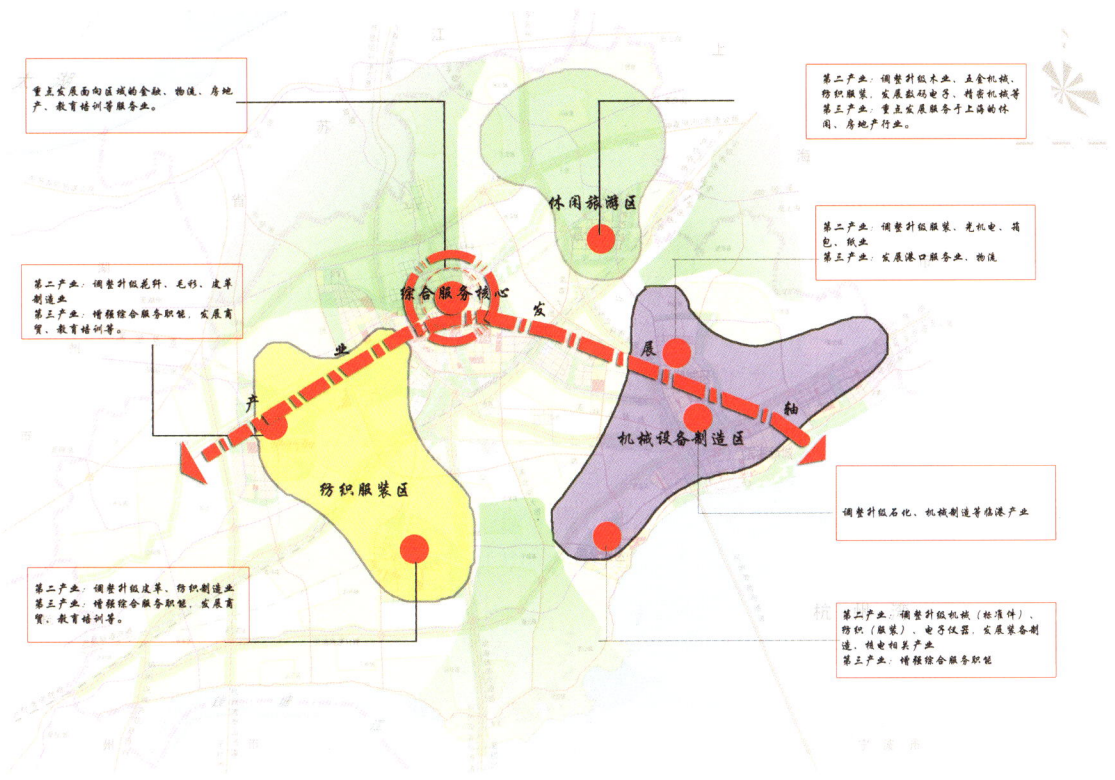

图 11-20　产业走廊指示图

图片来源：笔者自绘

网络型大城市城乡功能分工表　　　　表 11-5

	功能分工
主城	网络型大城市的综合服务中心、先进制造业基地及高新技术产业基地
副城	所在县（市）的服务中心，以某一类或两类特色产业为主导的网络型城市的有机组成部分
新市镇	以工业、商贸物流、旅游休闲、居住服务为特色的基层服务中心，为现代农业发展提供依托，承担农业服务，生活、教育、娱乐等配套职能的基层服务节点
新社区	为农民提供聚居地，同时为村民提供基本的生活服务设施

在职能范围上，在网络城市普遍特点的基础上，从扁平型向有层级的网络城市转变，以此模拟三种情景模式。

方案一：通过行政区划调整，构建新的网络型城市核心区。调整现有行政区划，将嘉善、平湖调整为区的建制，与现有市区共同组成市域中心城市，形成新的网络型城市市域服务核心。

方案二：通过功能区划调整，形成强大的市域服务核心。在市域内根据区位关系、产业结构等因素划分功能区，将市区、嘉善和平湖作为一个中心功能区，共同承担市域服务核心的职能，中心功能区内部进行产业结构调整，加强分工协作，提高整体实力。海宁、桐乡、海盐和滨海新区作为市域副城，辐射相应的区域。

方案三：强化市域内的分工合作，共同承担中心职能。按照现在的行政区划，加强市域内各县、市之间的分工合作，以市区为首，各县、市共同承担一定的中心职能。基于城市结构的区域结构优化，可以促进市域经济的跨越式发展和国际竞争力的提升。根据嘉兴网络城市的职能分工体系，方案一、二是方案三的远景理想。因此近中期重点形成"16403003"，即"一主，六副、40新市镇，300城乡一体新社区，3条产业走廊"的职能结构。

"一主"：主城区作为网络型田园城市的综合服务中心、先进制造业基地及高新技术产业基地，今后五年应重点建设国际商务区、嘉兴科技城、浙江科技孵化城等以商务、科研为主的产业转型发展平台，实现以点带面的目标，通过中心城区的建设提高中心城市的集聚和辐射能力。

"六副"：副城为所在县、市的服务中心，以一类或两类特色产业为主导的网络型有机组成部分。

滨海新区：重点发展机械装备制造、石化产业及核相关产业等；

嘉善副中心：以嘉善为中心，重点发展科技、电子、软件、电子电器及木业等产业；

平湖副中心：以平湖为中心，重点发展人工智能、精密机械制造、高档家具等产业；

海盐副中心：机械装备制造、标准件产业、家电灯产业；

桐乡、海宁副中心：产业由服装、皮革跃迁至高档服装、高档纤维、精密服装设备等产业。

40新市镇：积极创新城乡一体新模式，以工业、商贸物流、旅游休闲、居住服务为特色的基层服务中心，为现代农业发展提供依托，承担农业服务、生活、教育、娱乐等配套职能的基层服务节点。新市镇的建设，要打破传统以中心村为重点建设的模式，按城市的标准进行建设；在管理上，也要由"乡村管理型"向"城市管理型"转变；在产业上，要在保持原有的产业特色的基础上进行提升和完善。根据以上建设要求，将40个左右新市镇具体划分为生态农业型、工业加工型、商贸物流型、旅游休闲型、特色居住型、综合服务型六种类型。

新市镇发展指引 表 11-6

县区	名称	特色类型	特色产业	禁止发展产业
嘉兴	王江泾	综合	纺织业、纺织商贸、旅游休闲、渔产品加工	重化工业、印染
	新塍	工业	物流、秀洲新区居住配套	非金属矿采选业
	洪合	商贸	羊毛衫、新兴产业（光伏机电产业）	重化工业
	余新	综合	物流、居住、商贸	重化工业
	凤桥	旅游	旅游休闲、都市生态农业、农产品加工	重化工业、印染
	新丰	工业	特钢新城、钛钢、农业、农产品加工	采石业
	王店	商贸	物流、家用电器、塑料机械加工	重化工业
平湖	新仓	商贸	服装、童车制造	化工新材料
	新埭	综合	箱包、洁具、游艇	重化工业
	广陈	农业	都市农业、农副产品加工、毛衫针织	重化工业、高毒农药项目
嘉善	西塘	综合	旅游休闲、数码电子产业、现代服务业	重化工业、电镀、制革业
	大云	农业	生态旅游、居住、商贸	重化工业、高毒农药项目、印染
	陶庄	工业	精密铸造、五金机械、休闲度假	重化工业、印染
	姚庄	农业	农业休闲旅游及相关服务业	重化工业、高毒农药项目
	干窑	工业	电子、机械	重化工业
	天凝	工业	纺织服装、新能源新材料、物流业	重化工业
海盐	于城	商贸	物流	重化工业
	通元	工业	服装、电缆、电子、灯泡制造	重化工业、电镀
	沈荡	综合	工业、居住、湿地旅游	重化工业、印染
	百步	农业	水产养殖、加工、生态农业、农业集散	重化工业、高毒农药项目
	澉浦	旅游	旅游、休闲、会务	重化工业、印染
	秦山	工业	核电关联产业	采石业
海宁	袁花	工业	纺织、机械、太阳能设备	采石业
	丁桥	农业	生态农业、休闲旅游	重化工业、高毒农药项目、印染
	盐官	旅游	观光旅游、电子高新技术	重化工业、电镀
	周王庙	工业	皮革、五金机械	采石业
	长安	综合	科教	重化工业、电镀
	许村	商贸	商贸、居住	重化工业
	盐仓新区	综合	休闲旅游、综合农业、机械	重化工业、印染
	黄湾	综合	先进制造、旅游度假	重化工业、印染

续表

县区	名称	特色类型	特色产业	禁止发展产业
桐乡	屠甸	工业	轻纺、电子	采石业
	高桥	农业	绿色农产品加工、居住、商贸	重化工业
	石门	旅游	工贸、古运河、田园风光	重化工业、印染
	崇福	综合	综合服务工贸强镇、皮草	重化工业、采石业
	洲泉	工业	化纤	重化工业
	大麻	工业	家纺、布艺	采石业
	河山	商贸	绢纺	重化工业
	乌镇	旅游	古镇旅游、生态农业、休闲	重化工业、电镀、制革

目前城市的空间发展分为两种不同的模式：一种是以大伦敦规划为代表的集中发展模式，其特点是城市结构由中心区、环状放射型廊道、绿化隔离带加卫星城。另一种则是以哥本哈根"指状规划"为代表的多中心组团模式，其特点是沿放射形快速交通走廊布置城市功能，城市沿不同的发展轴向延伸，发展轴线（组团）之间是楔形绿地，实现城市空间与自然空间的有机融合，如兰斯塔德、深圳等。但实践证明大部分采用集中发展模式的城市在控制发展规模上并没有取得成功的经验，城市仍然处于无序膨胀阶段，尤其是外围的卫星城，并没有按规划表现出成长的活力。莫斯科的多中心结构、东京的城市轴结构、新区及新城的开发都是单核心城市变革性规划探索的案例，因此解决单中心城市发展问题的空间结构也就分为：多中心、轴线、跨越发展三种模式，但往往这三类在解决单核心城市问题时不是孤立进行的，而是并行不悖的。

300 城乡一体新社区：深入开展美丽乡村建设，加强农村环境整治，开展历史文化村落保护利用，培育建设"一村一品"的特色村，高品位打造农民"百年家园"，抓实做好农村改革试验区试点，神话现代农业经营、户籍制度、农村集体资产产权等配套改革，不断壮大村级集体经济。

3 条产业走廊：

通过东西向城镇发展带，接轨上海：依托沪杭高速、G320 等东西向交通通道，加强沿线城镇职能分工与协作，并加强与沪杭协调分工。

通过南北向城镇发展带，拓展腹地：依托乍嘉苏高速、杭州湾跨海大桥北岸连接线等南北向交通通道，形成连接海陆的发展带。

通过沿海产业发展带，借力海洋：沿海城镇发展带：随着杭州湾北部海岸与南部之间交通通道的建设，以及嘉兴对沿河、沿海开发的高度重视，为沿江靠海地区发展带来前所未有的发展机遇。充分利用这一发展机遇，整合各种资源优势，形成嘉兴沿钱塘江和杭州湾的双湾面海发展态势，使嘉兴的经济由大陆型向海洋型经济转变，形成沿海城镇发展带。

11.3.3 市区理想田园——基于"资源整合，体现特色"的考虑

（1）田园城市发展模式

针对多中心的模式，结合嘉兴的实际要求，研究提出跨越发展的新城、廊道的轴线、田园城市的组团三种发展模式。

① **新城模式——培育新特色**

嘉兴位于上海、杭州两大中心城市之间，具有明显的"中间城市"特征。考察国内类似区位的城市发展过程，可发现许多城市在外拓中都通过培育特色城市空间、实现特色功能外溢来进行区域间的发展互动。典型的案例即为苏州和东莞。位于沪宁轴线的苏州在新世纪空间

外拓过程中，集中建设城市东侧的苏州工业区，打造金鸡湖作为新区核心景观，既促进城市空间外拓、功能提升，也提升城市在区域中的竞争力。位于广州与深圳发展轴线中间的东莞更具特色。其距离广州直线距离 65km，距离深圳 70km，区位与嘉兴非常相似。但东莞的空间拓展过程更注重实现与广州、深圳的功能互补，善于利用自身资源寻求差异化特色功能。如利用市域内松山湖自然景观优势发展高新产业，将生态与科技联动，建设松山湖科技园、东莞生态城；结合自身区位打造虎门港物流基地，从而在区域中提供了低成本、高品质的城市空间，找寻到适合自身跃迁发展的路径。此外，考察国内其他中心城市，也不难发现都有类似新区承载着特色功能，成为战略性的新产业空间。如杭州的钱江新城、临安科技城、无锡太湖新城、成都天府新区、天津滨海新区、重庆两江新区等等。因此，城市空间集中外拓并重点培育特色功能成为一种可供嘉兴参考的发展模式。

此外，从长三角区域格局判断，嘉兴也存在培育新城的机遇。考察沪宁轴线上的城市，昆山、苏州、无锡、常州城市亮点频发，生态新城、主题乐园、经济园区是各城市外拓的主要功能区域，并且目前来看受到了市场认可。反观沪杭轴线上的城市，此类具有战略意义的城市新区空间相对匮乏，除了桐乡和海宁以商品经济为基础开发的商贸功能区域，更多的空间外拓还是以自发、初级的产业功能为主导，并不具备规模优势。

我们认为，区域中城市间的要素流动和经济发展过程，必然包含着特色空间和功能的培育与萌发，并且这类空间的增长区位很可能位于区域发展廊道或重要增长极之间的位置，因为这类区位既具备产生特色功能的物质环境基础，也具有一定的开发成本优势。

遵循这一思路为出发点，需要辨别嘉兴的特色空间和示范性地区。这类区域是城市集中外拓的主导空间。而从城市空间跨越发展的成本角度分析，城市向南、向西都需要跨越高速公路或铁路；向北发展会吞噬湿地；而唯有向东具备一定的拓展空间。从空间资源的拓展基础和容量角度分析，土地利用规划在城市东向布置了一定的建设用地空间，而湘家荡、东郊林区空间环境较好，为东向区域整体开发城特色功能板块奠定了基础。而从区域联系方向上看，东部区域也是对接上海，联动嘉善的最佳联系方向，既濒临主城区，又接近科技城、高铁站等战略资源。同时上海快速轨道交通的建设也加快与浙江的对接，嘉兴东部正为这种对接提供了战略平台。

正是基于区位、战略、环境和空间的资源优势，我们试图通过新城方案为嘉兴空间发展提出一种"新城战略"，集中打造东部新城和中心城区两大核心区域。

A. 发展关键

构筑区域发展廊道：新城战略需要新兴功能板块与区域空间结构的对接，强化沪杭轴线的功能提升。同时东部新城实现了对接嘉兴和嘉善的新老中心。

开放交通系统支撑：新城发展是一种空间建设跨越，必须解决好新城与老城的交通关系以及嘉兴与嘉善的交通联系。为此城市可形成"两环五横五纵"的城市路网体系，在东部地区以方格网的形式加密路网，南北联系高速，东西对接嘉兴嘉善。

特色空间承载特色功能：新城发展是特色空间的核心载体，空间的成长本身也是城市、城市人的成长过程。因此将新城打造为中产阶级创业、创新家园，并以田园绿心为核，将绿楔塑造为中央公园，新城中心围绕绿心展开，从而培育生活、休闲、教育、创新、创业五大区块功能。

集全市力量单一侧重发展：新城方案的特征就是将增长空间集中，将用地指标向东部新城集中，从而在规模上促进东部新城与中心城区协同发展。规划预计将中心城区控制在 $60km^2$ 左右，将东部新城总体规模打造为 $80km^2$，其中包括高铁商务区、科技城、湘家荡等已有功能区域。此外在城市周边也设置多个功能组团，规模在 $4 \sim 15km^2$ 不等，总体形成一轴双心多组团的空间结构。

B. 实施难点

新城方案需要集全市之力单侧集中发展，扭转嘉兴市当前四面开花、地方扩展动力相对分散的空间格局，其对于城市建设体制的冲击必将是巨大的，因此实施过程也必将相对艰难。首先，新城方案的实施需要依靠强势政府主导、成立独立管委会，以一个行政主体来统筹多个部门，需要颠覆当前建设管理扁平化的局面。其次，集中建设需要大规模资金的先期投入，是一种高投入高回报的建设过程。考察东莞、苏州的新区发展，前期高投入主要体现在基础设施、环境、公共服务设施等方面的建设。如东莞松山湖的建设是将辖域 $70km^2$ 进行一次性征地，开发阶段没有一寸挡土墙；苏州新加坡工业园区建设也是率先投资 10 亿美元进行"七通一平"建设，确保大量土地迅速转为熟地。再次，新区建设需要争取高规格的政策支持，以具备自上而下推动的行政动力。可供努力的方向包括结合打造生态城、节能减排示范区域，在住房和城乡建设部系统发展为生态友好新区；或争取成为国家级、省级的新区或示范区；此外还可争取国际合作的特色示范点，如中新广州知识城、中新苏州工业园、中新曲阜文化生态城、中新天津生态城等合作模式。最后，嘉兴在东部打造新区空间，可充分发挥既有绿楔空间优势，将原来纯粹作为生态屏障的绿楔空间转型为具有特色功能的生态板块，严格控制建设用地范围不超过 30%，保留大量的绿化土地，确保新区开发不损害原有生态基质，发展与保护相得益彰。

总体来看，嘉兴空间发展中的新城方案是一种大战略，在城市空间层面提出一种大结构，是城市空间重构与转型的大手笔，当然，集中发展受当前体制惯性面临着较大阻力。但应该相信，如果具备了新城建设的相关体制动力，嘉兴必将同东莞、苏州等相似区位城市一样，通过城市空间转型提升区域竞争力和城市地位。也正基于此，新城方案应作为一种理想的空间发展模式，成为嘉兴未来空间发展的参考路径之一。

② 廊道模式——梳理空间

嘉兴城市空间发展已经呈现了一定的增长分散、结构模糊的迹象，特别是利益格局主体多元，开发建设主体多样。在将已有规划拼合整理后发现，城市空间结构呈现多向趋势，城市发展方向繁多，发展重点多元，因此新一轮空间重构需要理清城市系统框架。在延续 2004 版总规的同时能够施行渐进式空间优化，继承 2004 版总体规划用地格局，遵从既定的绿楔、产业板块和开发诉求。

通过梳理当前空间建设过程，可发现东西向的发展廊道上基本串联了当前重点空间发展地区。这些重点空间基本体现在四处，包括东西发展廊道上老城中心、西部产城融合中心区、东部产城融合中心区、高铁南北站区等等。因此这条东西向的用地发展趋势成为空间发展的主题体现。其实这与 2004 版总体规划提出的东西两翼发展具有异曲同工之处，但强调廊道发展其实是更加基于现实的考虑，依托城市联系维度进行空间外拓建设，并将新区发展与老城区串联，既能依托老城区带动，又可以以交通干线为支撑骨架，方案具有一定的现实意义。

在城市整体空间结构上，力主形成"城市拓展、产业发展"的东西向廊道，同时在南北向也形成"公共服务特色发展"的发展廊道，串联湿地、公共中心、绿化郊野公园等功能区块。

A. 实施关键

廊道方案基于空间发展趋势和交通联系方向引导空间发展，因此发展关键在于构建合理的交通联系通道，尤其是构建三横三纵、对接区域的主干公路网。其中三横分别为嘉申路（老 320 东段）—东升路—嘉湖公路、老 07 省道—中环南路—嘉桐公路、新 07 省道—长水路—老 320 西线等；而三纵分别为松江—嘉善—城北工业区—秀洲新区—湖州、平湖—南湖中心—机场区—桐乡、临港新区—南湖中心—洪合—濮院—桐乡。在此基础上，还可构建 07 省道北—中环西路—嘉宁公路、东方路—中环东路、外环东路—南北湖大道的纵向道路以及盛泽—秀洲新区—湘家荡—物流中心—海宁、北部湿地—高铁站区—海宁、嘉兴科技城—南湖中心—南北湖至海盐的区域性交通路网。真正实现长三角地区区域交通网络化转变。

B. 实施难点

廊道方案顺应区域经济格局，整合当前空间建设重点，应该说实施的阻力较小，相对符合当前建设趋势。但廊道方案的缺陷在于整体结构缺乏特色，空间规划只是顺意而为，较难突出空间发展的重点和政府进行宏观调控的抓手。尽管现实中城市轴线、廊道发展以及历史理论中线性城市的发展都具备一定基础和经验，但廊道效应需要一定城市规模的支撑才能得以体现，过小的城市规模不仅无法实现廊道的效率，也无法在发展中控制好线性的空间形态，更难突出鲜明的城市特色。当前嘉兴生态文化是具有特点的两环八放射格局，刻意的强化廊道发展可能会削弱已有的格局基础，丧失原本的生态基地特色。

③ 田园模式——传承发展

当前嘉兴具备建设田园城市的基础与环境，环形加放射的路网、水系和绿楔形成了环形加放射的城市空间。原有中心城区成为田园城市主城，外围沿轴向拓展的区域成为城市新区，市区内乡镇成为与主城平衡的卫星城镇。这种"中心城区 + 特色板块 + 特色镇"的空间模式类似于行星体系，主城、新城、卫星城在空间形态上相互区分，但在功能与经济上相互联系，从而成为一种和谐而可持续的建成空间环境。正基于此，重树田园城市理想，实现霍华德提出的"田园城市"理念，强调自然之美、城乡融合、产城融合，将有助于嘉兴成为长三角独一无二的田园城市，城市空间本身也成为独特的名片。

A. 发展关键

强化田园形态：田园形态的内涵在于在城市空间各个尺度，都需要妥善处理建成空间和生态空间的和谐关系。在中心城区应体现园在城中；在周边特色版块应体现围绕绿心拓展用地；在特色乡镇应体现城在田中的空间特色。特别是各个周边特色版块，应强化绿心对周边城镇的空间组合核心地位，在各个城镇间构成公共服务设施环路，绿心的尺度可参考南湖公园形成约 $2\sim3km^2$ 的公共空间。同时对于特色版块的绿心，还需要明确田园主题，例如在秀洲区可体现民俗文化主题，结合农民画、印花布、粽子等传统民俗，建设以民俗文化展示和体验为主题的公园；在机场片区可体现历史文化主题，结合马家浜文化遗址，建设文化休闲公园和农家乐；在北部湿地片区可体现旅游度假主题，依托北部湿地，建设集休闲运动、旅游度假、主题乐园于一体的主题湿地公园；在湘家荡片区体现健康养生主题，依托湘家荡景区，建设集国际医院、健康疗养、健康管理中心于一体的健康养生公园；在余新枫桥片区体现休闲娱乐主题，结合凤桥镇现有基础和世合新农村项目，建设影视文化基地和游乐园。

控制生态要素：对生态要素的控制与保护就是对城市整体形态和结构的约束和引导，而"水、林、园、田"正是构成空间发展管控的基本生态要素。具体而言，城市水系应突显八廊，引入绿道，将水系和绿化统一布置；城市林地应保留三楔，植入林盘；城市园地应环绕绿心，塑造公园；城市田地空间应保护耕地，开敞田园。

整合开发主体：空间整合过程需要强化核心开发主体的引导效力，避免过于分散的开发格局和疏于监管的体制模式。为此，在中心城区需要整体考虑，强化市级单位的空间管制；对于外围地区应明确开发管理主体，如秀洲区可管理秀洲平台和湿地空间，经开区管辖机场区域，南湖区管理高速公路以南区域，湘家荡区域结合湘家荡管委会进行统一建设。在外围乡镇应倡导错位发展不同功能主体的空间。

B. 实施难点

田园城市方案基于现实基础，回溯历史理想，是一个有特色、有条件也有可能的空间方案。但在实施过程中也具有一定的阻力。主要表现为田园方案是在既有空间基础上的渐进式重构和整合，没有对城市空间结构产生颠覆性的调整，空间的优化动力势必需要来自体制、机制上的完善与更新。尤其在城市外围，空间需要进行一定的整合，简化开发主体格局，而这正是行政力对市场力进行调控和干预的体现。

④ 模式比较

将三方案进行对比分析，可以从成本、绩效和既有规划契合程度等方面综合比较。

对于新城方案来说，方案有利于形成空间增长新亮点，布局具有集中效应,但由于开发过程是一种跨越式拓展，势必需要政府强势主导，需要大量基础设施投入和资金支持，这与既有规划差异较大，也并不完全符合土地利用规划，实施难度较大。

对于廊道方案，可以延续现有东西两翼发展，同时进行整合性提升，是对既有市场开发格局下的引导整合，可以维持 2004 版总体规划的格局，现实性较强，运行效率较高，但城市特色相对欠缺。

对于田园方案来说，规划起点与现状基本接近，空间布局也与土地利用规划相对吻合，将生态绿化空间作为空间建设的核心和主体，有利于打造特色空间，可行性较高。尽管空间建设相对分散，管理难度较大，但其开发格局能够综合自上而下与自下而上的城市发展动力，同时也能体现长三角特有的水乡田园城市风貌，势必具有更高的可操作性和可行性。

综上来看（表 11–7），新城方案与廊道方案一定程度上满足了嘉兴可持续发展的需求，但是"新城方案"对土地利用规划的调整，其所要求的巨大财力是嘉兴现状无法供给的，同时它也破坏了嘉兴几版总规一直强调的三大楔形绿地。廊道方案无法体现其他特色，因此，我们选择"田园方案"以期能够在现实与理想之间寻求平衡。

市区三个方案比对　　　　　　　　　　　表 11-7

		新城方案	廊道方案	田园方案
成本角度	基础设施	需要大量基础设施投入	东西两翼需要一定基础设施	与现状相近
	用地开发	不用跨高速廊道	主要空间跨越大廊道	板块跨高速廊道
	政策限制	与土地利用规划不完全一致	与土地利用规划有一定差别	与土地利用规划一致
	管理水平	强势主导严格管控	市场主导下合理引导	严格控制生态边界
	启动投入	初期投入大	公共交通设施投入大	符合现状，投入低
绩效角度	功能提升	形成面向区域副中心	廊道上集中功能板块	形成多个主题片区
	生态环境	对绿楔有一定破坏	生态格局延续2004版规划	突出生态景观主导，重塑内涵，环境提升
	品牌形象	嘉兴东部综合新城	品牌特色较弱	长三角特有的水乡田园城市
	运行效率	集中布局具规模效应	沿廊道布局效率最高	外围分散效率较低
现状和规划的契合	与现状	较不一致	与现有发展趋势较一致	与自下而上需求一致
	上版规划	新兴空间	2004版总规的疏理提升	空间需要一定的整合

网络型田园城市的空间架构不仅仅是在用地上的绿地间隔或者组团发展，他同时要求传承原有的文化历史的肌理，更符合现状，投入相对较低的延续原有的城市空间结构延续，不仅如此，它要求较之以往的规划要有更好的功能，更突出生态景观主导，重塑内涵，环境提升，以及更高效的运行效率。

（2）田园城市空间策略

在战略阶段层面，规划最终选择"田园方案"作为未来嘉兴发展的战略方向。规划也提出在嘉兴重树"田园城市"的城市理想，打造具有地方特色的"现代化网络型田园城市"，即充分传承现状嘉兴环放的城乡空间肌理，也满足现实百姓在城镇乡生活的发展诉求下，使这样一个田园城市理想能成为嘉兴在长三角独一无二的城市名片。在综合考虑结构传承、空间整合、功能整合、生态传承等策略基础上，通过组织"中心城区＋特色板块＋特色镇"的这样一种由内而外、空间斑块由大到小的行星体系结构强化田园城市的独特形态。

结构传承策略：嘉兴发展长久以来形成了其独特的环放结构，包括整体环放的路网、环放的水系生态和环放的空间（图11-21）。市区路网结构基本上形成以老城为中心，由内向外为环城路、中环路、三环路及若干放射路的环放结构；水网系统基本上形成"双环八放射，三楔归水"的环放生态空间结构；空间肌理也在这样的路网结构和生态本底下形成由内而外、由密而疏环放的城乡空间肌理。

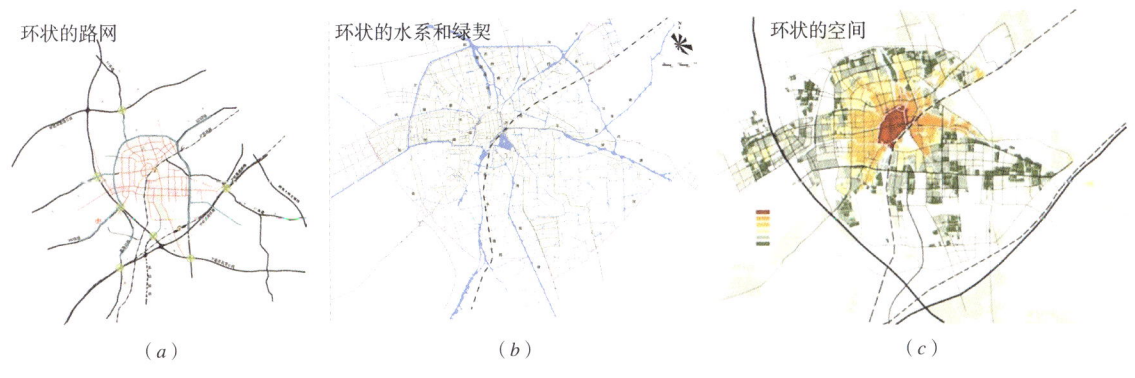

图 11-21　结构传承要素

图片来源：嘉兴市城市总体规划（2003-2020）（2012 年修改）

　　策略：空间整合首先是要梳理市区内已有的历史文化资源要素，并结合现有保存状况和不同层次采取不同的整合策略。整体上需要传承嘉兴特有的水乡田园景观风貌和越韵吴风历史风貌。系统上结合历史文化名城保护规划（图 11-22）内容对不同层次的历史文化要素采取针对性保护发展措施。

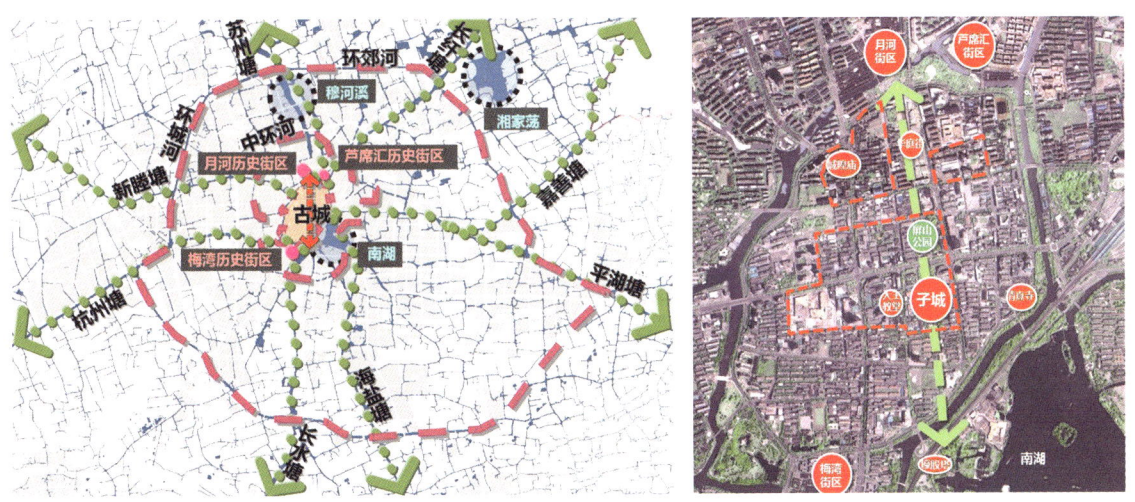

图 11-22　古城格局传承和历史要素分布

图片来源：嘉兴市城市总体规划（2003-2020）（2012 年修改）

　　市区层面关注各类文化遗产，对保存较完好的文化遗产加以重点保护，关键是将分布较散的文化资源融入周边板块的发展框架中。
　　中心城层面除了保护好各类微观的文化遗产外，更要尊重传统的

"三湖八塘双环河，三片一轴一古城"的历史格局，三湖即是南湖、穆河溪、湘家荡；八塘即苏州塘、长纤塘、平湖塘、嘉善塘、海盐塘、长水塘、杭州塘、新塍塘；双环河即环城河、环郊河；三片即梅湾、月河、芦席汇历史街区；一轴即古城历史景观轴，一古城即嘉兴古城。嘉兴古城层面更要强化对历史风貌的保护传承，结合古城历史文化要素对老城区内进行有机更新，依托历史遗存下来的特色街区、轴线街道和标志性节点彰显嘉兴文化特色，在老城区内塑造独特的城市意象和具有吸引力的场所特征。

功能整合策略：功能的整合（图 11-23）在于传承和发展已有的特色功能和空间，北部依托湿地、湘家荡风景区等生态资源强化旅游休闲功能，东南部依托嘉兴科技城、国际商务区强化科研创新功能，西部依托现代物流园、秀洲产业园和空港强化产业物流功能。规划通过在新的田园结构中传承现有特色功能，一方面强化各区优势，激发活力潜能，另一方面也明确各板块发展方向，形成错位特色化发展的路径。

生态传承策略：嘉兴生态本底资源独特，未来发展尤其应该通过固化的生态空间强化对城市空间结构的约束引导，应该从生态安全的角度，划定明确的生态控制线，明确生态控制区域；并从特色传承的角度，明确三大绿楔的控制边界和控制要求。在非建设用地和建设用地内都做到合理控制、合法建设。

严格保护中心城内现有三大楔形绿地，在中心城外围预留楔形绿地开敞空间，并对绿楔空间积极探索科学合理的保护式利用方式。

生态控制线的划定需要强调对核心生态要素的保护和控制，同时

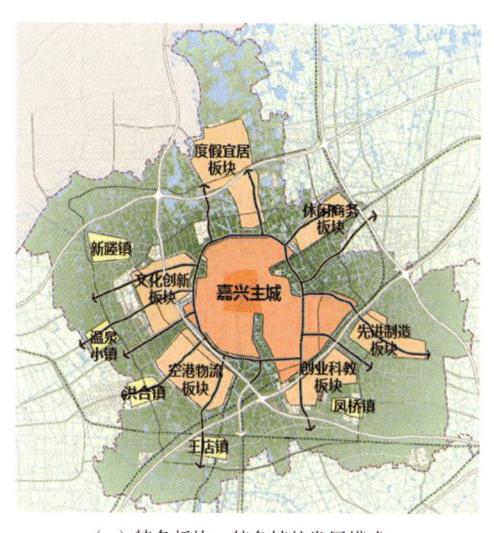

（a）特色板块＋特色镇的发展模式

（b）三大功能区块

图 11-23　功能整合指引

图片来源：嘉兴市城市总体规划（2003-2020）（2012 年修改）

也需要从嘉兴的生态安全底线容量上强调对总量的控制。规划结合已有的《嘉兴市土地利用规划》内容，对嘉兴农田、水系湖泊、湿地、林地、风景名胜区等生态要素加以梳理，明确保护边界。

《基本田园生态控制线规划》提出，耕地按照粮食自给标准，确定未来嘉兴市区最少保留 460km² 的耕地面积。水资源按照供水安全角度，确定嘉兴市区 2020 年水资源生态容量约为 21 亿 m³，约合 103km² 的水域面积。（2010 年全市总用水量为 20 亿 m³，根据《嘉兴市水资源综合规划》预测，全市到 2020 年，考虑规划工程实施和强化节水措施下，将缺水 1.3 亿 t。）生态承载力按照生态足迹法校核，未来嘉兴市区总生态足迹供给为 324km²。

基于要素梳理和总量控制，规划对绿楔、廊道、斑块、城镇四个类型进行生态边界的控制，形成"三楔四园八廊道"的市区生态系统结构，强调对西部、东部、南部三大绿楔的保护控制，对三大现代农业园和北面集中水系湿地等斑块的保护控制，以及对大型基础设施廊道、生态绿道、八条水系廊道的保护控制。

基于此，明确市区范围内的五大生态系统，即以水体为载体的流

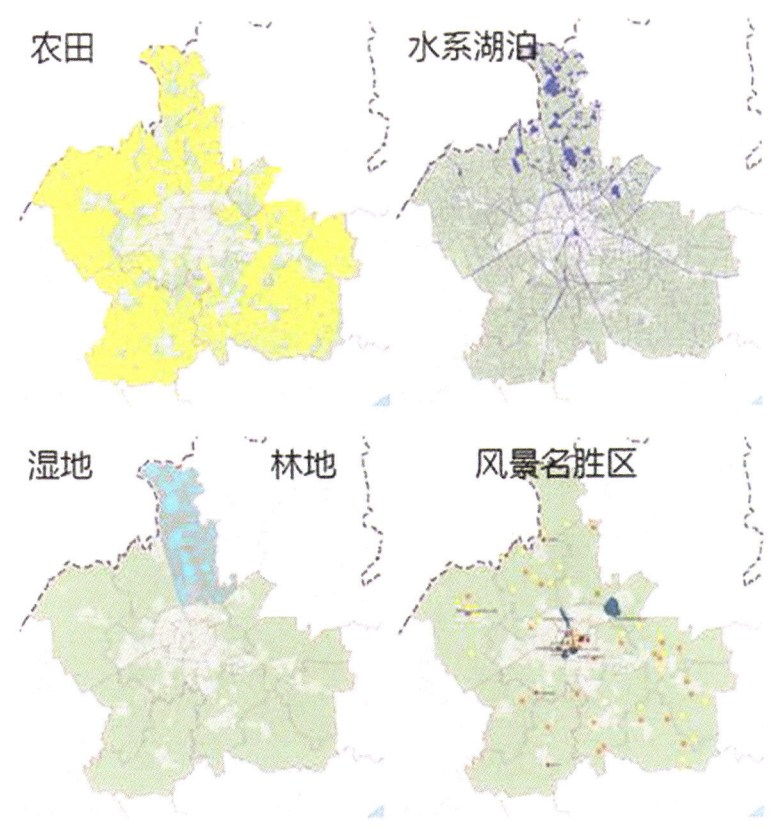

图 11-24 嘉兴基本生态传承要素控制

图片来源：嘉兴市城市总体规划（2003-2020）（2012 年修改）

域生态系统，以绿楔、森林公园为载体的森林生态系统，以北部湿地公园为载体的湿地生态系统，包含基本农田、一般耕地和农业产业区的耕地生态系统，以及包含防护绿地、城市公共绿地的城市生态系统。

因此，划定嘉兴市区城市增长边界（同时也是生态控制线），即城镇建设用地范围约为 400km²，生态用地范围约为 586km²。保证远期2030 年城镇建设和自然生态的范围比例极限约为 4：6。

（3）田园城市空间布局

基于功能、生态策略，继承田园城市这一发展理念，田园方案试图将市域空间与用地结构打造为"一心六片五镇，三楔八廊多园"的模式。其中"一心"为城市中心区，为传统城市建成区地带，包括高铁商务片区范围；"六片"为文化创新片区（即秀洲区创新平台）、空港物流片区、创业科教片区（即余凤板块）、休闲商务片区（即湘家荡板块）、度假宜居片区（即北部湿地）、先进制造片区（嘉兴工业园区、新丰镇）；五镇包括新塍镇、洪合镇、王店镇、凤桥镇、温泉小镇；三楔为东北、南部、西北三片生态绿楔；八廊为八条放射状水系廊道；多园即构建多个特色现代农业园。

在空间模式上，方案提出 165 的空间结构，即为 1 个中心城区 +6个特色板块 +5 个特色小镇。中心城区承担文化内核、文化核心的功能，成为面向区域的现代特色服务中心，象征并代表嘉兴的历史文化特色，既需要保护、传承老城区的历史肌理，也需要进行有机更新，同时更需要展现现代新区城市特色。

对于中心城区要识别有潜在价值的地区，特别是关乎历史、文化、

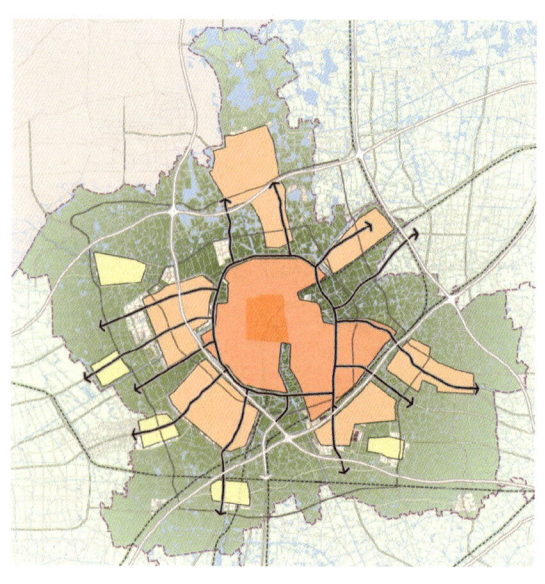

图 11-25　嘉兴 165 田园格局

图片来源：嘉兴市城市总体规划（2003-2020）（2012 年修改）

形象的城市标志性节点空间，积极进行有机更新，重塑活力水乡形象，恢复老城"因水而生"的历史格局，结合环城公园，重塑水门、陆门，恢复历史记忆，整理重要历史遗迹（瓶山、子城）的周边开放空间。在空间格局上，构建南北中轴线、井字形道路与前朝后市、外圆内方、运河环城的格局；在此基础上重构街坊空间，利用河流把城内分隔成若干区块，如碧绮坊、美俗坊、移风坊、燕春坊、织云坊等，同时构筑四道城门、四道水门，规划"七塔八寺"、"嘉禾八景"等等，将重心城区建设成古色古香又富有现代气息的特色城区。

对于6个特色版块，同样需要从功能、形象和标准方面进行规划。首先在功能上要构建新兴成长的、承担嘉兴未来区域竞争力的特色功能板块；其次在形象上应注重区分与独特；再次在标准上应与城市的尺度一致，与中心城区紧密联系，以永久性基本农田或生态绿环隔离，将特色板块围绕绿心布局。特别在余新、凤桥一带，构建创业科教特色板块，应围绕绿心、引入绿楔，进行组团布局，延续既有空间结构；在功能上应以科研创新为主、培育商贸商业、休闲娱乐、居住生活等复合功能；在空间规模上，可划定30km^{2}的规划范围，其中控制15km^{2}的建设用地，规划人口大概15万人。从而在空间特色上凸显板块空间组织延续嘉兴"水乡"空间内涵，以水串城，围湖筑心。

在5个特色镇范畴，功能上可依托原有镇区构建特色小城镇；形象上体现嵌入于生态基地中的田园水乡小镇；在标准上体现小而精的小城镇道路和建筑尺度，保留镇的特色与尺度；进行特色生态空间隔离，与特色板块和中心城之间通过较大的绿楔或永久性基本农田等绿化隔离，保证与周边空间相对独立。例如对于新塍镇，可借鉴上海七宝老街，发扬在历史文化、传统风貌上的优势，通过保护老街来统领整个小城镇空间发展框架。对于乡村地区，嘉兴现有的乡村建设表现为1+X的模式，基本上是1个镇区加上X个新型社区，鼓励自然村的消亡。未来应以新型社区+特色农庄+现代田园的模式进行建设，强化镇的公共服务中心职能，在此基础上将新型社区建设为未来自然村集中建设区；将特色农庄发展为农业服务中心、特色村庄、田园体验中心；在现代田园发展为规模农业地区、水乡+田园的特色空间。因此，构建特色镇的过程应扭转以往以"唯GDP"为主导的政府考核标准，在考核方式上应提出明确各个镇的发展方向，根据10个镇依据各自的经济基础、资源禀赋、区位条件和发展阶段确定发展方向，针对方向设立区别化的政绩考核标准。

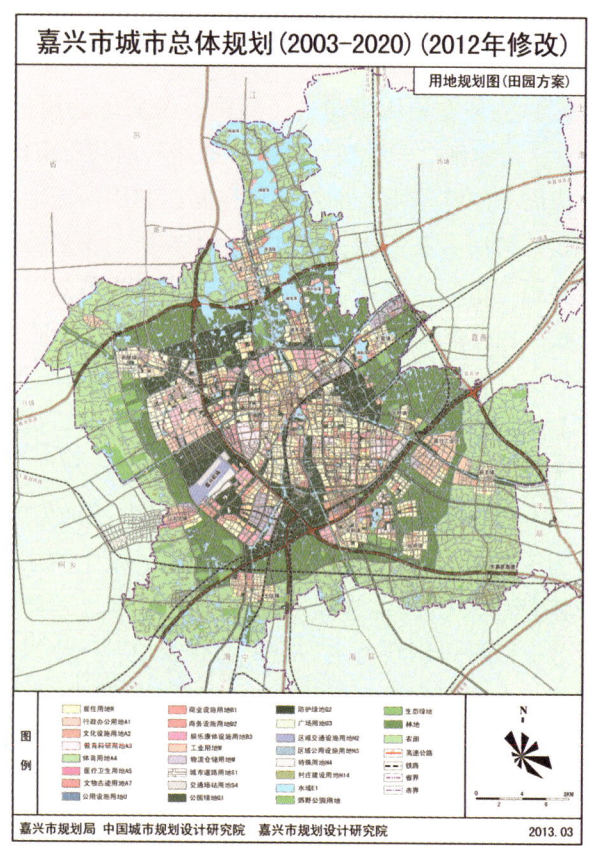

图 11-26 田园方案用地布局

图片来源：嘉兴市城市总体规划（2003-2020）（2012 年修改）

11.4 结语

　　提升区域竞争力需要从大嘉兴的角度综合考虑，以同一个城市，同一个网络构建网络城市。大嘉兴要集中优势资源，必须打造一个生产服务业中心、大都市城市职能中心，不断推进全市制造业的产业升级。促进城市全面升级跃迁的空间支撑。因此中心城区作为"前店后厂"模式的关键，形成服务业为主的大嘉兴中心，通过空间有效拓展，增强中心城市的综合实力，有效推进城市网络化发展。然后借助中心城市溢出效应强化，促成区域泛城市化格局。

　　提的的新城方案、廊道方案、田园方案均各有好处，而田园城市方案并非是分散发展的模式，而是城市建设区有机集中发展的典范，因此综合"有机集中"和"分散发展"特点选取较为理想的元素，形成嘉兴特色的可持续发展模式，主要关注未来的空间发展模式。

　　嘉兴并没有选择大跨越、大发展的新城模式，而是通过生态、水系本底特色，从以园林和水乡为特色的小水绿格局走向兼有传统与现代的大水绿的生态格局。在保持传统水乡特色和园林景观的基础上，强化湖泊水系等水城特征，将嘉兴建成现代城乡一体，环境优美，水韵浓郁的田园城市。舒适宜人的居住环境，提供良好的事业发展条件，考虑嘉兴人民长期、共同的需要，与自然环境相协调，以满足人的多层次需要为工作重心进行城市建设，令少有所育、才有所为、老有所乐，让各年龄人群都安得其所；舒适宜人的环境有效地提供适宜创业的环境，为国内外高素质人才提供一个良好、稳定的制度环境，培养自主创新的能力，使嘉兴不仅成为承接国际制造业转移的"世界工厂"，同时成为民族工业培育与发展的"孵化器"。

12

人口及城镇化

12.1　人口及城镇化现状及趋势判断

12.1.1　嘉兴人口及城镇化发展演变

嘉兴市市区人口及城市化发展历程大致可以划分为四个阶段：

第一阶段：改革开放前的嘉兴，城市化发展起起落落

1949～1957年，城镇化率由23%上升到28.7%，城镇化水平稳定发展；1958～1978年，城镇化水平屡屡下降，12年间，城镇化率由28.7%下降到20.3%。

第二阶段：改革开放阶段的嘉兴，城镇化持续稳定发展

1978～1990年，改革开放阶段的嘉兴，经济的稳定增长带动城镇化持续稳定增长。特别是1983年撤地建市以后，嘉兴经济和社会发展取得了巨大成就，经济综合实力和人民生活水平大幅提高，城乡面貌发生显著变化，1990年城镇化率达到29.21%，但此时嘉兴的城镇化水平比全省平均仍低约10个百分点。

第三阶段：1990～2008年的嘉兴，城镇化快速发展阶段

1990～2008年，嘉兴城镇化进入快速发展阶段。特别是1998年以后，城镇化成为新一轮经济和社会发展的重要载体，城乡融合发展，确立了市区十镇建制的空间布局，网络型大城市框架构建加快，市区和城镇基础设施条件明显改善，城乡一体化配套改革全面实施，促进了城乡一体化水平，2008年市区城镇化水平达到62.72%，实现质的突破。

第四阶段：2008年至今的嘉兴，新型城镇化发展阶段

新型城市化发展阶段（2009至今），城镇化发展机制更加灵活，小城市试点有序推进，市区"一核两翼十镇"的空间发展格局不断深化，现代化网络型田园城市建设步伐加快，中心城区和新市镇协调发展、城乡互促共进，城市化进入了一个新的发展阶段。

据2010年第六次人口普查数据，嘉兴市区常住人口120.19万，其中城镇人口76.27万，占总人口的63.45%（城镇化水平）；乡村人口43.92万，占总人口的36.55%。

12.1.2　嘉兴人口及城镇化发展趋势判断

（1）区域经济发展促进人口结构转型

嘉兴市迁入的外来人口主要从事较为低端的劳动密集型产业，这样的就业结构受区域经济和产业结构转型的影响巨大。2010年长三角地区三次产业比重为4∶52∶44，服务业发展与发达国家相比尚存很大不足，未来10~20年长三角地区必定实现产业的转型升级，高端制造业

和生产性服务业将代替传统制造业成为区域经济增长和社会发展的主要推动力。

产业结构从低端制造业向高端制造业和生产性服务业转型的过程，将对地方人口的就业结构和就业总量产生影响。高端制造业具备现代制造业的特征，机械化和自动化特征明显，用工需求明显减少，但生产性服务业会带来新的就业。

从长三角的区域经济背景来看，嘉兴市的制造业人口已经接近或达到历史顶峰，随着该地区的产业转型升级，制造业人口今后会逐步地减少。同时随着该地区新兴产业和高端制造业的发展，将会需要一部分高素质的人才，因而人力资源将会显得更加重要。

从总体趋势上看，如果地方政策和措施得当的话，嘉兴市的制造业人口未来将会有一个低端人才导出、高端人才导入的过程；而服务业人口将有一个明显的量的增加的过程。

（2）高端人才的引进将更有力推动嘉兴的发展

嘉兴市的四个产城融合板块中，科技创新高新技术板块对于城市发展的重要性居于首位，而人才尤其是高端人才又是科技创新的核心和根本推动力，因而高端人才的作用在未来城市发展过程中会越来越重要。

随着产业的转型升级，劳动密集型产业的从业人口将会有一定的压缩，从事科技研发、公共服务等方面的人口会有增长。如果相关政策在人才引进方面有所突破，吸引更多高端人才入驻，未来对于整个城市发展的推动作用将更明显。

（3）对城镇化质量的关注度将超过城镇化速度

在快速发展的这些年中，过分强调对经济和城镇化速度的增长，而忽略其质量和内涵的提升，出现了很多的社会问题。十八大报告中明确提出，坚持走中国特色新型工业化、信息化、城镇化、农业现代化道路。新型城镇化突出的是"新"：即城乡统筹、产城互动、高效集约、生态宜居、和谐发展，其内涵包括人的城镇化（居民市民化）、四化互动的城镇化（产业新型化和农业现代化）、合理布局的城镇化（城乡统筹，更关注乡镇）、生态文明的城镇化（绿色、低碳、可持续）、弘扬文化的城镇化（历史文化的传承与发展）。从新型城镇化的内涵和社会发展的趋势看，未来城镇化的发展将更加注重质量的提升。

（4）新市镇将成为未来城市化的主要承载空间

新市镇上接中心城区，下连新社区，是嘉兴市现代化网络型田园城市建设中的重要接点，未来会迸发出无穷的发展活力。目前，市区土地资源几乎枯竭，城市有机更新也会在十年后完成，市区的城市化进程只能依靠新市镇的发展来推动。市区的 10 个新市镇，原有城镇框架基础较好，工业园区的产业层次和产业结构相对偏低，转型升级、有机更新潜力很大，无论是产业的发展空间，还是人口的吸纳能力都具有很大优势。因此，新市镇将是今后市区城市化发展的主要承载主体。

12.2 人口及城镇化发展相关建议

12.2.1 合理的人口规模

在现有的城市规划体系下，城市人口规模和土地指标挂钩，因而在城市总体规划中，往往采用回归预测法、趋势外推法、利用劳动生产率和经济增长关系预测等增长性预测方法，预测的人口规模也较大，例如最新一轮总体规划中预测的市区人口接近 200 万。

但是从嘉兴市实际情况和建设田园城市的目标出发，人口规模并不适合太大。《嘉兴市远景研究》中采用耕地保护生态容量、水资源生态容量、生态承载力分析、建设用地生态容量、经济产出效率预测等多种预测方法结合，并考虑田园城市居民生活的品质等因素，得到 150 万左右的人口规模是嘉兴市合理的人口规模，远期规划中应该按照这个数字来控制。

12.2.2 适宜的城镇化速度和水平

城镇化发展速度不是越快越好，城镇化水平也不是越高越好。过快的城镇化速度容易忽略城镇化质量的提升，形成过度城镇化和虚假城镇化，这在很多国家的城镇化发展道路上已经得到印证（图 12-1）。

过高的城镇化水平也并不意味着较高的城市发展水平、较好的社会文明等，例如南美的阿根廷、巴西等国家，其城镇化水平已经超过很多的欧美发达国家，但是社会问题更加的突显，人口红利的丧失将使这些城镇化水平虚高的国家未来发展更加困难。

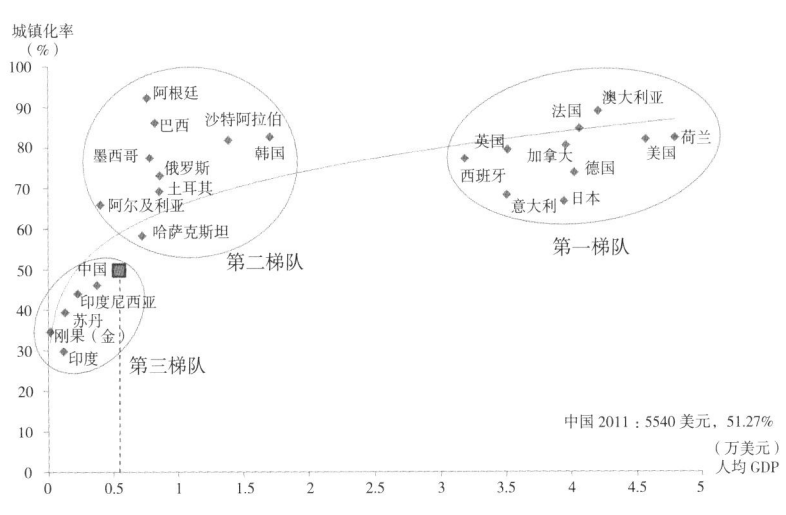

图 12-1　城市化发展梯队一览

数据来源：联合国《城市化报告》；世界银行

嘉兴市在建设田园城市的过程中不能盲目追求城镇化速度和水平，城镇化的发展应该和城市经济、社会的发展相协调。田园城市注重居民的生活环境、生活品质的提高，注重城乡关系的和谐发展，对表征城镇化速度和水平的数字，我们宁可"慢"一点。

12.2.3 合理的人口空间分布

嘉兴市的城乡关系和谐，城镇体系结构较为接近田园城市的模型，中心城区外围的新市镇作为城市的网络节点起到了很好的人口疏导作用，再结合嘉兴市良好的生态本底，容易使中心城区和新市镇的居民都能享受到较好的生活环境和品质。但是人口过分的分散也不经济，容易造成土地等资源的浪费，也不符合我国的国情。

因而田园城市合理的人口分布就是在保证居民生活品质和经济性之间寻找一个平衡点。人口分布的总体思路是"点上集中，面上分散"，即在局部范围内以集聚为主，体现经济性，但是在大的区域中主张以城镇和小城市为重点组织空间体系，避免城市过大和蔓延，保证居民的生活品质。

12.2.4 城乡统筹发展

城市和乡村分别承担着不同的发展任务，有不同的发展路径，不同的城乡聚落空间也分别承担着不同的职能。城市要通过用地控制、合理空间布局实现精明增长，乡村应变革生产方式，提高生产效率，并依据各自资源禀赋、人口结构、外部政策等因素发展适合自身特色的产业。因而，承担职能和发展路径上城乡是有差异的，但是差异化的发展要统筹在嘉兴市总体的发展战略里面。

城乡统筹发展应突出城乡差异性和统筹性。转变重城市、轻农村"城乡分治"的观念和做法，充分发挥工业对农业的支持和反哺作用、城市对农村的辐射和带动作用，以实现"城"、"乡"双赢为目的的发展格局。

城乡统筹中应该注意对乡村景观特色的保护，避免乡村发展和城市的景观雷同，或者难以区分城市和乡村。嘉兴市是典型的江南水乡城市，乡村景观是其一大特色，保护好乡村特色也就是保护了城市的总体特色。因而在城乡统筹发展过程中注意对特色村镇，尤其是古村、古镇的保护。

12.3　人口及城镇化发展策略

12.3.1 控制人口总量，提高人口素质

嘉兴市的人口年龄结构也已经呈老龄化，未来（30年左右）的人口自然发展会是"新老交替"或者逐渐减小的总趋势，影响更多的是人口的迁移。考虑嘉兴市建设田园城市的目标要求、居民对环境品质的要求、依据生态容量测算的合理的人口规模和现状规模人口，建议嘉兴市长远按照150万的规模控制人口。

受区域产业转型升级的影响，预计未来会有低端人口流出，高端人口流入的过程，也是一个通过人口置换提高人口素质的契机。政府应继续加强人才引进力度，通过一些人才计划、活动等吸引相关领域专业人才。地方的政策应该方便专业人才的引进，必要时政策可以向一些亟需的高端人才倾斜，比如户籍政策的调整，对一定层次以上人才放宽或取消户籍限制，帮助其更容易落户嘉兴。

纵观国内一些对科技、研发较为依赖的大中城市，都有若干有较大影响力的高等院校或者知名科研院所。对于嘉兴而言，建立一所有一定影响力的大学，可以提升嘉兴市的整体形象、层次，也更有利于人才的引进以及本地人才的培养，形成一个良性循环。

12.3.2 适宜的城镇化发展速度，提高城镇化质量

嘉兴市是城乡统筹发展较好的地区，城乡居民收入差距小，城乡关系较为和谐，在推动城镇化的进程中应该充分尊重民意。据嘉兴郊区乡村居民调查研究显示，农村居民搬迁到城市和中心镇的意愿不强，大多较为满意现在的生活状况，对生活环境也有较高的期望与需求。因而从嘉兴实际特点、对环境的保护和当地居民的迁居意愿来看，嘉兴市的城镇化速度不宜过快，城镇化水平不宜过高。

城镇化需要工业化来带动，也会给工业化提供支撑，工业升级需要服务业加快发展，城市化与服务业发展更是密切相关，城市化形成大量的服务需求，服务业解决城市化过程中的就业。嘉兴市区要顺应这一趋势，优化发展环境、强化要素保障、加强统筹协调，促进现代服务业优先发展，推进产业融合，充分发挥服务业这个最大就业"容纳器"的作用，增强就业、创业的活力，加快城市化进程，提高城市化质量。

12.3.3 人口空间分布

人口空间分布上遵循"点上集中，面上分散"的总体思路，这既体现了相对集聚的经济性，又能照顾到城市的规模处于合理容量之内，保证居民生活对环境的基本要求。从郊区乡村居民调查研究中总结的"三三三"原则（即 1/3 左右的人口生活在中心城市，1/3 左右的人口生活在新市镇，1/3 左右的人口生活在广袤的乡村地区）和田园城市建设的目标比较契合，人口空间分布上也较能体现出"城在田中，园在城中，城田相融"的特色，也容易形成中心城市、新市镇、新社区合理的空间结构。

12.3.4 重视郊区城镇发展

新市镇是中心城区和农村（社区）的重要节点，是吸纳农村剩余劳动力转移和市民化的重要载体，郊区城镇化是嘉兴城镇化的关键，决定了嘉兴城镇化质量，也决定了嘉兴城镇化的成败。

（1）加快推进新市镇特色发展，有序引导农村人口城镇化

新市镇是市区公共服务、基础设施向农村延伸的重要阶段和纽带，它在城市化和人口发展中发挥基础性支撑作用。郊区城镇化是嘉兴城镇化新阶段的核心动力之一。结合新市镇不同的等级和规模，统筹规划，分层次组织生产、生活，构建生态功能一体化的功能组团，着力整合现有资源，因地制宜打造几个创新、居住、休闲等功能为主的"新市镇"。

（2）加强新市镇与中心城区的协调，实现城市化和谐增长

以城市有机更新为契机，加强与中心城区功能整合和基础设施协调，进一步提升功能、改善人居环境和加强住房保障，吸引创新人才、生产性服务业、龙头骨干企业等高端要素在新市镇集聚；合力增强中心城市的整体实力，提升中心城市功能，实现新一轮的和谐增长。

12.4 结语

人口发展和生活改善为重点，让生活在嘉兴的每个人都可以找到自己生存的机会，都可以找到热爱的角落。一要保证居民安全需求，采用耕地保护生态容量、水资源生态容量、生态承载力分析、建设用地生态容量、经济产出效率预测等多种预测方法结合形成合理的人口极限容量；二要满足居民精神需求，优先解决市民化问题，提高人口素质和生存能力；要以人为本，推进以人为核心的城镇化，提高城镇人口素质和居民生活质量，把促进有能力在城镇稳定就业和生活的常住人口有序实现市民化作为首要任务，以包容互助、海纳百川的胸怀，汇聚各类人才，形成让所有城市成员发挥潜能的宜居家园。

13

土地开发

在城市土地开发过程中，由于区位条件的差异或政策机遇的影响，造成空间开发的不均衡性，即某些热点的区域将会引发投资重点，也会引起一系列的项目投资连锁反应。经济地理学家将这些热点称之为增长极，而这一列连锁反应就是增长极所产生的乘数效应。这是城市土地发展演变的一般规律。根据相关文献研究利用逻辑斯蒂增长模式也将土地空间开发的模式分为不同阶段：

第一阶段初始增长期，也属于区域开发初始阶段，由于基础设施等条件还不完善，边际收益较小，导致总收益较小，因此土地投资的增长速度较缓。

第二阶段快速增长期：随着投资环境的逐渐改善，在集聚经济的作用下，土地开发投资的边际收益快速增长，更多的投资被吸引过来，土地空间开发呈现出强劲的增长势头，当边际效应最大值时，即 $K/2$ 曲线的拐点时，总收益曲线的斜率达到最大，增长速率达到极大化。

第三阶段减速增长期。当投资边际收益达到最大化后，在边际收益递减率的作用下，继续投资将使边际收益下降，总收益进入减速增长期。伴随边际收益趋近于零增长，总收益达到最大值，即接近于 K 值的渐进线。

第四个阶段饱和或衰退期，若外部条件没有改善，那么随着边际收益等于零，理性投资者将不再将资金投入到该区域，区域的发展达到了饱和期。如果边际收益呈负增长，则进入衰退期，

河网水系构成了嘉兴市"水乡城市"的基底，土地及地上建筑物则与之相配合，共同构成了独具特色的"水乡田园城市"的空间格局。城市土地开发和利用关系着城市的发展方向、城市的空间格局甚至关系着城市的历史文化能否顺利传承。在土地财政的背景下，城市土地开发和利用呈蔓延式增长，城市传统格局面临严峻的挑战。因而，提出嘉兴市未来土地开发、利用的战略和对策就显得非常重要。

13.1 土地开发现状及趋势判断

13.1.1 嘉兴土地开发轨迹

（1）嘉兴土地空间演变历程

① 发展历程

提炼嘉兴市区空间演化特征，可总结为"跨越与突破"（图13-1）。在相当长的历史内，嘉兴城市用地基本限制在古城范围。自隋唐运河以来，城市因水而生，古城子城设在运河边，码头地区开发成熟，比较繁华，用地开发也均沿河进行，交通体系也围绕水运展开。

从1982年的城市用地分布图可以看出，城市用地已经突破了古城范围，并且沿着07省道、320国道和南湖东岸有较大幅度的连续延伸，总体看来是工业用地沿铁路周边布局的结果，此时突破环城河，沿着甪里街的嘉兴五大厂：嘉兴绢纺厂、嘉兴冶金机械厂（矿冶厂）、嘉兴民丰造纸厂、嘉兴永红丝厂（中丝一厂）、嘉兴毛纺厂等民族工业成为土地开发的主要组成部分。

从1994年的城市用地分布图可以看出，城市开始挣脱沪杭铁路的围围，沿6条主要公路（往上海方面的杭申公路，往杭州方向的中山路和320国道，往苏州方向的苏嘉公路，往平湖方向的嘉平公路，往桐乡方向的嘉桐公路）向四周快速发展，城市用地开发迅速。尤其是20世纪90年代城市高速公路出入口周边的区域，成为工业化发展时期的沃土，表现在1998年的嘉兴工业园和2002年的秀洲工业园的选址。

2000年以来，已完全突破铁路线而开始"南移"，主要方向已演变为沪杭铁路以东，并向东向南大幅扩展。且由于行政区划调整的原因，逐渐形成了"一核两心"的空间布局，南湖新区、秀洲新区的发展极为迅速，形成东西两翼迅猛发展的态势。另外随着工业化进程的不断推进，周边城镇的发展与城市越来越近，王江泾、油车港、王店等也将工业区建设在城市周边，使得嘉兴呈现出被工业围城的趋势。

② 机制与动力

规模门槛率与城市规模的扩张相似，城市这种跨越交通门槛的空

（续 p184）

总收益曲线开始下降。

　　不同的土地发展阶段的本质关系或者是动力机制表现在规模门槛率，城市这种跨越交通门槛的空间演化规律我们可以用规模门槛率来解释。规模效应来源于空间经济学的规模经济。只有越过门槛，才会产生新的规模正效应。

　　伴随着进入新世纪以来，中国城镇化进入加速期，以城市房地产业为代表的土地开发正在步入一个前所未有的繁荣期，城市土地开发也在一轮一轮的向外发展。无论是投资规模还是投资密度都达到背景地区前所未有的程度。那么，这种土地空间开发的内在机制是什么？土地空间增长模式是什么？对于特定区域是否存在开发的生命周期？这些都是本章节需要讨论的一些问题。

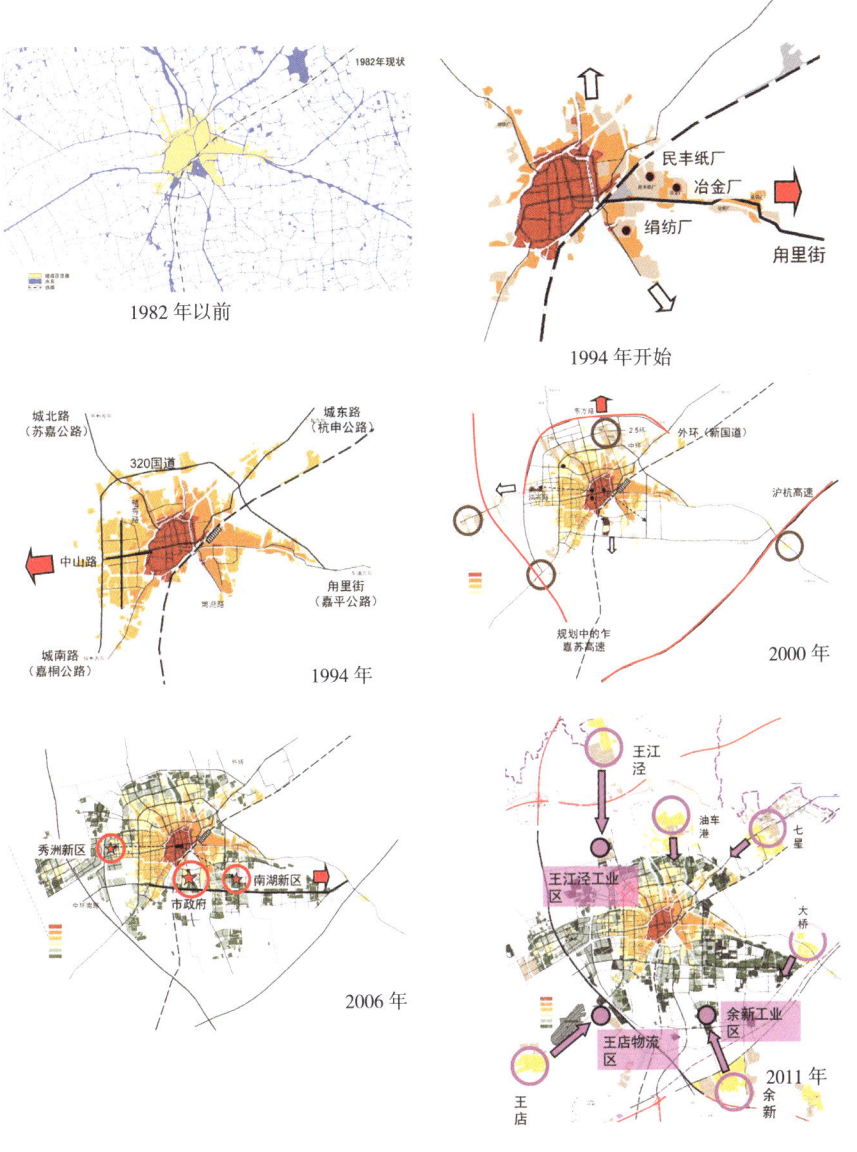

图 13-1　土地空间演变历程

图片来源：嘉兴市城市总体规划（2003-2020）2012 年修改

间演化规律我们可以用规模门槛率来解释。规模效应来源于空间经济学的规模经济。所谓规模经济，是指企业本身规模扩大越过一个门槛时，可带来生产经济的经济效果，提高生产效率，降低生产成本，从而带来一种乘数效应。但另一方面，规模效应并不是无止境的，它受到资源和竞争约束，当到达一定规模，进一步扩大，则收益越来越小，甚至会出现规模负效应，此时，只有越过门槛，才会产生新的规模正效应。

　　反映在嘉兴空间的扩展上，在其生长的初期，即在城市空间规模较小时，规模效应增长多为正效应，城市单极化发展，空间延伸与扩展均在沪杭铁路以西的范围内进行。而随着经济社会进一步发展，城

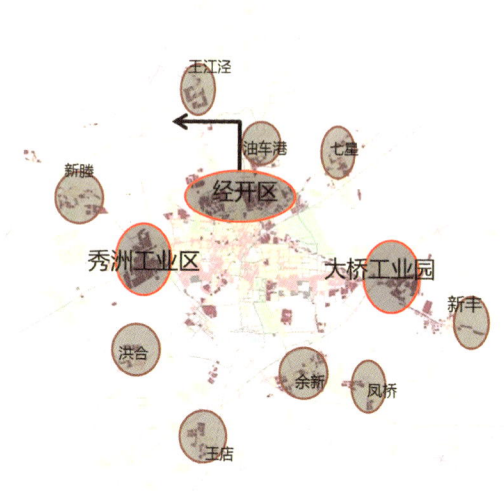

图 13-2　2011 年工业围城现象

图片来源：笔者自绘

图 13-3　指状轴向延伸

图片来源：笔者自绘

市规模也不断扩大时，单极化发展的外围圈层的成本也就越来越高，原因是所依赖的中心只有一个，此时就会出现负效应，为求突破，城市的开发必须越过某个发展门槛，而嘉兴的选择和许多城市一样，是跨过沪杭铁路向东、向南延伸。

（2）嘉兴土地空间发展特征

① 模式特征

嘉兴土地扩展模式特征表现为"指状延伸"（图 13-3）。在相当长的历史内，嘉兴城市用地基本限制在古城范围。从 1982 年的城市用地分布图可以看出，城市用地已经突破了古城范围，并且沿着 07 省道、320 国道和南湖东岸有较大幅度的连续延伸；从 1994 年的城市用地分布图可以看出，城市形态仍呈现指状模式，但较为断续；2000 年的城市形态仍然体现了这一特征，城市团块的规模已经进一步扩大，外围指状延伸的触角向更远端发展。

在这一系列指状伸展的过程中，可以看到，城市扩展的过程具有一定的阶段性。在 1982 年的形态中，城市用地呈延续的指状延伸；而 1994 年呈现出大量的跳跃式发展形态，并且在城市西部则主要以相邻指端之间的充实为主；至 2000 年，跳跃发展用地和旧城之间的空间已经基本充实，而指端则又呈现较连续的形态。

② 机制与动力

集聚和分散是城市空间不平衡发展的一种运动过程。从理论上分析，它是规模效应、扩散效应和分化效应综合的结果。

从区域角度分析，城市的发生和发展就是在择优的区位所进行的空间集聚。嘉兴在城市化初期，工业、人口、交通、能源以及伴随生存的服务业等集聚形式达到规模效应，促使相应的空间集中建设。然后，随着城市规模的扩大，城市化进程中经济结构迅速发生变化。由于规模门槛的作用，集中的效应已不明显，发展的侧重点转向城市质量的改进。工业企业开始寻求低成本的空间，嘉兴城市空间逐渐呈现分散发展，顺应这一趋势而发展的嘉兴交通网络和基础设施，加强了城市的空间联系，沿交通线延伸的地域内空地被逐步填充，地域空间呈蔓延分散式发展。

13.1.2 嘉兴土地开发发展趋势

嘉兴的土地开发形态演变是在多种因素的作用下共同促成的，这些因素相互影响，共同塑造成了今天的嘉兴城市空间形态。未来这些因素包括自然因素、政治因素、交通因素等将会对未来嘉兴的土地开发产生重要影响。

（1）自然地理环境因素的刚性制约

嘉兴属长三角冲积平原，地势低平，全市平均海拔 2.1m，全市地面总面积中，平原和陆上水域面积之和占 99%，丘陵和山地仅占 1%，分布在杭州湾沿岸，是杭嘉湖平原最具典型的均质区域。总的来说，嘉兴平原为主的地形地貌框定了其圈层式发展的空间形态总体格局。

嘉兴地处杭嘉湖平原河网水系最发达的地区，水资源景观丰富，水上交通极为发达，汇集环城河向外放射的七大水系（杭州塘、新塍塘、苏州塘、长纤塘、平湖塘、海盐塘、长水塘）与其相连的三大湖泊（南湖包括西南湖、湘家荡、穆湖溪）以及近期开挖的外环河构成了嘉兴城区二环、三湖、七放射的水网主骨架，再加上其他众多小河、小湖荡，形成嘉兴特有的水系网络，这使圈层式发展的空间结构发生第一次轴向偏移。

（2）国家政策层面的新型城镇化建设

城市发展的重要动力为工业发展。回顾改革开放后的浙江省城市建设历程，可以看到工业建设不仅仅是增量经济的载体，而且成为工业化对城市空间产生积极影响的空间平台，与浙江大部分地区一样，嘉兴的工业是自下而上的以民营经济主导的发展模式，乡镇企业在初级发展阶段更具有优势，这种自下而上的乡镇企业模式导致其空间发展上呈现无序蔓延的态势；随着近年嘉兴各类产业园区的建设以及有效的规划指引，工业在空间布局上有着较为明确的发展方向，代表了城市产业发展的战略意图。但从对整个城市的空间形态影响来看，仍

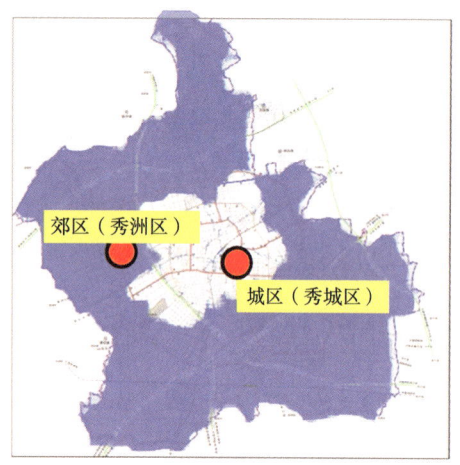

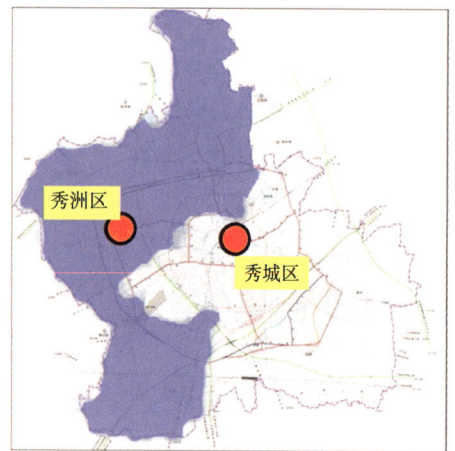

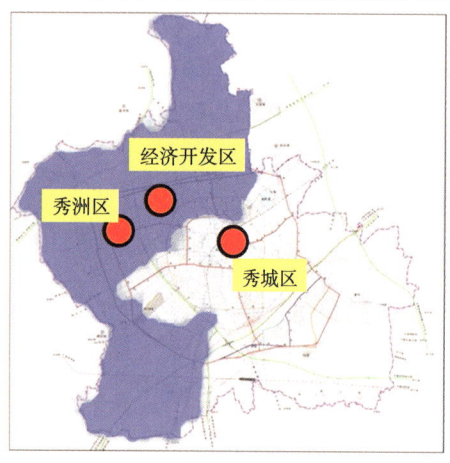

图 13-4 嘉兴开发区发展历程

图片来源：笔者自绘

表现为无序与未整合。随着新型城镇化的到来，周边粗放的工业用地开发方式亟需转变，进行工业用地的重整，即"退低进高"或者零散工业园区的整合。

（3）交通新因素的变化

作为上海和浙江省经济与社会联系的枢纽，区域联系的交通走廊走向是嘉兴城市结构形成和发展的重要因素。随着高铁时代、空港时代、生态时代的到来，其作为战略空间经济增长点将会对周边区域的开发带来乘数效应，北部湿地区域周边，机场空港物流周边，高铁站点周边的区域将是下一轮城市发展的沃土。面对来自国际和国内的区域竞争，长三角地区将会建立资源综合利用、功能最佳配置、产业合理布局的广域城市系统，这将对嘉兴未来的城市结构产生深远影响。

13.1.3 嘉兴土地开发存在问题

嘉兴现在土地开发可谓是四面开花，没有一个主导的发展方向，城市的功能布局也随着这种空间模式向外梯度扩展。城市功能空间"单极化"发展，转向用地格局分散，"聚集效应"不够明显，在漫长的历史发展时期内，这种模式较好的支撑了城市的经济和空间发展，但在高速发展的今天，这样的拓展方式会导致越来越多的功能障碍。"摊大饼"的发展模式使得距离中心同等距离的片区获得了近乎相同的区位条件，引导城市的新增功能向四面均衡拓展，体现在高等教育、科研机构、工业区以及部分公共设施分散建设，使得有限的产业发展在空间上未能有序建设，难以形成"空间聚集效应"，进而造成资源浪费。

究其原因，除了市场作用影响，还有一个可以说占绝对影响作用的因素就是行政的推动力。嘉兴行政区划的变化也使得土地开发呈现从内城外郊到东西各半、到三分天下的局势。在市场力和行政力的推动作用下，造成了土地开发方向迷失，重复建设。新开发区域的粗放扩展，透支空间；成熟的区域尺度失衡，绩效低下等问题凸显（图 13-4）。

13.1.4 嘉兴土地开发原则与目标

　　城市土地的开发受到社会政治、经济、自然地理等诸多因素的影响，因而要根据现有条件，实事求是地按照原则，遵循历史条件，结合嘉兴市的实际来进行，具体选择原则如下：①依据规划，科学、合理地进行土地开发整理。符合嘉兴市的土地利用总体规划，是搞好土地开发整理的前提；②因地制宜原则。不同地区根据具体的自然条件和社会经济条件选择适宜的开发模式；③可持续发展原则。综合考虑嘉兴市现实的土地利用和未来的土地资源可供应量，集约、高效地利用开发的土地；④统筹兼顾协调发展原则。具体包含以提高效益为中心，速度与效益相结合；局部利益与全局利益的协调；处理好建设发展与社会稳定的关系；⑤耕地数量、质量和生态保护协调统一的原则，注重生态安全。

　　在以上开发原则基础上，我们期望能够"在未来将其潜在的区位价值转换成真实的城市效益，能够实现最有效益的城市开发，实现嘉兴资源的科学合理配置"。

13.2　土地开发相关建议

13.2.1　科学合理进行土地开发的前提是进行土地开发效益评估

　　嘉兴市拥有良好的生态本底，因而在城市土地开发过程中不仅要考虑土地的经济效益，还应考虑生态环境效益和社会效益，并且后两者对于嘉兴来说显得更为重要。那么，对于这些方面应该做好土地开发的评估工作。

　　（1）城市土地开发的生态环境效益评估

　　对城市土地开发过程中造成的生态环境质量的变化以及影响程度、发展趋势做出客观评价：一是对开发过程中所造成的生态环境破坏进行现状评价；二是对进行大规模开发后可能造成的生态环境污染及变化做出事前评价。评价的目的在于选择最佳的、适合实际的土地开发模式，更好地提高开发利用的深度和广度，获得最佳城市土地开发的环境效益。

　　（2）城市土地开发的经济效益评估

　　城市土地开发的经济效益主要是指通过城市土地开发这种投资活动，使原始低效利用的土地转为高效利用，并使城市经济在空间上密集程度和布局更趋于合理，以提高城市的聚集效益，主要是通过土地的产值效益、居住效益以及运行效益等表现出来。土地经济效益评价，必须综合考虑,以宏观综合效益为主,既要考虑使用价值的实物量表示,又要考虑以价值形态的货币量表示。这种综合效益的取得是在保证一定质量和对全社会产生良好作用的前提下进行,片面追求经济效益不仅不能增加整个开发效益,其间接的经济损失和对社会带来的不良后果也是难以估量的。

（3）城市土地开发的社会效益评估

城市土地开发的社会效益是指通过城市土地开发,从而对开发地区的社会、经济产生有利影响,以及辐射到周围地区的效应。由于社会效益是一个全局的综合性指标,并且具有相当部分间接性。因此,在评价时,必须以城市土地开发活动与被开发区以及区外的效应影响程度的联系来衡量,这些联系越广泛,便越可以获得更大的社会效益。

13.2.2 依据土地空间评估具有特定的生命周期确定城市土地开发重点

对于单中心城市而言,最具有新生活力的不外乎基础设施建设相对完备的中心城区外围区域;而最成熟的也是发展速度最慢的是中心城区核心区范围,经过外围规模的一轮轮扩展,核心区的发展将进入衰退期,甚至进入下一轮的生命周期范围。

根据经济效益评估,"全境开发"之所以造成蔓延发展的失败,就是因为没有看到起步时看似无差异的地区,实际上已经是不均质的。很明显城市郊区的高度发达的基础设施网络(交通、通信、电力、供水等)周边无疑是开发效益最高的区域,这些基础设施对于沿线区位来讲,几乎是可以免费使用的"公共产品",这就大大降低了起步阶段,基础设施(特别是高水平)投资的成本。同时,沿线的人口、产业密集,又为新的更高水平的基础设施(如高速公路)提供了有效需求,两者互相支持,形成不断上升的经济循环。

对于高速成长的城市来说,中心区位提供的最大成本就是拆迁,但这也正是获得空间结构调整效益、土地开发效益、取得社会效益的最大机会。促进中心城区的活力和提升的办法就是城市有机更新,如嘉兴这种快速发展的单中心城市,必定有一个高密度 - 高地价的中心区。因为地价如果不够高,就根本抵偿不了拆迁赔偿的成本,中心区就无法更新,城市也就无法快速成长。城市中心的高地价,是由市场最终决定的。同样的高地价,赔偿在地价构成中的比例不同,社会净财富的增加大不相同。而土地开发的重要任务之一就是在维持城市单一市场的基础上,寻找提供中心区位成本最低的空间解决办法。如果希望获得双中心城市净收益最大化的好处,就需要克服双中心之间的距离成本。另外,土地经济价值较高的嘉兴市中心城区,也有很多历史文化遗产,其开发主要表现为城市土地填充式的再开发,应该采用有机更新的思想来引导。控制中心城区的开发容量,优化中心城区的业态及空间布局,完善交通、公共设施和基础设施,增加中心城区的绿化及休闲游憩功能。对于历史街区和历史风貌区的开发应注重其整体风貌和环境品质。由于中心城区还承载着很多历史记忆和文化内涵,因而对于其开发要保持谨慎的态度,工程设施尤其是较大的工程设施的建设要经过多次技术论证和环境、社会评估,征求广大市民的意见,从而实现社会效益的整体提升。

13.2.3 注重区域协调，采取差异化的土地开发方式

土地重点开发区域应该与城市的发展方向一致。随着高铁的开通，其对周边地区发展的带动作用逐渐显现，嘉兴市未来城市发展的重点地区也是高铁沿线，包括嘉兴科技城、国际商务区等地域。那么，土地供应、开发等就向这些区域集中，以支撑这些区域的发展。另外根据土地开发周期理论的原理，中心城区和外围市区的开发思路应有所不同。中心城区有集中的历史文化遗产，提倡适宜的土地开发强度，注重开放空间的营造和整体风貌的保持；而外围市区应该采用集约的方式，适当提高土地的开发强度，提高土地的利用效率。中心城区和外围市区采用不同的指导思想、不同的开发模式进行相应的土地开发。

13.2.4 节约土地资源，集约开发利用

土地是一项短缺、不可替代的资源，对土地资源的利用不可以完全依靠市场进行配置，政府在干预和调控过程中可以从四方面考虑土地开发策略：发挥规划的龙头作用，控制土地开发的总量；应用级差地租的经济杠杆，合理利用土地，体现土地的经济价值；改变土地开发粗放的经营管理方式，集约利用城市土地；开展土地整理和收购储备工作，增加城市土地开发的后备资源。

转变城市增长方式，由外延式增长转为内涵式增长。具体措施有：（1）在城市规划建设中严格执行国家建设用地标准，城市用地的规划布局围绕田园城市的思路，用地集中紧凑，不拉大架子。（2）从嘉兴市实际需求出发，合理确定城市道路、广场和公共绿地的规模，严格控制占地多、建筑密度低的建设项目，如高尔夫球场、别墅等。（3）在条件许可的情况下，适当提高城市土地的开发强度，当前主要是提高工业、开发区的土地使用效率。小城镇的工业应相对集中，避免村村点火、户户冒烟，如果可能的情况下，建议村镇工业搬迁至工业区或开发区，以保证村镇地区较好的生活环境，这需要在财税体制上有所创新，如异地财税或者分配体系创新。（4）进一步挖掘现有土地的使用潜力，加大老城改造力度。在旧城改造中应将重点放在改善居民的生活条件方面，避免大拆大建和"见缝插针"。（5）建立土地使用效率的评价监督机制，实行对集约使用土地奖励、对粗放经营土地惩罚相结合的政策。

13.3 土地开发策略

13.3.1 土地开发与田园城市空间格局相适应

嘉兴市在建设田园城市的过程中要坚持两环八放射的空间格局，两环八放射的水系构成了嘉兴市最基本的空间骨架。城市中心区外围有秀洲新区片区、空港物流片区、田园宜居片区和湿地片区四大特色板块，以及三片生态绿楔，再外围是生态农业板块（图13-5）。在城市开发过程中，要保证所供应和开发的土地符合城市大的空间格局，避免破坏城市的绿楔和水系。在块状的特色板块开发过程中要尽量提高土地利用率，推荐相对高强度的开发，节约土地资源。

图13-5 嘉兴市中心城区田园城市格局

图片来源：嘉兴市城市总体规划（2003–2020）（2012年修改）

13.3.2 明确土地开发未来的战略性空间位置

虽然空间局限是嘉兴当前面临的重大问题，但如果土地不能有效地开发，除非停止发展，届时土地价格一定会持续上升，从而迫使实体经济的外溢，内部结构的高级化，也就是产业结构的升级过程。但由于地价不能上升，将在区域中唯一的低成本优势将显现不出来，而同苏州等周边城市竞争过程中，产业经济角色将比现在更尴尬。因此我们必须要明确"如何能够实现维持规模扩张的同时能够保证土地价格的稳定性"，此时城市发展空间的扩大将是必不可少的外部条件。对于土地开发而言，重要的一件事情也就是如何获得足够的发展空间。我们先来回答前面提出的这个问题：未来对发展最具有战略意义的位置在哪里？然后，我们再来看第一个问题：这个位置上，土地是否存

图 13-6　战略空间板块空间布局

图片来源：作者自绘

在增加供给的可能？优先开发对提升区域活力或品质的关键区位是城市新一轮发展的关键动力。

战略区域不仅仅是从嘉兴城市角度来选择的，需要从区域层面来进行分析，而与区域联系最为紧密的是对外交流的触点，即高速公路出入口与铁路战场密集的区域。其中，沪昆铁路与沪杭高速公路、沪杭高铁所夹的狭长空间的 L 型战略空间区域集中了多个高速公路出入口、高铁站、城际站、普通铁路站等对外交通窗口的沪昆铁路与沪杭高速公路、沪杭高铁所夹的"L"型的狭长空间，成为未来发展的最优产业战略区位，这一区域是周边城市尤其是上海的辐射嘉兴的前沿阵地。

未来嘉兴发展的战略性空间的位置，就在沪—杭之间的交通走廊，其意义可能不仅仅是嘉兴的，同时应该是长三角区域。嘉兴未来 10 年的土地空间战略的核心，也应该紧紧围绕这个战略空间展开，这也将是嘉兴融入长三角区域核心的战略制高点，也是整个珠三角继续保持强大竞争力的关键所在。

同所有的开发一样，这一区域的开发也是有代价的，它会涉及大面积的农村居民点的拆迁、已有工业用地的搬迁等等，但我们判断到这一地区开发具有足够的战略重要性，这些代价的付出就是值得的。

13.3.3　有条件地整合控制外围跨越扩展土地

按照镇工业园区的用地效率对外围现状散乱工业用地进行用地整合，北部生态片区中王江泾镇、油车港镇、新塍镇达到环境指标的工业类型尽量往区域外围整合，其他城镇功能区的工业建议到就近整合到相关产业平台。

而对于中心城区外围区域建议形成相关产业平台，以功能区建设实现外围区域的跨越。例如沪杭高速与乍嘉苏高速交叉口的物流区域，科技城周边的科技创新平台，秀洲区的先进制造创新平台等。

13.3.4 中心城区核心区的发展策略

中心城区的开发整体上依照有机更新的思想，对中心城区的功能进行完善，配套设施进行补充等。中心城区中小规模空闲用地的开发可采用填充式开发，以实现公用设施配套齐全的空闲地的有效利用。虽然中心城区的填充式开发比起规模开发更为昂贵，但是考虑到中心城区的建设现状，为了保证中心城区的环境品质，应该采用这种开发方式。并且其在财政上比规模开发更为可行有效，可以选择 BOT、PPP 等多种方式的开发相结合。

保护中心城区的历史文化资源和自然景观，在中心城区的再开发过程中，要考虑到适宜的开发强度、适宜的人口规模、优越的生活环境、优美的自然景观、便捷的公共服务和基础设施。做好土地开发的效益评估，并且在评估过程中，中心城区要更多地考虑生态环境效益和社会效益。

中心城区边缘有较多的零散的工业用地，使用效率较低，也未能体现出土地应有的价值。在未来的土地开发过程中要注重这些用地的整合，淘汰低、小、散的工业企业，将有竞争力和关联的工业企业相对的集中起来，这样其用地更加集约，相应的配套设施也会更加高效地利用，对城市的环境和建设田园城市的目标也更为契合。

13.3.5 选择适合的土地开发模式

城市土地开发和在开发的模式通常有城市土地的综合开发、成片区域开发和项目梯度开发三种。

城市土地综合开发，也叫房地产综合开发，包括土地开发、房屋开发和基础设施开发三个部分。其内容主要是对规划设计、征地拆迁、土地开发、组织施工、验收交用，做到各个环节紧密衔接、互相配合和协调发展，以求缩短工期，取得良好的经济效益，是一项综合性的生产活动。嘉兴市未来在新区的开发建设中可以采用这种开发模式，能够使房屋建设和基础设施建设更加协调,能够提高土地利用系数（经验值 10%～15%）、缩短工期（经验值 1/3）和降低单方成本造价（经验值 10% 左右），有利于集中统一使用资金、节约投资。

城市土地的成片区域开发，又称为专业性开发，是指在依法取得国有土地使用权之后，依照规划对土地进行综合性的开发建设后，进行房地产的经营活动。这种开发带有明显的专业性，一般包括工业开发区、商业住宅区、金融贸易区、高科技科学园区、旅游经济区、大学园区等的开发建设。这种开发模式中，政府只需要通过制定法律规定及总体规划要求，就可以从宏观上对投资者的开发经营进行管理和指导。因而未来嘉兴市在一些专业性的区域开发或再开发过程中，政府可以通过这种开发模式降低行政管理成本，同时又可获得大额出让金，增加政府收入，为城市的土地开发和再开发注入新的活力，形成房地产开发投入产出的良性循环。

城市土地的项目梯度开发，是指依据原有城市功能、适应用地结构的重新组合、利用土地级差效益而改变土地低效益利用的一种开发活动。这种开发模式主要包括三种方式：第一，以点连成片，相对集中开发改造。主要对于某些原有结构不合理、功能不全或已不适合发展需要的旧区，进行土地使用性质的调整、改造。第二，以点带面滚动梯度型开发改造，即通过集中对某一地段、地区重点进行开发改造，提高其使用功能和区位价值，然后以此为中心，进行辐射式带动相关周边地段和地区的开发改造。第三，以项目为契机，分片开发改造。即以某一个或几个建设项目为中心，进行城市土地的开发改造，逐渐形成新的商业街、居住小区、工业街坊及新兴卫星城，从而合理填补、充实原有城市，增加城市功能、适应城市现代化发展的需要。嘉兴老城区未来的有机更新与旧城改造开发可以使用项目梯度开发的模式，能够集中资金开发一片、建设一片、收效一片；便于市政基础设施的成片改造，较好地满足规划设计意图；将旧区改造与居住条件的改善和土地开发与经济建设结合起来，提高了土地利用效率，发展了城市经济；有利于城市朝多中心组合的现代化方向发展，符合嘉兴市建设田园城市格局的大思路，发展多功能综合区，改善城市原有不合理的空间布局及城市环境质量。

城市土地开发过程中，针对不同区域、不同目的应该选择不同的开发模式，以实现嘉兴市土地更加集约、高效地利用，同时降低开发过程中的成本（经济、环境、社会）。

13.4　结语

世界城市发展历程表明，一旦一个城市进入"成熟期"，其参与区域经济分工的水平和在城市体系中的位置就会固定下来，对应嘉兴来说，明确未来城市跨越发展的战略空间，同时为适应经济社会发展的需要进行核心区的城市更新，这也是城市外延扩张和内涵提升并重的发展过程，所以必须尽可能地维持其较快速的发展，只有积累了一定程度后，才能为未来的经济转型提供坚实的基础。

14

有机更新

上一章讨论了当前嘉兴城市发展阶段的土地开发模式是内涵与外延共存的发展模式，有机更新主要是针对强化区域城市中心的土地开发策略。城市中心是近距离提供居住、就业、教育、商业、娱乐等活动的中心地，是最可能成为为大多数人口提供就业活动和生活活动的区域。过去长时间的城市化进程是以大规模的外迁实现的，尤其表现在国外中心城市后工业化以后，城镇郊区化进程中快速发展的是外围郊区的房地产、写字楼而并不是中心城区。本章也希望通过有机更新策略将经济重心活力重新拉回城市中心，这里是历史、文化和建筑集中体现的区域，也是区域未来的增长提供核心竞争力的区域，因此，未来我们采取行动重新推动区域中心建设，使它们走向繁荣。

14.1 有机更新趋势及必要性

吴良镛教授主张城市有机更新应"按照其内在的发展规律，顺应城市之肌理，在可持续发展的基础上探求城市的更新与发展"。有机更新是一种观念、思想，一种方法、手段，更是城市健康发展的一个过程。"有机更新"思想的精髓在于探寻城市发展的内在规律和我们对其所采取的行动。

14.1.1 嘉兴市城市有机更新发展历程

改革开放以来，我国城市更新的历程大致发生了：旧城整体改造—局部更新—有机更新三个过程，基本理念也发生相应的变化：从主张进行目标单一、内容狭隘的大规模改造的"现代功能主义"逐步走向目标综合、内容丰富的人居环境的"可持续发展建设"，嘉兴市的城市更新自 20 世纪 80 年代以来从未停止过，从旧城改造开始至当前的小街小巷整治、老旧小区改造等，不断改善城市旧区基础设施、基本配套设施，城市旧区"脏、乱、差"现象正在逐步缓解，尤其是梅湾街、月河等历史街区建设，大大改善了城市形象，恢复了历史街区的活力；城市部分地块"退二进三"工作开展以来，取得了较好的效果，如国际创意文化产业园在原东栅工业园区的基础上进行"退二进三"，现已引进了多家具备较高影响力的文化创意企业，形成了嘉兴创意产业发展的高地。从嘉兴市区城市更新的情况，也大致经历了三个阶段：

旧城整体改造阶段（20 世纪 80 年代~2005 年前后）。20 世纪 80 年代，实施了以拆迁改造为主的旧城整体改造。嘉兴成立了"嘉兴市拆迁开发办公室"，对中山路等重要道路进行拓宽延伸，且城市用地、产业等开始向外拓展，在市区的西北、东南两翼扩建栅堰、三水湾居住新区。90 年代成立了"嘉兴市市区旧城改造指挥部"，对市区主要道路沿线房屋，以及南湖路沿线地块房屋等进行拆迁，同时完成了王安里、王冠里、花园小区等安置房建设。进入 21 世纪后，围绕市政府提出的城市建设"三年大变样"目标。2003 年城投集团贯通城市交通干道全线，完成南门片、南堰片、城北片一期、城北片二期、城中片等五个区域的拆迁，完成环城河外侧综合治理，推进"城中村"拆迁整治，启动三大历史街区保护性修缮、南湖周边区域环境整治等项目。总的来说，第一阶段的旧城改造规模较大、享受特殊政策多，但改造方法比较单一、大部分为大拆大建的改造模式。通过这一阶段的大规模的拆迁改造，虽然在改善居民居住条件和城市环境方面取得了很大成效，也取得了一定的经济效益和社会效益，但从现在可持续发展的角度来看，还是留下了很多值得反思的问题。

旧城局部更新阶段（2005 年 ~ 2010 年）。2005 年逐渐开始城市的局部更新，城市改造更多地转向小规模渐进式的局部更新，2005 年实施"小街小巷改造工程"，2006 年实施"城中村"拆迁整治工程、开放式老（旧）住宅区综合整治改造工程，2007 年实施"嘉兴市区 1812"老区整治工程，对中环路以内电池厂、钢管厂、量具厂地块、文生修道院地块、县前街百福弄地块等 18 个较大地块和 12 个零星地块进行拆迁和整治改造。2008 年以来，又实施了市区老旧小区的路灯安装改造工程，对绢纺四村、少年路金福公寓、友谊公寓等 51 个小区实施了电力设备改造。2010 年实施了"1812"拆迁地块的扫尾工作，启动天主教堂等地块动迁，并加大拆迁安置房建设，岳王祠公园、落帆亭公园等一批新景点也在年内建成亮相，城市环境进一步改善。这一阶段的局部更新是以改造规模渐进式、改造方式填补式为主，更加体现了"以人为本"的思想和注重人的尺度。但由于仅针对区块内建设，存在头痛医头、脚痛医脚现象，整体性考虑不足，也出现了"单体改造—周边沦落—再次改造"的情况。

但总体来看城市建设方面仍然注重新区建设，对于旧区仅仅是修补硬件或功能的不足，虽然一定程度上缓解了诸如基础设施供给、配套设施供应不足等问题，但并未彻底改变老旧区域的面貌，老旧区成了低端产业、外来人口的集聚地。城市旧区依然缺乏活力，旧区衰退现象较为普遍。

城市有机更新阶段（2010 年 ~ 至今）。2010 年后，通过对以前阶段工作的总结针对面临的社会、政治、经济相互交织等多方面挑战，开始积极探索新的有机更新路径。新一轮有机更新更加注重城市综合改造，强调整体与局部的有效衔接、改善民生与发展经济的有效衔接、更新与保护的有效衔接；更加重视对环境的深入研究和充分利用，强调对历史文化的保护；更加强调规划先行，规划引领，从单纯的城市建筑物改造转向综合的经济文化相结合的城市综合改造方向发展。

14.1.2 嘉兴市城市有机更新的必要性

作为嘉兴城市中心区,城中片不仅包含市级行政文化中心和商业中心,还包含有国家级历史文化名城、南湖国家级风景名胜区。凭借"四合一"的综合优势,城中片长期以来被视为嘉兴最具吸引力的城市中心。但是近年来,与城市新区的迅猛发展相比,城中片发展严重滞后,设施老化、业态衰退、交通拥挤、传统风貌特色消退等一系列问题凸显,在市区、市域中的影响力日趋式微,"中心区衰退"已成为不争的事实,有机更新刻不容缓。具体表现在:

中心城市能级低与土地潜在价值高的矛盾。城市中心服务设施布局散,总体上还跟不上人民群众的生活需求,对周边区域的吸引力不强,市域辐射能力较弱。尤其环城河以内区域业态档次低、商业规模小、吸引比较弱,与成为老城 CBD 目标差距较大,与土地价值高的区位不符。因此亟需突破有限的空间资源,在产业业态上实现了从低到高的迅速提升、产业规模布局上实现集聚,提升中心城市能级。

城市品位不高与品牌形象亟需塑造的矛盾。除三大历史街区和秀洲新区外,城市建设亮点少、建设分散,代表性景观缺乏,作为城市重要名片的南湖、子城等开发建设力度有待进一步加大,尤其是南湖湖滨区块附近的绢纺新村、华源兰宝厂房等影响景区周边环境营造,公共空间环境品质有待提高。城市内公园绿地虽然较多,但景观特色不鲜明;同时城市的水环境需进一步改善,大气环境、噪声等污染源有待进一步控制。

民生问题更凸显与宜居品质城市建设的矛盾。宜居品质城市的建设首先要解决重大民生问题。虽然近 10 年来老旧住宅小区的整治情况改善,但仍未与居民群众日益增长的精神文化需求相适应。群众要求进行整体更新改造的呼声仍然非常强烈,改善期望值高。特别是公共服务文化设施的配套、基础设施的改造需求仍比较大。城市快速建设的光鲜背后更多的是破败严重,中环路以内老旧小区仍然较多,如真合里小区、民丰二村、民丰三村地块等,环境较差、配套设施不全、公共空间缺乏等现象严重。亟需以改善民生为目标,通过整体更新,全面提升老旧小区配套服务水平。

交通拥堵问题与城市发展不协调。中心城区路网结构不完善,主次支比例为 1:0.49:1.03,与国家规范推荐的 1:2:3 差距较大,道路等级配备不合理,城市支路网密度明显较低;另外城南路、新气象路、用里街以及纺工路等跨河、跨铁路通道等交通瓶颈的约束,城市交通拥堵现象开始显现，且有加剧趋势；2009 年嘉兴的公交分担率相对较低，仅有 18%，与全国主要城市的公交分担率达到了 20% 以上及一些发达国家的公交分担率达到 50% ~ 70% 尚有差距，公共交通发展还难以满足出行需求；另外社会停车难现象较为突出，尤其老旧小区局部停车问题亟待解决。

城市历史文化特色保护与城市更新发展的矛盾。在这些年来的大规模城市建设下，嘉兴市大量的历史建筑、传统街区被拆除，包括甪里街、北京路、塘汇老街、绢纺厂工业建筑群里等，一些建设项目为了追求利润最大化，在建筑形体和尺度上一味求大、求高，缺乏对城市文化脉络及精髓的挖掘、延续和运用，破坏了传统水乡肌理下城市空间尺度感，城市的特有风貌逐步消失，文脉被切断，原有的记忆与建筑被破坏，城市逐渐丧失其独特的魅力和气质。

土地资源约束与盘活低效利用的矛盾。急速扩张、增量发展造成土地集约化程度不高，市区内产业用地"低、小、散"的空间分布特征明显，集中度较低、企业和园区数量多、规模小、布局分散；产业层次偏低、地均产出偏低；低效利用现象严重、闲置土地多。据调查工业向园区集聚度呈现"倒挂"，即市区小于市域，市域小于全省。嘉兴市省级园区亩均工业产值仅为 180 万，居浙江省第 8 位，仅高于台州、衢州、舟山，远低于全省平均，土地资源约束下继续盘活土地资源存量，提高亩均生产率非常必要。

14.1.3 嘉兴市城市有机更新的发展目标

城市有机更新为寻求城市功能、物质形态与社会生活三者之间的动态平衡，充分发挥城市价值、文明价值与历史价值、文化价值，紧紧围绕嘉兴"三城一市"的战略目标，以"提升功能形象、筑实民生之本、造福嘉兴百姓"为根本出发点，嘉兴市决定启动大规模有机更新工程，以"升级业态、提升功能、优化空间，彰显特色"为目标，以城中片 14 个片区（约 661hm^2）为重点，力争用十年左右时间，基本完成对城中片城市更新，使城中片重焕风采、再创辉煌。

具体体现在以下六个方面：（1）加强民生建设、构建宜居城市。坚持"以人为本、惠民利民"的原则，加快市区有机更新，加大民生工程建设力度。继续抓好老旧小区的和谐社区建设，加强城市休闲空间、商贸服务体系、交通空间等软硬环境的建设。着力提升人民戏院地块商业功能，加快市区老旧小区地块和谐社区建设，着力提升宜居水平。（2）完善城市功能、强化核心竞争力。通过改变现状用地性质、改造建筑使用功能等手段，建设不同规模与服务级别的城市综合体，推动生产型服务业等现代服务业的发展，通过有机更新地块的开发完善城市功能，提升市区商贸服务能级，推动城市经济发展。（3）提升城市品位、实现特色区域价值。遵循"生态优先，文化为要"的理念，通过生态环境及特色区块整体形象的塑造，提升城市形象品位。（4）串联历史街区，保护传承历史文化。历史文化是展示城市形象的要素，也是区别于其他地区的独特标识，也是一个城市的名片。（5）改善交通环境，完善配套服务。加强道路交通设施建设规划的前瞻性，通过优化交通组织、突破交通瓶颈，提高城市道路通行水平。加快完善各级路网系统，通过微循环优化老城区内部交通组织，提高车辆通行能力。大力倡导发展公共交通，倡导市民公交出行，缓解城市交通压力。增设公共自行车租赁点，方便市民租赁，提高公共自行车的使用率，并进一步挖潜停车设施建设，着力缓解市区停车难问题。（6）盘活存量土地，提高土地使用效率。全面开展市区存量土地和低效使用土地情况的调查，制定有机更新分阶段实施方案，加快盘活存量土地和城市功能替换步伐。确定重点区块，实施重点项目，提速城市空间结构的合理调整。加快对闲置工业用地和低效使用土地的两退两进，加强对近现代民族工业遗产的保护和利用，建设成为集休闲、文化创意等功能于一体的城市特色风貌区。

14.2　有机更新相关建议

14.2.1 像对待生命有机体一样对待城市有机更新

嘉兴的城市有机更新不仅是物质环境改善和经济增长，更重要的是它带来社会、经济、物质环境和文化等各方面协调、长远、可持续的改善和提高。因此其内容并非是单一方面的更新改造，而是将城市作为一个生命体来对待，各器官和系统能够平衡健康运行。需要文化、功能、形态、公共服务、市政设施等方方面面进行综合考虑，实施有机更新过程中的关键思路有如下几点：

更加注重城市历史文脉继承延续与城市更新发展的平衡。以发展、辩证的观点处理历史文化保护与城市发展的关系，在更新中贯穿保护，在保护中融入更新，找准保护、更新和发展的平衡点。在历史文化遗产的基础上，一方面重视老城区的保护与利用，另一方面注重历史文化和旅游的结合。坚持"保护为先，合理利用"的原则，保护好历史文化，将文化资源开发转变为旅游资源和旅游商业等经济增长点，展示历史文化名城的古韵风貌。

更加注重城市功能完善、形象提升与更新规模方式的平衡。转变"千篇一律"的有机更新方式。在差异化、多目标的情况下，依据城市总体发展的要求划分战略性区域，各区域需要在规模及更新方式上与城市产业结构、交通系统、公共服务及市政设施协调，根据现状情况及未来发展趋势对功能选择疏散或提升更新，对城市形象开发容量及开发强度在保护和优化市区格局的前提下进行指引。在创造城市空间尺度上适度把握，在城市经济与形态演变上稳中求变，实现嘉兴特色有机更新。

更加注重服务配套与资源利用最大化、最优化的平衡。转变有机更新即为一味加大服务配套力度的观念，从"以人为本"角度科学合理预测总量，根据服务半径科学布局设施配套，使公共资源利用率最大化、最优化，改善居民生活环境品质。

14.2.2 有机更新必须要根据地块特色因地制宜

城中片虽然空间散布、规模不同，特色各异；但同处城市中心区，相互紧密关联，往往牵一发而动全身。因此，规划不仅需着眼基地特点考虑片区方案；更为重要的是，还需着眼全局，综合考虑其在城市中的功能定位，设计兼顾整体、个体利益，综合效益最优的方案。否则"就片区论片区"难免造成一叶障目，陷入各自为政的无序发展之中。因此针对不同类型城镇的区块采取不同开发模式。如文生修道院区块、子城区块、东栅老街区块等历史文化街区型有机更新，着重社会关系网络的维系和重构，在有机更新中尽量多的保持原有的肌理，形成特色风貌，合理规划开发时序，实现地块平衡。如工业遗产类型，通过民丰造纸厂、电控厂等地块改造，通过对工业遗产建筑进行适应性再开发，打造文化创意中心；如老旧小区型有机更新，要重点整治老旧小区的环境，完善公共服务设施配套，梳理道路交通，优化步行环境，改善居民生活居住环境，提升宜居性建设。产业空间则重点考虑以资源优化利用为主要目标，结合"两退两进"，以资源优化与扩大盘活资本并重为手段，通过对城东路、城北路、东方路沿线污染企业进行迁、提、转、引的"退低进高"措施，特别对韩泰、晓星等大型污染企业的转型升级，优化资源利用；通过对东栅工业园区、余北工业区等地区的退二进三，提升低效土地的二次开发利用。

结合规划更新目标与规划布局，规划对更新单元的主导类型进行甄别，确立如下三类更新单元：

功能完善型单元：通过产业升级提升主导功能，满足城市对单元的发展需求，或提升单元城市服务能力。如城东路、城北路等片区的老居住区改造等。

价值提升型单元：主要指通过功能置换或强度提升，充分挖掘用地潜在价值，发挥城市空间效率。如老城商业区改造、电控厂区"退二进三"等。

环境优化型单元：主要通过立面改造，街巷整治，营造公共空间等环境优化手段，提升城市形象和生活体验，优化城市环境，如子城广场片区历史保护、三塔城中村整治、老居住区整治等。

14.2.3 有机更新必须要明确差异化的更新模式

通过确定城市有机更新单元，根据目标指引以及产业、用地、交通、居住、公共空间的规划建设和保护需要，依据未来空间结构定位、重大项目建设、现状用地的可更新状况、公共空间的建设对用地的改造可行性和改造必要性进行评价，确定不同的功能调整地块，并确定差异化的更新模式。目前，根据国内城市更新模式主要分为拆除重建、综合整治、功能改变、历史保护四个类型。

拆除重建模式：建筑物、构筑物及其他附着物的拆除清理、重新建设。可分为整体拆建和局部拆建两类，其中整体拆建一般改造率在30%以上；局部拆建一般改造率低于30%。

综合整治模式：不改变建筑主体结构和使用功能；改善基础设施和公共服务设施；美化沿街装门面、环境整治。

功能置换模式：改变部分或全部建筑物使用功能；不改变土地使用权的权利主体和使用期限；保留建筑物的原主体结构。

历史保护模式：对"紫线"划定的历史文化遗址进行控制管理与保护修缮；在历史文化遗址周边划定缓冲区，实行建设管制。

14.3　有机更新策略

14.3.1 对中心城区进行整体构架梳理作为更新基础

本次有机更新提出了"问题导向结合目标导向，整体架构引导局部开发"的规划思路，并确立了"两步式双反馈"的规划设计流程。第一步重点研究分区规划内容，以锁定城中片面临的核心问题，把握城中片发展愿景为出发点，科学梳理城中片整体功能和空间框架、构建整体城市设计体系，并为14个片区规划设计搭就较为清晰的参照系。第二步在整体框架指导下，重点研究各片区规划内容，根据基地特色，提出细化的基地功能定位、项目策划、土地使用、城市设计内容，指导片区未来更新建设。与此同时，在"两步式"工作流程中，规划采取交互式的双向反馈方式，使分区规划与片区规划内容交互反馈修正，最终形成整体–局部的有机整合。

首先，通过提出"三位一体，重塑强大都市中心"和"整合特色区轴，打造活力城市场所"的思路，形成整体协调的空间结构。

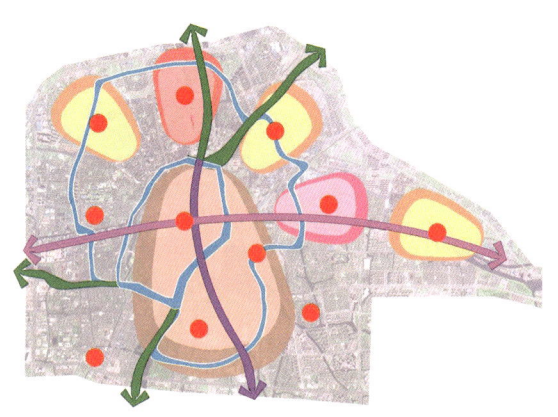

图 14-1 "一湖三案"空间发展格局
图片来源：嘉兴市区有机更新总体规划

三位一体，重塑强大都市中心：为了促进城市中心功能壮大和品质升级，规划认为应在上轮总规提出"一心两核"（老城区、行政文化中心）基础上，将南湖及湖滨区块纳入城市中心，整合三片区交通联系，促进三片区商业商务功能、行政文化功能、旅游接待功能互动综合发展，形成"一湖三岸"融合发展格局。

整合特色区轴，打造活力城市场所。嘉兴城市建设空间具有团块聚合和沿水系发展两大特征。如民丰冶金厂区块是早期工业聚集地，保留着大量有价值的工业厂房，而月河、芦席汇、文生修道院区域集中保留较多历史建筑，形成了风貌独特的特色区域。而沿杭州塘、苏州塘等主要水系，历史文化遗产和水系景观也呈带状连续分布。规划考虑结合这些区域和轴线，培育特色产业和独特风貌景观，构建"五区、二环、六轴"特色区轴，充分展示城市活力。

（1）五区

月芦文杉片区：结合月河历史街区、芦席汇民居建筑、文生修道院、杉青闸历史典故等历史文化遗产，建设融合中国古典水乡运河文化和近代西洋文化的历史文化街区，形成面向国际性游客的旅游目的地和现代服务业集聚区。

民丰冶金片区：结合民丰工业遗产、冶金厂工业厂房，培育特色产业，形成体现智慧创意、科教康体的商务综合区。

东栅片区：充分利用东栅古镇资源和开敞的水面，营造具有水乡古镇风情的现代城市综合片区。

城北路片区：结合城市更新，建设特色品质居住区。

城东路片区：结合城市更新，建设特色品质居住区。

（2）二环

内环：以环城河为主体，形成沟通老城与南湖景区的水上环线，同时利用沿内环绿地，形成围合老城区的公共绿环。

中环：以渡船桥港、苏州塘、菜花泾、平湖塘、南湖、长盐塘、明月河、新塍塘为水上环线，形成中环水系，结合沿岸绿地，形成沟通各主要景区、特色区中环线。

（3）六轴

纵向中轴线：南接行政文化中心，中贯老城区，北接杉青闸区块，形成一条体现城市历史文化发展的城市轴线。

横向中轴线：以中山路为轴，连接东栅老街、民丰冶金区块、火车站、老城至城西，形成一条体现城市现代创新风貌的城市轴线。

京杭运河轴线：沿京杭运河，整合历史文化景点，形成运河文化轴线。

长纤塘轴线：沿长纤塘，结合闸前街民居建筑、秋泾桥等历史文化保护点，形成滨水历史古街轴。

西南湖轴线：沿西南湖、长水塘，结合岸边公共绿地空间，形成生态休闲轴。

杭州塘轴线：以杭州塘为轴，接范蠡湖公园，结合状元牌坊、岳王庙、血印寺等历史文化遗产，设置步行道、开放空间、旅游服务设施，形成运河文化轴。

其次，通过"轴线、片区"的打造，传承历史文脉，体现原真性、特色化的城市风貌形态。

历史街区、重点片区、运河文化、各级文保单位和尚未定级但确有保护价值的文物古迹，如古建筑、纪念建筑、民居、遗址、遗迹以及反映城市发展阶段的代表性建、构筑物等，同时更要延续和发扬非物质文化遗产。规划恢复和修缮子城、天主教堂、文生修道院、城隍庙、楞严寺、民丰造纸厂老厂房、绢纺厂等多处文保单位和历史建筑，合理注入现代使用功能，并结合周边环境改造，形成子城、城隍庙、湖滨、民丰冶金、月芦文杉、三塔等六大特色文化片区；打造一条陆路历史中轴线和两条水路运河文化游线，将各大片区与历史资源景观串联成网，提升城市整体文化品质。

打造历史中轴线，展示传统文化特色。通过步行系统连接以及视线的引导，结合子城打造南北向历史文化轴线（图14-2）。以嘉兴地方历史文化为主题；以子城广场、瓶山公园、月河历史街区为重要节点，串联中心城区内主要的历史和文化"珍珠"，形成嘉兴城区历史文化休闲旅游的主要游线，形成历史文化与现代文化的串联；东方文化与西方文化的交织；物质文化与非物质文化的传承。

发扬运河文化，打造运河水上游线。大运河（嘉兴段）遗产构成丰富、价值突出，是中国大运河这一特殊的巨型"线性文化遗产"中

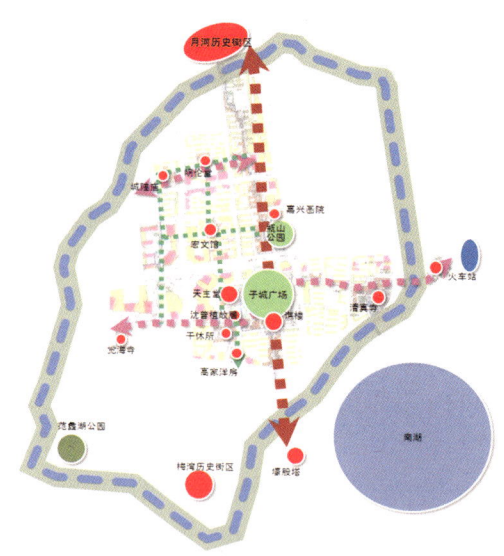

图 14-2　历史中轴线示意图

图片来源：嘉兴市区有机更新总体规划

最具魅力、最富活力的组成部分。本次规划范围内主要是苏州塘和杭州塘。规划充分挖掘与运河历史相关的物质文化遗产、大运河生态和景观环境、非物质文化遗产等资源。结合三塔片区，沿杭州塘东西向形成以中国传统儒、道、佛文化为主题的、体验儒家五德文化的运河游线；沿苏州塘南北向串联穆湖溪生态公园、杉青闸片、文生修道院片、落帆亭公园和芦席汇片，提供全新旅游线索和文化体验活动。

第三，发展现代服务业，提升、创新业态实现产业转型升级，提升城中片的中心地位。

由于嘉兴城市具有独特的"沪杭同城"和"市域居中"地缘优势和丰富的文化底蕴，具有集聚沪、杭高端溢出功能以及辐射嘉兴市域的巨大机遇。而城中片拥有中心区位条件，大力发展现代服务业是其发展的必然选择。

城中片重要优势是具有城市中心区位，同时具有丰富的历史文化资源和水乡城市风貌，为了建设功能强大、品质一流的城市中心区，必须首先强调特色化发展，培育和营造特色化的业态、设施和环境，细分消费市场，将城中片打造成特色鲜明的城市中心区。在强化特色发展的同时，必须贯彻综合发展理念，强调以特色引导为开端，综合发展为归宿。即以特色文化旅游、商贸发展为先导集聚人气，逐步推进中高端商务、居住和创意业态综合发展，从根本上破解嘉兴区域吸引力薄弱的难题。

基于城中片特有的禀赋，规划在众多现代服务业分类中，确定商

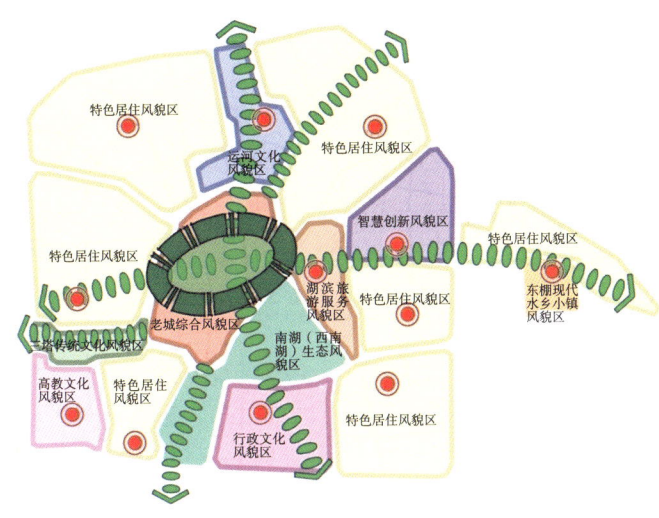

图 14-3　中心城区城市景观结构
图片来源：嘉兴市区有机更新总体规划

业、商务、旅游、创意、中高端房地产、社区服务业应是发展的重点。

　　第四，采用"集块为区，串珠成链"为手法，营造"一核、五轴、多片"城市景观结构。

　　针对历史文化资源与现代设施环境穿插分布现实情况，以古今融合、多元共生的风格统合和组织不同的景观类型。采用"集块为区，串珠成链"的手法，将规模小、风格一致、空间邻近的特色区块整合为特色化、规模化景观风貌区；以及通过水系、绿带、步行系统多种方式连接零散分布的风貌区、历史文化和景观资源点，形成具有鲜明主题的链式景观轴线和风貌特色区，并构建系统完整、功能交互、景观优美的城市水系统和绿系统，营造"一核、五轴、多片"城市景观结构。

　　第五，梳理补充各项公共服务设施，营建宜居、宜业生活品质。

　　按照规划，对二环以内老旧住宅小区，如东塔弄、干戈弄、火车站片区、三塔里城中村、闸前街等地块（共计 60 个老旧小区，建筑面积约 83 万 m²）进行更新改造及环境整治，完善各项服务设施配套，从整体上改善提升老城区的人居环境。

　　在完善配套设施方面，城中片将在教育设施、文化设施、绿化公园、医卫设施、老年人设施、加油站、充电站建设等方面有一个大的提升。

　　沟通拓展，大幅提升城市交通能力。以实施有机更新为契机，规划通过沟通、拓宽道路，提升道路建设标准，完善支路网，增加地面、地下停车场，大力发展公交和公共自行车，进一步完善中心城区交通。

14.3.2 根据有机更新理念对重点片区进行引导

（1）明确更新"地"——更新地块选择

根据有机更新的目标指引以及产业、用地、交通、居住、公共空间的规划建设和保护需要，确定城市有机更新地块。

（2）安排更新"时"——更新时序安排

从民生因子、功能提升、交通区位、经济效益、发展意向因子等方面进行分因子评价分析，结合重要性及可实施操作性，确定城市有机更新工作时序安排。

（3）把握更新"度"——更新方式选择

依据未来空间结构定位、重大项目建设、现状用地的可更新状况、公共空间的建设对用地的改造可行性和改造必要性进行评估，从而确定更新地块城市有机更新模式。

（4）做好更新"策"——更新路径方法

细化的基地功能定位、项目策划，土地使用、城市设计内容，指导片区未来更新建设。

根据以上方式选择出 14 个重点片区的有机更新（图 14-4），进行策略的研究与指引。

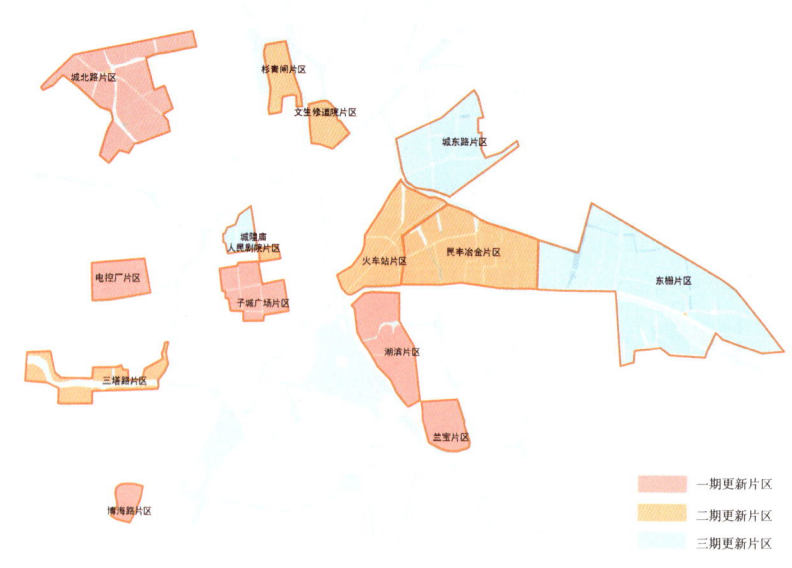

图 14-4　有机更新片区

图片来源：嘉兴市区有机更新总体规划

① 子城广场片区：城市客厅；市级商业、商务核心；老城区内历史文化休闲旅游核心

子城广场片区展示嘉兴历史文化和现代文明的精华；组织城市最为丰富、最富于活力的市民公共活动；引领时尚消费、商务活动、文化娱乐、休闲旅游的潮流。以复合功能的城市综合体为载体，集高档商业、高端商务和高品质娱乐于一体，强化吸引和辐射能力。充分展示古代、近现代历史文化遗存，并与现代休闲旅游结合，形成老城区内历史文化休闲旅游核心。

历史文化遗存——突出重点、展现风采。采用"修旧如旧"的原则修缮天主堂等文保建筑及附属场地环境，并可设置场景雕塑，展现历史风采。梳理历史文化遗存周边环境，设置视觉廊道，展现历史文化遗存风采。子城地下遗存进行局部展示，地面辟为绿化与广场，禁止新建永久建筑，保留考察和研究余地。子城地块内影响子城及谯楼景观展示的民国绥靖司令部营房建筑可弱化形象展示（或迁移部分建筑）。荣军医院门诊部（非文保单位）建议保留、改造，作为城建博物馆或规划展示馆等文化活动功能或餐饮娱乐功能为主来使用。子城西侧的礼堂等建筑（非文保单位）建议保留、改造，作为公园配套的餐饮、休闲、服务建筑使用。

地下遗址——加强保护、局部展示。子城地块内公园、绿地的建设、环境景观营造、植物种植等方面，应避免对地下遗址产生破坏，并采用可逆性的方式，为未来考古发掘留有可能。结合现状建筑的拆除，对地下遗址进行发掘和局部展示。结合现状保留建筑的功能调整，设置关于子城的专题博物馆或陈列馆。

② 城隍庙、人民剧院片区：传统文化和现代文化共生的特色步行商业街区

凸显文化特色，依托明伦堂、城隍庙、楞严寺等历史文化遗存，展示传统的儒、道、释文化特色；依托图书馆、电影院等展现现代的书卷文化、观演文化特色。

步行化特色商业服务街区，打造旅游文化休闲体验与特色商业服务相复合的步行化区域，形成少年路、精严寺街、竹篱弄等主次商业步行街。

子城广场与月河历史街区之间的衔接过渡街区，通过步行系统衔接和差异化的商业服务、文化娱乐设施配置，实现城广场与月河历史街区之间的自然衔接和过渡。

③ 南湖湖滨片区：现代滨湖旅游服务、休闲娱乐和公共活动中心

旅游服务中心，丰富南湖景区旅游内容和活动项目。除风景游览项目外，还包括体验旅游和旅游拓展功能。

休闲娱乐中心，打破南湖沿岸以静为主的滨湖岸线空间氛围，在湖滨片区形成兼为游客和市民服务的休闲娱乐中心。

公共活动中心，依托丰富的功能设施以及景观优美、品质高尚的室外环境，形成湖滨区域以室内活动与户外活动有机结合为特色的公共活动中心。

④ 民丰冶金片区：以智慧创意，工业遗产和科技旅游为特色的商业商务休闲综合区块

灵感源自地块本身的自然环境和历史文化，我们将利用自然和文化来创建一个新的城市节点，提供一个平衡的现代生活方式机会。利用现有绿化空间、重塑公共空间格局，形成崭新的特色区域。细致定位工业遗存，充分加以利用，使之自然融入城市格局。混合使用的社区规划，提供新的发展机遇与平衡的生活方式

⑤ 月芦文杉片区：体现运河文化和海派文化的国际化旅游目的地和现代服务业集聚区

运河串联整体发展，各片区采用不同主题，同时强调功能复合，提供全新旅游文化体验。策划运河文化展示体验活动，提供现代综合服务业态。吸引国际游客，体现现代、时尚、奢华。

⑥ 三塔路片区：展现儒家"五德文化"的运河旅游休闲带

运河游线串联景观节点。运河旅游商业服务综合体，社区整体改造。

⑦ 东栅片区：南湖区北片公共中心、具有水乡古镇风情的现代城市综合片区

为南湖区北片提供公共服务，传承传统水乡古镇风情，建设现代城市综合片区。

⑧ 其他，如城东路片区、博海路片区、电控厂片区、兰宝片区：服务片区、辐射周边的城市综合体

为片区及周边提供公共服务，建设现代城市综合片区。

14.4　结语

城市有机更新不同于传统的城市改造，传统城市改造主要以拆迁为主要抓手，实施拆旧建新的大规模改造，虽然带来了巨大的经济效益和社会效益，很大程度上改善了城市的基础设施条件和城市环境，但对城市建设和发展产生了一些消极影响，特别是历史文化悠久的街区，有较长历史的建筑和部分散落在城市中的历史遗存被拆除或改建，失去了城市的特色和特点。它注重采用节制、平衡、适度、稳定的更新策略，充分关注城市整体的有机性、关注构成城市的各个组织和细胞更新的有机性，关注城市更新过程的有机性。充分考虑城市的整体

发展、充分满足居民的多层次需求、充分体现城市的可持续发展。对部分不适应当前和今后发展阶段的区域进行改造提升，对部分不适应居住的老旧小区和零星小区进行改造提升，对历史文化街区、历史建筑在保留原有风貌的基础上进行改造提升。它最鲜明的特点是科学规划，遵从规律，传承历史，面向未来，和谐发展，注重文化脉络的延续，实质就是走科学的新型城市化道路。

15

转型发展

产业转型、升级是基于推动城市发展的动力要素变化而导致的城市发展阶段与发展模式产生重大的结构型转变的过程。本章主要讨论通过重新认识产业运行的内在机理，可更快地实现转型升级的目标，进而为满足人们的迫切需要提供新型的服务。真正意义上的经济转型升级过程是将透过价值链上不断攀升而持续，增加了对高技能和高科技的投入及高增值服务的需求。高技能岗位需求分布在金融服务、工商业及专业服务等行业领域，一定程度上，物流、贸易、旅游业也算其中组分，未来这些行业将城市置于区域价值链高端，且是能够促进本地生产总值增长的主要行业；当然，制造业作为当前推动经济增长的重要力量也不能忽视，预计未来转型期仍将持续这种状态。

> 人们来到城市市为了生活，人们留在城市是为了更好的生活。
>
> ——亚里士多德

15.1　问题及趋势判断

15.1.1　经济的发展演变

自 1985 年嘉兴的经济经历了多个经济发展阶段（图 15-1）。过去二三十年的发展，在低廉的劳动成本和土地成本、优惠的政策和税务吸引以及较低的产业门槛设置的条件下，大量制造业纷纷上马，商业、服务业亦迅速发展。然而经济量的增长也并非是一帆风顺的，总体来说，工业经济发展主要依靠高投入、粗放经营的方式实现，以劳动、资本、资源密集型为主，市场结构以外向型为主，生产的产品大多为低端、低价、易耗品等经济结构不尽合理不容忽视。尤其是近 10 年的发展，经济表现在数字上的急剧上升，但产业层次低、城市功能弱、环境污染严重等问题日益突显。

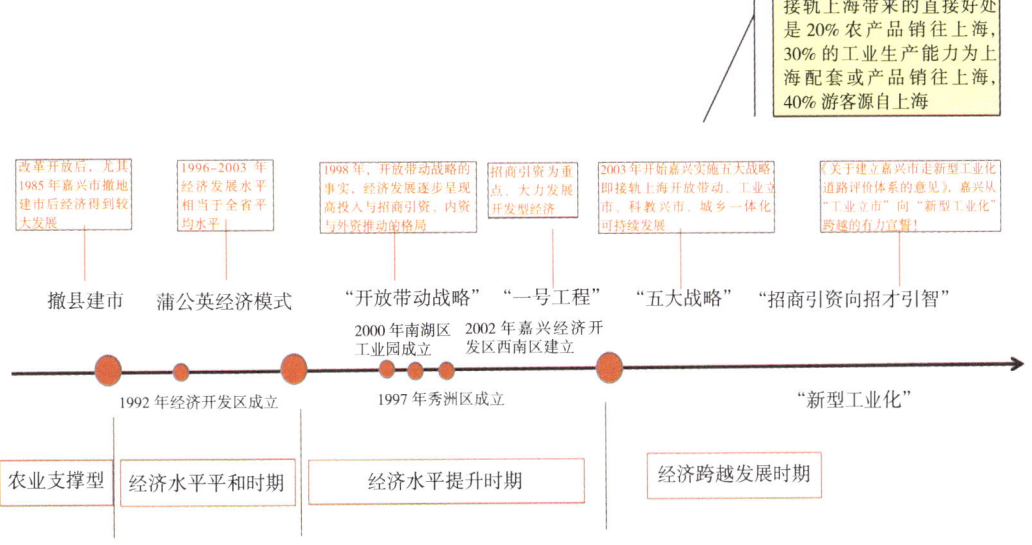

图 15-1　嘉兴市经济发展阶段历程

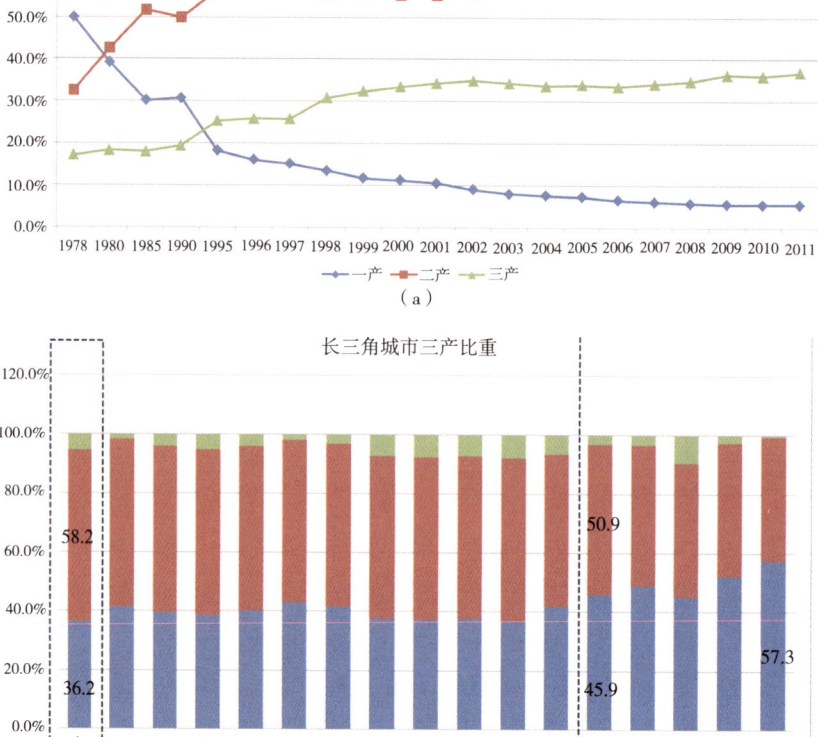

（a）近 20 年嘉兴市三次产业结构变化情况（b）2010 年长三角 16 城市三次产业结构

图 15-2　嘉兴市经济情况一览

数据来源：嘉兴市统计年鉴 2011

当前，嘉兴面临的产业结构不合理、产业类型层次低、产业空间布局分散现象对转变经济发展方式形成了倒逼机制。

一是产业结构逐步优化，但第二产业比重仍偏高。2010 年嘉兴市三次产业结构比重 5.5 ∶ 57.6 ∶ 36.9（图 15-2），第二产业仍占据主导地位。通过分析历年三次产业结构变化情况，发现嘉兴市第二产业比重略有下降，第三产业比重略有上升。但比较 2010 年长三角各城市产业结构情况，嘉兴市第二产业比重位居 16 城市之首，第三产业比重落在长三角地区的最后一位。通过比较浙江省与嘉兴市近 5 年行业投资比重，可以发现嘉兴市制造业投资一直居高不下，2010 年占到总投资的 57%，浙江省平均比重仅为 22%。通过以上各项指标比较分析，可见嘉兴市第二产业比重明显偏高，分析其原因，自下而上的民营经济动力带来传统的民营经济产业规模小、层次低、空间分散，导致嘉兴工业经济的规模效应不足，难以形成现代经济的专业化分工，从而催生生产性服务业的快速发展。而紧邻上海、杭州两座服务业特别发达的中心城市又使得嘉兴的服务需求不断流失，造成三次产比例极低的窘境。

二是产业门类以传统产业为主，高端和现代产业不足。根据 2010 年第二产业内部各行业发展情况，纺织、机械装备、化工化纤三大行业占第二产业总量的 60%。相比之下，高新技术产业在工业总产值中所占比明显偏低，第二产业内部存在传统主导，高新偏弱的问题（图 15-3）。根据 2010 年嘉兴市服务业的区位熵，嘉兴市现状服务业仍以生活性服务为主，生产性服务比重偏低。

三是产业空间效益整体偏低，空间布局无序。目前嘉兴内部多主体开发问题突出，嘉兴经济技术开发区、嘉兴工业区、秀洲区工业园区以及四处开花的乡镇工业布局（图 15-4），中心城区处于工业包围中产业布局的空间无序带来环境隐患的同时，地均产出效益低下。

"转变发展方式，优化产业结构"成为嘉兴市"十二五"期间的重要战略部署，也是新时期嘉兴的必然选择，如何促进产业升级调整，节约集约利用土地，成为当前转型期间亟需解决的重要问题。

15.1.2 经济的持续重整

嘉兴作为长三角区域的重要城市，在外部形势和节能降耗的"倒逼机制"推动下，嘉兴城市转型发展进入关键时期，全市工业迈出转型升级的新步伐。重点提升发展电子信息、装备制造、纺织、服装、皮革制品、化纤等优势产业，推进产业发展高端化、品牌化，新兴产业快速崛起，2010 年新材料、新能源、节能环保、生物医药等新兴产业实现产值 554.6 亿元、利税 103.4 亿元。区域创新体系、专业化协作体系和公共服务体系进一步完善。"十二五"发展规划中重点强调了要加快产业结构调整和产业布局优化，优先发展现代服务业，改造提升优势主导产业，加快培育和发展新兴产业，积极发展现代都市型生态农业，实施"三大倍增计划"，促进产业结构从工业经济为主体向先进制造业和现代

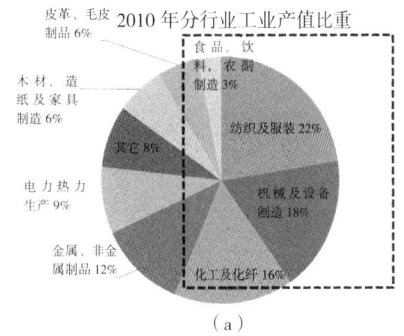

（a）

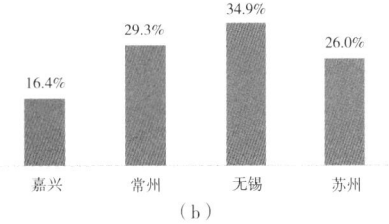

（b）

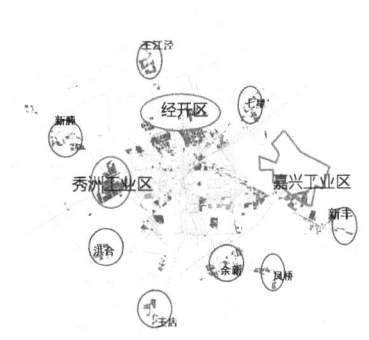

（a）2010 年嘉兴市二产各行业比重（b）四城市高新技术产业比重（c）2010 年嘉兴市区位熵分析

图 15-3　嘉兴市工业内部结构情况

数据来源：嘉兴市统计年鉴 2011

区位熵	浙江省	全国
居民服务和其他服务业	1.3	1.0
批发和零售业	1.3	1.4
租赁和商务服务业	1.2	1.1
住宿和餐饮业	1.1	1.0
文化、体育和娱乐业	1.1	1.0
房地产业	1.0	1.1
交通运输、仓储和邮政业	1.0	0.8
科学研究、技术服务和地质勘	0.9	0.6
水利、环境和公共设施管理业	0.9	0.9
卫生、社会保障和社会福利业	0.9	0.9
公共管理和社会组织	0.9	0.6
教育	0.9	0.7
信息传输、计算机服务和软件	0.8	0.7
金融业	0.8	1.2

（c）

图 15-4　中心城市工业区及乡镇工业布局

图片来源：笔者自绘

服务业为主体转变，推动"嘉兴制造"走向"嘉兴创造"。在这样一个新的发展阶段，将逐步改变注重外延性、基础性、速度性的城市发展战略模式，加快向更加注重内涵性、整体性、功能性、质量性为主要特征的，以增强城市综合竞争力为核心的全面均衡发展模式转型。

15.1.3 经济的外部环境

（1）全球化的影响推动经济转型。自20世纪80年代以来，新的国际劳动地域分工带来全球产业发生重组与转移，与全球化相伴的信息化和知识经济，改变了传统工业社会的生产要素组织体系。知识、信息与技术成为城市竞争力的关键资源，影响着城市竞争的模式和城市发展的路径。实现从农业经济到工业经济社会到创新、知识、信息时代的转变，经济类型逐渐由劳动力密集型、资本密集型为主向技术密集型、知识密集型、创新密集型转变。在全球化背景下，长三角作为面向国内外的重要战略经济阵营，有机会、有条件吸纳、整合国内外各种机遇和资源，从而高水平、深层次地参与到全球经济分工体系中。嘉兴经济转型发展的首要趋势是由投资驱动向技术驱动转变，借助其位于长三角核心范围的区位优势，深厚的文化底蕴、丰富的劳动力资源、优势的商务成本、良好的创新机制，增强创新驱动发展新动力，提高产业、产品在产业链和价值链上处于弱势的地位，实现经济内生性增长，为向创新转型发展打下基础（图15-5）。

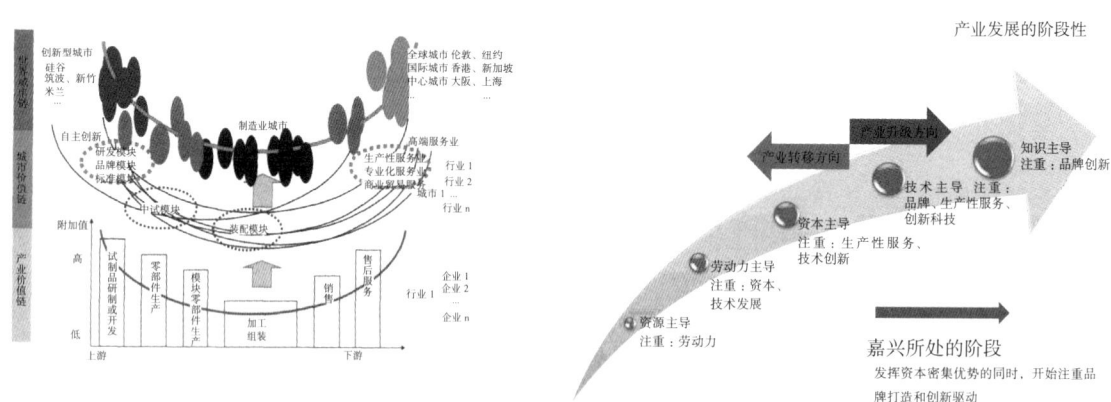

图15-5　嘉兴经济由投资驱动向技术驱动转变的趋势
图片来源：笔者自绘

（2）上海的战略转型影响嘉兴。在目前长三角区域一体化的趋势下，嘉兴市必须积极参与区域一体化发展，并成为区域中的重要节点城市。按产业链分工进行产业布局是提升区域一体化发展的关键。嘉兴市中心城市产业的发展必须对接城际战略产业链。上海通过制造业的退与进、服务业的集与聚来实现战略转型，嘉兴作为其二级节点城市，积极向区域中心城市转变，在产业类型上"积极协作、主动配合"，形成与上海互动又相对独立的产业体系，转变现状"低、小、散"的制造业结构及布局。

15.1.4 经济的前景目标

展望未来，嘉兴转型升级是经济发展方式和经济社会过程中资源空间合理配置的重要过程。如上一节提出的，区域经济转型趋势强劲，为嘉兴提供了机遇与优势。因此，在保持特色的基础上，必须重点关注如何利用这种优势以达至互惠互利的效果。

在规划目标中我们提出提升城市竞争力的目标，通过提供充足的土地储备，满足不同经济行业不断变化的需求，通过提供充足的配套设施，满足不同经济行业的服务配套，实现由"速度"转变为"品质"，由"高度"转变为"气质"，由关注经济增长转变为关注人的发展需求。在经济类型转型上，依托创新、知识要素的催化效应，追求高品质的经济发展；在经济空间转型上，坚持以人为本，绿色发展，提高城市效率和市民的幸福指数，最终实现区域枢纽城市、科技创新城市及江南水乡田园城市的城市目标。

15.2 产业转型战略建议

15.2.1 转型内涵：对有效资源重置的实现途径

转型升级既是一种经济现象的转型，更是一种空间现象的转型，是经济社会中资源配置空间和经济发展方式转变的重要过程。城市转型升级不仅包括经济结构、发展动力的增长，还包括城市综合竞争力的提升，是一个城市资本要素重新配置的过程。城市转型首要解决的问题是根据城市自身的情况，建立面向区域的产业体系，第二就是要建立与现代产业体系相适应的产城关系及空间布局模式。

15.2.2 转型动力：区域融合构建现代产业体系

伴随着城市转型，产业结构及其组织的变化将重点转向内涵高度化，即大量新兴产业将替代传统产业；高端或高附加值产业替代低端或低附加值产业；高技术含量的产业替代低技术含量产业。

一方面，城市区域的创新转型要素分工、扩散与流动，促使建立区域层面的产业体系。在全球体系网络中，转型首先发生在区域的首位城市或核心城市，然后是次级区域中心。但这些转型并非是一个个副本式的复制，而是结合各自产业特色，在引进技术和人才中不断学习、吸收和模仿，依靠自己独特的区位、独特的历史、廉价的资源进行的二次转型创新，形成的区域空间增长级，同时在专业化方面与区域首位城市形成互补，这样的转型就越来越迫切需要城市之间，尤其是近首城市与首位城市之间的联系不断加强，不仅是交通联系，更重要的是运营城市动力机制的联系不断加强。嘉兴应该把握上海功能释放的发展机遇，承接物流商贸、创新创业和技术服务、高品质休闲居住等功能，成为浙江对接上海的桥头堡。解析上海市四个中心的功能，对接经济中心，嘉兴可以发展对接经济中心，可以发展高技术产业和装备零部件、民营企业创新中心；对接金融中心，可以发展小企业服务、融后台服务中心、外包；对接贸易，嘉兴可以发展区域物流中转心、区商贸专业产品采购；对接航运中心，嘉兴可以发展国际航的组成部分、海河联枢纽。在产业空间上，积极形成开始寻找接轨上海的第一线，即接轨上海的战略空间。

另一方面，城市的需求要求经济结构体系。保证经济体系结构的服务化、集约化调整。首先要构建高端的经济结构，大力发展具有核心竞争力的优势产业，在制造产品的系统集成上形成强大的专业化生产能力，增强自主创新能力，向制造业生产链的高端拓展，培育制造业生产链的控制与管理功能，在此基础上培育产城融合的增长动能，实现现代生产性服务业与先进制造业的融合发展。加速发展现代生产性服务业，充分利用部门工业资源，大力转换发展创意设计产业，促进产业高端化、产业链延伸和功能完善，在工业发展集群区，发展以科技研发、现代物流等重点形态的新型生产性服务基地。其次保证产业组织形式的高端高效，根据产业发展的"微笑曲线"理论，一个地区经济发展的活力和可持续性取决于它重点发展的产业定位上，上游产业具有控制生产要素的威力，也是城市产业结构和产业组织形式向高端化和高效化转型的内在动力。

15.2.3 转型关键：实现产业与空间的同步转型

考虑到地区经济结构转变对土地和空间的新需求，需要新增一定规模的商业和居住空间需求。因此，为满足城市经济转型对城市功能空间的新需求，同时立足消化吸收存量用地（原来与城市发展规律不符的工业用地），提出产城融合战略，作为加快转变经济发展方式的指导思想之一，重于产业能级的提升、城市功能的植入与环境品质的塑造。其实现的关键在于：

一是产城规划先行，实现产城互动。核心在于产业、城市要做好前瞻性的规划和定位，避免盲目城镇化导致城市空心化，真正落实产业定位，实现城市与产业发展之间的相互促进作用。

二是把握产业趋势，引领产业变革。城市更新的土地资源、空间资源用于发展新型产业（或未来前沿产业）具有非常重要的城市发展意义，落实产城融合，城市才具有发展的可持续性。

三是兼顾国际化城市竞争。国际化竞争格局是中国新型城镇化不可回避的时代背景。当前，全球产业正在发生新的重点转移。借助产业结构转型机遇，吸引优质产业，鼓励企业做大做强，积极参与国际化竞争，不断提升城市的国际影响力。

15.2.4　转型路径：产城融合重点理顺的四个关系

一是理顺产和城的关系：理顺产城逻辑，产城融合度高的产业带动就业、吸引人气，融合度低的产业则带来污染等方面，如何处理"就业人口 + 居住人口"的导入效应，两种方式的人口导入可以为地区开发和服务形成提供活力。

二是理顺生产和生活的关系：加强城市配套服务（住宅、商业、道路、市政等规划）与产业发展定位的规划重组，推进产城融合的城市化进程，实现"产业导向 + 中心导向"的动力效益，将片区中心服务功能与产业配套服务功能整合起来。

三是理顺融合产业类型的关系：三次产业的融合，如特色食品加工工业可与旅游结合，物流市场可与虚拟市场服务结合等。

四是理顺融合产业空间的关系：鼓励混合用地的区域及选择合适混合用地的产业，如产、学、研、住相结合的类型。

15.3　产业转型的实施策略

15.3.1　宏观层面理想产城战略

对接上海并非是直接的产业转移，而是通过上海的战略明确对接的产业方向，通过区域的发展方向和重点，明确对接的战略弹性空间。按照接轨上海的区域合作视野，科学谋划创新产业布局，优化整合区域资源，科学调整产业结构，实现广区域、大产业、多融合的产业格局。

（1）策略一：从上海的发展战略看嘉兴产业发展类型

上海未来的发展目标为世界城市，世界城市在全球化高速发展的前提下，将以经济联系为基础与周边城市形成一种独特的城市—区域的空间现象（图15-6），而相关研究表明，世界城市周边的节点城市发展具有产业结构多样化、产业链条不稳定、产业结构演进阶段性、产业价值链条的关系四大特征。而就二级节点城市的特点来看，上海周边的城市包括苏州、昆山、无锡、嘉善、嘉兴、桐乡，一般来说都

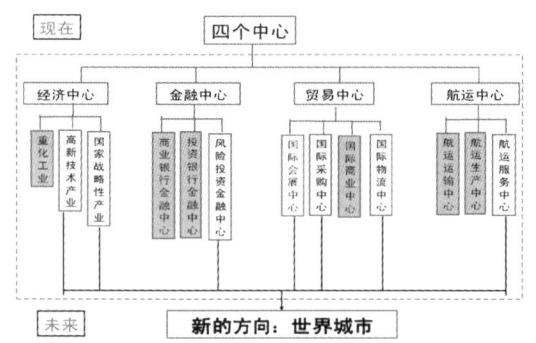

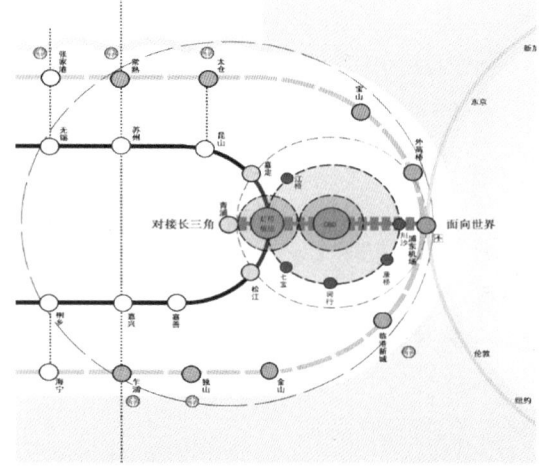

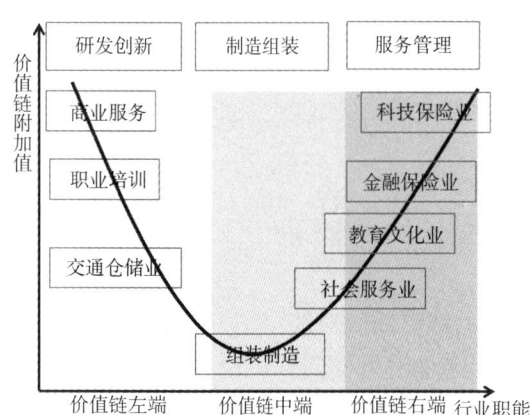

图 15-6　上海城市发展战略及趋势

图片来源：上海城市 2040 战略

可称为二级节点城市，如何能够实现节点城市向区域中心城市转变，关键是在于形成趋于价值链内部的关系，这里不得不看苏州的转变路径，就制造业来看，在 20 世纪 70 年代工业崛起之初，在上海轻纺工业衰退之时，苏州处于工业发展起步时期，传统纺织占主导地位，随着经济的快速发展，苏州制造业彰显出越来越强的自主性，国际资本推动力明显，电子、电器机械等制造业为主导，其制造业的承接联系已由过去的垂直分工转向水平分工为主、垂直分工和水平分工并存的产业格局，苏沪两城市与跨国公司的资本投入密切相关，产业梯度差异并不是很大。就三次产业体系来看，苏州的发展与城市的区位和经济腹地的规模有直接关系，受制于上海和南京，其发展速度不是很高。同时还可以看出第三产业与上海的关系并不是直接的产业对接，而是利用上海的服务设施和市场，比如充分借用上海的金融中心地位，利用上海的资金市场发展贸易服务体系，打造制造业融资平台，主动利用上海的技术辐射和扩散，引进成熟的生产工艺，加快科技成果向生产力转化平台建设，瞄准上海的全球节点位置，进一步完善商贸流通合作平台。这从价值链关系来看，苏州不仅强化了其居于价值链中间的组装制造，随着产业的转型升级还积极利用上海的金融服务优势，培育第三产业体系向价值链条的左端发展，从事形成致力于区域次级中心城市的建设。

在明确嘉兴产业战略之前还必须深入剖析上海的发展战略，从战略思路分析，上海提出"一个节点、两个功能、三个特征"的世界城市目标，而这个目标的实现不仅需要上海努力，还需要周边区域的密切配合，从而实现"从自我中心，走向区域腹地，从东部发展，走向西部区域"的发展策略，并提出空间发展战略将沿 TOD 轴向开始拓展，处于 TOD 沿线的空间在区域看来将是重点的战略空间（图 15-7），提出区域生态协调，高品质生态空间战略，在此基础上从沪嘉

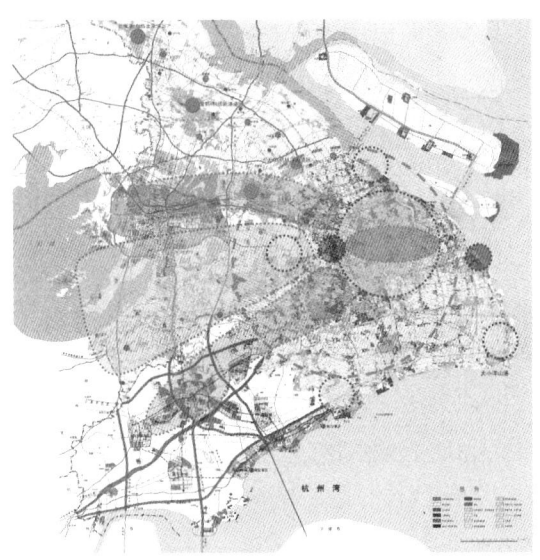 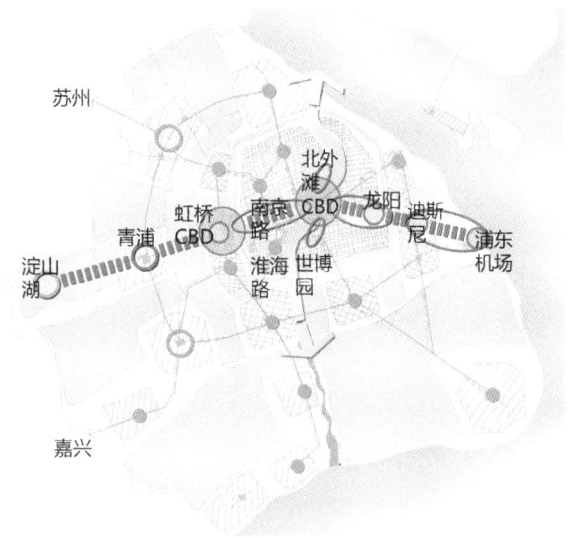

图15-7 上海空间发展趋势

图片来源：上海城市战略2040

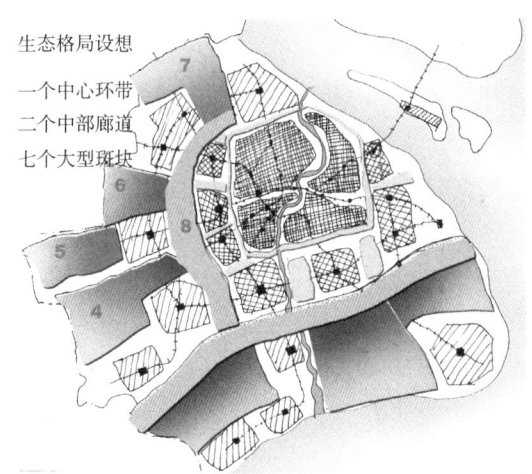 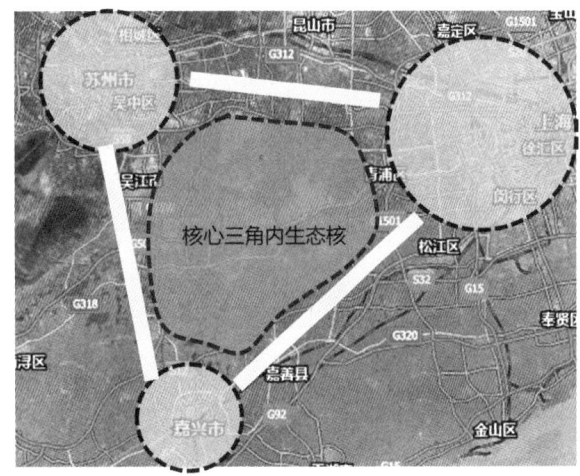

图15-8 上海市及区域生态系统格局

图片来源：上海城市战略2040

区域角度看是不允许周边低水平蔓延的（图15-8），低水平、低端产业在区域生态效益高度重视的战略下将没有丝毫效益，相反，如果在高度重视的生态空间放置没有竞争力的低端产业，那么负面作用就会越来越大，也将偏离空间发展轨迹。

上海战略是嘉兴转型期面向区域的现代产业体系构建的前提。在组装制造业的基础上积极提质保量，并且想成为价值链的左端趋势发展，从而成为区域次级中心。

考虑到接近世界大城市的区域重点战略方向，具有高品质生态休闲环境支撑的区域，科技创新等高附加值产业的成功机会大。

考虑到上海虹桥特征及高铁站周边优势布局，还有条件发展相关服务外包等区域性商务、相关教育培训等功能。

结合优越的交通优势也有条件发展：相关物流市场等生产型服务业产业、高新技术产业及相关先进制造业产业。

（2）策略二：从区域发展态势找嘉兴的产业战略空间

空间对接关键区域：上海这座高等级中心城市对周边地区的空间作用具有等级式扩散和点轴式扩散的特征，即由中心点沿主要交通干线呈串珠状向外延伸，形成若干扩散轴线和经济发展轴带，并从中心点跳过相邻地区向较远距离的同等级或次级中心点扩散。对临沪城镇进行数据统计得出，增量最高和增速最快的地区仍是原有中心城区或特定区位节点，而非"沿沪"特定区位，沿沪城镇的发展并不占优势，即"沿沪"区位并不存在所预期的微观区位"红利"。交通轴线及临沪关键节点是空间对接关键区。

成功案例：苏州 20 世纪 80 年代开始工业发展的进程，同时向西开辟高新技术开发区，主要是基于解决当时古城保护与发展的问题，向综合用地条件较好的西部明确了新城区空间定位与布局。这次产业空间的重大调整在古城西面开辟新区，一定程度上缓解了古城的压力，有效地保护了古城风貌，也实现了古城人口规模控制的目标，但由于城市主导发展方向与区域经济流向不一致，导致经济发展缓慢。因此，在 20 世纪 90 年代积极调整产业发展战略，为承接中新工业园高层次合作平台，苏州在东部建设中新工业园。如果说 20 世纪 80 年代的高新区建设实现苏州工业的起步，那么这个平台的搭建为苏州产业发展带来了质的飞跃，他使得产业空间布局与交通基本一致，通过从上海辐射的交通走廊汲取经济快速发展动力；中心城区职能提升，形成苏州"古城居中，东园西区，一体两翼"产业空间构架，基本确立产业空间的战略布局。从整个区域来看，这样的布局也是极具有战略意义的，基本在 312 国道、京沪高速公路、沪宁铁路所继承的交通轴线，集中了苏州市域范围内部的 3 个国家级产业园区、2 个省级工业园区。苏州找准了战略空间后，目前通过城际高铁、轨道交通、快速路等建设在逐步深化东西向联系。通过规划加粗轴向与上海的联系，在产业、公共服务、旅游文化等全方面加强与上海的对接、联系（图 15-9）。通过交通束线的强化，将位于这束轴线上的空间与上海产业实现均等化，大大提升了产业空间的弹性，使得在产业变化较快的二级节点城市能牢牢抓住每一个发展机遇。实际上，苏州自 20 世纪 80 年代乡镇企业异军突起开始，牢牢地抓住了往后的每一个发展机遇，这与苏州高弹性的产业空间载体是密不可分的。从苏州本身来看，主要的行政主体发展重点都集中在一束发展轴线上且有明显主次发展轴线，这束强劲的发展轴线大大抵消了多主体的重复建设、低水平建设的风险。对比苏州，嘉兴的产业转型艰难的主要原因很大一部分来源于其产业空间的效率低下、重复建设低端的产业空间，而这又根源于嘉兴没有形成适当的发展轴线，尤其是指向上海的发展轴线，在未来产业空间选择中应加以强化。

嘉兴优势条件： 反过来看嘉兴的条件，尤其是与外向型产业相关的对外交通网络条件，嘉兴的对外条件发达（图15-10）。嘉兴对外交通网络体系发达，不亚于苏州；国道、高速公路、铁路、高速铁路甚至港口资源。对交通优势条件进行叠加，嘉兴的对外交通分为三个发展方向，沪杭方向，高速公路出入口5个，普通铁路出入口2个，高铁站2个，城际轨道站1个；沿申嘉湖方向，高速出入口4个，普通铁路站0个，高铁站0个，城际轨道站0个；沿苏嘉杭方向，高速出口口4个，普通铁路站1个，高铁站1个，城际轨道站1个。

战略空间选择： 找寻对外交流的触点，高速公路出入口与铁路站场是关键。从外部空间来看，那些最易到达的区位往往是最优的产业发展空间，这些是空间触媒的重点方向，也是对接上海的重点发展轴线，基于此我们梳理出三个空间方向（图15-11）。第一，沿沪杭高铁与320国道、沪昆铁路线纵深约7km空间；第二，沿申嘉湖与320国道、沪昆线纵深约6.5km空间；第三，沿苏嘉杭高速沿线6km范围空间。在接轨上海的背景下，结合嘉兴接轨上海第一线的三大区域，依据嘉兴与周边区域的人流、物流联系强度（联系强度最大上海方向，其次杭州，最后苏州、宁波）。立足嘉兴自身特色结合三大发展轴线，提出对接区域整体发展策略，即产业向西、向南，生活休闲向北、向东的发展策略。沿申嘉湖轴线为上海的休闲旅游服务，重点作为上海周末休闲度假的去处；沿沪杭方向重点是客流和物流，重点发展与城市联系密集、人的活动多、以人为主导的综合性的商务、科技研发、教育等；制造业则应该在距离中心城区一定距离、靠近港口的区域。

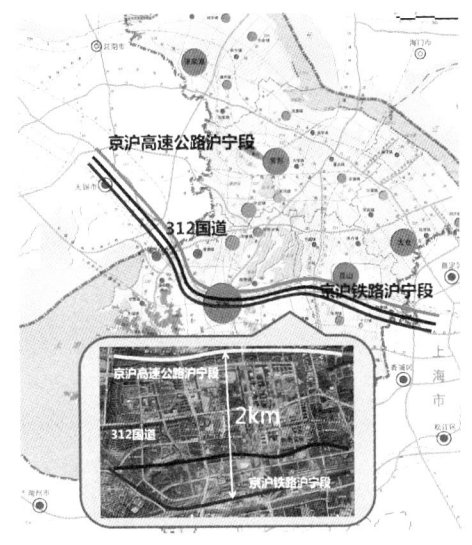

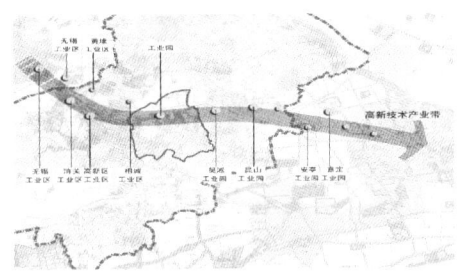

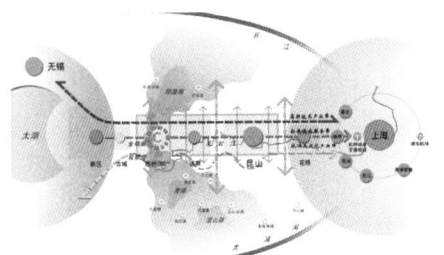

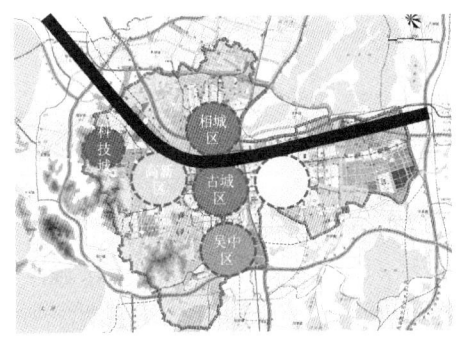

图15-9　苏州空间结构及发展趋势

图片来源：苏州市城市总体规划（2004-2020）

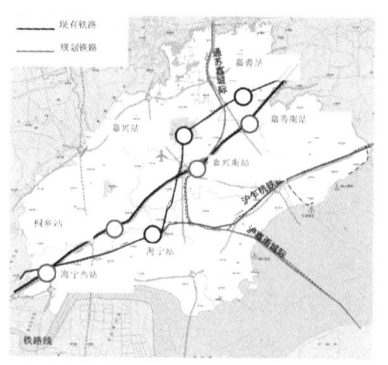

图 15-10　嘉兴便利的交通网络体系

图片来源：嘉兴市城市总体规划（2003-2020）2012 年修改

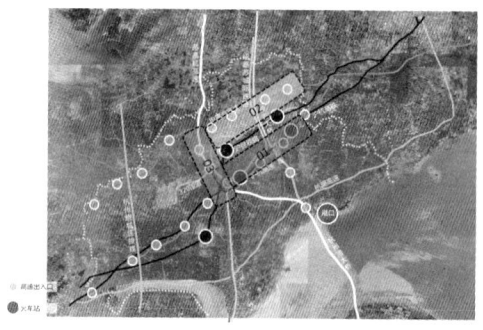

图 15-11　嘉兴对接上海的重点空间方向

图片来源：笔者自绘

图 15-12　区域理想空间布局

图片来源：笔者自绘

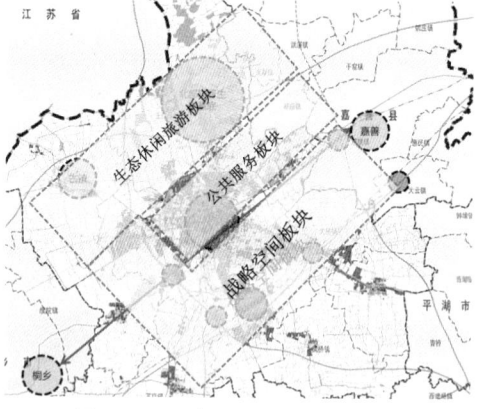

图 15-13　嘉兴市产业发展重点

图片来源：笔者自绘

　　区域性的空间轴线落实到在嘉兴市区（甚至包括嘉善、桐乡以及海宁）范围内根据微观区域的交通优势以及自身特色资源，依托三条交通轴带发展三大旅游板块（图 15-13）：

　　"L"形战略空间板块：依托沪杭轴线，构建未来嘉兴城市转型升级的首要空间载体；在这条轴线上适合嘉兴发展的产业体系可以在此依次展开发展，包括现代物流、服务外包、高技术产业、教育科研等能促进嘉兴产业转型体系。

公共服务板块：依托 320 国道轴线结合中心城区有机更新，提升城市核心区服务功能。

生态休闲旅游板块：依托申嘉湖轴线，通过其较好的生态基地、特色的古镇旅游构建彰显嘉兴现代田园生活、生态休闲、人文旅游的生态休闲旅游功能。

其中沪昆铁路与沪杭高速公路、沪杭高铁所夹的狭长空间的"L"形战略空间区域集中了多个高速公路出入口、高铁站、城际站、普通铁路站等对外交通窗口的沪昆铁路与沪杭高速公路、沪杭高铁所夹的"L"形的狭长空间，成为未来发展的最优产业战略区位，这一区域是周边城市尤其是上海的辐射嘉兴的前沿阵地。

（3）策略三：寻找战略空间相匹配的产业空间布局

由于产业类型并非在城市空间均质分布，而需要识别布局需求要素的最优区位，从而在布局方案中有效匹配产业需求与空间供给，使得对不同产业增加了空间供给的针对性，对空间而言也增加了产业选择的弹性。结合产业布局影响要素匹配空间区位和产业类型。

① 高新技术产业及先进制造产业类产业

A. **引导性布局要素**

交通要素：空间布局上应考虑靠近城市对外交通运输干线，方便物资原料和产品的对外集运；并与城市中心区道路相衔接，方便与城市居住区、商业区之间的联系，实现地区职住平衡，形成便捷的产品近销通道。

资源要素：结合地方资源禀赋因素，实现就近原材料获取，利于特色产业发展；并考虑地方劳动力资源。

设施要素：需结合现有大型基础设施、配套设施、市政设施进行空间布局。

B. **制约性布局因素**

生态要素：受对周边环境影响条件的制约，考虑环境承载力，对于先进制造业的工业应远离居住生活区，并尽量避开生态控制线，保护自然与人文环境。

发展空间要素：结合土地利用总体规划。（图 15-14）

C. **区位选择**

结合引导性要素和制约性要素，可以看出除北部生态范围不适合布局制造业外，"L"形空间范围都可以发展制造业，考虑到沪杭高速和苏嘉杭高速交叉处可谓是对外交通最便利的地方，发展制造业固然可以，但从空间价值的实现来看，如果发展价值链左端的物流类，实现的价值将远远大于发展制造业，因此作为保留。选择东部作为先进制造业产业区、南部作为高新技术产业作为支撑（图 15-15），它们不

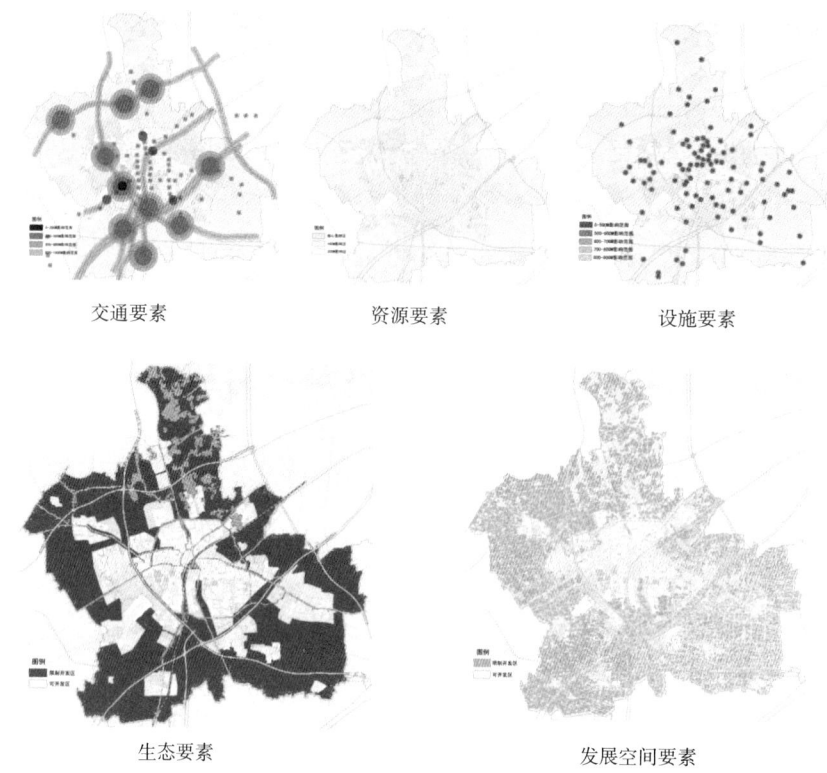

图 15-14　高新技术产业及先进制造业影响要素

图片来源：笔者自绘

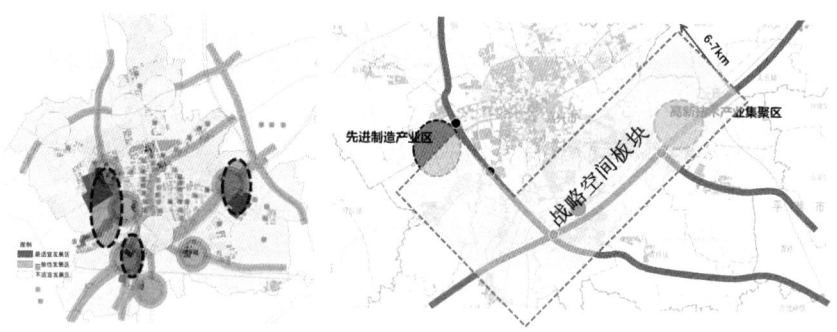

图 15-15　高新技术产业及先进制造业空间布局

图片来源：笔者自绘

在北部生态范围内部，与城市中心区具有一定的距离，且临近高速公路出入口是发展高新技术产业和先进的最佳区位。

② 物流产业

A. 引导性布局要素（图 15-16）

区位要素：尽量选择在郊区，尤其对于大型物流中心应远离市中心，以缓解城市交通压力，减少对城市生活的干扰。

交通要素：充分考虑相邻的道路交通、站点设置、港口和机场的位置要素，做到与中心内的道路、物流线路相衔接，形成内外一体、

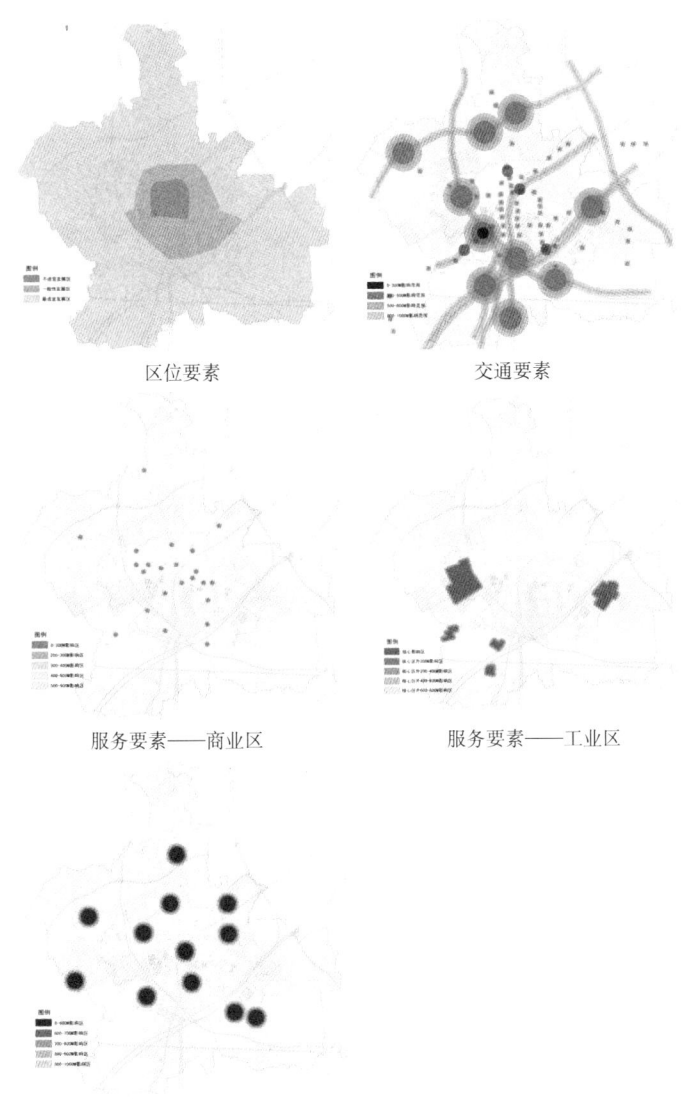

区位要素　　　　　　　　　交通要素

服务要素——商业区　　　　　服务要素——工业区

生态资源、人文资源因素

图 15-16　物流产业空间布局影响要素
图片来源：笔者自绘

通畅的物流通道。高速公路：靠近高速公路出入口；货运铁路站场：靠近货运铁路站场，方便物资输入输出，可形成铁路货运站向现代物流中心发展的模式；汽车站场：接近货运汽车站场，便于公路货运物流快速、便捷的配送；航空站场：靠近航空货运站，方便空运物流的转运。港口：可利用口岸条件，方便水上物流集运。

服务要素：尽量靠近服务对象，如工业区、商业区等，缩短物流运距、减少物流费用。工业区：满足物流区域中心城市及周边地区的制造业需求，形成生产资料的供应和配送基地；商业区：满足物流区域中心城市及周边地区商业系统的需求，形成商业系统共同的货品储存基地和综合配送中心。

B. 制约性布局要素

生态要素：尽量避开生态控制线，保护自然环境和人文环境。

C. 区位选择

结合引导性要素和制约性要素，结合先进制造业理想空间选择区位，得出最适合发展物流的集聚区为通往沪、杭、苏、甬四个特大城市最便捷点（图15–17）。现代物流业集聚区，位于乍嘉苏高速公路和沪杭高速交叉区域，也是物流区域的最佳区位。远离市中心核心区；靠近高速公路出入口；靠近机场物流；靠近港口物流；靠近铁路站场物流；靠近高新技术产业、先进制造业基地。

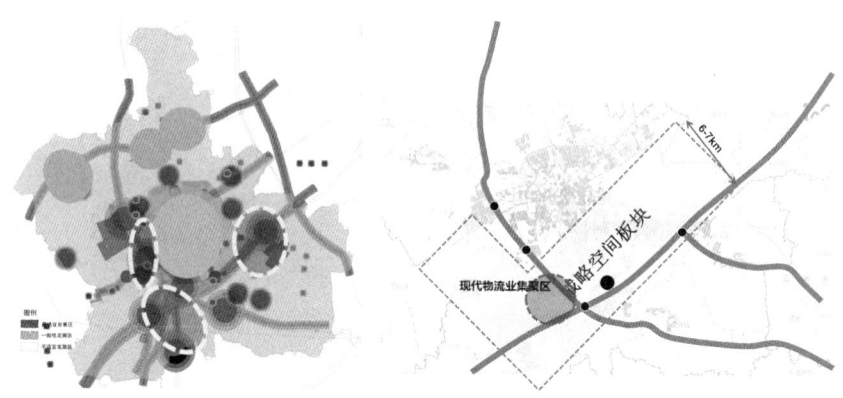

图 15–17　物流产业空间布局分布

图片来源：笔者自绘

③ 科技创新产业

A. 引导性布局要素（图 15–18）

创新动力要素：应考虑结合大学园区、实验室、研究院所等技术要素，为科教类产业发展提供科学及技术创新动力。

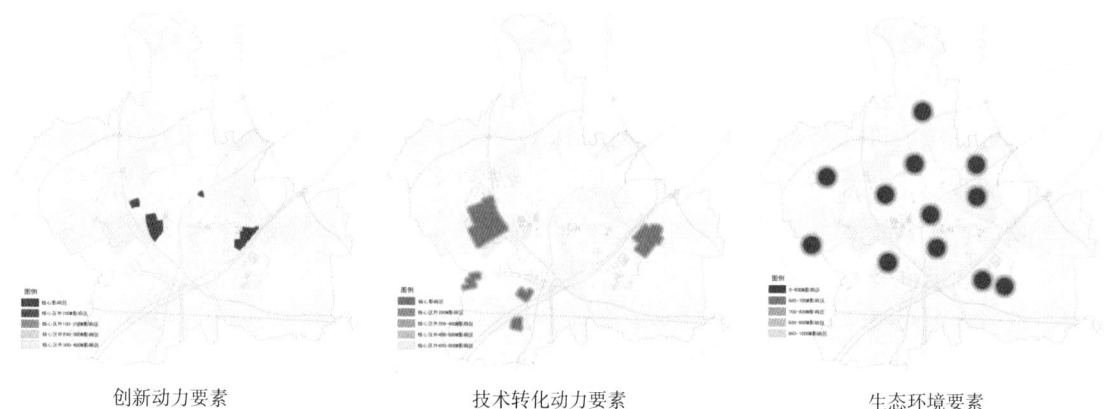

创新动力要素　　　　技术转化动力要素　　　　生态环境要素

图 15–18　科技创新产业影响要素

图片来源：笔者自绘

技术转化动力要素：宜靠近高新技术企业布局，促进创新产业孵化与生产，形成有机的产业环境，实现产、学、研的一体化开发。

优质生态环境要素：需考虑周边优质的生态环境要素，形成良好的科研、教育氛围，提高创新产业开发。

B. 区位选择

教育科研集聚区：生态环境优越，紧邻产业区，科研教育产业最佳聚集点。靠近同济大学、浙江学院、清华长三角研究院、科技城等区域；临湘家荡生态环境优越的区域；靠近高新技术产业区（图 15-19）。

④ 高铁商务产业

A. 影响要素

高铁具有节点交通价值和城市功能价值，高铁站点周边是区域性商务服务的最佳点；与高铁相关产业类型作为区域稀有性资源，经过相关研究表明发展区和高铁站点成圈层式拓展的产业布局形态。

B. 空间布局

核心区：半径 600m 左右，主要是交通设施、商业及旅馆服务业（密度较高）；拓展区：半径 1200m 左右，商务、会展、研发等类型；影响区：半径在 2500m 以上，对外服务以及为主体功能服务配置的功能，包括区域型教育培训等朝阳型产业（图 15-20）。

战略空间相匹配的产业空间布局：沪杭轴线纵深 4~6km，嘉兴产业布局的首要承载空间，也是嘉兴产业转型升级的"不二"承载地。在这条轴线上适合嘉兴发展的产业体系可以在此依次展开发展，包括现代物流、服务外包、高技术产业、教育科研等能促进嘉兴产业转型的产业体系都有适合的空间（图 15-21）。

（4）策略四：宏观层面理想空间布局

结合对中部以中心城区有机更新为契机，依托老城区及秀洲副中心、南湖副中心"一核两心"，构建中心城区完善的公共服务体系；结合依托重

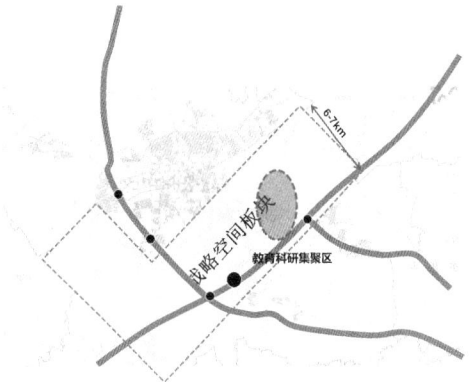

图 15-19 科技创新产业空间布局

图片来源：笔者自绘

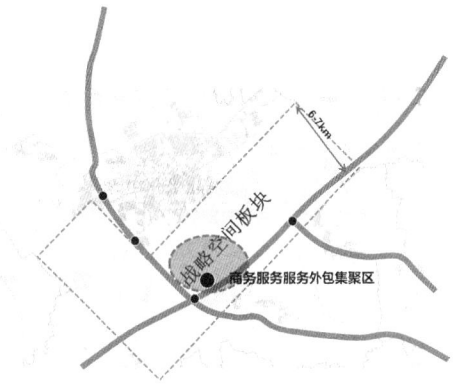

图 15-20 高铁商务产业空间布局

图片来源：笔者自绘

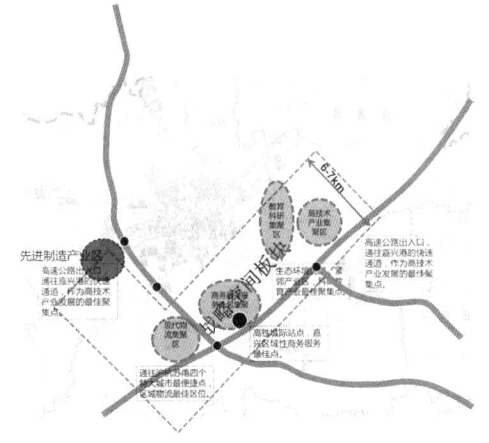

图 15-21 各类产业空间分布

图片来源：笔者自绘

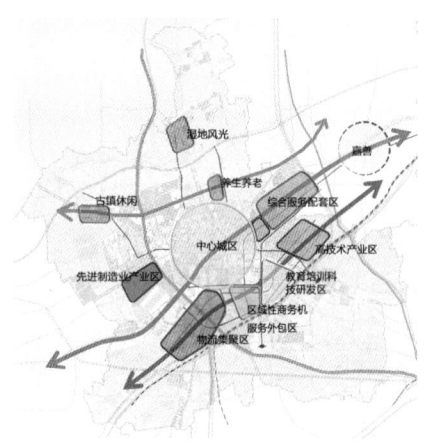

图 15-22 对接上海层面的理想产城空间布局
图片来源：笔者自绘

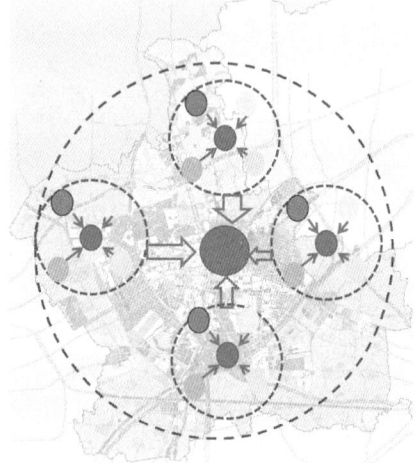

图 15-23 特色板块差异化原则
图片来源：笔者自绘

要生态休闲旅游资源形成彰显嘉兴现代田园生活、生态休闲、人文旅游的后现代城市风光轴带（图 15-22）。

基于宏观层面的产城战略空间布局为落实到市区层面的产城融合策略提供大的方向性、思路性的指导，如何实现产城融合的空间落实还需要中观层面产城空间布局的规划指引。

15.3.2 中观产城融合空间布局

策略一：基于特色产业的产城分区

产业必须适应"人"的需求，服务"城"的成长。结合产业对载体空间需求与城市功能转型，嘉兴以城市产业空间转型助推产业转型升级，实施基于职住平衡理念的产城空间布局。职住平衡主要考虑在产城板块内部平衡。在划分产城板块是考虑到以下几个方面：

①以特色差异的原则划分板块：以主要的集疏运通道和重要过境交通作为划分此区域的条件，以当前的产业优势及特色作为划分板块的基础，同时兼顾板块各功能区之间的产业关联性划分板块。各功能片区以特色主导产业相关配套设施形成集聚核心吸引力的产城融合板块，在中心城区的吸引集聚下形成整个大的产城融合城市。最终实现"产城融合、三产融合、平台融合"的发展目标，实现产业发展与城市功能的融合，传统服务向现代服务转变，现代工业与现代服务业的高度融合，并以城市作为依托和平台相结合；内部各平台功能的融合（图 15-23）。

②板块内部产业发展以产业链的构成为基础：某一区位并不强调单一产业的集聚，而是空间要素需求相似的产业链环节的协同集聚。根据现状要素的分布与多寡，将城市按产业属性全空间属性划分为不同产业功能平台（图 15-24）。

③划分产城融合空间布局：结合区域理想的空间结构及产城融合的划定原则：以"突出区域核心竞争力，整合资源"为核心，提出产城融合"1+4"的构想（图 15-24），一个综合服务板块——文化旅游核心服务板块；四个产城融合板块——生态休闲旅游板块、科技创新高新技术板块、现代生产服务板块、市场物流特色制造板块。

策略二：基于职住平衡的产城板块指引

针对四大产城融合板块的发展，提出未来实现职住平衡的目标。

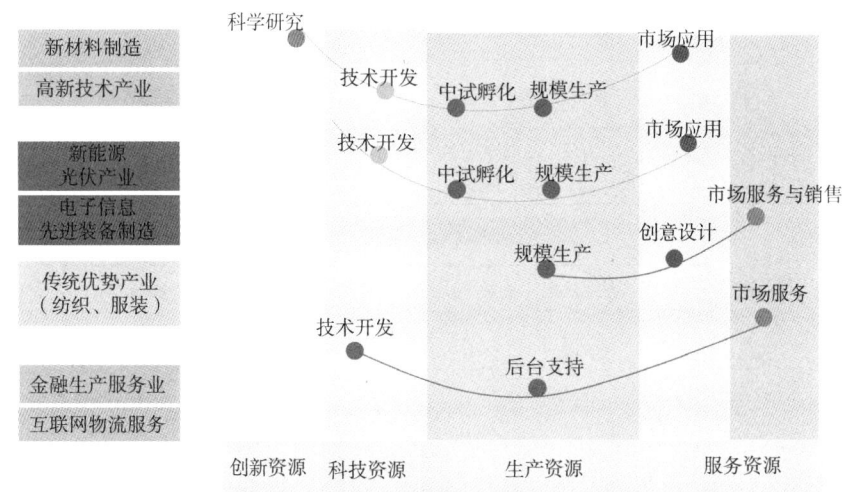

图 15-24 板块发展产业链原则

图片来源：笔者自绘

并在产业选择、功能布局、用地指引、配套设施等四大方面进行规划思路引导。

① 产业选择。产城融合对于嘉兴而言，重点在于解决当前区域没有特色，遍地开花的问题，以重点突出、主次协调为原则。匹配现状产业基础特色及未来的发展趋势，区域定位注重"重点突出、主次协调、兼容有序"的特征（图 15-25），选择强化发展的主导产业类型、重点培育的潜在发展类型，鼓励发展的特色类型，现状保留的效益类型，引导转型的以及淘汰类型等。通过对产业发展现状、产业发展要素评价的评析，利用 SPSS 对其进行综合评价，得出当前产业选择的分值高低，选择出主导产业、潜力产业、配套产业、兼容产业及退出产业，构建基于特色挖潜及培育的主导产业体系（图 15-26）。

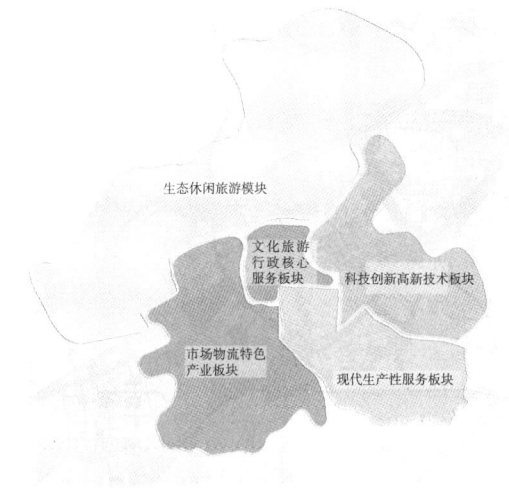

图 15-25 产城板块划分

图片来源：笔者自绘

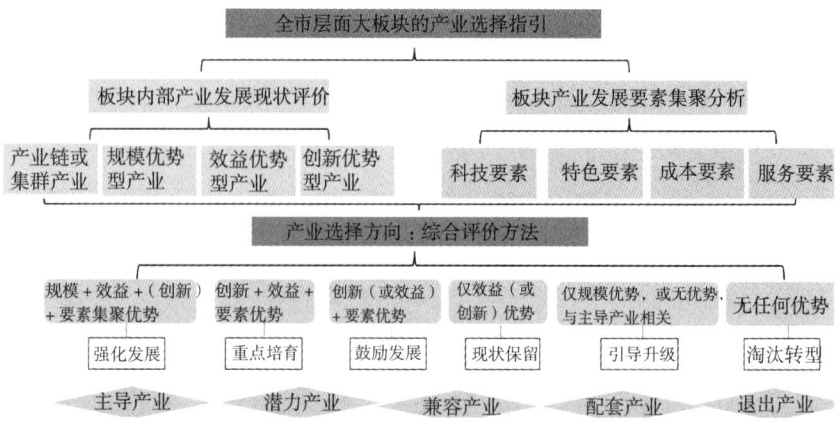

图 15-26　产业发展方向评价因素

图片来源：贺传皎.产城融合目标下的产业园区规划编制思路——以深圳市为例 // 同济城市高峰论坛暨第 2 届金经昌中国青年规划师创新论坛.

② 功能布局。为了实现产城融合，板块内部将不仅仅是单一的工业类型，对所选择的产业类型进行空间要素需求的匹配。包括工业类型所需求的服务要素、科技要素、成本要素、生态要素、交通要素、物质形态要素等；这些要素的空间供给方式也有差异，生产服务、生活服务、商务服务为主导的商务平台，研发中心、生产性服务设施为主导的科技平台，生态休闲为主导的休闲平台，工业厂房为主导的工业园区以及居住配套、研发配套等为主导的综合服务平台等等，因此基于产城融合的板块内部则是围绕特色主导产业培育产业链条前后向的科技研发、商务服务、综合配套等。

③ 用地结构。考虑到产业类型所需就业人员的需求，对板块内部实施了职住平衡的目标措施，通过经验数据我们对各功能平台内部、板块内部、板块之间测算了以工业为主导的板块职住平衡的比例大概 1/3：1/3：1/3，因此得出居住、工业、服务开发用地量的比例，为用地空间布局作为指引。

④ 配套设施。考虑到就业人员和居住人员的差异，我们对配套设施也进行了分类指引，以就业人员为主导的休闲配套设施建设、商业（尤其餐饮、娱乐）的配套设施建设，居住人口的教育、医疗等基础服务设施的配套等都有所考虑。

基于以上四个部分，构建嘉兴"4+1"的产城融合空间布局。

东部科技创新高新技术板块：包括嘉兴科技城、嘉兴工业园区、湘家荡、东部生态绿地等。以科技城主体，重点引进国内外一流的科研院校、机构在科技城内设立研发机构，面向长三角地区，为产业升级提供科技支撑，成为知识和技术创新的源泉。嘉兴工业区作为研发产品转化的产业化平台，以新材料产业集聚区、战略性新兴产业发展区等高技术制造业为主。以湘家荡、七星镇为主体。重点发展商务休闲、旅游度假功能。以东片生态绿地和大桥镇为主体，打造东片创新核心。为其他研发片区提供配套服务、研发服务功能，提升创新创业环境、生态品质。

南部现代生产性服务板块：包括国际商务区、余新镇、凤桥镇。以高铁站为核心优势，功能上对接上海。通过对工业的"两退两进"，腾出空间，打造生产性商务服务平台、区域产业教育培训平台、宜居平台。生产性商务服务平台培育发展面向中小企业的服务外包及金融相关产业，区域性产业教育培训平台立足各县、市区的特色产业基础，结合靠近同济大学浙江学院学科资源优势和高铁站的交通资源优势，建议在余新设立教育培训总部，以技术技能型和复合技能型高技能人才培训为主，形成长三角教育培训地基宜居平台借凤桥镇梅花洲生态休闲资源，以及生态田园示范园区、农业休闲度假区，形成高铁宜居后花园、生态旅游的风情小镇、江南田园城区的示范镇。

西部物流及特色产业板块：包括经济开发区西部先进制造业基地、秀洲工业区、综合物流园、现代物流园、洪合镇、王店镇。重点打造长三角物流枢纽平台、先进制造业平台、专业市场平台。长三角物流枢纽平台包括综合物流、航空物流、现代物流三大功能平台，围绕六大专业市场建立农产品、建材、家具等为主的中转、仓储、配送中心，做大、做强综合商贸物流园；以区域配送为特色，产业物流为主导，第三方物流集聚和物流资源整合为核心，原材料加工分拨为拓展物流科技应用为支撑，大力建设嘉兴现代物流园；以空港为核心，与周边先进制造业、物流园有机结合，发展航空物流产业，力争成为长三角航空物流基地。先进制造业平台重点着重引进电子信息产业、装备制造业、生物医药产业、清洁能源设备制造产业和航空制造产业等为重点，同时大力发展光伏产业。专业市场平台，依托洪合毛衫市场、王店小家电市场，并联合濮院毛衫市场及海宁皮革城，构筑集供应、销售、物流为一体的专业市场群。

北部生态休闲旅游板块：包括北部湿地以及新塍镇，打造湿地观光体验平台、商务休闲养生平台。湿地观光体验平台借北部湿地保护与开发的机遇，建设国家湿地公园，建设湿地旅游、水乡渔趣、品质居住、都市农业相融合的慢生活体验区。商务休闲养生平台依托温泉开发，合力乌镇及新塍镇，共同打造集古镇观光、温泉体验、养生修禅、文化传承、商务会议、文化演艺于一体的秀丽田园城镇。

中部综合服务板块：包括中环路以内的中心城区，通过城市有机更新，对湖滨片区、子城广场片区、文生修道院片区、城隍庙片区、三塔路片区、火车站南广场地块、钢铁厂地块、东塔弄地块等进行更新改造,全面保护和发掘旧城区、旧厂区丰富的历史遗存与地方文化(如子城、运河、水乡民俗)、近现代遗存与文化（近现代工业遗产、西洋文化、红船文化），建设功能强大、品质一流的城市中心区，培育和营造特色化的业态、设施和环境，细分消费市场，将城中片打造成特色鲜明的城市中心区，大力提升嘉兴在长三角中的城市地位。

15.3.3 微观破解工业围城策略

产城融合宏观理想空间策略和中观产城融合格局都已实现，而如何形成有利于中心城区功能提升的产业，如何实现产城融合操作性的策略，如何实现资源配置空间，从当前亟需面对的破解工业围城问题入手解决，从而制定出可操作性的产城策略。

（1）识别工业类型的产城融合度

产城融合度决定了哪些工业可以围城，哪些工业必须转移，哪些工业必须退出的策略。从产值、税收、就业等评价产业的贡献率，从能耗角度、环境污染角度作为产业的贡献率的负面因素，从其所处的区位空间价值作为工业类型布局的影响要素（表 15–1）。综合分析后我们得到以下六种类型：

第一种类型：特色产品加工业，设计制造业，如服装设计、印刷包装业、建筑设计业、软件行业等。文类产业是典型的都市型工业，对环境影响小，需要的就业人员是多样化、多层次的组合结构，产值相对较高，产业附加值高。

第二种类型：电子信息产品制造业。资源能耗低、带动系数大、就业机会多、综合效益好。当前的电子信息产业与传统上电子信息产业的高科技产业定位并不符合。主要原因在于目前电子信息产品制造业关键核心技术产品出口比重小，主要承担的是生产加工环节，实际

产城融合度影响因素分析 表 15–1

产城融合程度	主要产业类型	产值贡献	税收贡献	就业贡献	能耗影响	环境影响
产城融合度最高	特色产品加工业，设计制造业，如服装设计、印刷包装业、建筑设计业、软件行业等都市型产业类型	一般	一般	较高	少	影响小
产城融合度很高	电子信息产品制造业等高新技术相关产业	较高	较低	较多	较多	污染较小
产城融合度较高	生物医药、设备制造产业等高新技术产业类型	较高	较低	较高	一般	污染较小
产城融合度一般	汽车部件制造业、精细化工制造业、精品钢材制造业等先进制造业	较高	较高	较低	一般	一般
产城融合度较差	纺织类、纺织服装类、金属加工类等传统产业类型	一般	较低	较多	较多	一般
产城融合度最差	印染纺织、造纸、橡胶、化纤等污染型行业	较高	较高	较多	能耗较大	污染严重

是劳务输出本地化。如果要实现产城融合，首先要实现产品的升级。

第三种类型：包括生物医药、设备制造产业。这类产业是技术密集型产业，同时也是劳动密集型产业，对于就业的贡献相对比较高。产业的技术含量高，对于从业人员素质要求高，要求科研设计、研发服务、教育培训等生产性服务业、相关职能的本地化配置，对于新区建设有一定带动作用。

第四种类型：包括汽车部件制造业、精细化工制造业、精品钢材制造业等先进制造业。这类产业的长期效益良好，对于税收、产值的贡献相对比较大，但生产自动化程度高，吸纳劳动力数量相对比较少。上下游产业、原料燃料在区域范围内配置，并不仅限在本地，对交通运输、物流条件的要求较高，对环境具有一定影响。

第五种类型：纺织类、纺织服装类、金属加工类。这类产业属于劳动密集型产业，对吸纳劳动力数量相对较多，但由于层次低，因此劳动力门槛较低，税收、产出平均较少。

第六种类型：印染纺织，造纸、橡胶、化纤等污染型行业。这类产业产出、税收均较高，属于劳动密集型产业，对吸纳劳动力数量相对较多，但能耗量大、环境污染严重。

根据工业类型的特点，其布局具有"二元性"特征。产城融合度低的工业空间布局需要与城镇生活空间之间留出足够的防护绿地距离，功能上形成产城联动的格局；产城融合度高的工业空间布局可以与城镇生活空间相邻布局，功能上形成产城融合的格局。

（2）破解围城的产城融合策略

对比理想的产城空间与现实的工业围城现象，提出低效工业退出、特色工业转型、战略工业引进三大策略。

A. 低效工业退出策略

从类型来选择，重点是要再次淘汰一些经济效益不高的、地均产出过低、环境污染严重的产城融合较低的产业。这类产业主要包括：纺织业、印染、塑料制造业、污染型的橡胶制造业、电镀、化工、造纸、制革等。

从空间上来看，具有以下几种类型：

一是退产城融合度较差或一般的产业，但区位价值最高的区域。比如中环路以内的区域。退出产城融合度较低的产业，环境污染相对较为严重的企业；造纸、化学原料、橡胶制品、金属制品等重工业。

调整思路：搬迁改造一批污染企业，退出一批劣势企业，发展一批都市型企业，加快生产要素向优势产业和优势企业集中。

调整重点：中心城区要结合现代服务业的发展，向外迁移调整有污染、高消耗、大运输量的工业企业，同时规划发展高科技含量、高

图 15-27　嘉兴市地价空间分布图

附加值和劳动密集型的都市型工业。

调整对象：一是影响特大城市规划和建设的，特别是挡路阻桥，影响城市景观的工业企业；二是对商业和居住环境有较大负面影响的，特别是沿河、沿湖，对环境生态有较大影响的工业企业；三是有重大资产重组和改扩建项目，急需外迁发展的工业企业。

调整进度：近期选择机械、化工行业的一些企业作为调整的重点对象，冶金、造纸、纺织、轻工行业积极准备，力争用 5 年左右时间，分阶段实施。2018 年底前为调整的探索试点阶段，重点推进纺织、化工、机械行业部分企业的迁移调整。2020 年底前基本完成调整工作，形成市区产业布局新格局。

调整导向：外迁的存量用地用于发展都市型工业或城市公共服务用地、绿地建设等；化工工业：例如禾欣化工集团，向大桥精细化工等新材料园区集聚，但要严格保证环保同步升级，形成环保达标的新材料等高新技术制造业基地；机械工业：例如嘉兴钢丝厂，向特色机械制造园区调整迁移，形成环保达标的花园式特色机械制造园区；纺织工业：毛纺集团等企业向具有纺织、印染优势的乡镇，择点建设环保达标的纺织印染园区；造纸工业：建议选择合适区域建设符合生态技术标准的造纸工业园区，如环保不达标，则严禁入内。

政策配套：一是制定鼓励城区企业外迁、促进企业发展的政策。制订鼓励企业搬迁的土地处置办法，明确企业通过土地转让获取资金的方式和使用、管理办法，确保企业搬迁建设和生产经营所需的资金；二是制订有利于企业搬迁、改造、发展的财税政策，调动企业搬迁调整的积极性，扩大规模投入；三是制定职工安置分流、社会保障、资产剥离、综合税费减免等政策，鼓励企业结合搬迁进行改制、改组；四是积极协调银行落实有关债权债务及担保等事宜。制定鼓励园区接受企业迁入的政策。进一步完善市与区、区与区的财税政策；制订鼓励特色工业园区完善配套设施建设的政策；制订促进迁入园区的城市基础设施建设的鼓励政策。

二是退产城融合度较低的产业，但区位价值较高的区域。包括经开区北部工业园区（东升路、中环北路、三环北路、城东路）、城南街道、长水街道、东栅街道。价值在 600 元 /m^2；退出产城融合度较低的产业，如北部橡胶厂、东栅街道电池厂等产业类型。

三是退产城融合度较低的产业，但生态价值较高的区域。直接范围包括嘉兴北部王江泾镇、油车港镇，间接影响区域新塍古镇。针对当前纺织、印染、喷织企业的产城融合度低，饱受水环境污染的困扰。

B. 特色工业转型策略

经济效益好且与理想空间相吻合的区域——南湖区工业园、秀洲区工业园、经开区工业园；现状产业基础较好，产业产出效益高，带动嘉兴经济、社会等效益，但产业类型多样、产业层次低端、产业环境恶劣等问题。从类型来选择，重点提升现有的经济效益较好的区域或是当前地均产出一般，但代表嘉兴制造业特色，这类包括工业园区内的成熟产业，如经济开发区嘉北工业园的汽车制造业，电子计算机、通信和其他电子设备制造业等先进制造业。提升南湖区的精细化工、化学原料制造；加快向特种纤维、产业用材料、化工新材料、电子信息新材料等战略型新材料发展。提升秀洲区内部的主要是机械加工制造业向先进制造加工转型，由传统制造业向先进特色制造产业、光伏等先进制造业转变，尤其其内部的零部件加工企业要形成汽车零部件上下游产业链，从而实现整个装备制造业的转型，培育太阳能光伏、光热产业，清洁能源（生物质能、风能）、新能源汽车（装备）和再生能源等战略型新能源产业。

C. 战略工业引进策略

发展产城融合度高的都市型产业、高新技术产业和战略型新兴产业。从类型上看，中心城区可以适度进产城融合度高的创意设计、创意制造等都市型产业，南湖区高科技产业园区和秀洲区先进制造特色产业园区可以进新能源产业、新材料、高新技术产业、科技研发领先、高附加值高效益产业。

首先，进一步加强新能源，建设长三角重要的新能源应用示范基地和产业发展高地，保障所需的发展用地空间；其次，进一步发展与电子信息、冶金、汽车、建材、化工等重点产业相配套，大力发展各类新材料；第三，提升高新技术产业的国际竞争力。以电子信息、生物医药、新能源产业为代表的高新技术产业，需要重点培育创新研发能力，发展核心技术环节，着力提高产品附加值，大力提升综合产出效益，尽快发展成为掌握关键技术、具备国际核心竞争力的优势产业。

15.4　结语

总之，嘉兴正处于产业转型与城市转型的重要时期，既要以产业转型实现区域服务中心，又要以城市升级完善城市功能服务，提升城市品质、品格、品味。因此，嘉兴城市与产业转型，必须坚持走产城相容、产城互动、产城共进之路，从而实现产业城市升级的新引擎。

16

生态保障

生态保障旨在塑造一个珍贵的区域，保护和恢复那些支撑城市、郊区和乡村村落的自然资源系统和绿色公共空间，同时提升城市中心的地位。总体而言，构建区域生态保护区、城市绿色资源和城市绿道网络，在为下一代提供健康的区域环境系统的同时，也将为整个区域提供"绿色蓝图"，从而实现未来的可持续发展。

16.1 问题及趋势判断

16.1.1 城市绿色空间面临的问题

绿楔外围区域的蚕食。嘉兴三大绿楔经历了30年的建设控制，堪称长三角城区绿化建设的典范，三条绿楔分三个方向楔入城区，创造了良好的生态环境，这也是嘉兴城市一笔可贵的生态财富。但是随着城镇化进程的不断推进，城区内部的绿楔得到了很好的控制，并形成了有内容的绿地公园，但外围区域绿楔都面临着被蚕食的危险。

16.1.2 城市绿色空间的发展需求

嘉兴提出了新型城镇化的绿色转变发展战略，其内涵一方面要遵循和体现新型城镇化的一般规定和要求，另一方面，需要对现阶段城市发展和面临的特定形势与环境做出把握，实现发展模式的转变：

（1）重点从"经济利益优先"向"生态效益优先"转变

新型城镇化背景下需从可持续发展角度，改变重开发、重建设的发展模式，从保护、控制方面确保资源环境得到有效保护，发展内容的重点逐渐从经济利益优先向生态效益优先转变。

（2）方式从注重发展速度向注重发展质量转变

未来城市的核心竞争力在于注重发展质量，即保持高端产业、高级人才，而发展高端产业、留住高端人才则在于良好的环境。长期以来推动经济增长由主要依赖资源消耗带来资源环境问题，需要转变发展思路，从资本资源的粗放投入到创新、技术要素的集约投入，城市发展路径由原来的"大项目带动—城市用地扩张—吸引劳动力资源的集聚—集聚经济—创造财富"转向"注重城市环境—高品质环境吸引高端人才—促进技术及制度创新—产业升级转型—创造财富"，确保发展质量的基础上进行空间、产业、社会发展的安排。实现"速度增长"到"效益提升"的转变。

（3）目标从注重规模扩张向注重品质提升转变

新型城镇化背景及生态文明建设等宏观背景下，更加注重质量与品质的建设，突出保护生态和实现可持续发展，采用"先底后图"的规划方式确定未来的空间发展，即严格保护土地、生态、文化、历史等资源底线，实现"规模方向"向"空间模式"转变。

16.1.3 城市绿色空间的前景目标

嘉兴历来就有"鱼米之乡"、"丝绸之府"的美誉。绿色空间战略的目标即为现在和未来的居住生活、生产服务提供必需的生态环境与休闲娱乐机会，在满足于公园绿地建设的基础上，形成系统网络，提高公园可达性和亲人性，着眼于改善恢复区域生态系统，保护这些基础设施，从而为我们提供清洁空气和清澈水源。

16.2　生态保障的战略建议

生态保障战略是关于应该怎样营造城市绿色空间体系，这是一个基本构架，在这个构架中包含着必须为日趋蔓延和"千城一面"的城市确定一个刚性、明确、直观、稳定的界限，必须将绿色体系成网络、成系统，必须对面向公众开放的自然资源和景观（包含了一些前庭后院的区域）。必须对城市已建区或城市活力区域进行绿色再建设，必须保护和恢复绿色生物的多样性而努力。

16.2.1 以生态容量作为城市生产、生活发展的最大限度

城市生态环境容量是指在保证城市土地利用适宜、资源开发利用合理、生物受到保护、环境污染得到有效控制的前提下，城市所能容纳的适度人口和一定的经济发展速度。以生态容量作为城市生产、生活发展的最大限度即考虑城市的地域生态环境，结合自然条件、社会、文化、历史等等条件，在一定的时间、空间范围内，在一定的经济水平和安全卫生的要求下，在满足城镇生产、生活等各种活动正常进行的前提下，对小城镇建设发展规模以及人们在城镇中各项活动的强度提出容许限度，以此作为城市生态环境规划的基础和依据。

16.2.2 划定一条基本生态控制线，作为保住区域优美生态底线

基本生态控制线是为保障城市基本生态安全，维护生态系统的科学性、完整性和连续性，防止城市建设无序蔓延，在尊重城市、自然生态系统和合理环境承载力的前提下，根据有关法律、法规，结合城市实际情况划定的生态保护范围界线。因此，应从城市生态安全的角度出发，明确划定基本生态控制线，通过固化的生态空间的强化对城市空间结构做出约束引导，保障城乡空间形态，同时防止城市建设无

序蔓延。

16.2.3 构建田园城市发展的理想绿色系统空间

小范围的生态安全影响着大区域的生态格局,生态保障亦是要"跳出区域看区域",以长远的大区域的眼光来看待。通过大区域整体生态格局的掌控,引导合理的城市化进程,通过自然系统与城市系统的相互耦合,形成一个合理的动态平衡,促进区域整体的发展。构建起"基质—廊道—版块"的区域理想绿色系统。其中:

基质指城市大型集中连片的绿色开敞空间,是区域和城市大型氧源绿地和生态支柱,在城市生态系统中承担着大型生物栖息地的功能,是保护和提高生物多样性的基地,对区域和城市生态安全具有重大影响的区域。

廊道作为连接并滋养城市、郊区和受保护的景观,保障和恢复生态廊道、绿道、景观道路、河流和野生动植物栖息地,主要是由植被、水体等生态性结构要素构成,是具有保护生物多样性、过滤污染物、防止水土流失、调控洪水等生态服务功能的线性生态空间。

斑块指城市中与周围环境在外貌或性质上不同,并具有一定内部均质性的绿地空间单元。如一些小型的公园绿地等。

16.2.4 依托水乡肌理,建立滨河廊道和生态绿道

嘉兴自古为水城,明万历《嘉兴府志》描述:"百川环绕,而鸳鸯一湖停蓄其南,诚为泽国之雄,江东一大都会也"。以古城为核心,环城河围绕其外,京杭大运河、长水塘、平湖塘等八条主干河道呈放射状均匀分布,并汇合入城。旧时城内市河纵横,有"环城皆濠,四门水陆并通,七十五桥,三十六坊"(祝穆《方舆胜览》),"多数街道之旁即为河道,颇有一街一河之象",呈现"人家尽枕河"的面貌。因此,水是嘉兴的灵魂,保护与恢复水乡肌理便是保护和彰显嘉兴的城市文化。

(1)以水网格局构建城市空间格局

应结合水网、路网,围绕南湖、西南湖,以城市的外环河、中环河、环城河为纽带,以八条放射状主干河道为绿廊,以三大片绿楔为肌理,架构有机渗透的生态城市体系,通过充分考虑水乡城市格局和水乡城市的景观形态,展现嘉兴"水都绿城"的城市风貌。

(2)建立滨河生态廊道,构建城市基础生态结构

应依托城市水网,按生态学的要求对沿河的绿化廊道进行保护与系统配置,同时对河道进行彻底的清理,放养各类水生动植物,使之与河岸的动植物共同构成丰富的生态系统。通过由河道、沿河绿带组

成的绿色生态廊道，构成一个水陆复合型生物共生的生态关系，使城市与自然之间相互连通，物种在"绿—城—水"之间迁移成为可能，绿色廊道成为城市生态网中重要的绿脉。

（3）建设生态绿道，提升城市空间品质

嘉兴绿道通过沿着河滨、风景道路等自然和人工廊道建设，内设可供行人和骑车者进入的景观游憩线路，连接主要的公园、自然保护区、风景名胜区、历史古迹和城乡居住区等，有利于更好地保护和利用自然、历史文化资源，并为居民提供充足的游憩和交往空间。为了与水乡肌理有很好的契合，沿河而建绿道。

16.3 战略的实施策略

16.3.1 生态环境容量预测

城镇建设过程中，避免走以往城市建设发展中出现的"先污染、后治理，先破坏、后保护"的老路，避免以牺牲环境为代价去换取一时的经济效益，而走人与自然和谐共处的道路，是关系生存和发展的关键问题。因此在城镇建设、生态控制之前做生态环境容量预测，实现至少多少生态环境容量保证人们能够舒适生活。

不同区域的自然环境、资源禀赋等有差异。因此在生态环境容量理论研究的基础上，结合实际，构建生态容量阈值预测的指标体系（表16-1），即人口、资源、土地、废弃物消纳四大二级指标。

生态环境容量预测　　　　　　　　　　　　　表 16-1

一类指标	二类指标	三类指标	备注
城市生态环境容量	人口容量	人口自然增长率	反映人口自然增长趋势
		人口密度	单位面积人口数
		非农业人口比例	城镇人口占总人口的百分比
		城镇居民就业率	区域内人口就业的比率
		人均 GDP	反映人们生活水平
	土地容量	人均耕地面积	衡量农业可持续发展的能力
		水域面积	陆地水域和水利设施
		人均建成区面积	人为固化程度
		人均森林覆盖率	反映林木资源的丰富程度和生态平衡状况
		可开发未利用地	还未利用的土地，反映城镇土地资源的潜力

续表

一类指标	二类指标	三类指标	备注
城市生态环境容量	资源容量	能源利用率	能源综合利用的效率
		粮食综合生产能力	支撑人口的可持续发展能力
		水资源容量	人均水资源占有量
		万元产值能耗	反映能源消耗效率
		可再生能源利用率	水能、风能、太阳能等可再生资源的利用率
	废弃物	废水处理率	生活污水处理占总污水量的百分比
		生活垃圾处理率	垃圾处理占总垃圾数量的百分比
		建成区人均绿化面积	净化大气能力
		环保投入占GDP的百分比	对环境的重视程度和环境管理水平
		秸秆综合利用率	综合利用秸秆数量占秸秆总量的比例

（资料来源：吴丽丽. 小城镇生态环境容量评价研究[D]. 武汉：华中科技大学，2007.）

通过 SPSS 客观计算权重，将二级指标数值标准化后进行各自加权，得出城镇生态环境容量指数进行分级。生态环境容量指数（>0.75）处于很好的状态，生态环境容量（0.5~0.75）处于较好的状态，生态环境容量（0.35~0.5）处于一般的状态，生态环境容量（0.25~0.35）状态较低，（<0.25）状态较差。因此，要保持生态环境良好，生态环境容量必须达到 0.5 以上。根据以上评价，嘉兴当前生态环境容量为 0.8，还未达到生态赤字，生态状况良好。

16.3.2 划定基本生态控制线

嘉兴地处江南水乡的杭嘉湖平原，田园基地保持是网络型田园城市的必然要求，也是隔离各组团(功能区)的自然基底。全市除"1640300"的城市建设用地和区域基础设施建设用地外，均作为网络型田园城市的田园基底，按照土地利用总体规划要求，不得少于 3200km²。

基本生态控制线因子分析　　　　表 16-2

控制因子		分类条件	单因子得分	权重
主干河流	建成区	50m ≤距岸线	1	0.25
		30m ≤距岸线 <50m	3	
		距岸线 <30m	5	
	非建成区	500m ≤距岸线	1	
		300m ≤距岸线 <500m	3	
		距岸线 <300m	5	

续表

控制因子		分类条件	单因子得分	权重
次干河流	建成区	20m ≤距岸线	1	0.20
		10m ≤距岸线 <20m	3	
		距岸线 <10m	5	
	非建成区	200m ≤距岸线	1	
		100m ≤距岸线 <200m	3	
		距岸线 <100m	5	
湖泊和水库、低洼湿地附近地带	建成区	200m ≤距岸线	1	0.20
		100m ≤距岸线 <200m	3	
		距岸线 <100m	5	
	非建成区	500m ≤距岸线	1	
		200m ≤距岸线 <500m	3	
		距岸线 <200m	5	
		距景区外边线 <500m	5	
交通廊道	铁路	<1000m	5	0.15
	高速公路	<1000m	5	
	一级公路	<30m	5	
	二级公路	<15m	5	
基本农田		80% 以上面积比例	5	0.2
		50%~80% 面积比例	3	
		50% 以下面积比例	1	

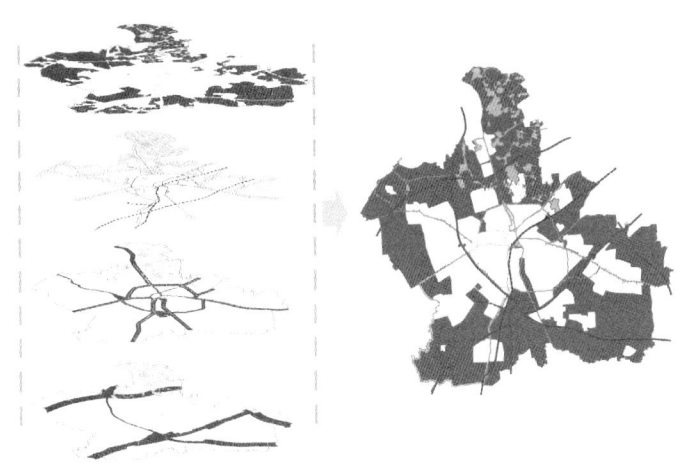

图 16-1　基本生态控制线因子叠加图

图片来源：嘉兴市基本生态控制线研究

　　嘉兴市区结合理想城市空间格局及理想生态空间格局，划定永久性田园（基本生态控制线）的范围（图 16-1）：水源保护区、自然生态保护区（包括湿地、楔形绿地、绿化隔离带等）、基本农田保护区、较大水体内的用地以及城市长远发展必须控制的绿化隔离带等。永久性田园（基本生态控制线）内用地要求严格控制，只能用于城市发展所必须的公园、道路交通、市政设施、旅游及特殊用地等建设用途，以及郊野公园、风景区、生态保护区、农业开发等非城市建设用途。基本生态控制线分级划定，分区控制，遵循占补平衡原则，划定控制面积约为 680km²，约占全市土地总面积的 70.2%，其中基本农田保护区面积约 468km²。形成"百万亩生态基质、六大万亩生态斑块、十二大生态廊道"的生态控制线格局。

16.3.3 明确绿楔控制边界

基于以往对于外围绿楔界限模糊的状况，绿楔的控制边界进一步明确，从中心城区扩大到市区，并从中心城区的中环开始向外延伸直至市界，分别严格控制西北绿楔、东北绿楔、南部绿楔，绿楔总控制面积为 170km²，其中南部绿楔 45km²、东北绿楔 50km²、西北绿楔 75km²（图 16-2）。

图 16-2　生态绿楔控制面积及空间分布图

图片来源：嘉兴市总体规划（2003-2020）（2012 年修改）

塑造绿楔功能。绿楔的控制单纯靠行政管制执行较难，将绿楔赋予明确的功能，让市民活动其中，塑造市功能的绿楔更利于绿楔空间范围的管制。结合中心城区的边界，将中心城区范围内的绿楔作为城市公园，在中心城区外围的绿楔作为郊野公园。郊野公园范围内可以有少量的低密度的开发，也可以包含部分村庄，性质类似国家公园、自然公园。其中西北绿楔内包含中心城区内 2 个城市公园、1 处湿地，中心城区外 2 个郊野公园。东北绿楔范围内包含中心城区内 1 个城市森林公园，中心城区外 1 个郊野公园。南部绿楔范围内包含中心城区内 4 个城市公园，中心城区外 1 个郊野公园。

16.3.4 构建生态绿道网络

贯穿嘉兴市区的八大水系汇集环城河，紧靠环城河南侧的南湖、西南湖在历史上就是有名的鸳鸯湖，城市东北片的湘家荡水面宏大，而城市北部的穆湖溪水面修长，还有密布全市的内河小港，充分规划保护好大量的河湖水系，将是江南水乡城市的最好体现，也是嘉兴独有的城市特色。

在中心城区建设以环城河、中环河、外环河及八条放射状河道为主体的水系廊道，突出水系的景观价值与旅游价值。沿河两岸建设至少30~50m带状绿地，并对沿岸的绿化进行整体设计，引入嘉兴特色文化主题，局部地段增加活动设施及公共绿地，形成富有特色的景观旅游带。

根据嘉兴平原水网地区以及处在长三角中心位置特定条件，分为交通道路型绿道、河流保护型绿道、旅游通道型绿道三类绿道网规划建设。首先结合主要交通通道，按照生态保护和环境建设的要求，建设"三纵三横"的交通道路型绿道（图16-3）；其次重点利用市域大型的河流水系，规划建设"三环八射"的河流绿道网；最后结合城市通向风景名胜区、旅游区、森林公园等的通道进行建设，连接嘉兴市域重要的风景名胜区、旅游区包括九龙山风景名胜区、南北湖旅游度假区、北部湿地保护区、湘家荡旅游度假区等旅游通道型绿道网。

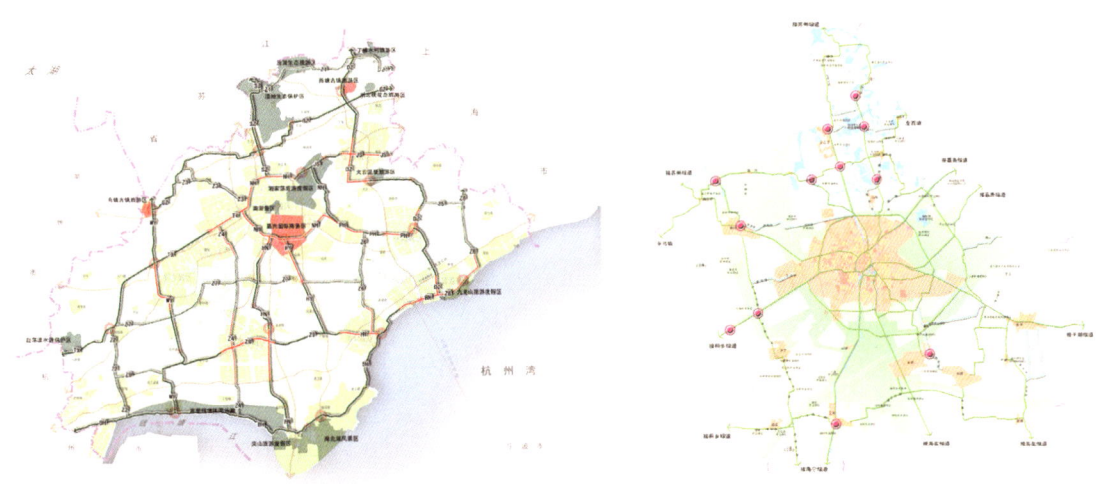

图16-3　嘉兴市市域绿道及市区绿道规划图

图片来源：嘉兴市绿道网总体规划（左图）；嘉兴市区生态绿道网总体规划（右图）

嘉兴市区规划形成三环八放射四连生态绿道系统主干网络，辅以社区生态绿道和郊区绿廊的网状生态绿道系统。

根据"三环、八方射、四连"的水系与绿道规划结构，对环城河、外环河两环以及杭州塘、苏州塘、长水塘、嘉善塘、长纤塘、平湖塘、海盐塘、新塍塘等水系两侧进行严格的生态保护。除以上水系外对影响嘉兴水乡肌理及建设社区绿道的较小水系与河浜如凌公塘等也进行严格的生态保护。其两侧的生态用地控制宽度按照其生态功能与要求进行如表16-3所示的控制。

水系两侧生态用地控制宽度与生态功能对照示意　　　　表16-3

宽度值/（m）	生态功能
3～12	廊道宽度与草本植物和鸟类的物种多样性之间相关性接近于零；基本满足保护无脊椎动物种群的功能
12～30	对于草本植物和鸟类而言，12m是区别线状和带状廊道的标准。12m以上的廊道中，草本植物多样性平均为狭窄地带的2倍以上；12～30m能够包含草本植物和鸟类多数的边缘种，但多样性较低；满足鸟类迁移；保护无脊椎动物种群；保护鱼类、小型哺乳动物
30～60	含有较多草本植物和鸟类边缘种，但多样性仍然很低；基本满足动植物迁移和传播以及生物多样性保护的功能；保护鱼类、小型哺乳、爬行和两栖类动物；30m以上的湿地同样可以满足野生动物对生境的需求；截获从周围土地流向河流的50%以上沉积物；控制氮、磷和养分的流失；为鱼类提供有机碎屑，为鱼类繁殖创造多样化的生境
80～100	对于草本植物和鸟类来说，具有较大的多样性和内部种；满足动植物迁移和传播以及生物多样性保护的功能；满足鸟类及小型生物迁移和生物保护功能的道路缓冲带宽度；许多乔木种群存活的最小廊道宽度
100～200	保护鸟类，保护生物多样性比较合适的宽度
200～1200	能创造自然的、物种丰富的景观结构；含有较多植物及鸟类内部种；通常森林边缘效应有200～600m宽，森林鸟类被捕食的边缘效应大约范围为600m，窄于1200m的廊道不会有真正的内部生境；满足中等及大型哺乳动物迁移的宽度从数百米至数十公里不等

图16-4　嘉兴市城市公园与郊野公园分布图
图片来源：嘉兴市城市总体规划（2003-2020）2012
年修改

16.3.5 传承提升绿化内涵

　　嘉兴的绿化类型多样性较高，包括古迹类绿化、滨水滨路绿化、点状社区公园、郊野公园、农业园区等等（图16-4），并且也形成了特色的植被景观。传承提升绿化内涵重点在于与嘉兴文化相结合，主要包括运河文化、古城文化、农耕文化和工业文化，借绿地公园弘扬文化、提升内涵。市区范围新增20处市级公园，其中城市公园12处，郊野公园8处。

16.3.6 基于以上的理想生态空间

　　按照新型城市化的要求，嘉兴网络型田园城

市理想的生态发展空间由"基质—廊道—斑块"组成，①基质主要包括水域、农田等要素，主要包括北部湿地（湖荡密集区）——穆湖溪公园地区；湘家荡度假区——东片、西片及南片楔形绿地楔形绿地；余新——凤桥区域绿地及特色农业区域（水蜜桃、茭白等）；长水塘——贯泾港水厂湿地；王店——洪合基本农田区；西片新塍——湿地水源区；②廊道重点控制大型城市绿廊、道路廊道和河流水系廊道，包括申嘉湖高速廊道、乍嘉苏高速廊道、跨海大桥北接线廊道、嘉绍通道廊道、沪杭高速廊道、环城河、外环河两环以及杭州塘、苏州塘、长水塘、嘉善塘、长纤塘、平湖塘、海盐塘、新塍塘等两环八放射河道和沈嘉湖航道等市区主干河道等；③绿地斑块主要包括公共绿地、附属绿地、生产防护绿地以及旅游绿地和特色农业园区等，核心是合理布局各类公共绿地，为市民提供各类游憩康乐设施和场所。最终形成"两环三楔多片 + 网络生态廊道"的理想生态空间格局（图 16-5）。

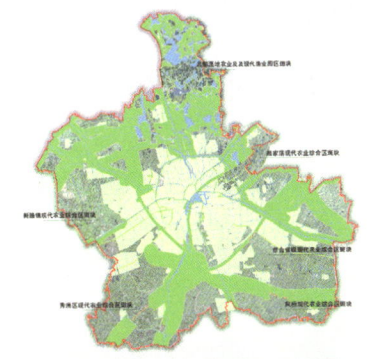

16.4　结语

树立环境吸引力的发展理念保护生态环境。未来可持续发展中，软环境尤其是良好的生态环境是吸引优秀人才落户的重要因素，因本次注重大的生态基底建设、生态廊道控制、公园等生态板块的建设为抓手，做好生态环境保护，抢先未来发展占据制高点。

恢复"以水架骨"格局，打造"秀水绕城"的城市景观。嘉兴作为江南著名水乡城市，城市水景特色自古闻名，水环境历史价值高，形态特征视觉质量良好，与城市水乳交融，在整个城市景观体系中占有举足轻重的地位，是构建嘉兴城市形象特色的核心要素，将自然景观与人文景观融为一体，既体现了浓郁的地方水乡特色，同时也形成了"秀水绕城"的城市景观形态。延续自古以来嘉兴"两环八放射"的水网格局，强化网络型水乡田园特色，顺应放射状的水网格局引导城市发展，形成"手指状"的星形生态城市形态。在区域整体设计风格的基础上，打造个性化、多样性的景观特色是重点。

注重城市文化与水系的结合。嘉兴素来历史人文底蕴深厚，结合运河文化、农耕文化、古城文化、工业文化，

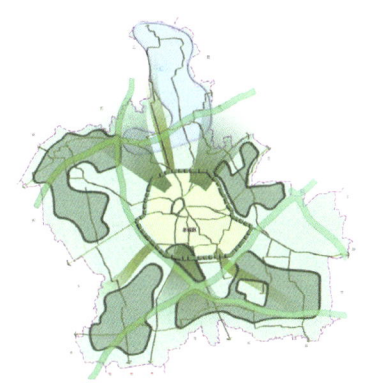

图 16-5　嘉兴市生态空间规划

图片来源：嘉兴市基本生态控制线研究

将自然景观水系引入城市文化载体，同时利用文化要素串联河道水网，形成独特的水乡文韵。

立足"水乡治水"，作为提升生态品质的突破口。结合当前"五水共治"工作思路，结合三清两绿行动计划，治理好江南水乡的水乡肌理。在大的水乡肌理格局上进行生态建设及保护，实现整体品质的提升。

17

水环境治理

浙江省第二大城市名嘉
兴，秀丽而土壤肥沃，城市
位于一条河上，城里河网密
布，河岸铺有经过雕琢的石
块，河上架有许多石桥，船
只可以在全城各处通行。这
座城市秀丽、物产丰富、安
乐富足。……

——清代俄国使臣米列
斯库《中国漫记》

（嘉兴）巨海环其东南，
具区浸其西北，左杭右苏，
四望如砥。海滨光斥，盐田
相望；镇海诸山，隐隐列拱。
百川环绕，而鸳鸯一湖蓄其
南，诚为泽国之雄。

——[明·万历]《嘉兴
府志》

浙西杭州半山半水、湖
州亦然，嘉兴水多山少，实
为泽国。

——[清·光绪]《嘉兴
府志》

烟态依稀如雨态，南湖
消息遍西湖，自宜春夏秋冬
景，何必渔樵耕牧图。

——[清] 乾隆

青天不动阁沉水，白鸟
双飞湖生云。

——[明] 戚元佐

嘉兴河道众多，水网交错（图 17-1）。京杭大运河、长水塘、平湖塘等八条主干河道汇合入城，市境还有众多次干河道及其他小河道，水网密度高达 3.5km/km^2，为全国之冠。水是嘉兴环境系统中最关键的要素。择水而居、逐水而行自古以来已成为嘉兴人的生存准则。因此，水活，则环境为之生；水死，则环境为之衰。"水"既成为嘉兴经济与城市发展的基本依托元素，同时也成为构成嘉兴城市特色的重要自然条件。平坦的地势和密集的水网使得嘉兴市域空间呈现出十分均衡的匀质性特征，这种空间的匀质化对于嘉兴地区传统农业生产和现代城镇布局均将产生重要的影响。

图 17-1　嘉兴江南水乡美景
图片来源：嘉兴市城市总体规划（2003–2020）（2012 年修改）

嘉兴过去有着优美的水乡环境，然而近 10 余年来长江三角洲的快速发展以及本地区工农业生产和开发建设已经对嘉兴水环境产生了巨大的压力，水体质量不断恶化。目前嘉兴水体普遍发黑、发臭，富营养化严重，水葫芦丛生，已不能满足水体功能要求，出现了"鱼米之乡鱼难养，江南水乡无净水"的状况。如何能让江南水乡的优美环境恢复，是当前我们继续面临的环境问题。

本章节针对当前环境问题中最核心的问题——水环境治理问题进行研究，以流域治理为先，力行环境执法，系统考虑嘉兴整体的水环境；同时跳出"头痛医头，脚痛医脚"的局限，提出治污水、防洪水、排涝水、保供水、抓节水的"五水共治"策略。期望重新实现"清洁水源"的美丽水乡，让水"清"起来、"流"起来、"活"起来，再现悠悠碧水、小桥流水人家意境。

17.1　问题及趋势判断

17.1.1　环境污染的现状问题

2010 年分别对嘉兴市 80 条河道、8 个湖荡，共 128 个水环境监测断面进行地表水资源质量评价，按监测断面评价，全年期Ⅳ类水体占 17.2%，Ⅴ类水体占 19.5%，劣Ⅴ类水体占 63.3%，整个流域污染相当严重（图 17-2）。

研究表明，城市地表径流污染是仅次于农业污染的第二大面源污染，占城市汇水面积约 20% 的道路，对受纳水体悬浮物和烃类污染的贡献分别为 50% 和 30%。城市地表径流雨水中除含有重金属、碳氢化合物等对环境危害性大的污染物质以外，车辆运行带来的油类等污染物，行人抛弃的废物，从庭院和其他开阔地上冲刷到街道上的碎屑和污染物等，最终都将在雨水淋洗、冲刷作用下迁移至水环境中，并对这些水域产生很大危害。

17.1.2 环境治理的发展趋势

国家发展要求的新形势： 近年来，人民群众对干净的水、新鲜的空气、洁净的食品、优美宜居的环境等要求越来越高。"十八大"报告把生态文明建设纳入"五位一体"的中国特色社会主义事业总体布局，提出把生态文明建设放在突出地位，融入经济建设、整治建设、文化建设、社会建设各方面和全过程，努力建设美丽中国。建设美丽中国，要求我们深刻把握可持续发展的时代潮流和当今世界绿色、循环、低碳的发展新趋势并做出战略抉择；建设美丽中国，要求我们坚持节约优先、保护优先、自然恢复为主的方针，着力推进绿色发展、循环发展、低碳发展，局部形成节约资源和保护环境的空间格局、产业结构、生产和生活方式；建设美丽中国，要求我们优化国土空间开发格局、全面促进资源节约、加大自然生态系统和环境保护力度；建设美丽中国，需要加强生态文明考核评价制度建设，要建立符合生态文明要求的国土空间开发保护制度、完善耕地保护和水资源管理等制度，要建立促进生态文明建设的市场机制。

技术发展的新动向： 水治理起源于欧美，经过几十年的应用发展成效明显，国内的水环境治理发展迅速，比如北京东方太阳城、深圳万科中心将低影响开发（LID）作为治理水环境问题的重要技术手段，低影响开发（Low Impact Development，LID）是指基于模拟自然水文条件原理，通过分散的、小规模的源头控制措施来实现对场地开发后增加径流雨水的水量和水质控制，使建设区域开发建设后尽量接近于开发前的自然水文状态。LID 雨水综合利用能够降低开发建设区域内的雨水外排流量和洪峰流

径流污染

内涝

河道污染

农业面源污染

图 17-2 环境污染来源
图片来源：嘉兴市水环境治理综合规划

量，增加可用水资源量，保障建设区域及周边地区的防洪与排水安全，减轻居地面径流导致的面源污染，实现城市与水的和谐共处。目前已经出台，从区域规划到示范工程进行推广，未来将会在全市层面执行。

嘉兴管理的新成绩：2012年，嘉兴市治水办成立，并建立了"河长制"管理制度，全面开展水环境综合治理工作。"河长制"坚持贯彻落实科学发展观，按照"两富"现代化和生态文明建设的总要求，围绕让水"清"起来、"流"起来、"活"起来的治水思路，坚持源头治水、科学治水、联动治水，以"三清两绿"行动计划为总载体，以"139"行动为主抓手，不断创新工作机制，健全管理体制，统筹谋划水环境综合整治，着力打造"水乡绿城"，为加快建设"三城一市"提供坚强有力的环境安全保障。

17.1.3 环境治理的目标远景

地表水环境治理是市民在城市中赖以生存的，水、土壤、粮食、蔬菜、肉禽等食品安全问题是城市中生命体赖以生存的基础，是城市存在的自然基础，其重要性不言而喻。嘉兴的水环境治理在满足居民"喝上干净水"的基础上，要考虑江南水乡特色，突出水网特色，融城市于风景之中，把嘉兴建成富有城市个性和特色的"江南水乡明珠"。在空间组织中展现嘉兴城市风貌和强化嘉兴"水—绿—城—文"景观特色，重点做好水空间历史特色延续和滨水空间景观序列的组织。并结合水网、路网，围绕南湖、西南湖，以城市的外环河、中环河、环城河为纽带，以八条放射状主干河道为绿廊，以三大片绿楔为肌理，架构有机渗透的生态城市体系，规划中充分考虑水乡城市格局和水乡城市的景观形态，展现嘉兴"水都绿城"的城市风貌。重视江南水乡水系资源，延续发展水乡城市格局。

17.2 战略的相关建议

17.2.1 嘉兴水环境不仅是污水治理，而要五水共治

坚定不移地开展"五水共治"，把"五水共治"作为倒逼经济转型升级的战略举措，全面开展水环境治理，全力推进防洪排涝、城乡供水重点工程建设，切实加强饮用水水源保护，大力推进节约用水。

17.2.2 嘉兴水环境不能封闭式治理，而要构建区域水环境系统

嘉兴西北部水网十分密集，环境敏感，并且是嘉兴主要水源地，因此该区域应作为水网生态保护区，限制保护区内污染工业的发展，

加大农业污染源的治理与管理；王江泾镇较为大型的丝织业应迁至南部开发区集中，并建立有效的污水处理措施。苏州塘、杭州塘、新塍塘是境外污水进入嘉兴的主要通道，应加强省、市河流交界处水质的监管与净化工作，并与周边省、市建立环境保护协调机制，保持区域水环境质量。

17.2.3 嘉兴不能仅靠水利工程治理，而要结合生态系统的思路治理

站在城市生态系统恢复与重建的角度上，制定生态系统规划和治理方案中，水利、污水等只是一个系统中的几个要素而已，必须有一个系统性、整体性、专业化的生态恢复方案予以指导。

一方面利用仿生态净化水质。外环河以内城市河道的水质净化系统以自然型净化方式作为基础，采用水生植物净化、生态湿地净化及人工处理三种方式。其中：水生植物净化主要是利用沿河道种植的水生植物，吸收污染物质；生态湿地净化方式是利用湖泊、河道的生态湿地来完成对水体的净化；人工处理方式是采用动力装置，增加水体的流动性，增加水体含氧量。

另一方面利用低影响开发建立排污系统，通过分散的、小规模的源头控制措施来实现对场地开发后增加径流雨水的水量和水质控制。

17.2.4 嘉兴水环境要发挥水文化特色，重塑现代水城

在"零度竞争"理念下，嘉兴要使自身的水文化优势发挥到最大，反映在城市建设形态中就是要依托"百川环绕，八水汇流"的自然资源，重塑东方现代水城的形象。独具特色的水网系统是重塑水城的基本素材，未来的城市应当以此为布局的基本骨架，并突出八水汇流、河网纵横的自然特色。适宜的城市规模是建设水城的另一重要前提。与周庄、乌镇、西塘相比，嘉兴是城市而非村镇，具备建设水城的规模；与苏州、绍兴相比，嘉兴的现状建设规模较小，并且在新建区内还有大量的水网存留，具有更强的可塑性。重塑水城是嘉兴提升城市形象，增强城市魅力，打响城市知名度，吸引投资者目光的最有效捷径。

17.3 战略的实施策略

17.3.1 统筹兼顾，"五水共治，治污先行，四水齐抓"

治污水，首当其冲，要重点突破。要抓好清三河、两覆盖、两转型。清三河就是重点整治黑河、臭河、垃圾河；两覆盖，就是实现城镇截污纳管和农村污水处理、生活垃圾集中处理基本覆盖；两转型，就是

抓工业转型和农业转型。

与此同时,"四水"要齐抓共治、协调并进。防洪水,重点推进强库、固堤、扩排等三类工程建设。保供水,重点推进开源、引调、提升等三类工程建设。排涝水,重点强库堤、疏通道、攻强排,着力消除易淹易涝片区。抓节水,重点要改装器具、减少漏损、再生利用和雨水收集示范,合理利用水资源。

17.3.2 立足区域,形成水环境保护体系

在区域范围内,尤其苏州塘、杭州塘、新塍塘是境外污水进入嘉兴的主要通道,应加强省、市河流交界处水质的监管与净化工作,并与周边省、市建立环境保护协调机制,保持区域水环境质量。

在市区范围内,要保护好水源地,贯通好管网体系,形成"点—线—网"的水环境治理体系。

(1)保护水源地,形成水环境保护地的关键节点

嘉兴水源地保护有2处,明确新塍塘河和长水塘的保护范围(图17-3)。

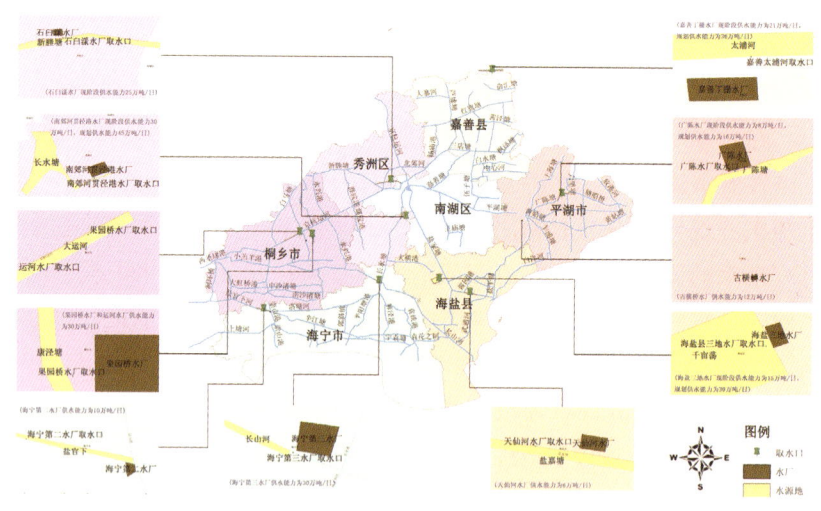

图 17-3　嘉兴水源地保护分布图

图片来源:嘉兴市水环境治理综合规划

① 新塍塘水源地

水源地范围:西起九里汇,东至栅堰桥。该处的水厂为石臼漾水厂,分两期完成的,一期供水能力 5 万 t/d,1992 年 7 月完工。二期供水能力 10 万 t/d,1996 年 12 月完工。2004 年 6 月水厂完成深度处理改造,总供水能力由 15 万 t/d 增容到 17 万 t/d,2005 年水厂完成二次改造,

总供水能力从 17 万 t/d 增容到 25 万 t/d。石臼漾水厂主要水源为新塍塘,按照实地情况对新塍塘水源地保护区划定一级保护区、二级保护区、准保护区三个层次,并提出严格保护策略。

② 长水塘水源保护地

水源地范围 : 南郊河至贯泾港,海宁秀洲区边界至长山河。该处的水厂为南郊河贯泾港水厂,南郊河贯泾港水厂设计总规模为 45 万 m³/d,分三期建设,每期供水能力均为 15 万 m³/d。一期工程于 2007 年 6 月 28 日建成并投入运行 ; 二期工程已于 2012 年 7 月 1 日建成并投入运行 ; 三期工程目前还未开工建设。南郊河贯泾港水厂的水源地为长水塘、海盐塘。按照实地情况对新塍塘水源地保护区划定一级保护区、二级保护区、准保护区三个层次,并提出严格保护策略。

(2)污水管网规划,形成水环境保护网络

保证各行政主体之间管线、管径等的对接,形成通畅的管网网络体系。当前嘉兴的污水管网系统形成北线、中线、南线网络体系(图 17-4):

图 例 :

	已建或在建污水主干管
	规划污水主干管
◉	规划污水泵站
泵	已建或在建污水泵站
	道路红线

图 17-4　嘉兴市 2011 年污水管网现状及规划总图

图片来源 : 嘉兴市水环境治理综合规划

① 三环北线污水总管主要为今后王江泾、油车港远景发展预留，服务范围：王江泾镇、虹阳、油车港镇区、临湖新城、湘家荡景区、七星镇。

② 北线污水总管服务范围：中心城区污水系统及部分湘家荡污水系统。

③ 中线污水总管服务范围：中线污水总管服务于秀洲新区及新塍镇区（部分）、部分中心城区污水系统。

④ 南线污水总管服务范围：秀洲新区及新塍镇区（部分）、部分中心城区污水系统。

⑤ 三环南线污水总管服务范围：新塍镇区、秀洲新区、经济开发区西南分区、洪合镇区、王店镇区污水。

⑥ 中线污水总管与南线污水总管连通管线，为了保证秀洲新区、经济开发区等上游污水外排的安全性，在中线污水总管与南线污水总管之间需规划若干连通管，可以达到中线、南线污水干管互相备用的作用。连通管主要有长水塘连通管、纺工路连通管、亚欧路连通管，具体见规划图纸。

⑦ 中线、南线污水总管与三环南线污水总管连通管线，在中环南路 3 号泵站与三环线之间，沿三环南路设置一根 $DN1000$ 压力管，实现中线与三环南线互相备用；在长水路 2 号泵站与三环南线压力管之间规划一根 $DN1000$ 压力连通管，实现南线污水总管与三环南线互相备用。

（3）制定近期环境治理措施

为了改善城区水环境，近期应以河道综合整治清淤，减轻水体富营养化为主要目标，具体措施包括：

从源头上防治水土流失，整顿对水源有严重污染的工业如砖瓦业、纺织业等，严格控制数量与规模，限期关闭一批环境破坏大、水土流失严重的工厂；加大河道疏浚力度，清理淤积，扩大过水断面；适时打捞水葫芦，净化水质；适当增大河道比降，加大流速，提高水体自我净化能力。

重视外环河道的截流与水处理工作，将外环河作为城市防止污染的防线，在外环河外侧建立 500~1000m 的生态防护林带，通过生物拦截措施，阻挡污染物进入城区河网。

加强城区内排污工程建设，禁止生活性污水直接排入河道。

17.3.3 利用生态系统方法治理污染

（1）利用 LID（低影响开发）技术治理城市雨洪系统

① LID 污染治理原则

源头控制、过程控制与末端控制并重：初期雨水中含有氨氮、磷、重金属、油脂、悬浮固体等物质，排入水体后造成水体水质的恶化。传统的雨水工程以雨水快排为目的，忽略了初期径流雨水的原位污染物削减。低影响开发雨水规划采用集雨水源头控制、过程控制和末端控制于一体的雨水综合处理模式，全过程削减雨水中所携带的污染物。

注重雨水下渗和雨水回用：中国城市普遍面临水质型缺水的困境，雨水原位下渗能够补充地下水，而初期雨水弃流后的径流雨水稍经净化即可用来作为杂用水。同时，雨水回用还具有维护自然界的水循环、修复城市生态环境、抑制城市洪涝的作用。

给水排水、环境、绿化、材料、建筑多专业配合：低影响开发雨水规划打破传统雨水工程规划的单一专业格局，综合给水排水、环境、绿化、材料、建筑等多专业，通过各专业的紧密配合维护现有的江南水乡水网格局，通过自然净化系统改善水环境。

② LID 技术措施

A. 雨水综合处理模式：低影响开发雨水综合处理模式分为雨水径流污染控制、渗透减排、峰值调控及雨水利用四种主要模式（图17-5），也可采用可达到控制指标的其他模式：

植被浅沟

屋顶花园

生态树池

透水铺装

下凹式绿地

雨水花园

图 17-5 LID 源头控制方式
图片来源：嘉兴市 LID 技术导则

图 17-6　雨水塘生态浮岛雨水湿 地雨水回用景观水池

图片来源：嘉兴市 LID 技术导则

a. 雨水径流污染控制模式以水质净化为主要目标，有下凹式绿地、雨水花园等净化设施。

b. 雨水渗透减排模式是指采用植被浅沟、透水地面等增强雨水的入渗。

c. 峰值调控模式是指通过设置调蓄池、调节池等流量调控设施，在降雨径流高峰时暂时蓄存雨水，削减洪峰流量，延长径流雨水排入河道的时间。

d. 雨水利用是指对不同下垫面的雨水进行收集、储存、净化，将雨水转化为满足一定城市杂用水水质标准的回用水。

B. 源头控制措施： 屋面雨水引入建筑周边绿地入渗或采用屋顶花园进行处理，超渗雨水经净化处理后回用或就近排入市政雨水管道。充分利用建筑区周围绿地入渗雨水，建筑区周围绿地内设置雨水花园或下凹式绿地。人行道、停车场、广场采用透水铺装地面，超渗雨水就近排入雨水管。道路雨水径流引入道路两侧绿化带入渗，超渗雨水通过管道或者下凹式绿地排除。优先考虑屋面超渗雨水进行回用。

C. 过程控制措施： 雨水优先采用植被浅沟收集，植被浅沟宜与雨水花园或下凹式绿地连通。雨水无条件进入雨水花园或下凹式绿地净化、入渗时，设置雨水入渗设施进行雨水下渗处理。雨水优先采用下凹式绿地输送至受纳水体。

D. 末端控制措施： 受纳水体前端可结合景观设计建造雨水湿地。受纳水体可结合景观设计建造生态浮岛（图17-6）。在用地条件许可时，雨水排放口末端可建设植被缓冲带或者雨水预处理塘，雨水经植被缓冲带过滤后或者经预处理塘处理后，流入受纳水体。

（2）利用水生态协同治理加快农村河网水系污染

按照现代化网络型田园城市的总体要求，以"改善水质、美化景观、提高效益"为原则，深入推进仿自然生态方法改善水质研究，提高农村河网水体环境容量，提升水体自净能力，改善水体质量，改善生态修复功能。

① 合理制定选择标准

选择标准的制定能够实现水生植物改善水质的前提，选择合适的水生植物能够起到事半功倍的效果，根据相关研究对嘉兴水生植物改善水质的选择制定标准，选用植物的净化能力、耐污能力、抗害能力、综合利用价值、易于管理、美化景观五个条件选择适于水环境修复的水生植物。

在遵循适应性原则、本土性原则、竞争能力和净化能力

强、可操作性强等因子限定的条件下，进一步优先有选择地引进耐受
性较高、适应水质现状的种类作为先锋治污物种，首先恢复生态系统
的基本机构和功能，从而进一步促进水生植被尤其是沉水植被的恢复。
结合相关研究，具有净化作用的水生植物及其污染物去除潜力分析见
表 17-1。

嘉兴市具有净化作用的水生植物及其污染物去除潜力分析 表 17-1

类型	名称	生长特点	习性/生长季节	能够去除污染物
挺水植物	茭白	根系非常	花果期秋冬	去除 COD、NH_4^+-N、TP
	芦苇	根系非常发达、生长速度快	喜光；春、秋、夏	去除 BOD、氯、氨氮、絮凝胶体、消除病原体
	香蒲	根系非常发达、生长速度快	秋、夏	去除 BOD、氯、氨氮、絮凝胶体、消除病原体
	水葱	根系非常发达	耐低温	对污水中有机物、氨氮、磷酸盐及重金属有较高的除去率
	慈姑	生长速度快	秋、夏	在富营养化和重金属污染水体修复中具有较好效果
	菰	生长在湖泊、水溏、河流的浅水处，生命力旺盛	光照充足，气候温和的春、夏、秋	对中浓度污水中 TN、NH_3-N、TP、CODcr 的去除率最大
	灯芯草	根系非常发达	冬季生长良好	去除氨氮、磷
	水花生	繁殖能力非常强	春季到夏季	水花生在治理含镉污染废水方面具有良好的应用前景
	菖蒲	根系非常发达	适宜生长温度 20~25℃，10℃以下停止生长	去除中等浓度污染中的 TN、NH_3-N、TP、CODcr
	石菖蒲	根系发达、分泌克藻物质	夏、秋	对富营养化水体中氮磷营养盐的有一定的净化能力、抑制藻类生长
	荷花	根系非常	夏、秋	可以削减水体中总磷、总氮、BOD_5、CODcr 的含量，同时可以增加水体中溶解氧的含量，起到净化水质的作用
浮叶及漂浮植物	凤眼莲	根系发达，生长速度快，分泌克藻物质	喜欢在向阳、平静的水面，或潮湿肥沃的边坡生长。在日照时间长、温度高的条件下生长较快，受冰冻后叶茎枯黄	富集镉、铬、铅、汞、砷、硒、铜、镍等；吸收降解酚、氰；抑制藻类生长
	满江红	生长速度快、分泌克藻物质	在春天为绿色，夏天开始转红，到了秋天则变得最红	富集铅、汞、铜

续表

类型	名称	生长特点	习性/生长季节	能够去除污染物
浮叶及漂浮植物	菱	根系发达	气候温暖、水资源丰富	解决水体富营养，抑制蓝藻生长具有十分显著的效果
	芡实	适应性很强，深、浅水均能生长，繁殖能力强	在气候温暖、阳光充足	对富营养化水体有一定抑制作用
	莕菜	生命力强	夏、秋季	吸附氮磷作用显著
	萍蓬草类	耐污染能力强，尤其适宜于淤泥深厚肥沃的环境中生长	性喜在温暖、湿润、阳光充足的环境中生长耐低温，长江以南越冬不需防寒，可在露地水池越冬	治理富营养化水体
	水鳖	根系发达	一般温暖湿润的环境有利于植株的正常发育	可降低水体中化学耗氧量、生化耗氧量及总氮含量
	浮萍	生长速度快、分泌克藻物质	喜温气候和潮湿环境，忌亚寒	富集镉、铬、铜、硒；抑制藻类生长
	大薸	根系发达	性喜高温高湿，不耐严寒	富集汞、铜
	紫萍、槐叶萍	生长速度快、分泌克藻物质	喜欢生长在温暖、无污染的静水水域上	富集铬、镍、硒；抑制藻类生长
沉水植物	菹草	生长速度快、在冬春季节成为沉水植被的优势种	秋冬季节	吸收污染水体中总氮和总磷，对高锰酸盐指数也有较强的净化吸收效果，吸收锌、砷等重金属
	金鱼藻	耐高温、再生能力强的优点	有较长的休眠期，通过冬季低温解除休眠正常生长	对富营养化水体中的总氮(TN)和总磷(TP)去除效果明显
	苦草	种子繁殖和无性繁殖	苦草喜温暖，耐荫蔽	可有效地去除水体中的N、P类植物营养物
	轮叶黑藻	轮叶黑藻属于"假根尖"植物，只有须状不定根	在河蟹养殖池塘、每年的4～8月，处于营养生长阶段	可降低水体中化学耗氧量、生化耗氧量及总氮含量
	穗花狐尾藻	性喜温暖潮湿环境，生命力强	在室外池中霜后地下部休眠，可耐 −5℃低温	对富营养化水体中的总氮(TN)和总磷(TP)去除效果明显
滨水植物	垂柳	萌芽力强，根系发达，生长迅速	春夏秋长青	—
	水杉	播种和扦插繁殖	四季常青	—
	鸢尾	多采用分株、播种法	喜阳光充足，气候凉爽，耐寒力强，亦耐半阴环境	适宜治理硝酸盐污染的废水
	竹类	竹子生长快，成材早，产量高，用途广	四季常青	—
	水松	生于水边或沼泽地，除盐碱地外均可生长	四季常青	—

② 因地、因时、因势制宜，进一步配置治污水生群落

植物配置就是通过人为设计，根据水面性质和水生植物的习性，因地制宜、因时制宜、因污制宜地对水生植物群落进行优化组合，要注重观赏、经济、水质改良三方面的结合。

因地制宜配置本土植物，加强对本土水生植物资源应用，水生态恢复系统构建及水景观建设需要加大对乡土水生植物资源的应用。一是在地域分布上，工业密集地区以除污能力较强的水生植物为主，农业生产地区以蔬菜、花卉效益型治污为主，包括一直用做蔬菜栽培的南湖菱、茭白、荸荠、芋头、慈姑、莲藕等。城镇郊区则用睡莲类等植物提升景观价值。二是在平面设计上，水面的植物配置要充分考虑水面的景观效果和水体周围的环境状况。一定要注意水面的植物不能过分拥挤，一般不要超过水面面积的 1/3，并且严格控制植物材料的蔓延，方便人们观赏水中优美的倒影，控制植物的蔓延可以采用设置隔离带或盆栽方式，但是对于污染严重、具有臭味或观赏价值不高的水面，则可使用水生植物（如凤眼莲、莲子草等）布满水面，形成一片绿色景观。三是在立体设计上，可以通过选择不同的水生植物种类形成高低错落、层次丰富的景观，尤其在面积较大时，具有竖向线条的水生植物有荷花、香蒲、千屈菜、石菖蒲、花菖蒲、水葱等，高的可达 2m；水平面的有睡莲、荇菜、凤眼莲、白睡莲等，将竖向和纵向的植物材料按照他们的生活习性选择适宜的深度进行栽植，形成适当自然环境条件下的"地标型"水生植物群落水景观建设中通过加强可自循环、自维持的水下森林建设，形成"沉水——浮水——挺水"立体式水体绿化结构，是科学和艺术的完美结合，可构筑成美丽的水上花园。

因时制宜地选择物种搭配，呈现优美季相色彩。植物因春夏秋冬四季的气候变化而有不同的形态和色彩的变化，映于水中，可产生十分丰富的季相水景。为增强景观效果和水质净化效果，可以按照不同生长型、不同季节、观叶植物与观花植物搭配的原则进行种类种植选择，夏季生长的挺水植物如茭白、芦苇、香蒲慈姑、菰、水花生、菖蒲、石菖蒲、荷花等，浮叶及漂浮植物如凤眼莲菱、芡实，沉水植物如菹草、金鱼藻、穗花狐尾藻等，冬季生长的挺水植物如水葱、灯芯草等，浮叶及漂浮植物如满江红秋冬季节变为红色，沉水植物轮叶黑藻、苦草等。

因势制宜进行种类的配置，形成治污植物群落：遵循群落演替理论，建立从先锋至顶级阶段、具有合理生长型谱的水生植物群落复合体，根据富营养化状况及所处演替阶段，选择不同生长型组水生植物。一是水生植物可以降低水体富营养化程度，不同水生植物效果不同。研究表明水生植物相互搭配可以调高对水体氮磷的整体改善效率。按照污染程度进行以下分类：城乡农业带来的重金属污染主要包括 Cu、

Cd、Pb、Zn、Cr、Hg 等，湿地生物对重金属的吸收作用和植物生长的根基效应对重金属的影响，其中，黑藻＋苦草两者通过植物螯合作用对重金属 Hg 进行富集作用，另外水花生在治理含镉污染废水方面具有良好的应用前景，凤眼莲富集镉、铬、铅、汞、砷、硒、铜、镍等；满江红富集铅、汞、铜；浮萍类富集镉、铬、铜、硒；紫萍、槐叶萍富集铬、镍、硒等重金属。乡村生活污水为主的污染性河网，N、P 超标的封闭性水体采用挺水植物的茭白去除 COD、NH_4、TP，芦苇、香蒲去除 BOD、氯、氨氮、絮凝胶体，消除病原体，水葱、慈姑、菰、菖蒲、荷花对中浓度污水中 TN、NH_3-N、TP、$COD_{(Cr)}$ 的去除率最大；浮叶及漂浮植物如菱、芡实、荇菜、水鳖、萍蓬草类能够有效缓解水体由于氮磷过多带来的水体富营养化。另外对于乡村固体垃圾渗透液中由于 COD、N、P 较多，相关研究可用于垃圾渗滤液处理的最优湿地生物组合是：芦苇＋凤眼莲、灯心草＋凤眼莲＋菹草、香根草＋菹草等。

二是水生植物改善不仅能够实现景观美学价值，还能实现与经济景观同步效应。按照经济利用价值分为以下类型：

蔬菜类型：菱、茭白、荷花、芡实、慈姑等不仅有优美的景观价值，还可以作为蔬菜种植基地，提高经济效益价值。

花卉类型：芦苇、睡莲类等可用于培育观赏型植物生产基地，实现农业产业化创新。

有机肥等其他类型：水鳖等可用于水产养殖、穗花狐尾藻等物种进行定时收割，生长速度快，可供养猪、养鱼、养鸭的饲料，其他如芦苇等也可以收集进行沼气处理等等。

三是水生植物配置考虑各类植物设计均衡和谐，考虑比例适当、层次分明且植物丰富多彩。按照水域情况分为以下：

水域宽阔处的水生植物配置：在水域比较宽阔的水体中，营造群落景观为主，配置注重整体连绵不绝的效果，给人一种壮观的视觉感觉，这种配置主要是以量取胜，适合远观。如睡莲群落、千屈菜群落以及多种水生植物群落的组合等。

水域面积较小的水生植物配置：在水域面积较小的水体中，注重植物单体的效果，对植株的形态色彩有很高的要求，比较注重水面的镜面作用。在配置时不宜过于拥挤，应该有疏有密，有断有续，以免影响水中倒影及景观透视线，这种配置运用手法细腻，适合近观。如黄葛蒲、水葱等以多丛小片的方式栽于池岸，疏落有致，水面上再适当种植睡莲，丰富了视觉效果，水缘植物应间断种植，留出一些大小各异的缺口，以供人们停步隔岸观景以及亲水嬉戏。

自然河流的水生植物配置：对于自然河流的植物配置应注意植物

的高低错落，疏密有致，能充分体现一种节奏与韵律，切忌将所有植物处于同一水平线上，种植如黄葛蒲—花叶芦竹—葛蒲—再力花组团—黄葛蒲—千屈菜—睡莲—芦苇—葛蒲等，构建成一幅亮丽的沿河风光带。

自然水域的水生植物配置，必须以建立稳定的生态系统平衡及物种的多样性为最终目标，尽可能营造出景观价值与生态意义协调统一的水景。

人工溪流的水生植物配置：人工溪流比自然河流小，通常会在硬质池底上铺设卵石等。一般选择株高的水生植物，数量以及种类都不宜过多，起一个点缀作用。如首蒲、石曹蒲、旱伞草等 2~5 株一丛点植于水中的景石旁，清新秀气。这类设计应尽量减少人工痕迹，体现出那种自然之美，只有合理运用水生植物，并注意季相变化，才能营造出自然美观的水景景观。

17.3.4 将水文化展示出来，重塑现代水城

（1）改变目前水与城市的图底关系

传统的水乡聚落由于"因水为城"，在空间肌理上突出地表现为"水底性"，即水系是空间形态的主导要素，成为图底关系中的"底"，建筑为"图"，而嘉兴现状的空间形态恰恰相反。为了回归水乡城市的"水底性"特征，使八大主干水系以及较大的次级水网重新成为空间形态的主导，在目前已经形成以建筑肌理为主导的情况下，较为可行的思路是以绿化加强水道的结构性，以弥补建筑布局的"因水性"不足。

以密集的水网为天然界线，通过对水道两侧的绿化建设，勾勒出嘉兴的城市格局：漂浮在水面上的片片"绿岛"。从而以蓝色和绿色重新构造日渐混沌的空间秩序。

"绿岛"同时与城市的组团式布局有着内在的关联。组团之间以主干水系为边界，而"绿岛"则是各组团内部更小的组团。河道两侧的绿地不仅使滨水的界面更为开放，增强了水体的可视性与可达性，同时为城市提供更多的休闲场所。另一方面，由于河道与绿带的分隔，消解了过于巨大的城市尺度，使嘉兴在城市规模扩大的前提下仍然能够维持一种较为亲切的空间尺度。

（2）要利用好滨水空间功能的多样化

现代水城的滨水空间是其城市空间中最重要的组成部分，并通过其多样化的功能体现水城的特质。

① 水利功能：作为城市的水源地、排水通道和调节洪水。

② 航道功能：主要供游人乘船观光、供建材、城市垃圾等大宗货

分析国内外著名的城市滨水空间发展个案，通常两种类型：

一种是以西方水城威尼斯为代表的类型：城市格局以水网分隔为若干街区，街区内古建筑保护完好，是西方典型的传统水乡城市。其备水网形态的城市还有阿姆斯特丹，只是后者的现代意味更浓，滨水空间尺度更大。

另一种是呈现状或点状集中分布的城市滨水空间类型：城市被一条或几条河流所穿越，在滨水地区的局部形成沿河分布的城市风景线，上海的外滩、伦敦的泰晤士河、巴黎的塞纳河等。在另外一些城市，城市围绕着港湾形成较为集中的滨水空间。例如纽约、悉尼、巴尔的摩等。

物的运输以及部分客运职能。

③ 旅游功能:沿河组织城市主要的旅游景点、开发水上旅游项目。

④ 娱乐功能:为市民在日常生活中的休闲娱乐提供可选择的场所。

⑤ 景观功能:沿岸风光体现出最具地域特色的城市景观,这一功能对于塑造一个具有高知名度的城市具有不可估量的经济和社会意义。

⑥ 生态功能:恢复水系中的原有物种、群落和生态系统是建设生态型水乡城市的基本要求。

17.4 结语

生态良好是我们必须坚守的一条底线,推进"五水共治"是全面治理环境、倒逼转型升级的重大战略举措。嘉兴的水环境治理是一个艰巨而系统的工程,要综合考虑工程措施和生态工程措施,从而在区域整体上形成网络保护体系,在城市内部中多利用低影响开发和生态系统的污染治理方法,走一条可持续的治污道路,同时结合嘉兴特有的水乡文化,形成我们水都绿城的江南水乡。

在抓治水的同时也要注重治气。现在雾霾天气成为各方面共同关注的热点、焦点。要加大雾霾治理力度,全面落实国家治气十条举措,大力实施大气复合污染防治行动计划,重点加强燃煤电厂脱硫脱硝及除尘技术装备改造。加强机动车尾气防治,做好防治建筑扬尘、禁止秸秆焚烧、淘汰黄标车等相关工作,促进空气质量好转。还要完善交通规划体系,继续加强城市治堵,大幅增加公交专用道,促进公交加密提速,有效提高公交分担率。继续加强"四边三化"行动,加强"三改一拆",建立健全有违必拆的长效机制。加强土壤污染防治,从严防控重金属、持久性有机物对土壤的污染,做好严重污染区域耕地用途调整方案,由点到面实施清洁土壤行动。

18

文化传承

文化传承不等于历史保护，城市文化特色是城市风貌与文化特征的结合，是自然文化与社会文化的融合，是历史文化与现代文化的有机统一，尤其是城市建筑的个性文化风格，凝聚着城市的历史、传统和风貌，更容易表现出城市的特色，是独特的人文环境的物化形式，其构成要素有城市精神文化、物质文化、建筑文化、自然文化、管理文化、制度文化、行为文化等。可从以下几个方面理解：第一，城市文化不仅是物质的，同时也是精神的，是一种情趣、风俗习惯等，具有传承性。第二，城市文化跟地域条件、地方历史等都有关系，具有独特性。第三，城市文化是一个地方文化的集合，都会反映到城市规划和建设中，必须要有整体的思考，具有整体性。

从这些层面来说文化传承包含着两个方面的内涵：一是传承，是核心；二是创新，这是保证传承得以有效实现的关键。嘉兴历史悠久，人文荟萃，素有"鱼米之乡、丝绸之府、文物之邦"的美誉（图18-1）。在这样的文化沃土上进行规划、设计、建设，需要更深的文化理解、更多的文化敬畏、更强的文化自觉和更高的文化追求，正是这样深刻的思考，需要我们对嘉兴文化传承展开相关探索。

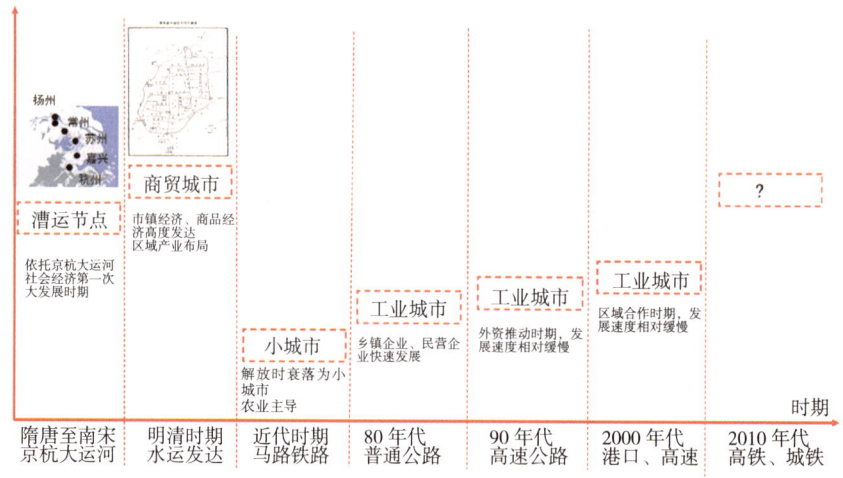

图 18-1　嘉兴市城市功能变迁演变

图片来源：嘉兴市城市总体规划（2003–2020）2012 年修改

18.1　问题及趋势判断

自 2011 年嘉兴市被增补为国家级历史文化名城以来，地方加大了对历史文化名城和相关历史文化遗产的保护力度，历史地段、文物古迹得到了全方位的保护。截至 2012 年末，嘉兴市各级文物保护单位达 398 处，其中全国重点文物保护单位 12 处、省级文物保护单位 22 处、市（县）级文物保护单位 364 处；全国文物工作先进县 1 个、中国历史文化名镇 3 个、省级历史文化名城 2 个、省级历史文化名镇 1 个、省级历史文化街区 8 处；国有博物馆 20 个、民办博物馆 8 个，馆藏文物 6 万余件（组）。其中市本级（市区）有全国重点文物保护单位 4 处、省级文物保护单位 7 处、市级文物保护单位 67 处；市级文物保护点 141 处。

嘉兴市拥有的非物质文化遗产也是种类丰富、数量繁多，国家级非物质文化遗产 13 项、省级非物质文化遗产 43 项、市级非物质文化遗产 140 项，其中蚕桑丝织技艺还被列为世界级非物质文化遗产，各级"非遗"传承代表有 25 人。这些非物质文化遗产大多与嘉兴市传统的生产习俗、生活习俗、礼仪习俗、岁时习俗、庙会习俗等相关，具有江南水乡城市的特色。

嘉兴市历史上出的名人多，遗留的名人故居也多。《中国大百科全书》记载的全国名人有 1800 人，其中嘉兴就占了 80 余人，这些名人中有中国十大名相之一陆贽，晚清大儒沈曾植，国学大师王国维，"民主人士左派的旗帜"的沈钧儒，文坛巨匠茅盾等；明清两代江浙共出进士 2000 多人，其中嘉兴就有 600 多人；现中国科学院和中国工程院院士当中，嘉兴籍的有 39 位。遗留的名人故居有丰子恺故居、曝书亭、缘缘堂、茅盾故居、王国维故居、沈曾植故居、朱生豪故居等。

18.1.1　文化的历史价值

7000 年的文化历史孕育了灿烂的遗址文化、农耕文化、红色文化、水乡文化、运河文化、名人文化、非物质文化等。

（1）嘉兴是农耕文化之根——马家浜文化

嘉兴城市发展历史源远流长，文化积淀深厚。距今约 7000 年的马家浜文化是长江下游、环太湖流域新石器时代早期文化的代表，被学术界誉为"江南文化主根"，是和崧泽、良渚、古吴越文化一脉相承的史前文明的代表（图 18-2）。新中国成立后，嘉兴通过多次文物普查和考古发掘，全市已发现的新石器时代遗址达 208 处，其中市本级有 45 处。古文化遗迹遍布，有马家浜文化、翰林院、杉青闸、城隍庙等多处遗址。

（2）嘉兴是红色文化之源——南湖红船文化

1921 年，中国共产党第一次全国代表大会在南湖游船上举行，通过了《中国共产党党纲》，

图 18-2　嘉兴市马家浜文化遗址

图 18-3 嘉兴红船文化

图 18-4 嘉兴市水乡文化

图 18-5 嘉兴市京杭运河景色

选举产生了中央局，是中国近代历史上"开天辟地的大事变"（图 18-3）。嘉兴作为中国共产党的诞生地，在中国近代史上具有深远影响，南湖的红船文化是以开天辟地的重大历史事件为内容的特色文化，是在全国具有重大影响的优势资源，是嘉兴最具特色的现代城市文化之一。

（3）嘉兴是江南文化之魂——水乡文化

嘉兴城市自古为水城，明万历《嘉兴府志》描述："百川环绕，而鸳鸯一湖停蓄其南，诚为泽国之雄，江东一大都会也"，市域有八条主干河流汇合市河环绕城市。嘉兴境内湖荡众多，河网密布，水域面积约占 8%，素有"江南水乡"之称（图 18-4）。嘉兴城市的布局具有因水而生、临水而建、沿水成街、依水而兴的特点，子城、月河、芦席汇、梅湾街等历史建筑和历史街区风貌依旧，众多的传统民居、古石桥、古塔寺庙等建筑风格，体现着轻灵秀美的江南水乡地域特色。

（4）嘉兴是运河文化之韵——京杭大运河

京杭大运河嘉兴段全长约 110km，以嘉兴主城区为中心的运河骨干水系在唐代就已基本形成，杭州塘、长水塘、海盐塘、新塍塘等 8 条河流呈放射状通达周边，形成"运河抱城，八水汇聚"的最独特运河城市景观（图 18-5）。城内沿运河两岸拥有落帆亭、三塔、血印寺、端平桥、北丽桥、秀城桥等大量历史建筑，这些都透露着江南水乡的韵味。

（5）嘉兴是名人文化之地——名人名居

嘉兴良好的人文自然环境，哺育了代代英才，政治家、文学家、艺术家、学者如群星璀璨，堪称人文渊薮之地。荟萃的历史文化名人为整个城市留下了众多独特的、形式各异的、珍贵的名人文化遗产，形成了"文风昌盛，名人荟萃"的名人文化特色。

（6）嘉兴非物质文化遗产丰富

嘉兴传统文化特色鲜明，形成了一大批充满江南水乡的非物质文化遗产。中国蚕桑丝织技艺列入世界非物质文化遗产代表作名录，嘉兴端午习俗等 13 个项目列入国家非物质文化遗产名录。其中以丝

图 18-6　嘉兴市非物质文化遗产五芳斋粽子、南湖菱、文虎酱鸭

图片来源：嘉兴市城市总体规划（2002–2020）2012 年修改

绸文化、秀洲农民画以及南湖菱、五芳斋粽子等为代表的非物质文化遗产也享誉中外，具有其他城市无法比拟的传统文化特点（图 18-6）。

（7）嘉兴人文性格文化的包容温和

历史上富庶的嘉兴造就了本地百姓生活安逸、平和求稳、小富即安，温和中带一点贵族的气质。

有人评价嘉兴"是一种优雅，有丝竹管弦，文人墨客；是一种灵秀，有小桥流水，江南园林；是一种包容，有多元文化，古今中外；是一种富足，有蚕桑丝绸，安逸悠闲"。

这些城市历史文化的价值是认识当前城市发展的历史窗口，可贵的是他不光体现在历史沿革中，而是在当前的城市特色中有所体现，更为可贵的是，不仅城市特色物质形态存在，还表现在历史街区。

18.1.2　文化的凸显问题

（1）文多但缺少突出特色，主题文化还需进一步提炼

丰富的民俗文化没有很好地发掘整理，富有特色的江南传统习俗风情渐以淡忘。水乡文化、农耕文化、红色文化、运河文化、名人文化等多种文化形态共同作用形成嘉兴的文化特色，嘉兴也不是没有特色文化，而是缺少一个统领城市发展的文化主题，只有构建城市主题文化，才能使城市形象和品牌鲜明的突显出来，形成品牌和标志性符号。

（2）物多但缺乏有机联系，资源要素还需进一步整合

嘉兴的文化资源点多但未形成体系，遗迹往往成为"孤岛"，串联度不高，还没有形成完整的利用体系。此外，尽管文化资源点多，市区文化资源知名度不够大，吸引力不够强，标志性文化特色不明显，地标性建筑缺乏，建筑老化，布局凌乱，总体形象不佳，影响了城市的整体品位和对外形象展现。

（3）貌存但特色逐渐消失，形象品牌还需进一步塑造

老城内部特色逐渐消失。长期积淀下来的嘉兴市风貌肌理相对紧凑集中，多分布在老城（环城河以内），是城市文化价值的重要体现。但是嘉兴市在"旧城改造"、"危旧房改造"中，采取了大拆大建的开

发方式，致使城市建筑造型很新奇，但和城市历史文化无关，一片片积淀丰富人文信息的街巷、一座座具有地域文化特色的传统民居消失，造成了城市文化特色空间的破坏和城市历史文脉的割裂，导致城市"千城一面"。

老城外风貌要素缺乏控制。新城景观很时尚，但缺少城市精神的传承；道路很宽阔，但缺少特色，老城区外部的城市公共空间具有一定魅力，但要素有待进一步整合提升，建筑风格、建筑高度、建筑色彩等协调需要进一步控制与引导。

18.1.3 文化的转型需求

（1）知识时代文化成为城市发展追求的目标

当前全球化竞争的年代，文化已不仅仅是精神财富，还是重要的发展战略资源。在知识创新时代，人才、创新要素等软环境的发展才是决定城市竞争力的关键，而要在新的全球经济秩序中立于不败之地或实现跨越发展，城市就必须塑造高品质的文化环境和优越的生活环境，从而吸引创新要素，当前，建设形神兼备的内涵要素成为国内外城市共同追求的目标。

（2）文化发展成为全球城市竞争力提升的关键

国内外一批大都市，如伦敦、纽约、东京等已经明确提出了城市文化发展战略，努力建设国际创意和文化中心，这些城市的文化内涵不仅仅是单纯的精神享受，而是城市魅力和竞争力提升的关键。正如吴良镛先生所述，城市空间实际上是一种文化环境，文化环境的意义在于潜移默化中给人精神力量，让居住者引以为自豪，让来访者深受感染。

（3）文化发展成为城镇化转型的重要内容

中国城镇化过去的三十年以其规模、速度赢得了世界认同，"十二五"时期是中国城镇化转型发展的关键时期，城乡建设已进入量质并重、更加重视质量提升的新阶段。十八大以后，提出要走新型城镇化道路，提出了"文化软实力显著增强"的文化建设目标，民生改善与城市生活福祉提高成为重点，历史文化保护不断加强，老城改善与旧城复兴、着力提升空间品质等等要求的提出，对于更高层面上提升城镇化发展质量，改善人居环境，增强城市综合竞争力具有重要意义，使得历史传承创新需求更加凸显。

18.1.4 文化的前景目标

今后一段时间是嘉兴城市有机更新的重要时期，在这一时期，加强城市文化的保护与开发，以城市文化来营造城市特色显得尤为重要。

要坚持对城市文化有价值地挖掘利用与古文化遗存的拯救相结合，坚持开发保护与历史文脉延续相结合，坚持城市现代特色空间营造与原有特色空间重现相结合。以改善民生、提升城市功能为核心，以完善公共服务设施，改善市民生产生活环境和发展城市经济为目的，进一步弘扬和传承城市的历史文化，进一步创新与发展城市独特的特色，实现嘉兴城市独特的自然环境、人工环境和人文环境和谐共存，让嘉兴真正实现"城市作为一个活的博物馆，成为一个有故事的特色空间"的总体目标。

从而，嘉兴美好人居环境逐步形成，成为市民宜居和乐居的家园。为保护和抢救嘉兴优秀的历史文化遗产，保护嘉兴独具特色的江南水乡历史文化名城风貌，充分发掘历史文化名城文化内涵，反映嘉兴真实古老的城市历史文脉，使嘉兴独特的自然环境与人工环境、人文环境和谐共存，体现天人合一的中国古代哲学思想，促进城市可持续发展。具体原则有：

（1）尊重城市的历史环境，贯彻"保护为主，抢救第一，合理利用，加强管理"的方针，按照文化遗产保护优先的原则，切实做好历史文化名城的保护工作；

（2）结合嘉兴城市特色的保护，努力提高嘉兴城市品位；

（3）充分发掘城市历史文化，进行保护和继承，保护嘉兴丰富的人文环境；

（4）要结合自然景观资源的利用和保护，重视水环境的整治，改善城市生态环境；

（5）通过对嘉兴城市的各种保护要素的整合，协调全局，形成历史文化的保护和传承体系。

18.2 战略的相关建议

当前，嘉兴市已经进入城市转型升级的重要时期。总体上，中心城区要结合城市有机更新，更加注重明确各个区域特点，将城市空间做精做特；新城区建设要结合城市品位形象再造，更加注重延续城市空间布局，将新城做强做亮；周边新市镇建设要结合"两新"要求，更加注重镇村保护，将新市镇做优做美。

18.2.1 理清城市文化脉络

进一步厘清城市文化脉络，把握文化的核心特征来营造城市的特色空间。只有理解城市文化历史，厘清城市人文特点，注重历史文化的传承、人居环境的创造，才能更好地创建城市特色空间。尤其要注重

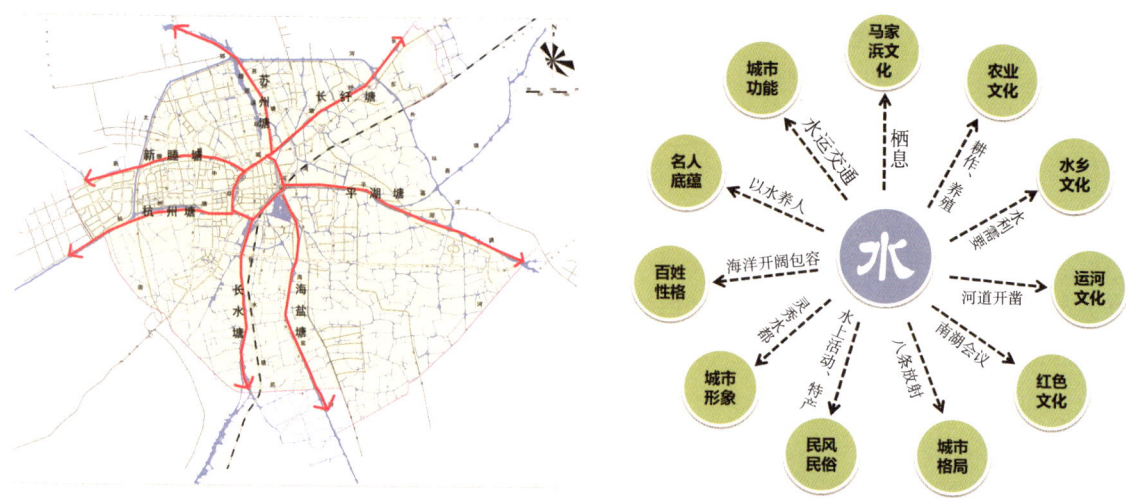

图 18-7　嘉兴市"一环八放射"水系格局　　图 18-8　嘉兴市文化要素与"水"的关系

图片来源：嘉兴市城市总体规划（2003-2020）（2012 年修改）　图片来源：嘉兴市城市总体规划（2003-2020）（2012 年修改）

与水乡文化的结合。水系是江南城镇的命脉。沿河筑路，跨河搭桥，夹河建造，因河兴市，这就是构成江南典型的空间肌理的最重要的自然要素。

自唐代以来嘉兴逐步形成了其水系框架，其中最为显著的特征就是形成了以苏州塘、长纤塘、嘉善塘、平湖塘、海盐塘、长水塘、杭州塘和新塍塘以及环城河为主的"一环八放射"的水系框架（图18-7），历史上就有"运河抱城，八水汇聚"之说，由此框架衔接周边密布的河道形成了"水网密布、四通八达"的水上交通格局。在便捷的水上交通基础上形成了城濒大河、镇依支流、村傍小溪的城镇村空间体系，河流的走向决定了嘉兴城镇空间结构和形态肌理。

"水"构成了嘉兴市最鲜明的特色，以水为基础延伸出的各种文化和功能深深地烙在了嘉兴市的基因里（图18-8）。传统的生产活动、重要的历史事件、城市空间格局等都受到"水"的影响或与"水"有关，很多的文物保护单位、历史街区也位于水系的重要节点上。因而，对于文化传承、历史文化遗产保护等须与水乡文化相结合。

18.2.2 横纵向协调文化空间

横向以城市文化的连续性、传承性为原则加快城市特色空间的营造，注重城市文脉的传承性，尊重城市的记忆和遗产，保留住嘉兴的城市文明结晶，才能更好地将人居环境的创造与城市开发、更新的预期目标相吻合。

纵向要以特有的城市文化来布局城市的空间，从而凸显城市的特色。努力维持嘉兴城市文化纵向上的协调，对嘉兴道路的传统走向，延用具有特定文化内涵的道路名称来保持历史街区原有的街巷格局，尽可能地继承传统的建筑风格，特别是在文物保护单位和历史街区的周边，要确保建筑形态、建筑风貌的协调。

以城市特色文化的保护为基线，以横纵向协调为基础，构架起较完备的不可移动文物史迹网络以及历史文化名城和历史文化街道（古镇）的多层次保护体系。做好以子城、天主堂、文生修道院等为重点的文物保护单位的修缮保护以及周边的环境整治，展示城市历史文化底蕴，进一步提升城市文化品位。

18.2.3 发展特色文化产业

如果将物质文化遗产比作城市传统记忆的载体，那么很多非物质文化遗产就是这些记忆的内容，记录了本地的历史记忆、文化传统和市民生活等。对于这些传统的非物质文化遗产，应该充分使之与现代生活相适应，在使用和传承的过程中进行保护。

加快推进文化与经济的融合，在工作中更多地注入城市文化内涵，提高物质产品的文化品位和档次，结合嘉兴市经济社会发展实际和文化特色，制定整体发展规划，提升嘉兴城市的综合竞争力。

18.3 战略的实施策略

城市文化传承发展必须要与城市主题文化特色相匹配，很有必要对城市的主题文化进行重新梳理。在此基础上，宏观层面需要对城市文化整体格局与风貌进行规划布局，中观层面需要对既有的历史风貌地段及街区进行圈定与设计引导，微观层面需要对文物遗存点进行适应性再利用及文化传承的诠释，最后通过建设管理层面确定展现文化特点的特色空间及文化产业发展指引。

18.3.1 梳理城市文化脉络，打造城市主题文化特色

（1）水乡文化作为主题文化的核心灵魂

进一步梳理嘉兴城市文化发展的脉络，加强对古运河、环城河、南湖、穆河等主要水域及相关水文化的开发利用，以水乡文化为主题，把握城市各类文化的核心特征来营造城市的发展空间，彰显嘉兴的城市文化特色。

（2）历史文化作为主题文化的核心

要更加注重对历史文化的恢复，加大特色空间的营造，进一步处理好城市现代化建设与城市历史文化传统保护之间的关系，做到在保

护中发展，在发展中增色。加强对杉青闸遗址公园、运河博物馆、子城遗址及七塔八寺、嘉禾八景、天主教堂、城隍庙、楞严寺等恢复性建设，继承和保护城市的自然遗产和文化遗产，延续城市的特色文化。

（3）主题文化构建、多种文化并存是嘉兴城市文化的特色

以水乡文化、历史文化、红色文化为主题的嘉兴城市文化，串联了城市发展中逐步形成的多种文化，它们交相呼应，各具特色，形成了嘉兴灿烂的城市文化。因此，要进一步发挥嘉兴的文化集聚和辐射功能，以水系为主线，将两岸的古镇、古桥及众多文化古迹、历史遗址串联起来，构成水上文化长廊。通过水系将整个城市作为一个历史博物馆来建设，由注重单体或局部遗产保护，转移到注重整个周边环境风貌保护。要坚持保护第一、生态优先、拓展旅游、以人为本、综合治理等五大理念，通过城市有机更新，形成布局合理、设施完善、功能健全的城市特色空间。

18.3.2 加强宏观规划布局，谋划城市文化体系框架

嘉兴古城经世代沧桑，历史演变，至今城市仍依稀可见州府城布局形制的脉络，以及众多的文物古迹和丰富的传统文化，古城外水域围护、众多河道呈放射状，在物质空间形态上表现为"一城（古城）一带（古运河文化带）三湖（南湖、穆河溪、相家荡）八塘（苏州塘、长纤塘、平湖塘、嘉善塘、海盐塘、长水塘、杭州塘、新塍塘）"的城市景观特色（图18-9）。这些地域也是承载嘉兴市历史文化最集中的地域，应该从文物保护单位（点）、城市景观轴线（线）、历史文化街区（区域）和城市整体的格局出发，多维度地进行考虑。通过节点、轴线、区域三方面组成嘉兴历史文化名城的结构框架体系。

（1）以存古方式保护文化节点

嘉兴城市中大量呈点状分布的特定时期的遗物及文物古迹，凝结着当时一个时代的特征，也体现着特定区域的特色，包含建筑物类的楼阁、宗教建筑、厅堂、亭榭、名人故居、街巷、民居等；包含构筑物类的城墙、牌坊、古塔、古桥、牌刻等；也包含公园、古树名木、古墓等。对这些文化节点要采用存古式的保护与建设。如市区的子城、烟雨楼、望吴亭等楼阁，觉海寺、城隍庙、天主教堂、文生修道院等宗教建筑，明伦堂、仓圣祠等厅堂，西施梳妆台、落帆亭等亭榭，沈钧儒、朱生豪、沈曾植等名人故居，还有子城、三塔等城墙、牌坊、古塔、古桥、牌刻等（图18-10），这些城市特色景点是嘉兴城市文化的重要组成部分，是城市悠久历史脉络的有机组成部分，必须加以严格保护和合理建设。同时，要收集、整理、研究和恢复已有的文化艺术活动等方面的非物质文化遗产，

图 18-9　嘉兴市城区空间结构

图片来源：嘉兴市历史文化名城保护规划

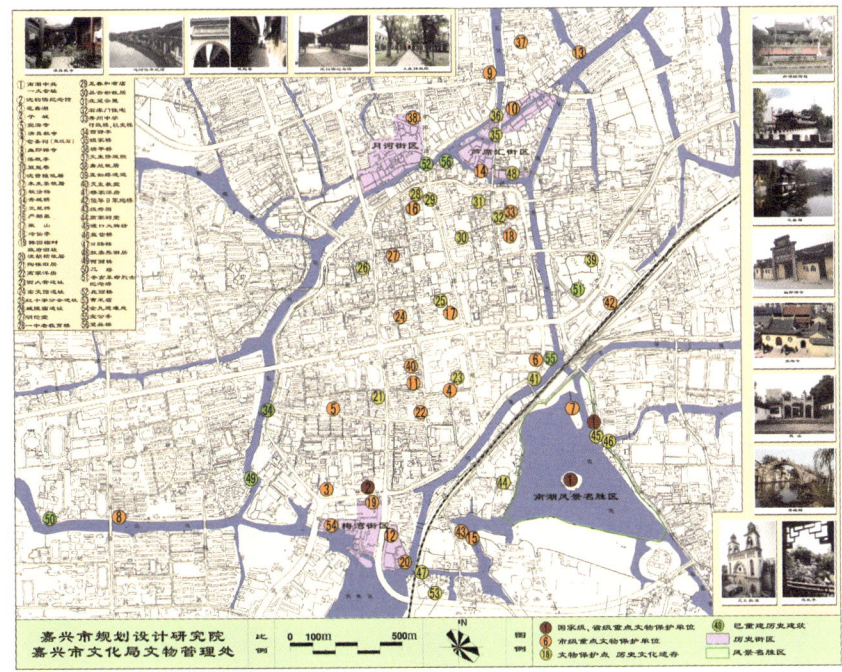

图 18-10　嘉兴市城区主要文化节点

图片来源：嘉兴市历史文化名城保护规划

要体现传统文化的艺术活动和与之相适应的城市空间有机融合，形成充满独特魅力的城市特质。

（2）以复古方式打造历史街区

嘉兴市的历史文化街区各具特色，有的以集中的名人故居为特色，有的以传统民宅区为亮点，也有的历史上承担着城市某些特殊的职能。前一时期，嘉兴市确定了中心城区梅湾街历史街区、月河历史街区和正在规划建设的芦席汇历史街区，这是嘉兴城市需要整体保护开发的区域，对这些街区要采用复古式的开发建设。要通过科学的设计、合理的建设，重新找回这些历史街区的文化灵魂，传承嘉兴的城市文脉。

梅湾历史文化保护区处于城市南部（图18-11），南临西南湖，古时曾有园林，现为传统居民区，区内以梅湾街为主轴，多条巷道呈鱼骨状分布，延伸至湖边，湖岸民居鳞次栉比，水乡风味甚浓。应该保护梅湾历史文化街区的整体风貌，划分历史文化保护区、传统风貌区等，对街区里的建筑划分重点保护、一般保护对象等，对影响街区环境的小工厂等进行拆迁。

月河历史文化保护区拥有嘉兴现存规模最大、布局最完整的历史街区（图18-12），从布局上具有鲜明的江南水乡城市因水成街的特色，由水巷和街巷组成整个区域空间系统的骨架，传统的民居生产生活依赖水这种自然环境要求，因此民居依水造势，布局随意精练，具有浓郁的水乡韵味。月河街区的保护应该注重街区整体氛围的营造，通过主要商业街的打造来提升街区的品质，梳理街区内部交通，完善基础设施的配套。

图18-11 梅湾历史文化保护区

图片来源：嘉兴市历史文化名城保护规划

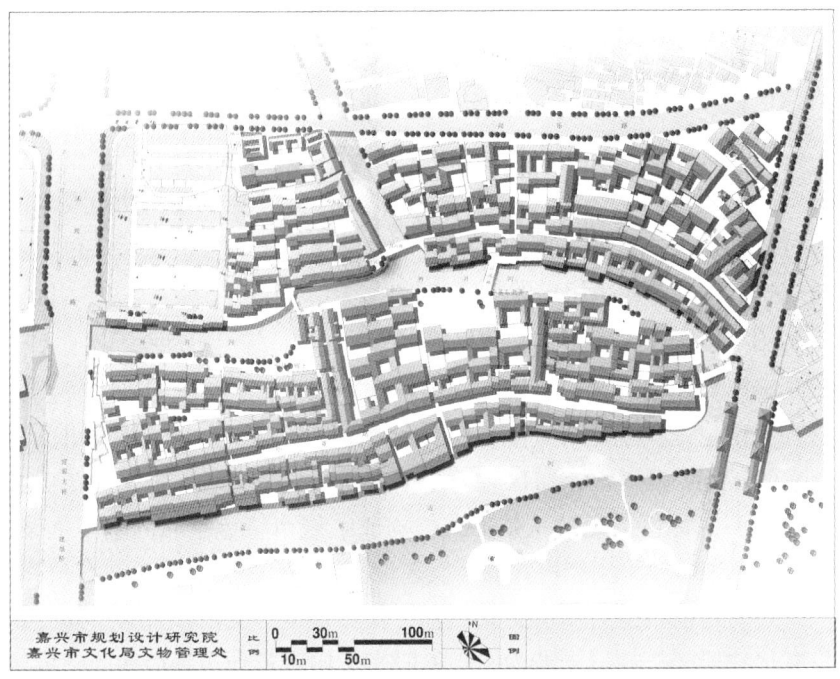

图 18-12　月河历史文化保护区

图片来源：嘉兴市历史文化名城保护规划

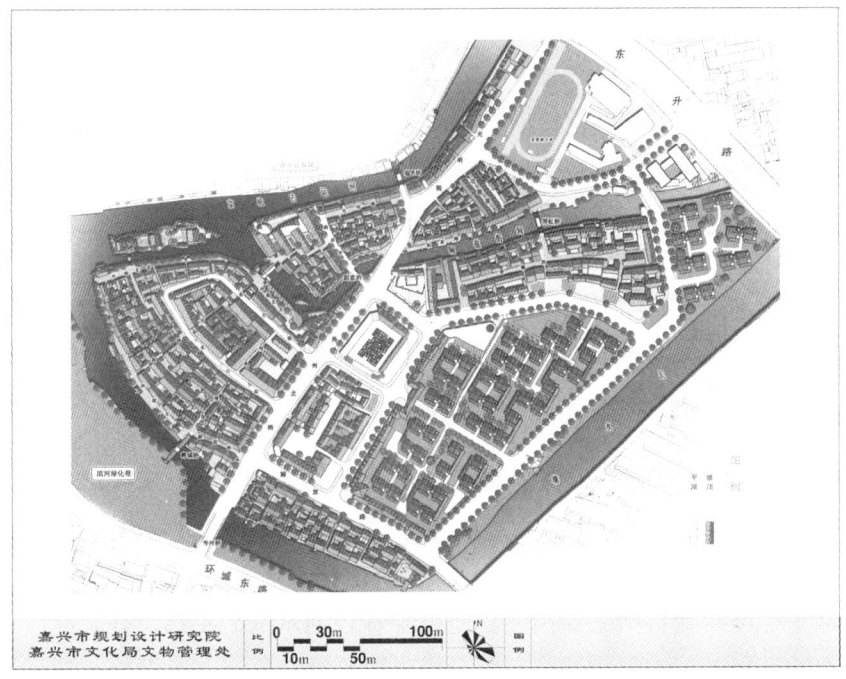

图 18-13　芦席汇历史文化保护区

图片来源：嘉兴市历史文化名城保护规划

芦席汇历史文化保护区中由尚存芦席汇、钮家滩、解放路民居区组成的运河畔又一处历史街区（图 18-13），因昔为沿岸芦席交易成市而得名。街区部分民居带有前为店面后为堆栈库房、上居下商的特征。

芦席汇街区一方面要注重名人故居和文保单位的保护，另一方面还可通过对衰败地段采取重建或新建码头等设施，恢复该历史街区的部分记忆。

同时，要重视近代历史建筑的保护开发，如近代具有历史价值的民丰、冶金厂等工业建筑，通过实用性再开发，在满足新功能要求的同时，延续老建筑的价值，让实物来见证历史的发展，让后人可以通过这些实物了解城市历史的脉络。

（3）以创古方式塑造文化轴线

城市文化轴线是嘉兴市空间结构的主要框架，加强对这些轴线的特有文化建设，就是对城市特色空间的最好营造，也是传承城市文化历史的最好办法。嘉兴市区主要是沿古城历史景观轴、古运河历史文化轴、水乡特色景观轴三条轴线，构成了城市特色空间的基本框架，对这三条轴线要采用创古式的开发建设。

要高标准打造古城历史景观轴，提升环境、生活、公共空间与街头文化功能，打造以子城为中心由府南街向南延伸至环城南路，由建国路特色街区向北延伸至中环北路的线性文化载体，通过南北主轴组成古城鱼骨状系统与各个景观节点相联系，展现古城内特色构成要素，将文化内涵的节点整合起来。

要高水平打造古运河历史文化轴，以古运河为主线，北起百步桥，经市河、西至三塔的河段两岸形成古运河历史文化轴；保护轴上历史文化景观由北往西分布为：穆河溪（百步桥）——落帆亭——文生修道院——双魁巷——端平桥——北京路特色风貌街——北丽桥（望吴楼）——月河历史街区（中基路传统街市）——西驿亭——西丽桥（城南公园）——血印寺——三塔。由市河北丽桥往东历史文化景观分布为：北丽桥（望吴楼）——芦席汇历史街区——秀城桥——人民公园（真如塔刹、辛亥革命纪念塔）——宣公亭（狮子汇）——旧火车站——穆家洋房、壕股桥——汪胡桢故居、朱生豪故居——西南湖分水墩——梅湾历史街区——西丽桥（城南公园）。

要高起点打造水乡特色景观轴，以环城河为中心，建设向外延伸的八条放射形河道，组成水乡特有的秀丽恬静风光轴。水乡景观游览轴主要以观赏自然景观为主，通过游览轴展示绿荫护岸、阡陌纵横、万顷良田的四季田园风光。水乡景观游览轴将嘉兴著名湖泊相连系，包括著名的南湖、西南湖，城北的穆河溪、城东的相家荡，都是具有丰富历史文化内涵的水域，经过努力发掘和开发，可以成为城市的重要自然景区。水乡景观游览轴与人文景观相结合，将分布在沿岸的历史文化遗存点联系起来，形成轴线上景点，丰富游览轴内涵。

18.3.3 加强中观传承方式，借水提升整体空间品质

（1）水乡特色的城市空间肌理保护与传承

嘉兴市因水而建，城市肌理也是与水系紧密结合，在社会快速发展的情况下保持水乡特色的城市肌理就成为一个重要的课题。首先，规划与历史文化名城保护规划结合，形成水乡特色格局；其次，加快城市绿化、绿道建设，提高滨水空间的可达性；再次，把握水乡文化核心，营造充满活力的滨水空间；最后，交通布局优化，延续顺应河流肌理的环加放射状路网，补充慢行交通和老城区的微循环建设。

（2）重视自然风景区的保护

嘉兴市区内主要的自然风景区有南湖风景区、穆河溪风景区和湘家荡风景区，这些是城市开敞空间的重要组成部分，是城市的"肺"。在城市快速发展的过程中要特别注重自然风景区生态环境的保护，重点保护风景区内的主要景点，控制风景区及周边地区的开发强度和建设高度，创造舒适的休闲、游憩场所。

18.3.4 坚持微观载体建设，塑造城市特色空间品牌

（1）加快传承型文化特色空间建设

深入挖掘南湖红船文化、马家浜文化、运河文化、水乡文化等特色鲜明的城市文化，加强保护文物古迹、传统建筑、传统街区和城市格局等，继承凝结和记录各个时期城市文化类型的精髓，塑造城市文化空间载体中最重要的空间类型，通过这些空间的延续使城市经典文化、精品文化得以传承。要通过加大非物质文化遗产的保护力度，夯实城市特色文化基础，增强城市文化底蕴，留住城市声音。要做好文物建筑的再利用，重点开展历史街区、历史建筑、文化单位、工业遗产的修复性保护，以敬畏历史、呵护根脉的姿态，寻找古今城市文化的最佳结合，建设城市特色空间的厚度。

（2）引导展示型文化特色空间建设

嘉兴城市建筑的外在形态是展示型的城市特色空间。要精心打造人性化、生态化、内涵化、品质化的城市广场、街道、公园、滨水等建筑外部空间，让公共特色空间成为城市的主要空间，建设具有地域特色的标志性建筑和特色风貌区，通过城市的符号增强城市的特色品牌，推进展示型文化空间的特色化、精品化，在城市建设中展现地方特色，形成城市文化载体中最有活力、内容最丰富的空间类型。

（3）支持创新型文化特色空间建设

城市特色空间的营造需要强大的城市经济来支撑。要创新性地发

展城市特色文化产业，确保城市特色空间营造的可持续性。把发展文化产业作为嘉兴市新兴支柱产业来抓，继续加快推进文化与经济的融合，高标准、高水平建设文化产业集聚区、文化主题公园等，在城市有机更新中，大力支持文化产业的拓展，从而形成新的特色文化空间，将其建设成为城市特色空间营造中最有活力的空间类型。

18.3.5 非物质文化遗产的保护与传承

（1）建立和完善保护名录制度

非物质文化遗产代表作品名录体系的建立是保护工作的基础，既是抢救保存的前提，也是传承、弘扬的依据。目前嘉兴民间还有很多传统的活动和项目并未列为"非遗"名录，应该加大非物质文化遗产的申报工作，将更多具有地方特色或具有文化价值的活动和项目列为保护、传承的对象。

（2）将非物质文化遗产转变为有形的形式

通过搜集、记录、分类，建立档案，用文字、录音、录像数字化媒体等手段，对保护对象进行全面、真实、系统的记录，并积极搜集有关实物资料，予以妥善保存。

（3）利用传统节日、活动保护与传承

嘉兴市历史上农业较为发达，拥有较多的民间习俗，如求雨、网船会、造房上梁、踏白船、扎蚕花、迎娶、周岁、端午习俗等，对于这类非物质文化遗产的保护来说应该在它产生、生长的原始氛围中保持其活力，通过在传统的节日中穿插引入传统活动，既能增加节日的喜庆，又能适宜地保护传统活动。

（4）文化产业的带动

很多的非物质文化遗产可以转化为经济效益和经济资源，以生产性方式保护。比如剪纸、年画以及其他很多手工艺制作项目，都可以作为艺人生产、生活方式延续传承。甚至可以通过资源重组，以产业运作扩大生产规模，扩展销售市场，从而使这些项目得到弘扬和传播。

（5）保护传承人

非物质文化遗产作为活态文化，其精髓是与该项目代表性的传承人联结在一起的。对项目传承人的保护应该是保护工作的重点。要以传承人为核心主体，通过传授、培训以及宣传，使非物质文化遗产项目得到传承，传承人的地位得到尊重。

18.4 结语

当前，各个城市都处于古与今、新与旧、中与西的碰撞与交织中，城市文化、特别是文化特色塑造也是一个系统工程，同时也是需要长期的探索和实践的过程，既需要政府部门的法律法规强制执行、更需要城乡建设行业持之以恒的追求和努力，也需要全社会的关注和参与。

需要我们进行有机更新，嘉兴市是国家历史文化名城，对于其中的历史文化街区、历史风貌区、历史城区应采取渐进式的有机更新方式，不得大拆大建。应积极探索鼓励居民按保护规划实施自我更新的方法，建立历史建筑的长期修缮机制。鼓励组织和个人购买或租用非文保单位的老建筑，积极利用社会资金投入老建筑的保护和维修。

需要加大立法保护。嘉兴市的文化内涵非常丰富，体现了当地民族性、独特性、多样性，这也决定了对其保护和传承的方式是多样的。但是，多样传承、保护方式的基础是立法。立法保护是根本性的保护，只有健全立法保护，才会使行政保护、财政支持、知识产权保护等得到保证，也是对传统文化保护和传承最有力的保障。

需要加强公众参与，鼓励公众参与到历史文化传承和保护的活动，对于历史文化保护项目实行专家领衔制度，建立专家委员会全过程论证监督制度，历史文化保护更新项目的规划和详细实施方案应进行专家论证并广泛征求公众意见，批准的实施方案应进行公示，接受公众监督。

19

城乡关系

乡村是中国社会发展的根基。2008 年起实施的《中华人民共和国城乡规划法》，首次把村庄规划纳入整体规划的体系之中，这在当时被称作"改变城乡二元结构规划格局、进入城乡统筹规划管理时代"的标志性事件，并强调："村庄规划能够决定城镇化是否健康有序发展，决定在城镇化过程中，资源能否被合理利用和保护以及城乡空间能否合理分配等问题"。十八大提出要促进生产空间集约高效、生活空间宜居适度、生态空间山清水秀，给自然留下更多修复空间，给农业留下更多良田。城乡一体关系及美丽乡村建设也是全面建成小康社会、实现"美丽中国梦"概念的题中之意。2013 年的《中央城镇化工作会议》一直强调在新型城镇化首先是要解决城乡统筹、城乡融合的问题，没有农村发展，城镇化就会缺乏根基。有些地方错误理解城镇化和城乡一体化为把农村都变成城市，把农村居民点都变成高楼大厦。这是激进错误的想法。而城乡差距，说到底是基础差距、发展差距。新型城镇化是城乡协调发展的过程，弘扬耕读文化，培育农村产业特色，着力改善农村基础设施、生活环境、文化氛围和公共服务。实现美丽乡村建设，城乡共同繁荣，是新型城市化进程的重要部分。

嘉兴的网络型田园城市积极响应新型城镇化的号召。其深刻内涵是城乡一体、社会公平。从城市形态、城市产业、城市公共服务设施等方面坚持新型城市化引领统筹城乡发展，促进城乡融合发展、建设城乡和谐、有机协调的网络田园城市。

19.1　问题及趋势判断

19.1.1　存在的问题

（1）城乡二元的现实仍然存在

嘉兴 2006 年作为城乡统筹示范点进行改造，联动推进"两新"工程和"美丽乡村"建设，进化"1+X"镇村布局，2012 年建成市级示范性城乡一体新社区 24 个，改造集聚农房 2.3 万户，完成土地复垦 1.4 万亩。统筹城乡发展、"两新工程"的推进、土地流转的加快和农村社会保障制度的不断完善，拓宽了农民增收渠道，2011 年城镇居民人均可支配收入 29599 元，农村居民人均纯收入 16370 元，城乡居民收入为 1.81：1，收入差距进一步缩小，城乡融合推进。但是城乡二元结构仍然存在，还需要进一步改善。工农差别、城乡差别、地区差别的存在，使人们本能地产生了从农村向城镇、从生活水平低的地区向生活水平高的地区流动的愿望。早年起便有农民进城务工的情况。时至今日，农民进城务工的趋势不断增大，数量也逐年递增。现在城市居民的衣、食、住、行等各个方面越来越离不开农民的服务。但是，由于城乡二元户籍制度等原因，大多数进城农民没有安身之地，没有取得合法地位，不能安居乐业，农民与市民身份、待遇差别并未消除，限制、歧视、排挤农民的现象时有发生，并产生了一些社会问题。在就业、社会保障、服务和子女入学问题上，城乡之间都存在着较大差异。城乡居民的不平等待遇，无形中对嘉兴的城乡统筹规划建设形成了阻碍。

城乡二元结构首要是制度的二元化，另外，长期以来浙江自上而下的城镇化发展模式带来了农村经济的进一步增长，但村镇企业户户点火，村村冒烟的发展思路带来了农村生态环境的恶化，文化特色的消失，农业产业化和现代化程度不高。

（2）农村生态、产业、文化环境状况不佳

农村生态方面，许多被忽略的自然村——"垃圾中的村庄"。如果说，被低端产业污染的乡村尚可得到些许的"经济补偿"，那么那些被城市发展遗忘的偏远自然村则变成了"垃圾中的村庄"，周边工厂污水随意排放，一些农民随手扔垃圾，倒脏水，秸秆的任意焚烧，不少村庄被垃圾包围着，河里长满了杂草，河面漂浮着垃圾。

农村产业方面，城市产业向乡村蔓延的同时，破坏了乡村宁静的生活，虽然推动了乡村工业化与城市化的发展，但其给乡村带来的仅是淘汰的产业和较大的污染，乡村失去了以往"田园、宁静"的特征，却被"落后"与"低效"所替代。另外各农业产业特色不明显，并没有发挥好市场经济的作用，并没有抓住农田、绿色、乡村生活方式、休闲等城市人眼中羡慕的特色，使得农村千村一面，农业生产率较低。

农村文化特色方面。主要表现为布局特色和文化资源消失两方面。村庄建设规划及已建设的新农村形式过于单一，缺乏江南水乡特色。由于农村的生产、生活方式区别于城市，农户的饮食、起居、休息、甚至一部分农产品种植、加工、储存都在住宅内完成，农村这种生活方式直接影响农民住宅形式和村落空间组织方式。但现有很多村庄建设规划与城市居住小区趋同，景观呆板，缺乏从传统中寻找灵感，从乡土结构里得到创新启示，缺乏根植在农村文化背景下的乡村风貌。并且，每个村庄所处的空间地理位置、地形条件、气象条件和自然环境不同，其环境空间形态也不同。现有很多村庄建设规划未充分考虑山、水、林和风景名胜等自然景观要素，未结合村庄自身情况，尊重地方生活方式、探索具有地域特色的空间布局形式，规划布局以军营式的排布为主，缺乏原有江南水乡村落特色。在嘉兴以传统耕作方式生产的农业区，农村农业生产方式对农耕半径的要求与现有空间布局方式的矛盾也显得尤为突出。现有的村庄空间结构以向中心村集聚、扩大中心村规模的方式进行布局，中心村规模往往有几百户，扩大了的中心村与中心村之间仍然是以原有的农田包围聚居点的形式均匀分布。但这既没有解决村庄聚落均质分布的问题，使现有的耕作仍然不能以农业机械化的方式进行，又因为扩大中心村规模和村庄搬迁而使只能以传统耕作方式生产的农民远离自己的土地。这样的空间布局方式既不利于现代农业生产方式的推进，又不利于农民的生产与生活。

19.1.2 背景及趋势

（1）城乡关系进入融合发展阶段

根据国内外统筹城乡发展的案例借鉴，在城乡关系发展过程中，根据城市和乡村地区产业经济、人口发展的关系，划分为不同的阶段。

城乡简单交换阶段：这一阶段显著的特点是城镇化水平低，城镇在原始村落的基础上发展而来，规模很小。以发展小农经济、手工业、简单商品经济等为主，基础较好的人口聚落开始形成集镇，城乡基本处于原始的均衡状态。乡村和原始的集镇之间按照各取所需原则进行商品交换；要素流动性不强，城乡之间是一种简单的"物物交换"关系。

工业化发展阶段：为了满足城乡地区人口对物质的需求，开始了工业化的发展，根据工业化的地域不同，可以分为城市工业化和乡村工业化。

① 城市工业化。城市大规模工业化的发展，带动了城市经济的快速增长，工业化的大规模发展，吸引乡村人口向城市集中，满足城市工业对劳动力的需求；工业化的快速发展带动了城市化发展，城市建设同样也吸引了大量的农村劳动力。城镇地区资本、人口集聚到一定程度，开始城市工业化，城市工业化过程中也促进了城市化进一步发展，城市人口和规模扩大，吸引乡村要素向城市流动，城乡差别差距日益明显，"二元结构"特征明显，表现为乡村人口、资本、农产品等向城镇流动，加快了城镇经济的快速发展和乡村的相对贫困。城市工业化阶段乡村发展的核心问题是乡村要素流出，城乡差距明显，乡村基础设施、文化设施、服务设施建设缺乏。

② 农村工业化。由于级差地租的影响，利用廉价的土地资源，以及劳动力、原材料、能源等促进乡村工业的发展，这对改善乡村经济条件，改善乡村基础条件，有着积极的作用。农村地区优越的资源条件和廉价劳动力，带来了农村工业的发展，也为城镇建设发展完成了原始的资本积累，促进了城镇的形成和发展。农村工业化发展阶段乡村发展的核心问题是资源密集型和劳动密集型工业的发展，给乡村生态环境带来一定的问题，当时的村庄规划旨在发展农村工业，通过农村工业吸纳农村劳动力，形成了"离土不离乡"的状态。

城镇化带动新村建设阶段：城镇化带动新村建设阶段主要是为了解决城乡"二元结构"发展的矛盾，缩小城乡发展差距，进行新村建设。开始重视乡村地区发展，通过乡村地区道路、通信等基础设施建设来推动乡村地区发展，大量的基础设施投入一定程度上改变了乡村地区的发展条件，但很难从根本上改变城乡差距扩大化的趋势。通过行政干预手段，将部分财政、税收用于乡村地区基础设施的改善，从物质形态改变城乡差距扩大的趋势，改善乡村居民生活条件。通过乡村基础设施建设，使得乡村基础设施一定程度上有所改善，但乡村仍然存在一定的经济社会问题，这一阶段的村庄规划旨在改善乡村基础设施水平，缩小城乡经济水平遭遇种种尴尬与问题。

城乡融合发展阶段：融合城乡发展，将城市和乡村作为一个整体进行考虑。促进城市与乡村地区的空间布局、土地利用、产业发展、基础设施和公共服务设施建设等融合发展。城市部分功能向乡村地区渗透，包括居住、产业、基础设施等要素向乡村地区扩散，同时城市的福利、社会保障等也开始向周围的城乡接合部渗透。城市功能的一部分向周围乡村转移，城市生产方式、生活方式、行政管理等向乡村扩散。美国的郊区化过程、霍华德的田园城市理念、我国珠三角的"以城带乡"发展等都是城市功能渗透的主要表现形式。这种模式下存在的问题包括"城市型"的生产、生活方式向乡村地区低密度扩散，带来的增长效率、质量和文化问题，这一阶段的村庄规划主要改变原有就村庄论村庄的模式，形成以城带乡的长效机制。

城乡一体化发展阶段：城乡一体化发展是城乡关系演变的最高阶段和最终目标，城市和乡村作为相互依存、相互促进的统一整体，通过要素的自由流动和人为协调，达到了经济一体化和空间融合的系统最优状态。从物质和精神两个方面统筹城乡一体化发展，通过高度城市化和农业现代化，达到城乡高层次的均衡与和谐。比如日本、中国香港、新加坡等的城乡融合发展在改善城乡关系方面取得了显著的效果，城市与乡村的经济、社会、环境、文化等均实现了一体化的发展。

根据嘉兴的经济、社会发展条件，同时与国内城乡统筹的相关实践进行对比分析得出嘉兴当前进入了城乡融合的发展阶段。在该阶段，突出的特征与表现是：

第一，农村发展不再是单纯的以农业或者农村工业为主，而是与城市经济有着巨大的联系，农民的收入也不再以务农为主，根据调查，嘉兴市目前农村人口中，务农时间超过6个月的仅占总人口的13%。

第二，农民的生产、生活方式发生了巨大改变。大部分的农村劳动力实际的工作地点是在城镇，但是居住在农村，形成了大量的隐形城镇化人口。

第三，根据农民进城居住意愿调查，目前希望去城市生活（在城市购房）的农民占 32%，希望到城镇生活的农民占 37%，69% 的人希望到城镇生活，所以说明农民进城的意愿非常强烈。

第四，社会保障问题开始突出。与农民进城生活意愿形成强烈对比的是，其在城市中的就业能力不强，因此在开办工厂与打工的同时，希望保留农村户籍作为"退路"。养老保险和合作医疗的保障水平不足以解决农村居民进城之后的生活保障。

第五，城乡在空间上融合的趋势快于在经济上的融合。目前，在城乡空间方面融合发展的趋势已经加快，嘉兴市出台的一系列政策也提供了保障，但是在城乡经济方面的融合尚较为滞后，特别是城市产业层次较低，传统劳动密集型产业仍然起主导作用，这一方面导致城市工业无法有效带动和融合农村工业，另一方面，就业人口的工资水平不高，表现出大部分企业工人为外来务工人员，本地农村居民就业相对较少或不稳定。

（2）新型城镇化建设的战略选择

2003 年，浙江省"千村示范、万村整治"工程启动实施；十六届五中全会提出社会主义新农村建设目标；十七大提出"统筹城乡发展，推进社会主义新农村建设"；2008 年浙江省"千村示范、万村整治"工程实施深化；2010 年 12 月《浙江省美丽乡村建设行动计划（2011–2015 年）》启动，同时要求各县市试点编制《美丽乡村建设总体规划》；十八大明确提出"美丽中国"概念，2012 年浙江省农房改造建设示范村工程 2012 年开始试点，2013 年 10 月习近平同志作出重要指示，强调要认真总结浙江省"千村示范，万村整治"工程的经验并加以推广。一系列美丽乡村、统筹城乡的发展策略是新型城镇化建设的应有之意。

（3）农村文化的保护与传承需求

一方面，乡村是中华历史传统之根、文化发展之源、文明复兴之基。推进现代化，全面奔小康，建设美丽中国，实现伟大复兴，必须保根护源、强基固本、新根活源。乡村文明具有不可替代的历史文化生态和发展价值。乡村文化传承保护势在必行。

另一方面，随着农民物质生活的满足，居民对村庄特色塑造的认知和意愿已经提高到与物质生活环境相同的等级。因此让村庄更有特色、增强家乡自豪感、乡村更有吸引力也是农村文化建设的重要方面。

19.1.3 目标愿景

嘉兴的城乡关系要立足打破城乡分割的"二元结构"为目的，加快工业化、信息化、城镇化、农业现代化协调同步发展为目标，以城市和乡村地区社会、经济、文化、生活方式等协调、统筹一体发展为策略，以促进健康城镇化发展为导向，全面协调城乡发展。一体化并非一样化，城市与乡村景观特色、产业特色等方面实现差异化发展，近期重点加快美丽乡村建设，以生态优先为原则，实现生态环境、生态经济、生态人居、生态文化；以人为本为原则，关注村民需求、尊重村民意愿、重视村民发展；以文化特色为原则，保护传承历史文化、深入挖掘文化内涵、弘扬现代文明风尚，以因地制宜为原则，分级分类、循序渐进分类特色村庄，打造"宜工则工、宜农则农、宜林则林、宜游则游"模式。以农村经济、政治、文化、社会、生态等问题呼应五位一体发展，真正实现"生态宜居村庄美、兴业富民生活美、文明和谐乡风美"，实现居民"看得见山，望得见水，记得住乡愁"的美丽愿景。

19.2　战略的相关建议

19.2.1 城乡体制基本接轨

以统筹城乡保障为核心，实行城乡体制的全面接轨。坚持以人为本理念，统筹城乡社会事业。养老和医疗保障差异是当前城乡居民生活的最大差异。统筹城乡居民生活必须从统筹城乡保障入手。对已参加农保的乡镇企业职工应分期分批转为城保。由各级政府直接投入资金，优先解决农村老年社员的保养，农村合作医疗要提高水平。逐步由目前的大病医保转向大病和门诊相结合的较为完整的医疗保障。加快教育资源整合，合理调整中小学布局，通过合并重组扩大学校规模，适当减少乡村中小学数量，不断提高农村基础教育办学质量，同时加大职业教育、岗前培训等继续教育，提高农民科技文化素质和就业能力。加快建设乡村文化中心等问题活动阵地建设。

各镇要注重集镇社区发展与新市镇发展规划之间的衔接配套，注重体现集镇对新市镇的功能互补作用，注重体现集镇对周边农村经济发展起带动作用。在完善基础设施配套基础上，通过整治、提升、集聚，进一步加大工作力度，完善长效管理机制和资金保障。出台相关政策，实质性启动城乡新社区建设，切实抓好民生问题。实现社区布局合理、功能配套、经济高效、集市繁荣、环境宜居、社会和谐的建设目标。

19.2.2 城乡规划完全覆盖

规划"半张图（城市规划）"转向规划"一张图"（城乡规划）。并且在"1640"的城镇体系结构中，明确提出了做强中心城市，做优副中心城市和做特中心镇的发展目标，以网络化大城市的整体去参与激烈的区域竞争，基本理顺了体系内部的职能分工。

按照嘉兴市城市总体规划及市域总体规划，嘉兴市域形成 1640+X 的城镇体系结构，乡村未被纳入，从城乡统筹的视角来分析，嘉兴市域的统筹结构为 1640+X 的等级结构体系，因此城乡统筹规划体系是由 1、6、40 和 X 组成的完整的城乡规划体系。

① 高起点编制发展规划。规划是建设的龙头，是提高市镇建设整体水平的前提。根据国民经济和社会发展规划纲要、城乡一体化发展规划纲要和城乡协调发展规划等，从统筹市镇与中心城市以及统筹城乡发展的高度，结合新市镇功能定位和发展目标，高起点、前瞻性地编制、修订和完善相应的规划。重点是编制完善各新市镇、集镇社区近期建设规划、控制性详细规划和各类专项规划，抓好重点地段、区域的城市设计，做好与土地利用总体规划等各项规划的衔接，形成分工明确、布局合理、规模有序、设施完善的规划体系。区政府各级部门要加强对新市镇规划工作的支持、指导，并在财政上保障落实规划专项经费。

② 完善城乡空间布局规划。坚持城乡统筹发展之路，扎实推进城乡一体化建设，围绕拓展市镇发展空间，在市镇范围内可打破行政区划限制，根据经济发展和生态保护的要求，进一步完善各镇总体规划、控制性详细规划修编、城乡新社区规划，统筹协调城乡各类要素在空间上合理布局。

19.2.3 村镇产业可持续发展

根据村庄所处的自然地理和社会经济环境为基础，进一步划定特色资源板块，结合不同村庄实际发展情况和居民的承受能力，以村庄为单位，重点发展观光农业、设施农业、体验农业、花卉基地、休闲农业、规模养殖、古村群落等绿色经济体系。为每个村庄设计一套面向未来的产业发展道路。力争实现"一村一品、一村一景、一村一韵、一村一业"的产业可持续发展道路。资源禀赋和发展条件相似的村庄可以共同构筑一品，形成规模化的发展基地。按照资源禀赋类型将乡镇分为 7 类。具体如下：

城乡互动带动型：主要是针对城镇周边的村庄未来发展提出的发展模式，临近的村庄不仅要在社会基础设施和服务设施上能享受到城市的好处，更要积极融合城镇分工。

规模农业产业型：针对土地资源相对丰富的村庄，通过进行种植结构的调整，引入现代种植技术，打造专业化的高效蔬菜生产基地、优质有机农产品、特色花卉产业等，通过成立专业化的农业合作社、引入农业龙头企业，打造特色规模农业产业村。

休闲旅游产业型：针对生态环境良好、文化特色突出和邻近大型景区的村庄，以农业和农村为载体，利用农业生产经营活动、农村自然环境和农村特有的乡土文化吸引游客，通过集观赏、娱乐、体验、知识教育于一体的新兴休闲产业带动新农村建设的一种模式，将村庄打造成为旅游景区。通过发展旅游为村庄寻找独特一品；通过旅游发展为村庄带来人气、财气和商气；通过发展旅游调整村庄的生产结构，将旅游打造成为展示农村产业产品的形象展示产业，将传统的农业产品转变成为质优价高的旅游产品。

专业合作带动型：这是指以各种的农民合作组织为依托，通过各种形式把农民组织起来，整合社会资源，促进农村各种生产要素的合理配置，突破原有的一家一户分散经营的制约，提高农业资源的综合利用开发水平，通过壮大集体经济，改善公共设施，使农村的生产和生活条件不断提高，促进村容村貌不断改善进而建设新农村的模式。

特色产业带动型：打造以专业化的生产方式带动村庄发展模式，形成优质林果、特色养殖等特色专业村。特色产业带动型新农村建设要注意：要定位准确，大而全就是没特色；政府不能越位、缺位和错位，要树立服务意识，避免过分干预市场；重视示范带头作用，分步实施；大力发展订单农业和产业一体化组织；重视农业技术推广和自主创新，以特色促品牌。

文化保护带动型：主要是针对区域内历史文化底蕴、文化价值较高的村庄，在进行保护整治的基础上，挖掘整理其文化独特性，以文化旅游的方式对村庄进行保护性开发，保证村庄的完整性和文化的传承性。

科技示范带动型：规划在不同的发展片区选择发展条件依托较好的村庄，打造成为区域的科技示范带动型农村，主要侧重农业发展，通过在每个区域点状的示范带动，对整个区域的产业发展进行改良，实现"以点带面，整体崛起"。

19.2.4 田园生态必须保持

城乡生态环境一体化建设是从协调城乡经济社会发展和环境保护、生态保护的关系，全其核心是凸显生态优势，更是乡村较城市的特色所在。因此，在乡村的开发过程中必须强调生态的保护，必须坚持生态优先原则。

乡村生态环境建设按照"整治一片、维护一批、梳理系统、提升水平"战略进行。整治一片则重点从农村面源污染、水环境综合整治和村庄环境卫生整治三方面，进行"点—线—面全覆盖"；维护一批则是重点维护以后的景观生态格局，基本农田保护、生态林地保护、生物多样性保护等村庄绿色体系，建立以大地景观为背景景观，以滨水空间、景观道路为线景观，以村庄为点景观的"点—线—面"结合的绿地景观系统格局，维护镇域生态环境。梳理包括村野绿地、宅间绿地、中心绿地等村庄绿地体系，提升农业现代化水平、农村低碳生活水平。

19.2.5 乡镇布局各有特色

城乡布局应各有特色，城市化并不是将村庄聚拢，将村民集聚到楼房里，乡村布局应以建农房、优环境为重点，推进新农村建设；应充分结合农村自身特色，将农村独特的环境和自然资源融入新社区建设中去，而非城市小区模式的军营式布局，景观呆板，缺乏邻里空间，丧失根植在农村文化背景下的乡村风貌。生态人居环境建设引导农村人口集聚，完善乡村基础设施和公共服务设施；加快农房改造，通过打造入口景观、拆除"三房"（危房、旧房、附房）、墙体美化、杆线整理、杂物整理、明晰标识系统等手段，实现村容村貌的美化。

19.3　战略的实施策略

19.3.1 结合统筹工作中遇到的重点问题，完善规划体系

"1+X"规划是实现城乡统筹的理想发展思路，实施过程中难免遇到无法预计的问题，比如江南水乡特色的两新工程布局问题，行政村合并后的建制问题，自然村合并过程中的拆迁安置、社会保障、基础服务等涉农问题等。因此，需要进一步探索其实施路径与方法。

（1）因地制宜，进行合理微调

一是加强"1+X"规划与城镇发展规划的对接。"1+X"规划要与城镇总体规划的发展目标、产业思路、道路交通设施等发展要求相适应，与城镇控规及社区建设规划相对接，突出做大做强"1"、着力做精做优"X"，从而实现与城镇总体发展的协调。

二是完善"1"规划布局。由于"1"中村庄有些因城镇区发展部分被拆迁安置，有少数与镇区的建筑融为一体，多数村庄都在镇区或镇区边缘完整的存在，已经具有完善的设施配套、充足的空间集聚动力等村庄集聚的有力条件，因此优先考虑"1"中X的规划布局，在城镇发展规划的基础上完善优化村庄建设规划，推行一户一图、多户一图或一组一图等模式，力求体现地域特色，避免"千村一面"。

三是微调"X"布局。着眼于提升农民生产和基本生活功能，充分尊重当地的行政管理习惯及适应村民生活习惯，建议微调"1+X"规划，制定明确的保留村庄和搬迁村庄要求，建议农村新型社区建设

应优先选择交通方便，位置适中，可利用现有用地、供水、排水、环境等条件较好的村庄，统筹产业优势和教育、医疗资源等因素，既有利生产又方便生活，使生产与生活相互结合，又不相互干扰。

四是调整推进时序。"1+X"布局规划是一个长期的过程，通过目标时序的制定，推动村庄由17000个目标缩减为300个的有序推进，其中，第一阶段（近期目标规划5年内），通过规模费用取低法，以"规模小的村庄撤销，保留规模大的村庄"的原则，将零星散布居户及低于10户的村庄优先合并，村庄数量减少10000个。第二阶段（中期目标规划5~10年内），按照耕作半径就近、服务设施就近的原则，将资源环境较差、区位的村庄类型搬迁合并，基本将数量减少至3000个左右。第三阶段（远期目标10~20年）按照经济规模化的原则，对经济实力相对较弱、特色产业相对缺乏的村庄进行合并，基本实现保留村庄数量减至1000个。第四阶段（远期）在新型城镇化的推动力和农村现代化建设的吸引力双重作用下，形成300个左右的城乡一体新社区。

（2）搞好衔接，实施平稳过渡。

一是加强横向衔接。把"1+X"村镇布局规划纳入整个区域系列规划，并加强与土地利用总体规划修编以及道路交通、供电、供水、污水处理等专项规划的互动衔接，做到"多规合一"，避免集中居住区规划和土地利用规划不衔接问题，特别是不能逾越基本农田保护区而无法实施集中居住区建设。

二是加强纵向衔接。"1+X"工程是一个长期的过程，不能一蹴而就，"1640300"空间体系是嘉兴现代化网络型田园城市建设的终极目标，实现这一目标需要不同阶段的时序目标与之相适应。对于暂时保留的村庄，将建设的重点放在解决农村脏乱差和配套设施等管理内容上，要确保保留村庄尽可能方便地为撤销村庄提供服务的基础上进行规划；对于即将撤并的村庄，要充分考虑其农村生产劳动半径及享受服务半径的合理范围内进行合并，从而实现搬迁过程中的良好衔接。

三是加强基础设施的衔接。继续保持基础设施规划建设管理的整体性、系统性，加强农村基础设施和公共服务设施配套建设，大力改善农村交通、供水、污水、雨水、燃气、供热、通信等条件，不断完善农村教育、文化、卫生、体育等设施配套，提升城乡基本公共服务均等化水平。四是加强生产生活衔接。要将两新工程建设与村庄产业发展同步规划、同步实施、同步推进，在两新工程建设中，要夯实村庄生产的发展基础，加强特色资源的有效利用，促进乡村高效生态农业、休闲旅游业等加快发展，增强发展能力，为村庄经济营造稳定的收入来源。

19.3.2 特色生态经济推进，做到"一村一品、一村一景、一村一韵、一村一业"

产业发展策略上，通过促进城镇与农村的差别化分工，营造城镇与农村不同的景观，农村经济还可以向效益、观光、休闲农业拓展，使农业从主要为城市提供鲜活农产品和初级加工品向绿色安全农业、休闲观光农业、生态农业转变，成为具有生产、绿化、观光、旅游、体验、休闲乃至教育多项功能的现代农业。在产业选择上，优先选择能够及时解决农民就业、适宜农业规模化生产的行业。产业发展要以吸纳农村剩余劳动力、统筹农村经济发展为目标，优先选择劳动力需求量较大的产业，扶持发展特色农产品深加工行业，鼓励农民自主创业，鼓励发展农业服务业，挖掘地方特色产业，最终推动城镇第一、第二产业健康快速发展、促进第一产业实现现代化、产业化、专业化与商品化，尽快实现新型城镇化，形成产业与城镇建设良性互动的局面。

同时嘉兴各镇应保持其各自特色，划分特色经济板块，发展乡村生态农业、发展乡村生态旅游、发展乡村生态工业，实现一镇一品，积极培育各镇城市特色，其中：

王江泾作为全国小城镇综合改革试点镇，以王江泾·中国纺织商贸中心和木林森商贸城、农技校地块改造、刘公园改造等项目为突破口，着力提升城市北大门形象，将王江泾打造成有城市特征的中国织造名镇。

王店镇按编制完成的嘉兴市西南物流规划，以盖世理物流基地和王店·中国小家电城建设为重点，发展现代服务业，同时以梅里文化为基础，发展农家乐和生态旅游业，促进特色新农村建设；洪合镇结合320国道改造、羊毛衫市场改造和毛衫科技创业园建设，进一步集聚了产业，构筑了发展平台，完善了城镇功能。

新塍镇结合秀洲工业园区新塍分区的建立，做好西北产业带组团发展文章，结合温泉优势，依托水源保护区优势，规划建设豪杰·翡翠湾、江南·现代印象等中高档住宅区，打造宜居新塍品牌，并规划新塍省际物流基地建设。

油车港镇以东方路和栖真路大桥建成为契机，正在按照嘉兴北部城市功能配套区的要求，同时依托湿地资源，做好"渔文化、渔产业"。

余新镇应依托高铁南站的开通，继续发展白玉蜗牛产业，建立蜗牛的养殖销售参观一体化经营模式，将蜗牛与传统医药产业相结合，做出余新特色农产品。

凤桥依托三星水蜜桃、栖柽茭白等农业优势，借助梅花洲景区等旅游资源，将吃、住、游一体化发展，同时依托较好的生态环境，发展品质居住，以小镇特有的生活环境吸引沪杭养老人群。

新丰依托三元猪发展养殖业，将养殖业与种植业结合，减少污染，同时提高猪的品质；大桥发展葡萄的种植及采摘，每年定期举办葡萄节，研发葡萄种植技术与新品种，争取打造长三角知名品牌。

在保持原有生态基底下发展，通过全力打造特色城市，发展特色农业、都市农业，提升主导产业，在保持农村特性情况下适当发展旅游业，使各新市镇产业鲜明，各具特色，相互依托，共同发展，加强生产生活衔接。

19.3.3 注重乡村文化与风貌特色保护提升

根据乡村风貌特色的构成因素，受工业化、城镇化影响程度差异及文化遗产保存现状，将村庄分为四类：历史保护型、传统风貌型、民俗风情型、现代新建型如表19-1（参考《江苏乡村文化与风貌特色保护提升策略研究》）。

表 19-1

类型	构成因素		特征描述
历史保护型	山水环境	★	村落传统格局整体保存完好，历史建筑遗产。文物古迹和传统文化丰富集中，现存有成片的历史传统建筑群、纪念物和历史遗址；环境优美，村落与周边山水相融
	建筑样式	★	
	空间肌理	★	
	产业经济	☆	
	民俗风情	☆	
传统风貌型	山水环境	★	传统聚落格局未受到大的破坏和改变，村落中仍保留部分历史建筑，村庄整体具有浓郁的田园乡村风貌和一定地域特征
	建筑样式	◇	
	空间肌理	☆	
	产业经济	★	
	民俗风情	◇	
民俗风情型	山水环境	☆	村落中物质层面的历史文化遗存较少，但是非物质文化遗存丰富，农副渔业仍为主导产业，具有浓郁民俗风情和地域文化特征的村落
	建筑样式	◇	
	空间肌理	◇	
	产业经济	☆	
	民俗风情	★	
现代新建型	山水环境	◇	在发展浪潮中主动或被动转型，成为以工业、服务业为主导产业的现代村庄或因资源枯竭环境恶化等原因整村搬迁的村庄，以及20世纪以来规划新建的历史风貌以不存现代农村社区
	建筑样式	◇	
	空间肌理	◇	
	产业经济	◇	
	民俗风情	◇	

注：★传统风貌完整保存；☆传统风貌有所保存；◇传统风貌较大改变。

对待四种不同类型的村庄风貌，应有不同的措施及手段，对历史保护型村落应以文化古迹为切入点，如凤桥围绕梅花洲景区，为其配套住宿、餐饮、户外活动组织等软、硬件设施；如王店镇既保留如曝书亭等省级文保单位，同时又拥有一定量村镇企业的传统风情型，应做好文保点附近的环境建设，同时也要紧抓企业生产建设，做好环境保障；而如油车港部分村落有如踏白船、农民画等一系列民俗文化，在保持民俗风情的同时，依靠山水环境，提升整个村落品质；依托高铁的余新以及成为省级小城市试点的王江泾正在照着现代新建型村镇模式发展。

另外，在现代文化建设方面，应该注重生态文化培训行动，培育特色文化的认知、转变农村粗放的生活方式、促进乡村社会和谐等方面开展宣传教育。

19.3.4 保持好江南特色的水乡肌理建筑布局形式

在城镇发展规划的基础上完善优化村庄建设规划，推行一户一图、多户一图或一组一图等模式，力求体现地域特色，避免"千村一面"。

进一步构造特色村庄布局。确保保留村庄做到一村一规划，即为了便于生产管理服务，按照合理服务半径和村庄规模，还综合配套文化、体育、卫生等公共服务设施。同时要重点营造水乡品质、保护村庄风貌及乡土文化，要有效利用江南水乡的地形地貌，充分体现水、绿、建筑、人文特色，做好村庄空间布局的水文章，根据水乡地形，结合实际情况，并综合考虑当地生产、生活方式，回归江南沿河而居的空间文化特色。做好村庄布局的绿文章，做好公共空间、街道绿化景观工程，实现前塘后竹田园城市风貌，进一步做美村庄建筑。做好村庄布局的建筑特色，将江南特色的粉墙黛瓦、坡顶挑檐的建筑符号加入农村现代化建设中，实现传统特色与现代风貌的融合统一，营造现代江南特色建筑风貌。

嘉兴作为历史文化名城，同时是江南水乡的典型代表，必须从历史文化保护与传承的角度来开展新一轮新农村建设，凸显江南水乡的地域文化特色，有效利用嘉兴地区水网丰富的资源特征并通过规划与建设充分体现地区水、绿特征。通过促进新市镇的建设来带动村庄建设，促进新市镇与农村从"三分散"格局向"三集中"格局转变。同时，做好安置区域与村庄点的"水"文章，根据嘉兴特有的江南水乡地形，结合当地实际情况，充分挖掘地方元素，并且结合当地生产、生活方式综合考虑，明确功能定位，按照功能规模制定出合适的空间形态，凸显特色。

19.3.5 公共服务设置的配套与完善

加强基础设施的衔接。继续保持基础设施规划建设管理的整体性、系统性，加强农村基础设施和公共服务设施配套建设，大力改善农村交通、供水、污水、雨水、燃气、供热、通信等条件，不断完善农村教育、文化、卫生、体育等设施配套，提升城乡基本公共服务均等化水平。

科学设置组织框架，完善公建配套设施，创立标准化公共服务，健全社区工作者队伍，深入探索"政府组织＋社区自治"相结合的新社区管理、服务、自治新模式。城乡一体新社区要适时成立社区党组织、社区管理委员会和社区居民委员会等组织结构，探索建立社区居民代表会议、民主管理、民主选举等制度，积极推进城乡一体新社区有序自治。

空间发展策略上，将新市镇与新农村建设、农房改造等工程结合起来，关注"X"点建设的同时注重自然村落的基础建设，着眼点以居住为主，但同时统筹考虑工业用地、公园绿地、基础设施用地的布局。近期无法纳入"X"点以外的自然村落应不再新建，但应注重基础设施和公园绿地等配套设施。

基础设施策略上，通过加快新市镇建设，提高镇区基础设施水平。加快新市镇基础设施建设步伐，提高教育、医疗等与人民生活息息相关的基础设施建设标准，配建较高水平的商业设施、文化设施、体育设施和休闲娱乐设施。通过不断提高镇区基础设施水平提高居民生活品质与质量，加强城镇的吸引力。同时保障"X"点的基础设施，解决农村"脏、乱、差"等问题。

19.3.6 保证基本农田的乡村田园生态

所有的村镇建设都应以环境承载力为导向，在规划编制和具体实施过程中，村镇建设都应以生态优先，注重水环境，基本完成河道整治任务，并建立长效管理机制。水环境功能类别争取平均提高一个类别，饮用水源基本达到标准要求。产业结构调整加快推进，节能型、节水型、无污染和低污染型产业得到优先发展。城市空气质量二级标准天数达到330天以上，省控城市均达到国家二级标准。农村生态环境更加优美，全面完成"农村环境五整治一提高工程"。环境基础设施更加完善，减排目标全面实现。

对乡村来说，最大污染源在畜禽养殖污染，消除农村面源污染，利用科学合理的"种养结合"、"工业化"养殖手段，将养殖的污染降低。由于随意焚烧秸秆等产生的空气污染也应从源头开始，运用宣传和奖惩的手段同时进行消除。

19.4　结语

城乡一体化的实现不仅需要新型城镇化的带动，同时也需要农村城镇化的推动，而农村城镇化建设要做到"经济、生态、社会、文化、服务"五位一体建设。

经济产业差异化、特色化：集中集聚农村工业企业，加强农产品深加工制造；做好乡村旅游为代表的乡村现代服务业，延伸农业产业链，保障农业产业接二连三的发展，为农民持续增收奠定基础；统筹规划好城乡特色分区，描绘"美丽城乡"蓝图；推进规模农业，设施农业的比例，实现一村一品，特色专业化发展，夯实农业基础，为农民建设美好家园、美丽乡村创造条件。

生态环境人居化：重点在于农房改造建设方面，不仅要注重"房"的修建与完善，更加注重周边环境提升，整体风貌统一，并且着重考虑都市农业等低污染高产出的产业引入，使"田园"乡村不仅表于形，而能使其更加富有活力，更具特色。

农村文化传承化：文化是根，文化是魂，要提升农村空间和社会品质，就要重塑农村文化特征，强调要保护农村文化，关注农村社会结构的健康发展。充分尊重并利用山、水、林等自然资源和人文资源，开展农村地区特色资源普查，保护农村生态结构，传承农村文化。

农村服务均等化：加快推进城镇基础设施向农村延伸、公共服务向农村覆盖，大力改善农村交通、供水、污水、雨水、燃气、供热、通信等条件，不断完善农村教育、文化、卫生、体育等设施配套，提升城乡基本公共服务均等化水平。

美丽乡村作为城市的菜篮子重要输出区域，除了重视都市农业的发展，还要食品安全的重要性，包括粮食安全及其材料供给、生产环境、加工、包装、贮存运输及销售等环节的质量安全管理，以及引起食品安全的因素，残留于农产品中的化肥农药，残留于禽、畜、水产品体内的抗生素、激素等，重金属污染，超量使用食品添加剂，病原微生物控制不当，转基因食品的潜在危险等，都是我们在进行农业生产加工过程中必须要重视的。

城乡一体化是加快新型城镇化的重要抓手，而农村生态、产业、社会发展是城乡一体化实现的必要条件，是促进农村经济社会科学发展、提升农民生活品质、建设美丽幸福中国的主要手段，是推进新农村建设和生态文明建设的重要举措。实现农村生态经济加快发展。生态农业、生态旅游业快速发展，果园变公园，精致高效农业更加突出。实现农村生态环境不断优化。农村垃圾、污水得到有效治理，村容村貌、绿化美化水平不断提高，农村处处是公园，居住环境明显优化。实现农村人居环境得到改善。农村人口集聚、子女就读、医疗卫生、交通条件、居住环境得到改善，农民增收渠道增加，生活水平不断提高。实现农村生态文化日益繁荣，农村特色生态文化得到有效发掘、保护和弘扬，生态文明理念深入人心，健康文明的生活方式初步形成。

20

通达交通

20.1 区域交通发展前景

20.1.1 从节点城市到枢纽城市

嘉兴位于浙江、江苏、上海三省（市）交汇区域，是长三角主要城市的重要交通节点城市，是浙江接轨上海、竞合江苏的门户型都市地区。东邻上海，西南连杭州，处于长三角核心城市上海与长三角南翼中心城市杭州之间。随着杭州湾跨海大桥的开通，嘉兴由沪宁、沪杭、杭甬"Z"字形通道的节点城市，正转变为沪杭与苏嘉甬的交汇点，成为"8"字形格局的枢纽城市（图20-1）。距离上海95km，距离杭州85km，距离苏州80km，距离宁波140km。随着高速公路、铁路的建设以及机场军转民、嘉兴港口整合、内河航运能力的提升，嘉兴的交通优势日益凸显。

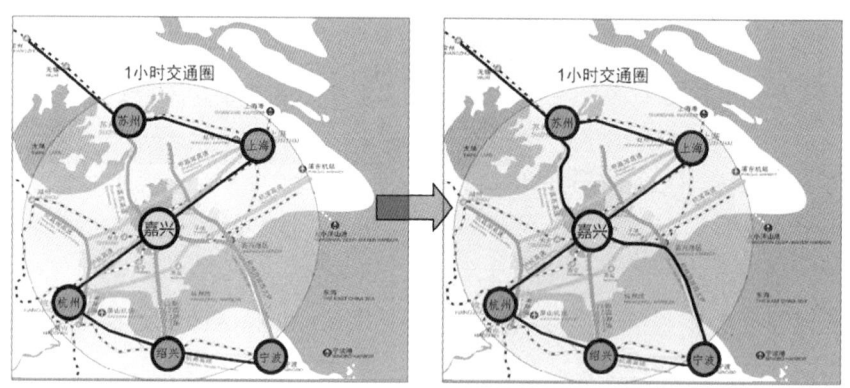

图20-1 嘉兴在区域交通体系中的地位和作用

图片来源：嘉兴市城市总体规划（2003-2020）（2012年修改）

20.1.2 从被动适应到主动引导

跟许多城市一样，嘉兴的发展从最初的"依水而筑"转变为"以道路为主导"。这种发展模式往往会使城市的发展受自然地貌、铁路、水系等的限制，城市往往处于被动状态，即使在城市发展规划中也极大地继承和延续了这种被动的状态，城市只能通过不断地规划，慢慢寻找其发展空间和方向，来适应各个方面的要求。

很少有城市的决策者能够下决心采用TOD（Transit-Oriented Development，公共交通主导城市发展）模式，将大容量公共交通作为交通系统的有力支撑，引导城市空间拓展。公共交通主导城市发展的成功模式有三种：一是强中心下的轨道交通引导城市发展，对于大量人口外迁、拥有高密度就业岗位的强中心城市，需要发展轨道交通与地面公交衔接模式，以支撑强大的向心通勤交通。二是分散多组团中心下的轨道交通引导城市发展，分级多组团中心布局下，组团内部基础设施到位，功能齐全，基本实现居住、岗位、商业用地的就业平衡，从源头上降低了长距离的交通需求，减少向心交通的压力，形成可持续的城市空间发展模式。第三种模式是集中走廊下的轨道交通引导城市发展，高强度开发地区集中在带状走廊，依靠大容量的轨道交通系统来支撑，在这些地区居住和工作者步行到车站，而不需要依靠其他交通工具。

嘉兴网络型田园城市的 TOD 模式，可以采用上述成功模式的模式二，通过公共交通（轨道交通）将嘉兴市区与嘉善、平湖、海盐、海宁、桐乡紧密联系起来，实现交通的可持续发展。被动适应的时代已经一去不返，只有充分掌握主动权，才能更好地引导城市向着积极、高效、可持续的发展。

20.1.3 从个体交通到公交优先

城市交通初级阶段，居民的出行距离与非机动交通工具和机动车交通工具竞争。受经济水平的限制，部分居民倾向于采用低廉灵活的非机动车交通工具，但是小汽车浪潮已经不可避免地到来，越来越多的成为居民出行工具。个体交通工具影响了人们对出行方式的选择，个体交通方式成了公共交通方式的竞争者，在中短距离出行中，自行车、助动车与公共交通竞争；在中长距离的出行中，摩托车、小汽车与公共交通竞争。

城市人口规模大且分布密集，人均资源稀缺是中国乃至亚洲城市发展面临的共同问题。城市道路资源有限成为城市交通发展必须面对和破解的难题，唯一的解决之路就是以公共交通为主导。公共交通是人均占有道路资源最少的交通方式，以公共交通为主导是城市交通可持续发展的必然选择。能否确立公共交通在城市交通系统中的主导地位，也是中国城市发展是否成功的关键。

要想确立公共交通的主导地位，就必须坚持公交优先，同时必须对小汽车交通等个体交通方式采取合理的管理措施。先进城市对小汽车交通的限制措施表明，没有对小汽车的限制管理，公共交通的发展必将受阻。嘉兴要实现网络田园城市的建设，就必须坚持公交优先，将居民的出行方式合理引导到公共交通，对小汽车的限制是控制使用而不是控制拥有，让人们接受并认同这一观点，这是至关重要的一步。

20.2　理想交通模式和交通目标

交通模式是城市交通系统中不同交通方式所承担的交通量的比例

关系。交通模式的比例关系标志了城市交通系统中一定交通需求在供给平衡下的本质特征。交通模式伴随着城镇化和出行机动化的过程，经过一二百年的演进，在世界上形成了四大类型：北美洲的小汽车模式、亚洲的公交模式、欧洲的公交私车并重模式以及发展中国家的慢行模式。交通模式的成因非常复杂，最主要的相关因素是城市用地和空间布局、经济产业与收入水平、交通设施及其服务水平，三大要素相互协调，同生共长，才能促成最佳的交通模式。

20.2.1 公交模式——明智的选择

（1）亚洲公交模式发展历程

亚洲的公交模式发展经历了三个特征阶段：初级阶段、变革阶段、成熟阶段。

① 初级城镇化和机动车背景下的初级阶段

城市交通初级阶段伴随着城市化初级阶段出现，居民的出行距离在非机动交通工具和机动化交通工具竞争区间。由于城市经济水平的限制，部分居民倾向于采用低廉灵活的非机动化交通工具，但是小汽车浪潮已经不可避免地到来，越来越多地成为居民出行工具。由于公共交通的经济性不敌非机动车、快捷性不敌个体机动车，其吸引力的下降造成乘客逐渐流失，公共交通未占主导地位。

② 快速城镇化和机动化背景下的公共交通变革阶段

随着城市范围的拓展，居民出行距离增加，城市交通方式结构中机动化比重大大提高，非机动交通方式的优势将丧失，公共交通和个体机动化交通之间的竞争愈演愈烈。

③ 以公共交通为主导、可持续发展的成熟阶段

公共交通成熟阶段的特征表现在以下三个方面：

集约型、大容量公共交通系统适合城市特点，与节约型、可持续用地发展模式紧密结合，引导城市用地有序拓展；

以轨道交通为核心，各种交通方式充分衔接、协调整合；

公共交通处于主导地位，在经济性和快捷性上具有优势和吸引力，对小汽车交通具有相当竞争力。

（2）嘉兴未来交通模式

嘉兴中心城区土地资源紧张，受水系影响，道路交通设施扩容难度大，同时高强度的土地开发模式必然带来高强度的交通需求，交通供需矛盾进一步激化。在这种情况下，有必要再次理解交通目的。1995年的"北京宣言：中国城市交通发展战略"中特别强调：交通的目的是实现人和物的移动，而不是车辆的移动。这成为解决城市交通

问题的出发点和落脚点。公共交通是道路资源利用率最高的交通方式，是一种集约化运输模式，能以最少的空间资源提供最大的有效运输效率，能实现道路在单位时间内通过更多的人和物。

嘉兴未来要实现可持续交通发展模式，必须果断地大力发展公共交通，把公共交通放在主导地位。紧密结合节约型、可持续用地发展模式，提高公共交通的投资力度，尽快建设集约型、大容量、多层次的公共交通系统。同时对私人小汽车交通适当控制，形成可持续发展的出行方式结构。

20.2.2 私人小汽车——适当控制

新加坡、中国香港等先进城市发展经验表明，在一体化的交通政策中，对个体机动方式采取较严厉的交通需求管理，对发展公共交通是有利的。国内城市一般正处于公共交通的初级阶段，公共汽车为公共交通的主体，如果不在早期采取对小汽车的限制措施，私人小汽车的过度使用必将阻碍公共交通的发展，而且对小汽车的限制措施将越来越难被公共接受。

嘉兴对私人小汽车交通要从拥有和使用两方面进行有力控制。控制拥有可以制定严格的汽车配合制度和昂贵的拥车证价格，而控制使用可以提高小汽车使用和维护费用。将小汽车拥有和使用的征税用于投资公共交通基础设施建设。

20.2.3 慢行交通——鼓励提倡

慢行交通在西方国家经历了"兴起—没落—复兴"的发展过程，慢行交通在城市活动与发展中占有重要地位由来已久。慢行交通是基于可持续发展的交通观念所提出的全新理念，城市慢行交通系统由步行系统和非机动车系统两大部分构成，非机动车又包括自行车、人力三轮车、板车、低速助动车等低速行驶车辆。很多城市在具体规划实施时，非机动车系统主要指的是自行车系统。

慢行交通隐含了公平和谐、以人为本和可持续发展理念。慢行交通是居民休闲、购物、锻炼的重要方式，可以提高短程出行效率、填补公交服务空白、促进交通可持续发展、保障弱势群体出行便利等方面，具有机动交通所无法替代的作用。

慢生活，是一种生活态度，是一种健康的心态。将慢生活的理念引入城市规划和交通设计中，慢行交通就是对慢生活的有利支撑。慢行交通与城市机动化快速交通的"快慢混搭"，才能彰显水乡田园宜居城市的生活品质魅力。嘉兴水网发达，绿道网建设初见规模，中心

国外对慢行交通特性的研究主要集中在慢行交通速度、时空分布特性、慢行交通流理论等方面。国内慢行交通的概念最早出现在《上海市城市交通白皮书》，译为 Slow Mode Transportation。

城区用地当量半径约为 5~6km，人均出行距离约为 2.5km，符合步行 1km 内最佳出行距离和自行车 3~6km 内最佳出行距离的范围，慢行交通优势显现。

20.2.4 交通发展目标

建设可持续发展、以人为本和动态满足交通需求、以公共交通为主导的高标准、现代化、网络型综合交通体系，引导城市空间结构调整和功能布局的优化，促进区域交通协调发展，实现"对外交通高速化、对内交通快速化"，支持经济繁荣和社会进步。以"高效便捷、公平有序、安全舒适、绿色低碳"为发展方向，2030 年交通结构趋于合理，公共交通占主导，出行环境良好，出行效率提高，交通拥堵状态得到明显改善，交通发展步入良性循环。

20.3 通达交通的思考与建议

20.3.1 嘉兴机场建设的可能性

对于嘉兴来说，没有发展到一定的人口规模，不建议建设机场。

在嘉兴机场准备建设的初期，其定位是"上海第三机场、杭州第二机场"。然而，沪杭高铁已开通，上海虹桥至嘉兴仅需 18 分钟，连接萧山机场的钱江通道也已列入"十二五"规划中，通道建成后，从萧山机场至嘉兴仅需 30 分钟。因此，嘉兴机场建成后是否能够真正承担起"上海第三机场、杭州第二机场"的功能，其具体定位有待进一步论证，现阶段应预留以下多种发展的可能性。

首先，在客运功能方面：沪杭高铁及虹桥国际机场使得嘉兴机场很难分流非嘉兴本地客流，但虹桥机场也存在发展空间不足等问题，嘉兴机场可将日益崛起的商务客机作为机遇着力打造。其次，在货运功能方面：由于货运至虹桥仍需通过陆路运输进行中转，而嘉兴以及周边现有的货运交通存在大量需求，虽可满足供需矛盾，但便捷程度有限。因此建议结合空港新城、物流中心内河等打造地区性的货运集散中心。最后，是作为虹桥机场 T3 航站楼：沪杭高铁的开通既是嘉兴机场的利空因素，也能作为嘉兴机场的利好因素。但前提在于机场与高铁站之间的便捷联系，若方案成立，嘉兴机场可成为周边城市前往虹桥的客流服务，成为虹桥的 T3 航站楼，特别是发展廉价航空的起降区。但是，就目前而言机场选址已稳定，机场与高铁站相距 10km，换乘不便，且涉及机场、高铁的运行组织与改建，可行性有待研究。

20.3.2 磁悬浮站场选址

嘉兴作为沪杭、苏南与浙南联系的必由之路，大交通的穿越在所难免，现状除了高等级公路、铁路、航道交织外，电力高压走廊纵横，天然气管道、原油输送管道等，加上规划的高速铁路、轨道交通、高速公路等，嘉兴全境几乎被基础设施廊道分割得支离破碎。

沪杭铁路之间磁悬浮列车或高铁的建设，特别是嘉兴站场的建设，在嘉兴这种被基础设施廊道分割的情况下会出现两种情况。一是通过磁悬浮的建设及正确的站场选址，加强我们所确定的组团带状发展的空间模式，并且在连接各组团，特别是在连接中心城区与技术廊道发挥积极的作用，促进技术廊道的形成，从而使基础设施廊道分割的劣势转变为优势。而另一个是因为磁悬浮站场选址的错误，使这种分割和将区域优势扁平化的趋势更甚。笔者认为，将站场布局在嘉兴工业园附近是嘉兴唯一的选择。

布局在嘉兴工业园有利于将嘉兴中心城区、技术廊道以及滨海新区有机地连接起来。这无疑是将本来就开始形成的中心城区——滨海新区这条黄金廊道上又注入了一剂强心针，轨道交通站场通过大量的区域客流组织使这一区域将成为商业贸易繁荣、培训交流频繁、产业创新不断的区域，在这里各种要素不断碰撞出促进城市进入技术要素阶段的火花。可以说，届时这条廊道区域发展的条件几乎占尽了天时地利人和。

20.3.3 铁路的发展思路

嘉兴的铁路发展要注重两个策略，第一是对接区域：首先，在高速与城际铁路的建设上加强东西向联系上海、杭州，南北向联系苏州、宁波。其次，在某些与区域联系紧密的县市计划修建城际铁路。例如市域范围内，海宁与桐乡、海宁与杭州联系更为紧密，规划"杭州—海宁、南浔—桐乡—海宁"的城际铁路线。

第二是货运铁路发展铁水联运，扩大铁路的货运量比重。未来可以加强东西向沿海通道：落实乍嘉铁路与沿海大通道，其中，海宁至上海段兼顾客货运功能，为沿海独山、乍浦、海盐港区服务；杭州至海宁段则建议定位为客专，承担海宁与杭州等西向交通的客运联系功能。

20.3.4 轨道交通建设

2003 年国务院 81 号文件《国务院办公厅关于加强城市快速轨道交通建设管理的通知》中，明确提出：现阶段，申报发展地铁的城市应达到下述基本条件：地方财政一般预算收入在 100 亿元以上，国内生产总值达到 1000 亿元以上，城区人口在 300 万人以上，规划线路的客流规模达到单向高峰小时 3 万人以上；申报建设轻轨的城市应达到下述基本条件：地方财政一般预算收入在 60 亿元以上，国内生产总值达到 600 亿元以上，城区人口在 150 万人以上，规划线路客流规模达到单向高峰小时 1 万人以上。对经济条件较好，交通拥堵问题比较严重的特大城市，其城轨交通项目予以优先支持。

对比国家对申报发展地铁或轻轨的城市的指标要求，不难发现，现阶段嘉兴市本级范围除人口指标外，其余指标勉强达到建设轻轨的要求；市域范围受人口和客流规模限制，刚刚达到建设轻轨的要求。

根据相关研究，城市公共交通（含轨道交通）投资占城市 GDP 的份额不宜超过 0.9%，城市财力是可以承受的。嘉兴轨道交通的投资强度按照 GDP 的 0.5% 估算，2012 ~ 2020 年累计可用于轨道交通的投资为 186.4 亿元，新建轻轨项目规模为 75km（按 2.5 亿元 / km 造价估算）。根据轨道线网建设时序，2020 年嘉兴市域有条件开工建设轨道 1 号线，形式为轻轨。

嘉兴轨道交通建设基本条件指标对比　　　　　　　　　　表 20-1

	发展轨道交通基本要求	2010 年嘉兴数据
城区人口	地铁 ≥ 300 万人 轻轨 ≥ 150 万人	全市常住城镇人口 240 万 （市两区）常住人口 120 万
国内生产总值	地铁 ≥ 1000 亿元 轻轨 ≥ 600 亿元	全市 2300.2 亿元 市本级 578.17 亿元
地方财政一般预算收入	地铁 ≥ 100 亿元 轻轨 ≥ 60 亿元	全市财政一般预算收入 334.33 亿元 市本级约 60 亿元
客流规模（远期）	地铁单向高峰小时大于 3 万人 轻轨单向高峰小时大于 1 万人	嘉兴远期各线路高峰断面在 1.5 ~ 3 万人次 /h 左右

注：嘉兴数据来源：《嘉兴市轨道交通及公共骨干交通骨干体系规划》、《嘉兴市统计年鉴》。

嘉兴市域范围受人口和客流规模限制，刚刚达到建设轻轨的要求。根据财政预算，2020 年嘉兴市域有条件开工建设轨道 1 号线，形式为轻轨。轻轨系统一般采用 C 型车、L 型车和单轨车三种类型，最高设计速度均为 80km/h，旅行速度在 30 ~ 40km/h 左右。相比于有轨电车（旅行速度在 15 ~ 30km/h 左右）和城市快速公交系统（旅行速度平峰 ≥ 30km/h，高峰 ≥ 25km/h），在速度提升方面优势并不明显，但造价和建成后的运营费用相差悬殊。

此外，大多数城市受轨道交通建设影响，沿线土地增值，城市沿轨道线连绵发展，成为带状或摊大饼城市。如果嘉兴选择地铁或轻轨作为未来的轨道交通形式，嘉兴的契型绿地将很难保留下来，现代化网络田园城市的建设必然受到影响。

未来嘉兴要发展城市轨道交通，并不等同于发展地铁或轻轨，要充分考虑轨道建设的一次性投入资金和建成后每年运营产生的巨大亏损，以及对城市形态的影响，理性并慎重地决策。

20.3.5 城市道路建设指引

2000 年以前，嘉兴城市道路网沿铁路一侧发展，为圈层放射。1982 年仅有 4 条放射线，1994 年增加 320 国道（现为中环路），2000 年发展为 5 条放射线和单侧的中环、2.5 环（昌盛路）、外环（三环路）。2000 年以后，城市跨越铁路发展，南湖新区和沪杭高铁中环南路以南的建设采用网格状肌理。总的来说，现状中心城区路网为"环 + 方格网"形态（图 20-2）。

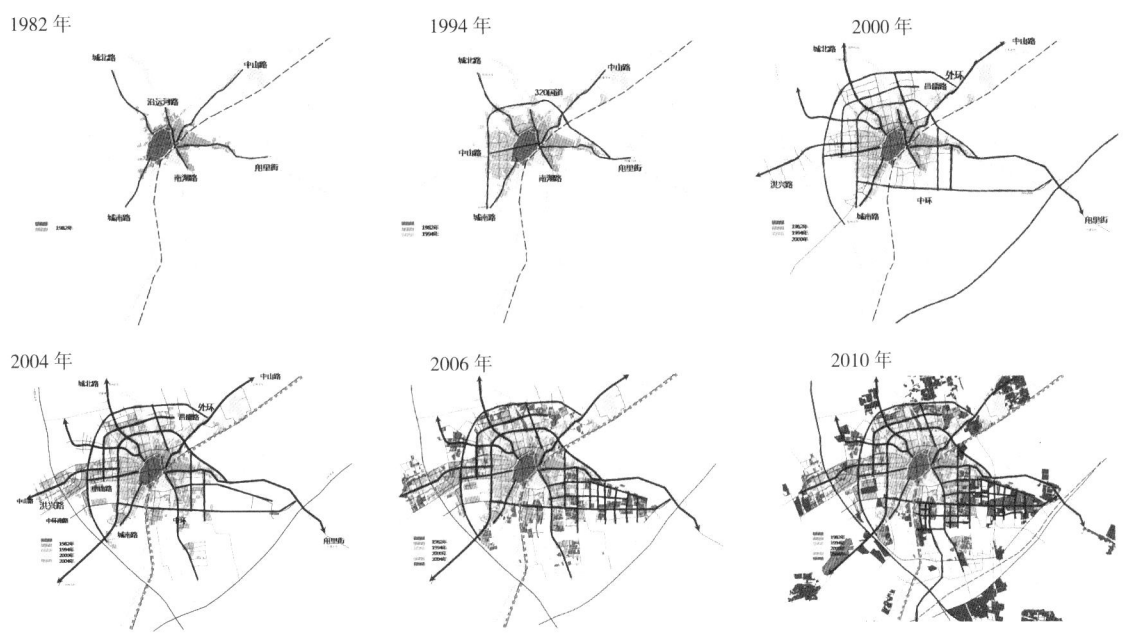

图 20-2 嘉兴道路发展与用地相关性分析
图片来源：嘉兴市城市总体规划（2003-2020）（2012 年修改）

从目前来看，这完全是一种适合"摊大饼"式发展的交通模式。可以看出，居住用地、商业用地、工业用地、仓储用地等都呈现出沿着道路向外蔓延的趋势。城市的经济发展水平较低，但框架拉的较大，加上这种蔓延式发展的空间模式，使公共交通处于艰难的成本维持和线路设计的尴尬两难之中。要改变这一尴尬的局面，建议从以下三个方面着手：

（1）以交通走廊引导城市整体发展方向

交通走廊是穿越城市客货流密集地带、以轨道交通或快速道路或相互平行多条干道以及相配套的公交优先系统构成的、支撑和引导城市整体发展的交通主骨架。

① 以快速轨道交通、快速公交为骨架，构筑中心城区客流走廊。支撑高密度的用地布局；引导中心区改造、新区开发。

② 客流走廊与车流走廊在平面上或立面上尽量分开布置。减少人流与车流相互冲突和干扰，保持城市交通与土地利用相互协调。

（2）以公交优先支撑多个中心区发展

中心区是嘉兴商业、金融、贸易、办公、文化、娱乐和服务设施中最集中的地区。因此中心区的道路交通系统必须保证中心区本身具有良好的可达性水平，要优先为中心区的出行者提供便捷、舒适、高效的出行方式和良好的出行环境，以公交优先为原则，使道路交通设施建设、运行管理与该地区社会、经济发展形成互为协调的良性循环，促进中心区商贸繁荣与环境改善。

（3）以通道建设引导组团发展和新区开发

环城河、北郊河、南郊河、沪杭铁路等形成了分割嘉兴城市的屏障，跨区之间穿越屏障的通道设置受到多种条件制约，困难重重。在城市扩展的进程中，就必须重点研究通道的合理设置和预留，保障不断增长的跨区交通出行和组团、新区规划的实现，避免通道受阻造成新区用地开发建设的变形。跨区通道设置应按如下思路进行：

①将轨道交通、快速公交作为远期跨区长距离出行的客流主通道；

②与屏障两侧路网系统相协调，以干道路网沟通和衔接为主要目标，及早预留并开辟新的交通通道；

③改造、优化通道断面，尽量增设机动车道和公交优先车道（和公交专用车道）；

④适当增加必要的自行车通道。

20.4 通达交通战略的实施策略

20.4.1 发达的道路网络

网络型田园化城市的建立基于四个基础网络，"交通网"、"能源网"、"信息网"及"绿道网"，而其中首先需要达成的就是交通网络。

（1）铁路网

根据浙江省铁路网规划，未来铁路网发展的重点是加强南北向快速通道，至规划结束，共四条城际铁路途径嘉兴：沪杭高速铁路客运专线、南通—苏州—嘉兴城际线、沪甬（跨杭州湾）铁路和环杭州湾北岸城际通道（杭州—乍浦—浦东机场城际线）（图20-3）。

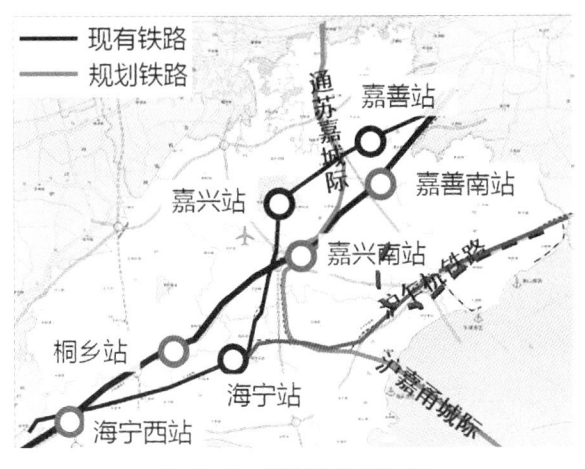

图 20-3 嘉兴铁路网规划

图片来源：嘉兴市城市总体规划（2003-2020）（2012年修改）

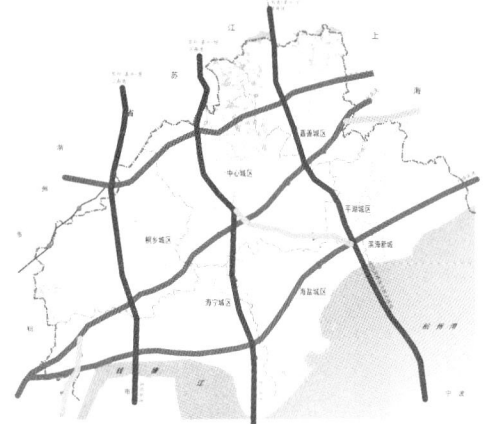

图 20-4 嘉兴市高速公路网规划

图片来源：嘉兴市城市总体规划（2003-2020）（2012年修改）

沪杭高速铁路客运专线于 2010 年建成，形成沪嘉杭"同城效应"，提升了嘉兴在长三角枢纽的地位。南通—苏州—嘉兴城际线规划于 2015 年开始建设，全长 195km，目的是加强长三角南翼环杭州湾城市群与北翼苏北及苏锡常都市圈联系。沪甬（跨杭州湾）铁路将于 2020 年前建成，为上海直通广州的沿海高速铁路通道的一个部分，建成后从上海到宁波通行时间缩短为 40 分钟，将形成甬嘉沪间更加便捷的铁路交通通道。2020 年南通—苏州—嘉兴城际线和沪甬（跨杭州湾）铁路建成后，嘉兴与上海、杭州、苏州、宁波将形成 30 分钟交通圈，极大地缩短了嘉兴与长三角各主要城市之间的交通时间距离。

（2）公路网

① 高速公路网

加快建设大路网步伐，建设区域对外快速交通网络，加强与上海、杭州、江苏、宁波、绍兴、湖州等周边城市的衔接。继续完善"三纵三横三连"高速公路网，"三纵"为南通—嘉兴—宁波高速公路（嘉兴段）、嘉绍通道、钱江通道；"三横"为申嘉湖（杭）高速公路（嘉兴段）、沪杭高速公路（嘉兴段）、杭浦高速公路（嘉兴段）；"三连"为嘉兴—乍浦高速公路、杭州绕城高速（海宁段）、沪杭亭枫高速公路（嘉善段）（图 20-4）。重点加快申嘉湖杭练杭段、嘉绍通道及北接线高速公路建设，继续推进钱江通道及北接线、杭州湾跨海大桥北接线二期工程，力争开工建设。

② 干线公路网

重点加快市域内部干线公路建设，以全省普通国省道公路布局调整为基础，加快中心城到副中心城及副中心城间的干线公路建设，形成"一环四纵三横七连"的主干线公路网布局，市本级与各县构建一主多辅通道。继续加快农村公路联网建设，重点推进服务于城乡均衡协调发展和社会主义新农村建设的新市镇（街道）、新社区农村公路建设。"一环"指的是主城区外环；"四纵"：嘉善——鄞州（S201），秀洲——海盐（S202），秀洲——路桥（S203），桐乡——莲都（S204）；"三横"：申嘉湖（杭）高速公路北部公路通道，国道 G320 以及新 01 省道；"七连"：平湖——平湖——安吉（S302）、嘉桐公路、海盐——安吉（S303）、嘉善三通道、嘉平公路、S202 以及港城连接线（图 20-5）。各市县之间利用现状道路，提升等级，加强之间的联系（尤其是海宁与嘉善、桐乡与平湖），在实现便捷通道的同时，避免过境交通对其他城市的影响。

（3）航道网

继续建设"三横二纵四连"干线航道网（图 20-6），加快湖嘉申线航道一期、嘉于碛航道建设，继续推进杭平申线四级航道改造、京杭运河"四改三"、杭申线"四改三"、乍嘉苏线"五改四"、湖嘉申线嘉兴段二期项目前期工作。充分发挥嘉兴市"前海后河"优势，研究推进海河联运枢纽建设，加快推进独山煤炭中转码头——海盐秦山码头——何家桥线——长山河等海河联运项目建设。建立健全港航发展体系，通过建立联网、配套、集约的运输体系，充分发挥水路运输的比较优势，不断优化和完善货运结构，注重河运和海运、陆运等运输方式间的衔接、优化和协调，最大限度地发挥综合运输的组合效率和整体优势。

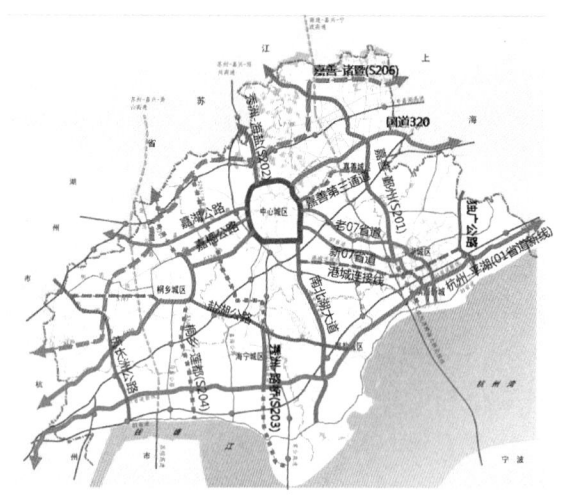

图 20-5　嘉兴市干线公路网

图片来源：笔者自绘

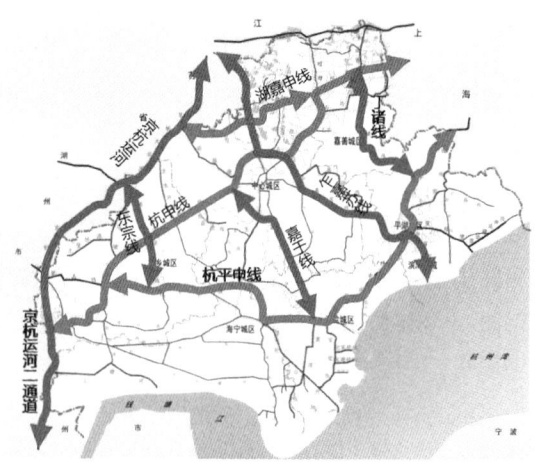

图 20-6　内河航道网规划

图片来源：笔者自绘

（4）城市道路网

嘉兴要实现"对内交通快速化"的总体战略要求，就少不了城市快速路的建设。在市区"环 + 方格网"的路网布局下，嘉兴城市快速路布局一般是环路加放射线（图 20-7）。这个快速环线的作用应该是屏蔽过境交通,起到中心区交通保护圈的作用。从现有的规划情况来看,三环路是最适宜作为快速环路的,但由于三环线仅靠着外环河,航道标高较高,三环线难以与之相交的道路形成互通,就不能真正起到快速路的作用。那还有别的道路可以替代三环路来实现这一功能么?方案一:在三环外围建设环线作为快速路,采用地面快速路的形式,与主要道路交叉口采用立体交叉,即3.5环方案。但此方案也存在较大缺点,3.5环主要是联系市区外围的9个新市镇,尺度较大,作为市区的联镇公路更为贴切。方案二:三环内选取长水路、中环西路、中环北路、中环东路作为快速路,采用高架的形式。这两个方案各有利弊。

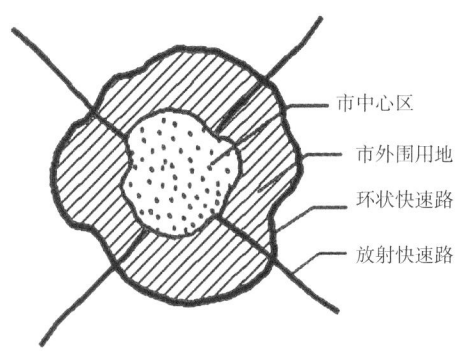

图 20-7　嘉兴市城市路网发展模式

图片来源:笔者自绘

20.4.2 便捷的公交系统及其他交通方式

2004 年建设部发布了"关于优先发展城市公共交通的意见"(建城 [2004]38 号),明确提出"公共交通优先"即"人民大众优先"。各地城市人民政府要充分认识优先发展城市公共交通的重大意义,大力发展公共交通,为城市居民提供安全、方便、舒适、快捷、经济的出行方式,同时要求"特大城市基本形成以大运量快速交通为骨干,常规公共汽电车为主体,出租汽车等其他公共交通方式为补充的城市公共交通体系,建成区任意两点间公共交通可达时间不超过 50 分钟,城市公共交通在城市交通总出行中的比重达到 30% 以上。"2005 年 9 月,国务院办公厅转发建设部等部门"关于优先发展城市公共交通意见的通知"要求,提出"大力发展公共汽车电车;有序发展城市轨道交通;适度发展大运量快速公共汽车"。

公共交通是一个涵盖多个层次的综合系统,由常规公交、快速轨道交通、BRT、辅助公交、特殊公交等组成。现阶段在嘉兴市中心城区近期应尽快发展、完善常规公交;中期在常规公交的基础上发展 BRT 快速公交系统;远期形成常规公交、BRT、特色公交相结合的多层次公共交通系统，提升城市品质。

（1）地面公交

① 常规公交

公共交通是城市交通系统发展方向，在嘉兴轨道交通系统尚未形成前，常规公交作用更加明显。中心城区进一步优化公交线网和布局，完善公交基础设施建设，灵活调度车辆，因地制宜保留适量的公共中小巴士，提高公共交通的运营效率。完善城乡公共交通系统，加大对公共交通扶持力度，提高全市公共交通服务水平。完善公共交通运行系统，加快未实现公交 IC 卡互通显示的改造进度，逐步实现市民市域公交"一卡通"功能。

② 快速公交系统

快速公交系统（BRT）是一种介于常规公交和轨道交通之间的一种公共交通系统，充分运用了轨道交通的运营理念，为广大市民提供快速、大容量和舒适的客运服务，被称为"轨道式的公共汽车交通"。

虽然嘉兴市区已经开展了轨道交通的规划研究，但是由于轨道交通项目是重大的基础设施项目，需要国家审批，从筹划运作到运营使用至少要 5 年，周期较长，短期内无法在中心城区迅速形成有吸引力的公共交通系统。快速公交系统建设周期短，在轨道交通未建立之前，尽快在中心城区形成一个大容量的快速公交网络系统，同常规公交结合，有利于快速形成强有吸引力的公共交通系统。

根据嘉兴市的总体布局、客流走廊和道路工程情况，远期 2020 年规划了"三横四纵"的城市公交专用体系（图 20-8）。全长 79.6km，其中东西向走廊 3 条，全长 36km；南北向走廊 4 条，全长 43.6km。

远景年规划了"六横五纵"的城市公交专用道体系。全长 110km，其中东西向走廊 6 条，全长 61.1km；南北向走廊 5 条，全长 48.8km。同时将中山路、纺工路公交专用道升级为嘉兴公共交通的骨干线路，形成"一横一纵"两条快速公交线路。

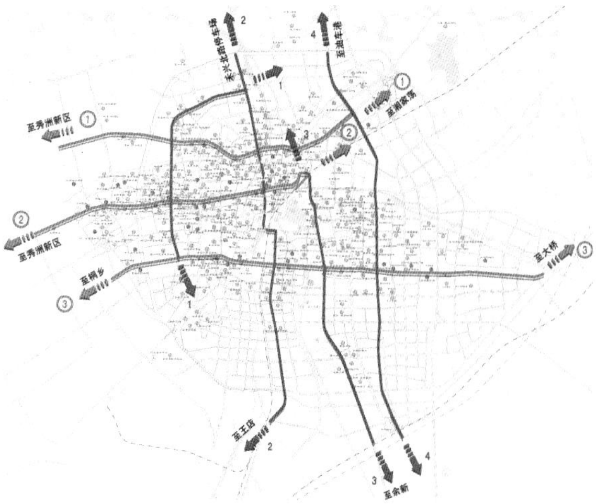

（2）出租车

出租车作为城市经济发展所需的客运交通方式之一，随着社会经济和城市的发展而不断发展，并有其自身的发展规律。根据国内外经济发达的城市实践证明，不管对出租车发展是采取鼓励还是适当限制政策，由于城市规模和出租车本身的经营效益所限，城市出租车的发展规模必然有

图 20-8　嘉兴市干线公路网

图片来源：嘉兴市快速公交系统规划

一个极限，极限值的大小与特定城市的性质、人口总量和构成、城市经济发展水平、产业结构特点以及城市客运交通发展政策密切相关。

目前国家对城市出租汽车拥有量的控制标准中并没有上限规定，现行的《城市道路交通规划设计规范》（GB 50220—95）仅给出了出租汽车拥有量的下限，即"大城市不少于每千人 2 辆、小城市不少于每千人 0.5 辆、中等城市可在其间取值"，给各城市控制出租车的发展规模与速度带来了困难。

目前嘉兴出租车发展还处于发展阶段，建议进一步加强出租车市场的规范化和科学化管理，优化出租车调度系统，推广天然气、GPS定位系统在出租车中的应用，完善出租车调度中心、出租车停靠站的规划建设，促进出租车行业与其他客运方式的协调发展。

（3）公共自行车

自行车出行作为一种准公共交通系统，是城市综合交通体系的重要组成部分，其无碳排放、短途便利和有益健康的绿色出行和低碳交通方式，正在成为蓬勃发展的新型城市潮流。杭州、北京、上海等城市，在缓解城市交通压力，破解城市公交出行难题的探索中，成功开发、运作了公共自行车系统，开创了城市公交发展的新时代。

公共自行车交通可有效地将各交通枢纽与商业中心、大型公建、医院、超市、菜市场、学校、小区等出行目的地联系起来，免掉市民先步行后换乘其他交通工具的复杂程序，彻底解决公共交通出行"最后一公里"的问题，市民在得到便捷的同时，无需为自行车修理保养防盗而忧虑，还能强身健体、愉悦心灵。

嘉兴城市用地当量半径约为 5 ~ 6km，人均出行距离约为 2.5km，这是一个介于适宜于步行和公交车出行距离间的尴尬距离，但却符合自行车 6km 内最佳出行距离的范围，具有相当的优势。此外，嘉兴具有良好的地理环境和天气环境，城市内地势平坦，四季分明，气温适中，大部分时段适宜骑自行车，且不需要耗费过多体力。公共自行车与绿道网结合，有效地保证了公交自行车的可持续发展。健康、环保、优雅的公共自行车，将成为嘉兴这座具有悠久文化历史的水乡城市的一道亮丽的风景线，彰显城市魅力。

公共自行车交通作为嘉兴市的新出行方式，网点布局上应先试点建设再逐步向全市区推广，建设分批实施进行。建议先在市区交通枢纽站、市内主要景点、主要行政中心、主要商业集中区、主城中心街道等一批大型公共设施处选取一批服务点作为试点推行。试运行一段时间后，再根据使用状况，在住宅区域等城市建成区内主要节点，按照轻重缓急逐步扩展。利用二至三年左右时间，将嘉兴市区公共自行车全面覆盖。根据公共自行车服务点的功能和规模，将公共自行车服务点分为公共自行车中心站和一般服务点。公共自行车中心站根据服务特征不同，又可分为三类：居住点、公建点和学校点。嘉兴市区公共自行车交通系统首批工程设置 50 个服务中心站点和一个系统服务中心，投入车辆超过 1000 辆。计划二至三年内完成建设 500 个公共自行车服务点。

（4）水上巴士

嘉兴水域面积占土地总面积的 8.3%，且水网均质分布，使得嘉兴水上客运系统有着其他城市无法比拟的可达性优势，这也是建立水上客运系统的基石。以古城为核心，环城河围绕其外，京杭大运河、长水塘、平湖塘等八条主干河道呈放射状均匀分布，并汇合入城。环城河与城外八条河流贯通，由南门、西门引入，北门、东门流出，大小河道有 30 余条。"环 + 放射"的水网结构，使得嘉兴至周边县市均有主干河道可以通达。这对构建"以嘉兴中心城区为枢纽，各个县市为中心节点，新市镇为节点"的网络化水上客运系统非常有利。

水上巴士是一种新颖的集交通、旅游、休闲功能于一体的交通工具，具体运用时往往关注其"环境因素"、"舒适性"及"高品质服务"，对弹性交通有较大吸引力，在嘉兴城市交通中可以作为公共交通的组成部分，充分发挥水上公共交通优势，进一步缓解陆上交通压力。未来在具体实施时建议在保证水上客运的安全性、景观环境效应，线路安排上应尽可能少行驶在高等级航道，宜选择具备一定通航条件的六、七级航道及少量条件良好水域。建议客运主干线采用大型船只，载客人约 40 ~ 80 人；客运次干线采用中型船只，载客人约 20 ~ 40 人；客运支线采用小型船只，载客人约 8 ~ 20 人。水上客运船只应坚持高标准、高品位，在舒适度、噪声等方面提高品质，坚持零排放、零污染，中、小型船只建议以电力驱动为主，体现"低碳"理念。

20.4.3 智能化的静态交通

静态交通是相对于动态交通而言的。静态交通是由公共交通车辆为乘客上下车的停车、货运车辆为装卸货物的停车、小客车和自行车等在交通出行中的停车等行为构成的一个总的概念。另外，各种停车场也是静态交通的组成部分。

（1）配建停车场

根据《浙江省城市建筑工程停车场（库）设置规划和配建标准》和《嘉兴市城市规划管理技术规定》2004 年版，建设项目要进行停车位的配套建设，即配建停车场。

嘉兴市配建停车场建议以地下停车库形式为主，地面停车位和地

由于不同国家和城市的社会背景、经济发展水平、城市规模、汽车保有率情况不同，其停车政策、停车需求也各不相同，建筑物配建标准也存在较大的差异，但配建停车场都是停车供应设施的绝对主体。嘉兴市的建筑物配建指标大概经历了三个时期，现阶段嘉兴市采用的是 2004 年 11 月颁布的《嘉兴市城市规划管理技术规定》中的配建指标。随着配建指标的不断深入研究，人们越来越注重提高标准的完备性、建筑分类的合理性、量化指标的科学性和操作的严密性。

下停车库形式为辅。

继续加强商业配建指标的优化。一是要求旧城中心区建筑体量达到一定规模的建筑的机动车配建停车场部分开放作为社会停车场；二是适当调高其他地区的商业机动车配建指标。

继续加强特殊物业、特殊车位配建指标的完善。一是对商业设施、办公、宾馆、市场、医院等考虑新增特殊车位（客车、货车、出租车、无障碍车位）的配建指标；二是建筑物指标分区对待，如住宅、办公、商业、市场、医院、学校等。

（2）社会停车场

由于城市发展和用地布局的原因，造成城市配建停车场分布不均匀，此时就需要社会停车场进行适当调节。社会停车场的供给不能无限制地满足，要尽量设置在大型公共建筑与公共设施附近，临近道路条件良好，方便车辆停泊与出入，避免穿越道路交通，并充分利用城市地下空间，如公园绿地、大型桥梁、人防设施等地下空间，在服务半径合理的前提下，充分利用城市闲置边角地带。社会停车场的建设建议结合控规单元规划时统一考虑，在控规单元里灵活布置。

建议嘉兴老城区要加大停车需求的管理，而不是供给的管理。从根本上改变老城区停车难的问题。另外，由于老城区内土地资源紧张，建议新开发用地除了配建供自己内部使用的停车位之外，还要承担部分社会停车的需求。

（3）路内临时停车位

路内临时停车位主要承担临时性短暂停车功能，其设置规模不宜过大，是社会停车场及配建停车场的补充形式。路内临时停车位具有停车方便、离目的地近、泊位周转率较高等优点，同时路内临时停车位会产生占用道路资源、影响道路动态交通、增加交通事故隐患、交通管理难度相对较大等一系列缺点。因此，路内临时停车位一般设置在支路、交通负荷度较小的次干道上以及有隔离带的非机动车道上，其规模主要由停车需求、道路形式、道路交通流量和交通管理情况等因素决定。

路内临时停车位的设置一般有平行式、垂直式、斜列式三种形式。路内临时停车位布局应与社会停车场布局相协调，路内临时停车位的设置在不同时期应相应调整。城市快速路严禁设置路内临时停车位，城市主、次干道、对居民生活影响较大的道路及交通量较大的支路，不宜设置路内临时停车位。临时停车位的设置不得侵占消防通道，在消火栓、城市燃气和保障城市设施及人民生活安全的市政设施的井口范围内不得设置停车位。另外，对于规划设置路内临时停车位的道路，在设置前应进行相应区域的交通影响评价。

20.4.4 绿色低碳的慢行交通

住房和城乡建设部、国家发展改革委员会、财政部联合在 2012 年 9 月下发的《关于加强城市步行和自行车交通系统建设的指导意见》（以下简称《意见》），提出大城市、特大城市发展步行和自行车交通，重点是解决中短距离出行和公共交通的接驳换乘；中小城市要将步行和自行车交通作为主要交通方式予以重点发展。到 2015 年，城市步行和自行车出行环境明显改善，步行和自行车出行分担率逐步提高。2011 年底，嘉兴市区常住人口 120 万，建成区 88.09km^2，按《意见》，"市区人口在 100 万以上的城市，步行和自行车出行分担率达到 65% 以上"的要求，嘉兴到 2015 年，步行和自行车出行分担率应达到 65% 以上。

（1）凸显慢生活品质

慢生活，是一种生活态度，是一种健康的心态，是一种积极地奋斗，是对人生的高度自信。慢生活不是支持懒惰，放慢速度不是拖延时间，而是让人们在生活中找到平衡。将慢生活的理念引入城市规划和交通设计中，慢行交通就是对慢生活的有利支撑。慢行交通与城市机动化快速交通的"快慢混搭"，才能彰显水乡田园宜居城市的生活品质魅力。

（2）打造高效慢行核

① 慢行分区

慢行交通分区根据慢行交通聚集程度与需求分布、交通条件、土地使用等因素，将嘉兴市区慢行系统分为建设区慢行、滨水区慢行和未建区慢行。

建设区慢行：一心六片四镇，指城市建成区市民日常生活的主要区域，汇集了市民各种类型的步行活动，步行系统的使用频率最高，出行目的以工作、公务、上学、购物等为主。

一心：嘉兴主城。

六片：六个特色板块，文化创新板块（秀洲创新平台）、空港物流板块、创业科教板块（余凤板块）、休闲商务板块（湘家荡）、度假宜居板块（北部湿地）、先进制造板块（大桥镇、新丰镇）。

四镇：四个特色小镇，新塍镇、温泉小镇、洪合镇、王店镇。

滨水区慢行：两环八放射，指城市主要的滨水区域，主要包括嘉兴市区"两环八放射"生态绿道公共活动区域，承担市民日常的观水、娱乐、休闲、健身等慢行功能，是彰显嘉兴城市魅力的标志性地区。慢行系统设计应沿河（湖）岸线保持连续性，并建立与建设区慢行系统的便捷联系，方便居民使用。

未建区慢行，指城市建成区和滨水区域以外区域，主要包括城市外围开敞空间、田野、水源地等。未建区慢行交通相对独立，且使用频率较低，规划重点是与外部慢行通道的衔接。

② 慢行核

慢行核是指慢行发生的核心区域，按功能不同划分为四类慢行核：老城特色慢行核、副中心商业慢行核、区域公共服务中心慢行核、旅游休闲慢行核。

③ 慢行廊道

慢行廊道是指以慢行交通为主，遵循"慢行优先"原则，连接城市中各个慢行核心区及特色节点，拥有舒适、安全、便捷的慢行空间，彰显城市魅力的城市交通大通道。它既可以是慢行核与外界连接的重要路径，也可以是换乘点间的慢行通道。

（3）构建生态绿道网

嘉兴市生态绿道网络体系通过自行车道和步行道，将具有较高自然和历史文化价值的各类郊野公园、自然保护区、风景名胜区、历史古迹等重要节点串联起来，同时建设完善的配套设施并对一定宽度的绿化缓冲区实施空间管制，融合环保、运动、休闲和旅游等多种功能，具有旅游观光休闲、慢行交通组织、改善城市景观、恢复生态四大功能。

嘉兴市区生态绿道网构建应充分融合城区公园、楔形绿地、"环状+放射"的水系、历史人文资源、乡村节点等，将生态绿道分为郊野型、都市型和社区型三种类型，形成"三环八方射四连"的市区绿道网络体系，绿道总长420多千米。"三环"是指环城河——南湖绿道、外环河绿道和四环路绿道；"八方射"指依托中心城区的8条放射状水系展开的绿道；"四连"指在市区自然资源和人文资源较好的4个区域设置专门的连接绿道。具体建议：①郊野型生态绿道主要依托城镇建成区周边的开敞绿地、水体、海岸和田野，通过栈道、慢行休闲道等形式，为人们提供亲近大自然、感受大自然的绿色休闲空间，实现人与自然的和谐共处。郊野型生态绿道控制宽度一般不小于100m。②都市型生态绿道主要集中在城镇建成区内，依托人文景区、公园广场和城镇道路两侧的绿地而建立，为人们慢跑、散步等活动提供场所，对嘉兴区域生态绿道网起到全线贯通的作用。都市型生态绿道控制宽度一般不少于30m。③社区型生态绿道主要是联系城市居住区和其他功能区，依托社区绿地、步行道等建立，为居民游憩生活、上班、出行等活动提供绿色空间，并结合城市慢行交通系统，为低碳社区建设起到支撑作用。社区型生态绿道控制宽度一般不少于10m。

市区绿道网的率先启动，必然带动6个副中心城市的绿道网建设，县域绿道网一般以县城为中心，以县城和新市镇的交通连线为重点，形成环形与放射状相结合的绿道网架构。全市绿道网以"一主六副"城市的绿道网为基础，应突出其层次性，市域绿道网可以划分为

生态绿道网是由众多区域生态绿道、城市生态绿道和社区生态绿道构成的网络状绿色开敞空间系统。绿道这一理念起源于20世纪80年代的美国，而且迅速转变为实践。继美国之后，日本、欧盟、新加坡等发达国家和地区都十分重视绿道建设，并取得显著成果。国内广东省率先于2010年3月启动珠三角绿道网建设。2010年底嘉兴市在浙江省率先构建生态绿道网络体系。将纯粹的生态保护空间部分转为服务于市民的生态开敞空间，这一举措是落实科学发展观的实际行动，是建设宜居城乡的重要内容，是构建网络型城市的基本要素之一。

骨干网和支线网两类，骨干网的基本框架是"双轴八环五放射"，"双轴"绿道指北部湿地绿道和南侧滨海沿江绿道，北部湿地绿道穿越秀洲、南湖、嘉善三县区，把西塘古镇、湘家荡旅游区、麟湖湿地和古运河串联起来。南侧滨海沿江绿道以海塘堤岸为特色，穿越平湖、港区、海盐、海宁4个县（市、区），把九龙山旅游区、港区、3座跨海跨江大桥、南北湖、钱江潮观赏地、盐官古镇串联起来。"八环"指中心城区的2个主要环形绿道加上6个副中心城市的环形绿道。"五放射"指从中心城市出发，连接5个县（市）副中心城市的绿道。

20.5 结语

建设可持续发展、以人为本和动态满足交通需求、以公共交通为主导的高标准、现代化、网络型综合交通体系，引导城市空间结构调整和功能布局的优化，大尺度要提高效率，促进区域交通协调发展，实现"对外交通高速化、对内交通快速化"，支持经济繁荣和社会进步。小尺度更加人性化，以"高效便捷、公平有序、安全舒适、绿色低碳"为发展方向，2030年交通结构趋于合理，公共交通占主导，出行环境良好，出行效率提高，交通拥堵状态得到明显改善，公平分配道路空间资源，交通发展步入良性循环。

第五部分　行动措施

21

应对机制

21.1 有关建议

为加强城市规划编制管理，保障城市总体规划强制性内容在各阶段城市规划中的贯彻落实，确保市区各主体规划的协调统一，实现全市"规划一张图"，统一规划思路，确保规划确定的强制性内容在分区规划、详细规划以及各类专项规划中更好地落实，进一步提高管理部门对规划质量的管理能力。依据《嘉兴城市总体规划》(2003-2020)(2012年修改)，并结合嘉兴市产城一体化规划、嘉兴市综合交通规划和嘉兴市基本生态控制线规划等相关规划的核心内容，针对嘉兴市的城乡规划、设计和管理活动进行全程跟踪管理。

协调管制三大原则：

（1）抓大放小原则：抓住主要矛盾，明确核心的管制内容，切忌面面俱到而重点不明确，本导则未涉及的内容具体参照相关的技术管理规定执行。

（2）因地制宜原则：科学分区管制，提出具有针对性的管制要求，做到差异化、特色化发展。

（3）刚性与弹性相结合原则：在做好总体规划强制性内容不走样的前提下，加强一定的弹性引导，做到张弛有度，为科学管理提供有效的保障。

协调管制主要内容为规模容量、产业布局、重要交通等基础设施廊道、生态边界以及重要地段城市风貌等方面，秉承抓大放小、因地制宜、刚性与弹性相结合三大原则，引导城市的有序发展（图21-1）。

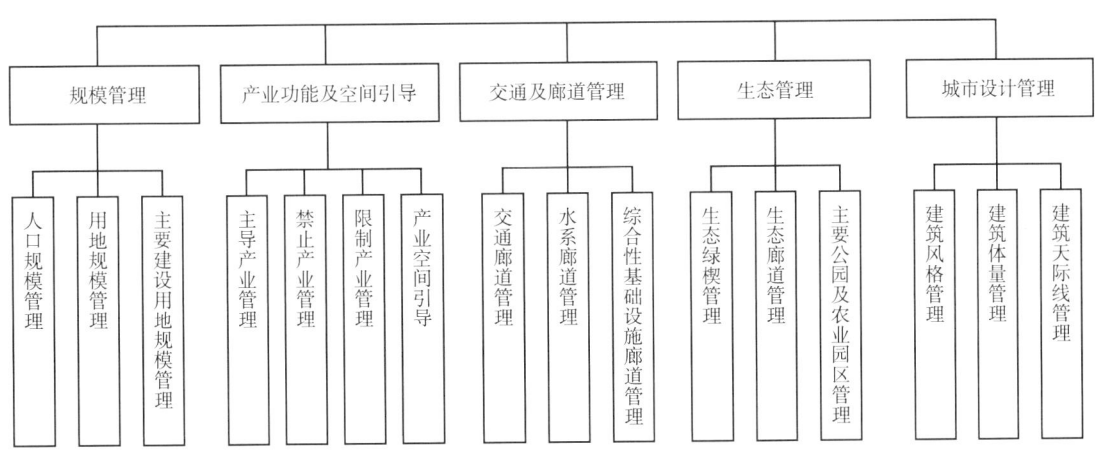

图21-1 拼图作业管控体系

图片来源：笔者自绘

21.2 控制措施

21.2.1 管制分区

遵循嘉兴新一轮总体规划确定的田园城市形态，以总体规划确定的空间结构为主要参考，结合考虑功能与空间的整合，划定规模适宜、功能完整、特色鲜明的管制分区。嘉兴市区范围建设用地划分为"六片五板块八组团"19个管制分区（图21-2）。

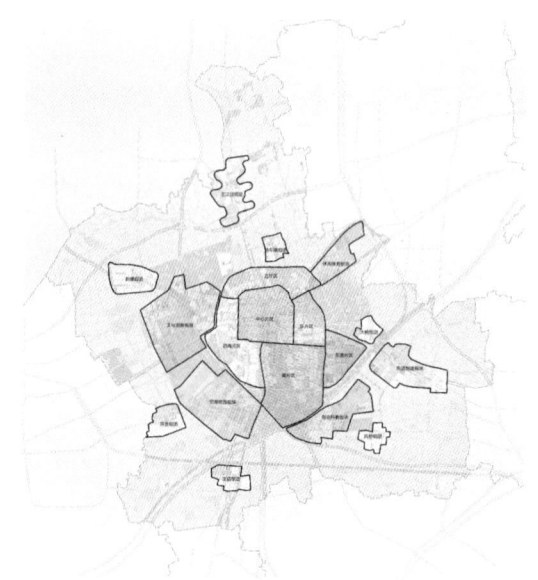

图 21-2 管制分区示意图

图片来源：笔者自绘

六片：嘉兴主城，按照片区用地功能特征划分成6个管制分区，即中心片区（中环以内）、北片（经开北区）、西南片（经开西南区）、南片（国际商务区）、东片（南湖新区为主）和东南片（大科技城）；

五板块：文化创新板块（创新平台）、空港物流板块、创业科教板块（余新板块）、休闲商务板块（湘家荡）、先进制造板块（嘉兴工业园），划分成5个管制分区；

八组团：新塍组团、洪合组团、王店组团、温泉新城组团、凤桥组团、大桥组团、油车港组团、王江泾组团，划分成8个管制分区。

21.2.2 规模管制

规模管制内容包括人口规模、建设用地规模及主要建设用地规模控制。其中强制性控制内容为人口规模、建设用地规模；弹性控制内容为主要建设用地规模控制，此项内容变更，需按照程序上报市规划行政主管部门，报备、审核、审批，同意方可进行。

例如中心片区规模管制：依照总体规划，中心片区作为综合性城市中心，对接分析土地利用总体规划，结合空间高效集聚利用，提出规模管制要求。

（1）人口规模：控制人口 30.0 万人。

（2）建设用地规模：建设用地 23.0km²。

（3）主要建设用地规模控制：控制居住用地占建设用地比例上限为 35%，商业服务业设施用地下限为 25%。

21.2.3　产业功能及空间管制

产业功能及空间管制内容包括主导产业类型、严禁产业、限制产业、产业发展空间管制。其中强制性控制内容为主导产业、严禁产业，主导产业空间引导。此项内容调整需按照程序上报市规划行政主管部门，报备、审核、审批。弹性控制内容为限制产业、限定空间，此项内容调整需按照程序上报市规划行政主管部门，报备、审核。

例如中心片区产业功能及空间管制：重点提升城市中心区服务能级及产业特色。（表 21-1；图 21-3）

（1）主导产业：本片区产业发展以商业、金融、商务、休闲旅游等生活性服务业为主导。

（2）禁止产业：片区内严禁发展各类工业产业。

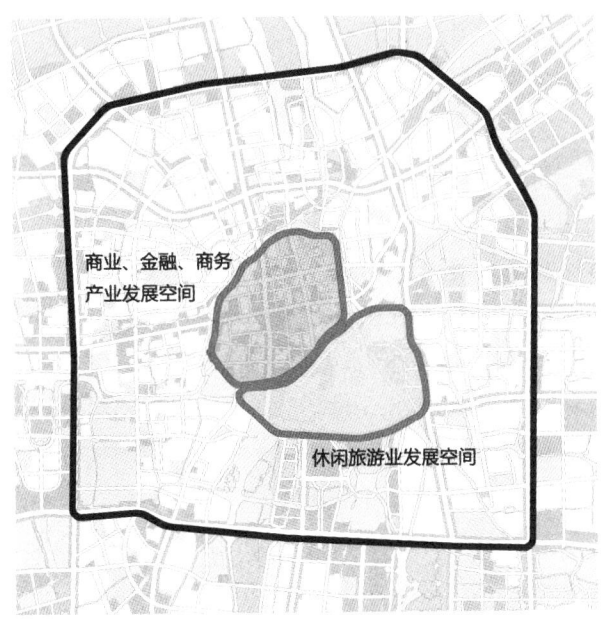

图 21-3　中心片区产业空间管制

图片来源：笔者自绘

中心片区产业空间引导一览表　　　　　　　　表 21-1

序号	分类	产业类型	空间引导
1	主导产业	商业、金融、商务	老城商业中心
2		休闲旅游	南湖、湖滨片区
3	严禁产业	一、二、三类工业	

21.2.4 交通及廊道管制

交通及廊道管制分为交通廊道管制、水系廊道管制及综合性基础设施廊道管制。

本项管制内容：强制性内容为快速路、结构性主干道的道路宽度及断面形式、主干河道宽度及河道走向、综合性基础设施廊道宽度，此项内容调整需按照程序上报市规划行政主管部门，报备、审核、审批，同意方可进行。弹性控制内容为道路线型微调、交叉口对接、部分改建等，此项内容调整需按照程序上报市规划行政主管部门，报备、审查、审核，同意方可进行。

（1）交通廊道管制。依照总体规划，针对快速路及结构性主干道提出控制要求。强制性控制内容为道路宽度及断面形式；弹性控制内容为线型微调、交叉口对接、部分改建等，按照程序上报市规划行政主管部门，报备、审核、审批，同意方可进行。

例如中心片区交通廊道管制：对中环快速路，对文昌路、南溪路、凌公塘路、越秀路、东升路、纺工路等结构性主干道进行管制。（表21-2）

快速路：中环路，道路宽度按照 60m 控制，按照规划要求断面控制；严格控制城北路、东升路、中山路、桐乡大道、嘉杭路、南湖大道、泰宁路、广益路、甪里街、城东路、东方路与其道路交叉口形式及位置。

结构性主干道：文昌路，道路宽度按照 42m 控制，按照规划要求断面控制；严格控制越秀路、城南路与其道路交叉口形式及位置；南溪路，道路宽度按照 42m 控制，按照规划要求断面控制；严格控制纺工路与其道路交叉口形式及位置；凌公塘路，道路宽度按照 42m 控制，按照规划要求断面控制；严格控制纺工路与其道路交叉口形式及位置；越秀路，道路宽度按照 28m 控制，按照规划要求断面控制；严格控制文昌路、中山路、东升路与其道路交叉口形式及位置；东升路，道路宽度按照 42m 控制，按照规划要求断面控制；严格控制越秀路、禾兴路、纺工路与其道路交叉口形式及位置；纺工路，道路宽度按照 42m 控制，按照规划要求断面控制；严格控制东升路、甪里街、凌公塘路、南溪路与其道路交叉口形式及位置。

中心片区交通廊道管制一览表　　表21-2

序号	道路类型	道路名称	道路宽度（m）	是否控制断面
1	快速路	中环路	60	是
2	结构性主干道	文昌路	42	是
3	结构性主干道	南溪路	42	是
4	结构性主干道	凌公塘路	42	是
5	结构性主干道	越秀路	28	是
6	结构性主干道	东升路	42	是
7	结构性主干道	纺工路	42	是

（2）水系廊道管制。依照总体规划，严格控制两环八大放射水系，即环城河、外环河、新塍塘、杭州塘、长水塘、海盐塘、平湖塘、嘉善塘、长纤塘、苏州塘水系廊道。强制性控制内容为河道宽度及河道走向。

例如中心片区水系廊道管制：严格控制环城河及八大放射水系在现状蓝线基础上宽度只增不减，环城河按照最低70m控制；新塍塘按照最低45m控制；杭州塘按照最低65m控制；长水塘按照最低35m控制；海盐塘按照最低45m控制；平湖塘按照最低60m控制；嘉善塘按照最低45m控制；长纤塘按照最低50m控制；苏州塘按照最低65m控制。严格按照规划河道走向控制。（表21-3）

本片区内次干河道及支流等进行开挖、填埋等活动，按照程序上报市规划行政主管部门，报备、审核、审批，同意方可进行。

中心片区水系廊道管制一览表　　表21-3

序号	河道名称	河道控宽（m）	河道走向
1	环城河	70	以总体规划为准
2	新塍塘	45	以总体规划为准
3	杭州塘	65	以总体规划为准
4	长水塘	35	以总体规划为准
5	海盐塘	45	以总体规划为准
6	平湖塘	60	以总体规划为准
7	嘉善塘	45	以总体规划为准
8	长纤塘	50	以总体规划为准
9	苏州塘	65	以总体规划为准

（3）综合性基础设施廊道管制。依照总体规划，严格控制沪杭高速公路基础设施廊道、乍嘉苏高速公路基础设施廊道、申嘉湖高速公路基础设施廊道、嘉绍通道基础设施廊道、杭州湾大桥北接线基础设施廊道。

例如文化创新板块片区综合性基础设施廊道管制：严格控制乍嘉

苏高速公路基础设施廊道，控制廊道平均宽度为 450m。

嘉塍公路—秀洲出口：在西侧预留苏嘉铁路用地（在高速出入口以南铁路线转移至高速公路东侧），另规划有川气东输天然气管道。规划有 220kv 高压线穿越廊道；高速西侧最窄处控制 60m，高速东侧最窄处控制 50m。

秀洲出口—桐乡大道：在东侧预留苏嘉铁路用地、川气东输天然气管道、西气东输天然气管道、污水管道用地；高速西侧最窄处控制 60m，高速东侧最窄处控制 94m。

部分地段应绕开高速公路枢纽、天然气阀站等需扩大廊道控制范围，由于该廊道空间有限，在严格控制廊道用地的同时，尽可能压缩廊道内基础设施的种类和数量，并寻找可能的代偿廊道空间。

21.2.5 生态管制

生态管制内容分为外部生态拼图管理及内部生态拼图管理，旨在通过反规划原理控制片区城市增长边界。

本项管制内容：强制性控制内容为三大楔形绿地、主要绿地公园。此项内容调整需按照程序上报市规划行政主管部门，报备、审核、审批，同意方可进行。弹性控制内容为重要农业园区，此项内容调整需按照程序上报市规划行政主管部门，报备、审查、审核，同意方可进行。

例如西南片区生态管制：严格控制西片绿楔、空港生态隔离。控制范围如图 21-4 所示：城镇发展边界不允许侵占生态保护区。

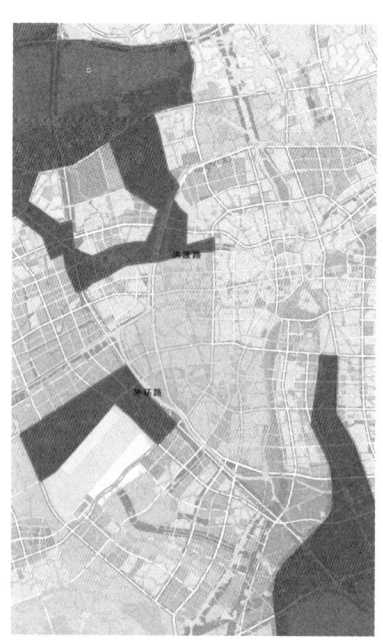

图 21-4　西南片区生态管制范围示意

图片来源：笔者自绘

　　依照总体规划，本片区内严格控制新塍塘、杭州塘、长水塘、外环河两侧绿地廊道。新塍塘南侧控制至洪高路，北侧控制 100m ；杭州塘开发地段控制 30m，未开发地段控制 50m。长水塘东侧控制至沪杭铁路，西侧控制 50m 以上 ；外环河两侧各控制 50m。

　　依照总体规划，本片区内严格控制主要绿地公园，包括现状秀洲公园、洪兴公园、春晓公园，规划姚家荡公园。（ 表 21-4 ）

西南片区生态斑块管制一览表　　　　　　　　表 21-4

序号	公园名称	类别	控制面积 (ha)
1	秀洲公园	现状城市公园	5.07
2	洪兴公园	现状城市公园	1.58
3	春晓公园	现状城市公园	8.85
4	姚家荡公园	规划城市公园	53

22

政府角色

22.1 行政管理体制

22.1.1 加大市区整合力度，增强政府管理力度

从行政区划而言，目前嘉兴市区有四大主体：南湖区、秀洲区、经济开发区、湘家荡区域联合开发建设管理委员会。而从行政版图来看，经济开发区作为改革开放、吸引外资的重要平台，凭借拥有众多招商引资"特权"的国家级经济技术开发区。从城市规划的编制来看，市局仅仅管辖嘉兴市区中心很小的范围，经济开发区、秀洲区、南湖区、湘家荡管委会各自分管着辖区内规划和建设。多主体运作有利于保证城市的活力，然而却面临缺乏整合的困境，削弱了市区范围内各项资源的有效利用。此外，对于目前主城区内部区划规模过小、各区之间衔接不够的问题，可进行适当调整扩容，从而进一步提升主城区内部的实力。

提出"调整边界、整合空间、优化体制"的策略措施，先明确重点战略区域，再划分管理区域，或可通过财税分成制度划分管理板块，明确实施和责任主体，加强管理边界与功能边界的一致性。另外，在当前"中心城区规划管理区域界限交错复杂、市局统筹管控力弱"的情况下，建议规划管理模式从分级分散管理转换为垂直管理体制，强调全市统一规划、统一管理。保障规划的整体性，加强规划一级统领地位。另外对不同发展模式的主体（尤其是不发展工业的特色镇）实施分类引导，实行差异化考核，对各自不同的特色强化加强政策性保障。

22.1.2 实行"双层制"行政管理体制，强化市级统筹协调职能

浙江省省管县的体制更加强化了这种离心力。省管县体制意味着省直接管辖各县市的财政权和人事权，地级市与县级市更像平行关系而不是上下级关系。这样的体制有利于充分调动以县为单位的地方主体发展的积极性，有利于城市之间通过竞争提高整体的实力。然而，这样的体制也存在弊端，首先，政府资源无法得到有效的整合，不利于塑造高能级的区域服务中心；其次，县市之间的竞争往往大于合作，甚至会出现恶性竞争的情况，在涉及公共服务共享、基础设施对接等需要区域协调的问题时缺乏有效的手段。

建议嘉兴市实行"双层制"分权模式。在这种双层治理结构中，市级政府负责协调跨地区的区域性事务，协调重点是开发和管理市域的交通、公共事业等基础设施，环境保护，资源开发、利用和共享等事务，编制市域策略规划与总体规划，并监督实施。而各地区内的具体事务

仍由下层的地方政府管理。这种分权模式的优点为：既提供了一种区域政府运作的框架，又避免了对下层政府的直接干预，可以保持现有下层政府的独立性。"双层制"分权模式无需对现有行政架构和分权模式做根本性调整，适合嘉兴目前的行政管理体制改革。

22.2 经济体制

22.2.1 创新高效融资机制

创新再融资方式，建立城建投融资主体与金融机构交流合作平台，加强重大项目的政银企合作力度，探索积极采用 BT（建设 – 转让）、BOT（建设 – 运营 – 转让）、TOT（转让 – 运营 – 转让）和 PPP（政府项目与民间合作）等多种方式，引导民间资本参与重大项目建设。继续争取中央补助资金和国债资金，统筹安排市本级建设资金。

22.2.2 创新招商引资机制

进一步扩大招商力度，落实各主体招商责任，积极增加项目储备。招商引资过程中各主体做好协调衔接，避免同类项目大规模重复建设的局面造成城镇资源浪费。加强区域合作，充分发挥紧邻沪杭优势，全面深化与沪杭的经济联系。激发民间投资活力，充分发挥民间资本充裕的优势，发挥民营经济的主体作用，鼓励民间资本通过直接投资、与政府合作投资、政府购买服务，以及购买地方政府债券、投资基金、股票等形式，参与城市公共服务、市政公用事业等领域的建设和运营。鼓励浙商回归项目，争取央企及世界 500 强企业项目的落地。采取优惠措施积极引进与现有产业关联度大、产业链长的项目。

22.2.3 创新要素保障机制

创新城市土地储备融资模式，建立城市规划实施与土地储备相结合的联动机制。严格控制高铁、空港、高速公路等城市基础设施项目的周边土地，实施统一规划、统一收储、统一融资、统一开发。建立土地精细化管理推进机制，对全市范围内已供地块进行梳理，开展"批而未供、供而未用"土地消化利用专项行动，加大处置力度，提高土地节约集约利用水平。

22.2.4 创新效率提升机制

优化环境资源容量配置，进一步提高环境资源利用率。对重大基础设施建设项目和重大产业项目优先配置环境容量指标。优先保障重点项目和产业聚集区对总量指标的需要，重点支持符合国家产业政策、污染物排放少、对经济社会发展全局有重大影响的项目，对先进制造业、高新技术产业等重点建设项目所需总量指标优先配置。

加大淘汰落后产能力度，为引进优质项目腾出环境空间。加快推进"两退两进"，取缔破坏环境、污染环境和不具备安全生产的企业，推进产业结构调整和布局优化的同时，为发展新兴产业、优势产业、优质项目腾出土地、产能、环境空间。

22.3　社会体制

22.3.1　多样化投资民生建设

一是以政府财政投入为主体发展民生事业。提高财政支出中社会事业支出比例，继续推动财政支出向农业、社保、教育、医疗、住房保障、就业、文化事业等民生领域倾斜。二是引进社会资本发展社会事业。规范市场准入，引进社会资金，加大对非基本公共服务的投入。鼓励社会资本举办高等学校、中小学校、职业教育等各类教育和社会培训机构，兴办社区卫生服务机构、疗养院等医疗机构，发展养老、托养等社会福利机构。

22.3.2　政府总体职能向服务型转变

积极稳妥地发展各类社会组织，重点培育和发展民间智库，发挥社会组织在公共管理与服务中的作用，形成多元化公共服务供给模式。政府职能向服务型社会彻底转变，同时构建新型社区自治模式。

改革和完善城乡基层管理体制，构建有效的社区建设组织体系，提高社会自治水平。健全信息公开、听证、检举等公众参与制度。开展多形式的和谐企业、和谐家庭、和谐社区创建活动，形成社会和谐人人有责、人人共享的生动局面。

22.3.3　公共服务制度差异化创新

医疗卫生需求可划分为公共卫生、基本医疗、非基本医疗三个层次。政府要加大投入于公共卫生领域，主城区要努力实现公共卫生免费提供，为居民创造良好的就医环境；对于准公益性质的基本医疗，以城镇职工医疗保险承担为主，个人少量付费；对非基本医疗，包括大病救治、运用大型检验设备等手段的诊疗，主城区可考虑设置"重大疾病医疗保险"予以不同等级的资助，对低保等困难人群，设立"医疗救助基金"予以救治。

高标准、高质量普及从学前到高中的 15 年基础教育，实现学前教育全面普及，义务教育优质均衡，普通高中教育多元多样特色鲜明，城乡、区域教育均衡发展。强化政府发展职业教育职责，逐步实行中等职业教育免费制度。

22.3.4 城乡配套政策逐步推进

对城乡居民之间存在的差异，条件基本成熟的城镇，应加大力度，率先实行城乡一体；对条件逐步成熟的城镇，制定相关配套政策，明确步骤，逐步缩小城乡差距，实现"村改居"目标。

22.4 保证公众参与体制

公众参与是指在一定的社会环境下，受公共决策影响的各方通过合法的途径参与到有关的决策过程中，对决策施加影响甚至改变决策方向的过程。我国目前处于经济快速发展、体制转轨的时期，城市规划调控的利益主体日益多元化，公众参与到城市规划活动中的需求就愈发的迫切，相应的公众参与机制的建立也就显得格外重要。公众参与机制的建立，可以从以下几方面展开。

22.4.1 保证公众尽早参与规划，并能够参与规划的全过程

公众参与规划的前提是规划信息的透明和公开，这样有利于公民维护自己的合法权益。其实，《中华人民共和国城乡规划法》对于规划信息公开已经作了明确的说明，但是现实中往往只是规划成果公示的时候，公众才有机会知道，规划前期的公众知情权就很少得到保证。在建设网络型田园城市的进程中，应搭建一个与公众交流的平台，确保从一开始就能够顺利地参与到规划中，这样有利于公众意见的表达和吸收，从而有助于较早的解决矛盾和冲突，能够提高规划的科学性和可操作性。

22.4.2 明确公众参与的程序和方式

《中华人民共和国城乡规划法》明确了公众参与规划的法律地位，但是并没有明确各个阶段参与的程度、内容以及参与的具体方式，这就需要地方的法律法规或者行政规章予以完善和补充。由于公众参与的实质是程序性的，因而地方法律法规或行政规章制定公众参与程序性的规定是提高公众参与效率的关键。同时，为了使得公众参与不流于形式，还应该形成公众意见的反馈机制，对公众意见及时反馈，如

果公众意见没有被采纳，应给予正式的答复并说明理由。

明确公众参与方式，针对不同的规划以及同一规划的不同阶段设置不同的参与方式。如战略阶段和总体规划阶段，需要很强的专业知识把握，涉及面广并且很少直接涉及公众的直接利益，应该以专家和代表参与为主；在详细规划阶段，涉及公众的直接利益，应该增加公众参与的比例与程度。

附录
国外田园城市考察报告

一、瑞士、瑞典田园城市考察报告

应瑞士圣加伦州拉帕斯维尔－约纳市和瑞典韦姆兰省卡尔斯塔德市政府邀请，2013 年 4 月 6 日至 15 日，嘉兴市政府友好访问团一行 6 人先后对瑞士和瑞典进行了为期 10 天的访问考察。此次访问主要围绕"田园城市"这一主题，深入学习考察瑞士、瑞典在城市规划、生态建设、城市管理、公共服务等方面的先进经验，取得了较好成效。

访问考察收获

友好访问团在瑞士、瑞典考察中深切感受到，"田园城市"的内涵已经深深融入这些城市的生态建设、城市规划、公用设施、公共服务的方方面面，其中许多好的经验和做法值得我们学习借鉴：

（一）在空间布局上注重城市与自然的融合互动。瑞士、瑞典被公认是最具田园风貌的国家，城市几乎见不到拥挤、嘈杂、污染等现象，市民在充分享受城市文明的同时，又能方便地融入自然，享受自然之美。两国的主要经验是：一是秉承"尊重自然"的筑城理念。将城市视为"自然怀抱中的物体"，依据不同的地形地貌来定位城市的建筑和设施，最大限度地使城市融入自然中。如瑞士的第一大城市苏黎世全市面积的 45% 是农业用地、32% 是林地，房前屋后和街头随处可见花园和绿地，城市中心的利马河和苏黎世湖都得到了精心的保护。二是大力发展生态化的小城市。瑞士、瑞典两国采取"大城市分散化"模式合理控制城市规模和优化城市布局，在中心城市周围，规划建设数量众多的新城和小城镇。这些新城和小城镇以优美的自然景色和田园风貌吸引市中心的居民前来定居，在中心城市和卫星城市之间，有开放式的生态廊道相连，是人们休闲的良好场所；同时也有放射状的高速道路和轨道系统与市中心相连，保障了卫星城市居民的出行便捷。目前瑞典首都斯德哥尔摩 78 万人口中，有近一半并不居住在中心城市，而是散居于各卫星城和小城镇，更好地享受田园生活。三是加强城市绿化和环境保护。如瑞士把"开敞式的空间布局"写进法律，以避免城市过度集中，从而保证城市有充足的绿化面积。瑞士水保护法规定，禁止直接或间接向水体排入或渗入任何可能导致水体污染的物质。为确保这些法律规定落实，瑞士建立专门的"环保警察"队伍开展极为严格的环保执法，使得瑞士的森林覆盖率达到国土面积的 1/4，污水处理率达到 100%。

（二）在规划编制上注重科学性与前瞻性的相统一。瑞士、瑞典两国都将规划作为"田园城市"建设的纲领和依据。一是建立完善的规划编制体系。瑞士的城市规划包括了联邦、州、市镇三级管理体系，其中联邦协调空间发展战略，负责制定联邦规划和各项全国性专题；州是规划编制的主体，负责制定指导性规划，主要是划定建设用地和非建设用地，农地、林地、湖泊等非建设用地所占比例一般达到75%左右；各市镇负责制定土地利用规划，明确每块土地的规划用途、建筑高度、建筑密度等。瑞典的城市规划体系由规划和建设法、自然资源法等进行具体规定，规划编制的基本原则是，在充分保证个人自由的前提下，为当代及后代提供更好的生活条件和社会环境。城市规划包括战略层面的总体规划和实施层面的详细发展规划，其中总体规划是覆盖全市的，包括提出发展目标、方向、资源利用、绿色环境、远景、发展规划等；而详细规划是对开发利用地区所作的具体规划，为城市建设提供法律依据。二是引导公众广泛参与。瑞士、瑞典两国非常注重保持规划的延续性和稳定性，对于城市区域扩展和功能布局都有前瞻性的考虑。在规划编制过程中，政府积极引导公众广泛参与，如瑞士法律规定18岁以上公民即可参与评估城市规划，没有经过公众讨论、反馈的城市规划不能得到上级主管部门审批，规划如果被公众反对，则需要根据公众意见经过长期的咨询、展示和修改。城市规划中涉及私人问题的，需要征求影响范围内居民的意见，并将方案提交给中介组织进行评审，政府总结审批。三是切实维护规划的严肃性。瑞士、瑞典两国将城市规划视为公众利益的体现，一旦市民投票通过，并经上级审批和城市委员会的立法，即产生法定效力，在规划期限的15年内不得随意改变，地方政府必须严格执行，且不因政府的更迭而变更。规划在执行过程中几乎没有自由裁量余地，新建项目和拆除既有建筑必须得到许可，公众可以对任何不合规划的行为向法院控告或向仲裁监督机构进行申诉。

（三）在城市管理上注重人性化与精细化相结合。瑞士、瑞典注重运用人性化的服务和精细化的手段提升城市管理质量，给考察团留下深刻印象。城市交通管理方面。瑞士、瑞典的城市道路基本上保留了建城时的格局，没有因为汽车的增加而拓宽道路。但两国的道路交通十分通畅，很少出现交通拥堵的情况。主要原因在于两国城市的交通规划、交通管理政策都围绕"运送更多人，而不是移动更多车"的原则进行设计，主要包括：实施公交优先战略，划定公交专用车道，确保公交车快速运行；改造城市交通信号系统，让公交车辆在交叉路口永远面对绿灯；用计算机系统对公交车辆进行统一调度，公交站点动态显示公交车到达时间和等待的时间；在市区中心减少停车场和停车泊位，引导市民出行从汽车向利于环境保护的公共交通转变。在瑞士苏黎世，70% 以上的市民日常出行第一选择是公交车。城市废弃物管理方面，瑞士政府要求每个家庭必须对垃圾进行分类，根据垃圾的类别在不同的时间段进行回收。如日内瓦市规定周一、周四回收生活垃圾，周二、周五收集有机物，对于不按要求分类的垃圾拒绝回收，并要求居民将重新分类后的垃圾运送到指定回收点，对于乱堆放垃圾的行为，则由"环保警察"处以 200 瑞士法郎的罚款。城市能源管理方面。瑞士、瑞典两国政府十分重视对城市能源的节约利用和有效管理。如瑞典积极在建筑节能上进行技术攻关，设计了"零能耗房屋"，房屋外墙采用保温涂料，墙板中间加工成保温隔离层，加装有太阳能收集器等，即使不用空调，也能让房屋一年四季保持在 20℃左右的恒温状态。斯德哥尔摩城区东南部的生态新城哈马碧，居民日常的有机废物通过热电厂焚烧，转化为电能供应居民用电，居民洗手间排出的废水，经处理后转化为沼气，用作公共汽车燃料和厨房用作炉火。瑞典还通过征收能源增值税等措施，引导企业和家庭的能源消耗量。

（四）在城市风貌上注重历史与现代相交融。在城市开发建设中，瑞士、瑞典两国政府始终注重保持传统的城市风貌和历史文脉，现代化建筑和传统建筑在城市中互相映衬、相得益彰。一是注重城市历史遗迹的保护。成立古代遗迹保护委员会等社会中介组织，为政府提供维修保护古代建筑、古代遗迹的目录和意见，对于重要的古建筑由政府制定具体法令，禁止随意拆建，并有计划地进行维修保护。同时，地方政府不仅仅着眼于对历史遗迹本身的修复，更强调遗迹周边环境的连片改造，使整片区域都具有古朴的特色。诸如蒙特勒的西庸古堡、卢塞恩的老木桥、苏黎世的格罗斯大教堂等都得到了很好的保护，并成为重要的游览景点。二是注重老旧建筑的现代化改造。为保持城市整体风格的统一性，保留传统的历史风貌，瑞士、瑞典的城市采用整修、改善、补缺等方式，对旧住宅进行现代化改造，在外立面加固和保持外观不变的前提下，增加现代化设施、更新改造内部结构等，使建筑的使用功能满足现代生活、办公的需要。如苏黎世政府、议会所使用的办公楼都是意大利文艺复兴风格的老建筑，苏黎世中央火车站已具有上百年的历史，但仍发挥着现代化的交通枢纽作用。三是注重新老建筑风格的协调。政府要求城市的新建筑物在外观设计、外立面色彩、装饰等方面体现城市的传统风貌，并与周边旧建筑物风格相协调，如瑞士规定城区建筑屋顶必须为传统坡顶形式，使得从高处看整个城市的风格十分统一。大规模的现代居住建筑则主要建造在城市外围地带或新辟的住宅区，并有更多的空间进行环境绿化和设施配套，在增强城市现代感的同时也不影响原有城市的风貌。

（五）在公共服务上注重城乡和人群间的普惠均衡。瑞士、瑞典作为世界闻名的高福利国家，通过多年的发展已经建立起完善的公共服务体系，并实现了城乡、人群间的均衡覆盖。一是城乡一体的公共服务设施体系。瑞士、瑞典的公共服务配套设施采取城乡一体化的配置方式。小城镇行政管理机构承担着发展城镇经济、解决居民困难、改善服务设施等职能，小城镇具有与大城市相同宽敞的公路及幼儿园、学校、医院、停车场位、体育场馆、影剧院、图书馆、书报亭等公共设施，使小城镇居民在享受田园生活的同时享有和大城市相同的公共服务配套。二是全覆盖、高标准的社会保障体系。瑞士联邦政府每年1/4 的联邦财政预算用于社会保障和社会福利支出，企业雇主需负担工人一半的退休保险金、失业保险金、子女补助金。瑞典社会保障支出占国内生产总值的比重约为 30%，政府要求人人必须参加统一的社会保险系统，对于符合公共资助和社会救助条件的对象，由政府提供住房补贴和每日标准生活费用补贴，保障人的基本生活需求。三是免费的教育、医疗体系。瑞士、瑞典实行免学费教育，中小学生可以在学校享受免费午餐，高中学生每月可以领取一定数额的助学金，大学生每个月可获得助学金和低息学习贷款。两国居民在生病期间不仅可以享受近乎免费的治疗，而且还能领取一定的病休补贴。

启示与建议

此次学习考察，访问团成员普遍感到收获很大，有不少有益的经验可为嘉兴现代化网络型田园城市建设提供参考，主要有以下几点：

（1）要有先进的理念。要学习借鉴瑞士、瑞典在"田园城市"建设中所一直坚持的先进理念，并贯穿于嘉兴现代化网络型田园城市建设的全过程。一是坚持城乡一体。始终围绕工业化、城镇化和农业农村现代化"三化同步"的要求，促进城乡统筹发展。继续深化统筹城乡综合配套改革，逐步形成城乡一体的政策体系、基础设施、公共服务和社会管理，促进人口与资源要素在城乡间的自由流动和优化配置。注重在保持大城市规模适度性的同时，大力发展新市镇和现代小城市，增强新市镇设施配套和城乡一体新社区综合管理服务功能，吸引更多的城市居民在新市镇定居。二是坚持环境优先。在城市功能区块布局中，充分考虑工业发展对人居环境的影响，合理定位工业园区和工业企业，尽可能远离居住区和生态保护区。大力发展循环经济和倡导低碳的生活方式,促进能源资源高效化利用和无害化排放。借鉴瑞士"生态廊道"的理念，加大城市绿化、美化工作力度，进一步提升绿道、林木景观带的连通性和通达率，为市民休闲健身提供良好的场所。三是坚持以人为本。把满足城乡居民生产生活需要作为"田园城市"建设的出发点和落脚点，围绕人性化的要求改善城乡公共设施条件，不断优化城市管理和服务，努力为城乡居民创造舒适、便捷的生活环境。借鉴瑞士、瑞典社会福利措施，进一步完善覆盖城乡的社会保险、社会救助体系，不断提高人群覆盖面和保障标准，更好地促进基本公共服务的均等化。

（2）要有清晰的目标。瑞士、瑞典的历任城市建设者始终围绕建设"田园城市"的目标，一以贯之、不断努力，在保持城市建设延续性的同时，也避免了许多"城市病"的产生。嘉兴市现代化网络型田园城市建设，也需要建立科学而清晰的目标体系。一是注重目标的前瞻性。超前考虑影响嘉兴城市建设发展的各种因素，建立现代化网络型田园城市建设的远景目标体系，按照当前产业发展、资源利用、人口增长、城市扩张等情况，统筹考虑生态、土地、资源的承载力，合理确定未来嘉兴城市规模、人口分布、市镇布局、土地利用、设施配套、环境保护需要达到的目标要求。二是注重目标的系统性。借鉴瑞士、瑞典等国家"田园城市"建设经验，建立系统的目标体系。如城市建设主要包括城市化率、交通设施的通达率、小城市的公共设施配套情况等；生态建设主要包括绿化率、林木覆盖率、污水入网处理率、空气优良率、资源循环利用率等；社会建设主要包括各类社会保险的人群覆盖率、公共服务的城乡均等化程度、恩格尔系数等。三是注重目标的阶段性。尊重城市发展的客观规律，结合城市建设的阶段性特征，从容建设、稳步推进，既考虑目标的可实现性，也为城市未来的可持续发展留足空间。

（3）要有科学的规划。一是提高规划编制的社会参与度。邀请与国际接轨的专业团队和城市建设专家参与到规划编制中来，使城市规划与国际先进的经验和理念保持一致。建立健全规划编制的群众参与机制，通过座谈、听证、公示等多种形式，广泛征求公众意见，进一步增强规划编制的科学性和民主性，真正使城市规划成为公众利益的集中体现。二是注重规划的市域统筹。现代化网络型田园城市建设是一个市域联动的过程，需要各主副中心城市的协作与配合。探索建立保障规划实施的市域协调机构，按照规划确定的目标任务，统一部署涉及中心城市与各副中心城市间的重大事项，指导地区和部门协调行动，对重大资源统一管理、重大设施统一规划、重大项目统一布局，从而统筹推进市域基础设施、社会事业、公用事业等建设。三是保障规划的权威性。注重市域总体规划、城市总体规划、控制性详细规划、土地利用规划的衔接与配套，保证规划内容的准确性和可操作性。强化城市规划实施过程的法制化建设，明确规划适用的期限和效力，强调在稳定期内一切工作都不能突破规划。强化对违反规划行为的责任追究，建立公众对不合规划行为的监督机制，切实保障城市规划的严格执行。

（4）要有创新的举措。一是着力完善网络化的城乡设施配套。实现城乡统筹发展，需要有网络化的基础设施将城乡连为一体。加快推进覆盖城乡、连接各主副中心城市、新市镇和城乡一体新社区的公共交通网络建设，加快城市污水收集管网、污水处理厂等环保基础设施向新市镇的延伸步伐，以连锁经营等形式，为新市镇居民提供更好的超市、新华书店、图书馆、影剧院等公共服务设施配套。二是加快城市有机更新步伐。学习瑞士、瑞典城市老旧建筑改造和历史遗产保护的先进经验，减少大拆大建，通过循序渐进式的有机更新，不断提升城市功能品位和改善人居环境。选取市区若干地块开展连片改造整治，注重改造区块整体风格的统一和城市文脉的延续，并通过引入高端商业业态不断提升城市能级，努力将中心城市建设成为现代化网络型田园城市的中心服务区。加大城市历史遗迹、工业遗存的保护力度，注重发挥现代化功能和与周边环境的相映衬，更好地彰显城市历史文化底蕴。三是深入推进城市的精细化管理。积极探索"智慧城市"建设，将物联网、传感网等新技术运用于楼宇节能、路网监控、城市生命线管理、食品药品监管、城市保洁等领域。探索治理市区交通拥堵的有效途径，制定鼓励居民使用公共交通工具出行的鼓励政策，研究发展城市立体道路和轨道交通的可行性途径。拓宽城市公用设施和公共服务供给渠道，探索建立多元化的城市建设投融资机制，对于适合市场化运作的建设项目，鼓励通过民办公助、股份制和 BOT 等运作模式，吸纳社会资本参与。同时，注重发挥社区、社团和社工在城市管理中的基础作用，寓管理于服务，更好地体现人性化的要求。

二、德国田园城市考察报告

2013 年 9 月 6 日至 25 日，嘉兴市规划建设单位和县（市、区）住建局分管规划工作的技术人员一行 18 人，赴德国学习考察田园城市建设情况。考察团围绕"田园城市"这一主题进行学习考察，在不来梅应用科技大学深入地学习了德国的规划体系、生态建设、交通管理、配套服务、城市管理等方面的先进经验，先后到访了柏林、杜塞尔多夫、杜伊斯堡等城市，这些城市高度重视，周密安排，精心准备专题讲座、经验介绍、座谈交流，所到各城市的规划管理人员亲自介绍并陪同考察城市绿化建设、更新改造、公园广场等建设项目。考察涉及了田园城市规划、节能减排、城市转型、建设管理等城市发展中的诸多重要课题。通过听取专题报告、实地考察、讨论交流等形式，不仅对德国田园城市的规划建设和管理等进行了深入学习，而且对旧港口利用、老工业区改造、污水处理厂、历史性建筑保护、可持续社区建设等项目进行了深入交流。总体感受，德国田园城市建设具有可持续的先进理念、清晰的发展思路、人性化的规划设计、卓越的建设成就、多元包容的城市文化、优美和谐的城市环境、精细高效的城市管理。城市建设既注重整体框架上的大思路、大手笔，又注重内部建设上的精雕细刻、精益求精的经验做法，令人震撼，值得嘉兴市在田园城市建设中学以致用。

1. 考察基本情况

德意志联邦共和国（Die Bundesrepublik Deutschland），简称德国，是一个中欧联邦议会共和制国家，分为联邦、州、地区三级，由16个联邦州组成，首都与最大城市为柏林。2013年人口8033.4万，面积为35.7万 km^2，其中包括349223km^2的陆地及7798km^2的水域。总面积的53.5%用于农业，29.5%是森林，12.3%用于居住和交通，1.8%是水域，其余的2.9%是荒地。作为全世界城市化率最高的国家之一，坚持把可持续发展作为城市发展的主题，将统筹引领的城市规划体系摆在城市发展的突出位置，妥善处理好城市转型与民生建设的关系，充分调动市民参与城市规划建设管理的积极性，从而推动城市建设各项工作站在高起点、抢占制高点、达到高水平。

2. 主要做法与经验

虽然这次学习考察行程匆忙，但是印象深刻，收获颇丰。在考察中深切感受到，"田园城市"的建设理念已经深入到德国城市规划工作的各个方面，其中许多好的经验做法值得我们学习。归结起来主要有以下几方面。

（一）坚持秉承生态持续的田园城市理念

"片片森林，条条绿带，清澈的河流，蓝蓝的天空"是德国田园城市的真实写照。在田园城市建设中，坚持可持续发展战略，积极引入先进建设理念，继续将生态环保意识融入城市规划设计的始终，让市民充分享受田园之美。

注重"自然之美"的可持续发展理念。德国在城市规划和建设中注重处理好人与环境、城市与自然的关系，20世纪90年代中期后，德国环境保护本着对后代负责的精神，国家保护自然生存基本条件，将环境保护和可持续发展确立为国家目标，此后城市建设中更加注重人口规模、建筑总量、功能提升和生态环境容量的统筹平衡，不追求建筑总量和建筑容积率，注重公共绿地和公共空间的建设，注重为长远发展"留白",城市绿地面积一般都有 20%～30%,有的城市甚至高达 40%～50%,从而形成了环境优美、和谐高效、健康安全的可持续发展城市典范。

注重"城乡和谐"的均衡布局理念。德国的城市发展不同于英、法等欧洲国家,它的区域可持续发展基本模式是,避免过度发展城市区域中的某一单一支配性中心城市,而是形成若干功能互补的多极城市群,实现中小城市、小城镇的星罗棋布、均衡发展。这也使全世界城市化率最高的国家之一的德国从未面临过"大城市病"的压力,在城市化进程中注重大中小城市并行发展,众多城镇被优美的自然景色和田园风貌所环绕,从而自然分工、均衡协调的城市布局,让人们在享用到现代化服务的同时,也能享受到田园风光。

注重"低碳减排"的能源节约理念。德国能源匮乏,石油几乎100% 依赖进口,天然气 80% 依赖进口,因此政府颁布了许多法律法规并采取多种措施鼓励节能减排。《能源节约法》规定,新建筑的允许能耗要比 2002 年前的能耗水平下降 30% 左右,并鼓励企业和个人对老建筑进行节能改造,在政府的推动下,天然气和太阳能等清洁能源、可再生能源近年来在住宅供暖市场上得到越来越普遍的使用,"全零能耗建筑"开始普及。德国节能也体现在日常生活中,为了减少污染,私家汽车却多数是小排量的两厢车,建立了高效完善的垃圾回收处理体系,并通过立法让生产商从源头上控制垃圾,全国人民自觉履行垃圾分类,对于特殊的垃圾都会有专门的回收场所。

注重"低影响开发"的城市建设理念。德国的广场、停车位不用水泥硬化,而是用天然小石块铺设,留有渗水空隙。草地地面高低不平,设置低洼凹槽和池塘,用于雨水的收集和渗漏。雨水和污水也要分开处理,规定雨水不得马上随管道流走,而是收集起来,保留下来用于冲下水道或浇花草使用,其余的尽量渗入地下。很多道路绿化带低于路面,便于雨水自然浇灌,既节省人工又节约水资源,实现经济效益和生态效益的双赢。

（二）坚持完善统筹引领的城市规划体系

德国是一个高度重视规划的国家,具有完备的空间规划体系,实现规划全覆盖,建设全贯穿,以规划统筹引领城市的跨越发展。

注重规划目标的科学前瞻性。从市领导到市民,都有一种强烈的城市规划意识,德国遵循"一朝规划,百年受益"的原则,坚持将"没有科学的规划不能立法,没有讨论的项目不能建设"作为规划建设的铁律。城市的可持续发展、城市建设是否有特色、对周边是否产生吸引力是规划目标必须要考虑的,城市规划目标要体现未来发展方向。为实现科学目标的一致共识,保证有充裕的时间广泛吸收各方面意见,论证主要规划内容，协调不同利益主体的立场，德国编制一个规划一般要三年甚至更长的时间。另外所有的建设项目，不论大小都需要经过议会审议，然后向城镇居民公示，根据公众所提意见修改后再由议会审批。一个总体规划从方案到批准一般需要 8 ~ 10 年的时间，一个建设项目从规划到实施一般需要 3 ~ 5 年的时间，真正实现了以"低效率"的编制换取高效率的实施。

注重规划体系的系统完整性。德国空间规划分工明确、脉络清晰，分为上层次规划与地方规划，上层次规划包括联邦空间秩序规划、州域规划、区域规划，其中：联邦空间秩序规划主要确定空间协调发展原则和方向性、纲领性、总结性的愿景；州规划确定州空间协调发展的原则与目标、居民点空间结构规划、开敞空间结构规划、基础设施规划建设等；区域规划是为联邦空间秩序和州域规划制定具体的区域目标，确定中心、发展轴线、保护空间、产业布局及基础设施的用地范围。地方规划也是城镇规划，由预备性土地使用规划与建设规划组成，其中：预备性土地使用规划与城镇总体规划类似，确定土地利用类型、规模及设施布局；建设规划采用一系列法定指标，明确各地块的用地性质、容积率、总建筑面积、配套建设等规划控制指标，与控制性详细规划的作用类似，带方案进行招标也是德国规划的重要特色。德国各层次空间规划分工清晰，各级规划都是在上一级规划指导下编制，构成从宏观指导到微观建设一系列连续性的体系。

注重规划体系的严肃性。从联邦层次的《联邦空间秩序规划法》、《联邦建设法典》，到州层面的《州国土空间规划法》、地方层次的《建设利用条例》，从宏观到微观，从上到下构建了一个完整的规划法律体系支撑，为空间规划的编制、协调以及切实落实提供了可靠的保障，凸显了空间规划的强制性和约束性。按规划层次，联邦、州的规划相对原则，起导向作用；地方政府的规划具有极强的操作性和约束力。规划在决策前必须进行充分调研、反复公示，最终由议会审议批准，使之具备法律效力。任何擅自改变规划的行为都是不可能发生的，即使是一项确需调整的规划，少于一年也不可能履行完调整审批的程序，保证了规划的严肃性。

注重规划过程中的公众参与。德国规划从制定到实施始终贯穿公众参与的观念，并在《空间规划法》第 7 条第 5.6 款中予以明确规定，"制定空间规划目标时必须有公共部门和个人的参与⋯⋯""在制定空间规划计划时必须有公众的参加或参与""在负责空间规划的联邦部门内必须建立一个咨询委员会"，参与专家除规划部门外，还有来自经济、农业和林业经济、自然保护和景观维护、雇主、雇员等。最大限度地体现了民意，规划也实现了对大多数人利益的保护。

（三）坚持构筑转型提升的城市发展模式

德国鲁尔区曾是欧洲最大的密集区和工业区，以采煤、钢铁、机械制造等重工业为经济核心，在 20 世纪 70 年代后，随着世界煤炭产量的迅速增长、石油和天然气的广泛使用，鲁尔区传统工业发展面临"走投无路"的困境。德国政府积极探索独具特色的"鲁尔转型"的经济发展模式，提出把城市经济、社会、文化和生态标准作为衡量城市变革的基础，成功树立了一个经济创新转型的典范。

经济转型方面，以新的定位带动结构调整。为了应对工业衰退发展瓶颈，德国政府转变城市定位，调整产业结构，对工业城市进行改造提升。一是大力改造传统产业，政府部门对传统采煤、钢铁产业进行重点清点整顿，将其集中到盈利多和机械化水平高的地区，同时采取了一系列改善交通设施、发展文教科研、进行技术资金支持等优惠政策扶持并提供技术改造，充分发掘传统产业潜力。二是积极培育新兴产业，一方面积极发展医药、物流、化学等高新技术产业，另一方面利用老工业基地发展工业文化旅游，开发了一条被称为"工业文化之路"的旅游线路，如同一部反映煤矿、炼焦工业发展的"教科书"，带领人们游历 150 年的工业发展历史，工业文化旅游已经成为鲁尔区经济转型的标志。三是非常重视科研支撑。鲁尔区已发展成为欧洲大学密度最大的工业区。除了专门的科学研究机构外，每个大学都设有"技术转化中心"，从而形成了一个从技术到市场应用的体系，另外政府鼓励企业之间以及企业与研究机构之间进行合作，以发挥"群体效应"，并对这种合作下进行开发的项目予以资金补助。通过二产提升、培育三产的措施，积极发展现代服务和高新技术产业，完成了工业结构的转型和空间布局的调整，形成了以现代技术产业和第三产业为主的新兴产业链。如今的鲁尔区已经发展成为一个生机勃勃、颇具独创性的经济和文化城市群落。

城市转型方面，以有机更新再创中心活力。经历过快速城市化发展时期，德国许多城市面临内城衰败的问题，近年来，这些城市都全力进行城市改建和更新，开辟一种新的工作和生活方式，着重将城市建设充满城市生活气息的有吸引力、富有活力的地区，吸引人们在此居住。为实现以上目标，城市更新强调不仅仅在于物质空间环境的更新，而是注重全面更新，把社会、经济、环境进行同步考量，如德国柏林施藩道历史核心区（Spandauer Vorstadt），强调保持该地区的历史独特性，在保护和更新旧建筑的基础上将 70% 的建筑进行改造。通过增加城市交往空间为手段更新和重新利用历史地块和闲置地块，积极美化环境，提升老城区活力。德国柏林萨基兰德 (Sudgelande) 位于德国柏林中心，是棕地改造的典型案例，由废弃的火车站改造柏林生物多样性最为丰富的自然保护公园，公园的核心区为自然保护区，其余为相对开放的景观保护区，作为 20 世纪初德国铁路工业与技术的代表，场地中许多元素都被保留、转换和再利用，与丰富的自然环境共同构成了丰富的交往空间。通过提倡混合开发，努力从多方面为人们提供足够的就业岗位，德国汉堡港口的旧基础设施区域改造，突出加强与内城的联系和突出港口城市的特色成为改造的目标，除提高居住比例外，还要建设新兴产业，完善功能结构，同时着眼于城市空间与景观的设计，如易北音乐厅、沙门码头组团。

文化转型方面，注重城市风貌的历史与现代交融。德国给人的第一印象是古老，始终注重保持传统的城市风貌和历史文脉，现代化建筑和传统建筑在城市中互相映衬、相得益彰。历史遗产保护上，德国通过立法进行文化遗产保护，它强调保护工作不是独立进行的，而是多方联系和相互制约的，保护体系涉及的制度、管理、资金等多个环节，如保护行政管理体系、资金保障体系、监督体系、公众参与体系，都以法律法规的形式明确下来，为遗产保护工作奠定了基础，对文物古迹，不惜重金维修并要求周围建筑与其协调。每座城镇都显得富有历史感和文化品位。几乎每幢建筑物都体现出各自的建筑风格及其建筑师的设计手法。历史建筑保护上，对风貌建筑与老建筑基本是维持原来的外观，只是对其内部根据现代生活的需要进行改造，特别是一些著名宗教建筑和皇家宫廷建筑以及歌剧院等大型公共建筑，地方政府不仅仅着眼于对历史遗迹本身的修复，更强调遗迹周边环境的连片改造，使整片区域都具有古朴的特色。比如不莱梅市政厅周边有教堂、广场、古建筑群等都得以保留下来。在保持新老建筑和谐上，为保持城市整体风格的统一性，保留传统的历史风貌，要求城市的新建筑物在外观设计、外立面色彩、装饰等方面体现城市的传统风貌，并与周边旧建筑物风格相协调。

（四）坚持构建以人为本的绿色设施系统

德国非常重视人性化、生活化的城市生活环境，基础设施建设围绕人来规划设计，高度以人为本、富于人文关怀，凭借雄厚的经济实力，在相关规划的指导下，城市政府将财力的主要部分用于城市公共设施建设和维修，形成方便快捷、完善先进的城市基础设施配套，城市功能得到较好发挥。

在城市交通建设方面。一是区域形成了完善的大交通网络。积极打造大通道、建设大枢纽、构建大交通，对铁路、机场、港口等重大交通基础设施加大投资力度，城市交通似"天罗地网"覆盖所有城镇，改善城市之间的交通联系。二是城市形成了一体化的绿色交通体系。德国是绿色交通的领先者，并不盲目地追求高标准、大规模，而是追求舒适、高效、便捷、以人为本，形成了"步行—自行车—公共交通"一体化的绿色可持续交通系统。为了完善绿色交通系统推行了许多新的交通举措，斯图加特为减少汽车交通对步行者和自行车交通的阻碍，对一直以来的协调机动化交通政策提出意见，将逐渐减少、取消市中心的地面停车，将停车限制在环城路以外，从而消除机动车主干道对步行和自行车穿越交通的阻碍。法兰克福等城市继续提高公共交通的无障碍服务品质，通过延伸有轨电车线路，加强完善市区的有轨电车系统建设。另外，同步行者和汽车分离的独立自行车道路规划成为当前德国城市交通规划的重点。许多城市重视步行和自行车道路网络和轨道交通的协同发展，给予了公共交通、自行车和步行交通和汽车交通平等的道路使用权。另外德国重视步行者通行的交通改造，主要解决工业化时期遗留的"汽车可达"城市交通规划问题，尤其针对市中心的高架立交桥、宽阔机动车干道等对城市历史文化建筑、景观环境和步行者造成生态化、人性化发展的障碍，杜塞尔多采用拆除高架桥，机动车改为地下隧道通行，原机动车道改为适宜步行的区域，只通行轻轨列车，从而实现交通噪声低、空气污染少、易穿越的街道，使人们获得一个适宜步行的高品质空间。在交通管理方面，也是倾向于为行人和自行车提供最大的方便。在设有红绿灯控制的路口，一律是行人优先，机动车等待。道路的设计充分照顾了骑自行车和行人的需要，每个城市多有自行车专行道。

在城市基础设施建设方面。供热、电力、供水、污水处理等基础设施能力强大。大部分基础设施由政府统一投资建设，由国有控股公司进行经营，形成了良好的管网运营体系。其中德国排水系统最为完善，城市所有污水都进入污水厂处理，所有城市都有现代排水设施，并增加了生物污水净化系统、污泥处理系统等。德国全境共有515000km长的排水管道，可以环绕地球13圈，每年可以处理94亿 m^3 的污水和雨水。其中46%的排水系统为雨污合流，33%的为污水专用，21%的为雨水专用。在排水系统上，从成本计算、工程设计、项目施工，到相关设备，都有严密、详细的标准，真正做到了标准化、一体化。

在公共服务设施配套方面。德国作为一个联邦制国家建立起完善的公共服务体系，实行全域公共服务的均等化，尽可能为所有人创建同样的生活条件和生活质量。一是能够提供完善的公共服务配套设施，规划和建设的理念是方便生活，采取统一的公共服务设施配置标准，实现商业、办公、住宅设施综合化。城和乡基本没有区别，小城镇除了规模、作用和影响范围不及大城市，日常的公共服务设施和生活水平大同小异，具有完善的幼儿园、学校、医院、停车场位、体育场馆、影剧院、图书馆、书报亭等公共设施配套基础，使小城镇居民在享受田园生活的同时享有和大城市相同的公共服务配套。二是完善的社会保障体系，德国是现代社会保障制度的诞生地，也是社会保障制度最完善的国家之一，不同层次的社会保障项目几乎覆盖了所有的社会成员。另外德国高度重视住房保障体系制度，根据法律规定，德国公民家庭收入不足以租赁适当住房者，有权享受住房补贴，房租补贴的资金由联邦政府和州政府各承担一半，对于不能承担租房的家庭，政府提供福利性公共住宅供其租住，并大力推行"社会住房"和"住房金"等资助政策。此外，德国提供几乎免费的教育医疗体系，公共设施配备充足。

（五）坚持构建高效精细的城市运行管理

德国市容整洁，交通便捷，整座城市日常运行犹如一架精密机器，十分规范有序。在城市街道上看不到乱停放和摆摊设点，没有乱丢垃圾的现象，城市非常整洁。德国城市高效率、精细化管理成效的取得，一方面得益于其先进管理理念和科学的管理体制，另一方面也离不开一些合理有效的管理方法。城市管理理念上强调以人为本，服务为先，法治保障，倡导在满足人的合理需求的同时，主要用制度，法规管人。在管理内容上强调精细化，从公园到道路，从沿街沿路到社区里巷，再到进楼入户；从天际线整治到建筑细部，从整体风格把握到广告牌匾、夜景灯光、城市家具、甚至景观路面铺什么石子、墙面刷什么漆、城市绿化配置什么树中，什么时候进行维护等每个细节。

在城市管理体制构建上，突出城市管理的组织协调和考核监督机制建设，并强化管理建设的分工协作。在管理的方法上，采用法制化管理，这也是最成功的管理经验。首先建立一套完备的城市管理法规体系，且操作性极强。另外管理的执法力度很大，"严"字当头，除违法罚款数额高之外，还有一种独特的对不文明行为的处罚，比如乱扔旧冰箱罚 300 马克、乱扔废轮胎最高可罚 1000 马克、乱扔汽车蓄电池罚 500 马克、乱扔报废的汽车罚 1000 马克、乱扔旧单人沙发罚 300 马克、乱扔旧浴缸罚 300 马克、乱扔旧报纸罚 80 马克、乱扔各种瓶子罚 80 马克、乱扔布玩具罚 80 马克。此外，高效化的数字化城市管理技术在德国应用广泛。能够利用信息化、网络化技术，及时、准确地获取城市管理范畴内的各类动态信息，并快速地进行反馈，极大地提升了工作效率，为市民提供便捷优质服务。比如城市排水管道系统由先进的仪器进行检测，收集的动态数据通过网络传输，监控机器实施传输，相关维护管理人员根据检测信息对问题管段进行准确定位。

3. 考察学习的启示

上述德国田园城市建设的成功经验对于我们充分认识并不断适应当前经济的快速发展，探索嘉兴转型发展期间的田园城市建设具有十分重要的借鉴意义。通过这次学习考察，我们深受启发，有以下几方面经验可供我们认真借鉴：

（一）深入推进新型城镇化，加快田园城市建设，必须要有先进的理念

理念的创新是实现高水平规划建设的前提。在进行田园城市建设中要注重创新的理念，坚持走可持续发展道路。要学习借鉴德国在城市建设中所一致坚持的先进理念，并将其贯穿于嘉兴城市建设全过程。一要坚持生态的可持续理念。资源节约、环境友好、人与自然和谐发展是新型城市化的核心内涵。嘉兴市有良好的自然生态条件，明确把田园宜居、舒适可持续发展的理念作为城市目标定位，要摒弃过分追求经济增长的做法，更加注重内涵品质的结构创新，更加注重公共绿地和公共空间的建设，更加注重城市的长远可持续发展，把城市的每一块土地、每一幢建筑都要当作艺术品进行精雕细刻。从而真正实现田园城市自然之美的科学内涵。二是坚持均衡布局的城乡一体布局理念。德国在保持城市建设延续性的同时，强调混合利用，均衡布局，避免了许多"城市病"的产生。我们处在城市转型发展时期，市域范围内在保证大城市规模适度性的同时，大力发展现代小城市和新市镇，增强综合服务能力，吸引更多的城市居民在新市镇定居。市区功能建设中要强调混合利用，加强产城融合，从而实现缓解城市交通，实现大城市的可持续发展，以及公共资源分配的空间均等化。三是坚持以人为本的规划设计理念。城市的发展归根到底是为了让人们的生活更美好。城市始终把市民的需求作为发展的出发点和落脚点，围绕人的交往需求着力打造田园化的城市生态，现代化的城市形态有机融合的城市综合体，特别是在环境治理、公共服务、社会管理等与市民息息相关的领域，着眼长远、注重细节，城市综合管理能力不断提升，努力创造舒适、便捷的生活环境。

（二）深入推进新型城镇化，加快田园城市建设，必须要有科学的规划

德国充分认识到城市规划涉及目标设置、决策制定、控制管理的庞大系统工程，需要谋划好统筹的规划编制思路，从而高起点、高标准的规划作为"田园城市"建设的纲领和依据。嘉兴市现代化网络型田园城市建设，也需要建立完善的科学规划体系。一是坚持完善的城市规划体系引领。借鉴德国"指导性规划＋建设规划"的全覆盖体系，

整合嘉兴市相关规划类型，加快建立规划"一套图"制度，推动土地利用规划、城乡规划、产业规划的"三规合一"，加快完善指导城市基础设施、公共服务设施等专项规划的科学布局，编制完善控制性详细规划，增强城市开发建设的调控能力。最终形成"战略规划为指导、总体规划为总纲、建设规划为依据、专项规划为配套"的完整规划体系，推进项目设计建设的"两延伸"，即向前延伸将选址、策划、运营和规划设计充分结合起来，向后延伸确保建设每个环节严格按照规划实施，做到规划设计建设环环相扣，一杆到底。二是坚持多方参与的规划过程监督。城市总体规划，应该由决策者、专业部门、专家学者来共同制定。规划项目尤其是重要区域、重大项目的设计建设过程中，要注重部门之间、单位之间的合作，实施多部门之间的协同合作，统筹协调、同步深化规划、建筑、市政、交通、园林、景观等各环节，确保各个规划建设的高水平。要加强市民对城市规划建设的参与。对于贴近老百姓的详细规划，要注重充分听取驻地群众的意见，充分让群众参与其中，让群众参与规划，参与监督，参与管理。三是坚持刚性严肃的规划执行保障。牢固树立"规划即法"意识。注重城市总体规划、控制性详细规划、土地利用规划的衔接与配套，保证规划内容的准确性和可操作性。强化城市规划实施过程的法制化建设，明确规划适用的期限和效力，强调在稳定期内一切工作都不能突破规划。强化对违反规划行为的责任追究，建立公众对不合规划行为的监督机制，切实保障城市规划的严肃性。

（三）深入推进新型城镇化，加快田园城市建设，必须要有创新的举措

德国田园城市取得良好发展，不仅要有创新的理念、科学的规划，更需要在经济结构、交通模式、生活可持续等方面进行创新。一是以转型升级为创新驱动力，优化城市产业结构。转型升级的关键在于完善产业体系，坚持先进制造业与现代服务业并重，合理规划产业空间布局。同时要引导区域传统产业培育特色，推动区域优势互补、错位发展，要积极引进高新技术产业和三产服务业，从而形成"二产抓延伸，三产抓提升，整体抓转型"发展模式。要实施创新驱动战略，加强产学研联盟建设，鼓励大中型企业建立研发机构，强化企业技术创新主体地位，引导企业增加科技研发投入。二是以绿色交通体系为基础，形成完善的交通模式。学习借鉴国外自行车和非机动车专用道的特色，紧紧围绕打造现代化网络型田园城市的要求，按照由中间城市向中心城市转变的思路，以大气魄、大手笔构建顺畅的对外交通格局，加快区域大交通建设，积极打造大通道、建设大枢纽、构建大交通，对铁路、

机场、港口等重大交通基础设施加大投资力度，强化与沪杭同城效应，增强市区与各区县的交通联系，巩固区域中心城市的地位。加快市域综合交通设施的网络化建设，建立快速路为骨架，主次干道为基础，支路网为补充的路网体系。加快市区绿色交通体系的构建，要大力发展公共交通，深入实施"公交优先"战略引导城市交通向公共交通为主导的交通发展模式转变，要鼓励发展自行车等慢行系统，通过"以人为本"的规划和设计积极鼓励提倡中心城区范围内慢行交通的出行，要鼓励加强交通规划管理和引导，减少慢行交通与机动车交通的冲突，提高城市交通的总体效率。同时要从拥有和使用两方面适当控制私人小汽车交通，构建便捷、高效、低碳、可持续的城市交通体系。三是要以民生工程建设为重点，形成城乡一体的服务配套。以人为本，把满足城乡居民生产生活需要作为城市建设的出发点和落脚点，最大限度地让人民群众理解、支持、参与城市建设。立足当前，谋划长远，按照城市发展的需要，要构建覆盖城乡的基础设施网络。要围绕人性化的要求不断改善城乡公共设施条件，加快进行教育、医疗、文体、农贸市场等设施规划总体布局等相关内容分析研究，推进各类重点工程的建设，建设保障性住房，努力夯实城乡居民舒适、便捷的生活环境基础。

（四）深入推进新型城镇化，加快田园城市建设，必须要有特色的亮点

特色、亮点是城市建设的灵魂，是提升城市品位的关键。德国田园城市都在突出特色、形成亮点上下功夫，在高水平规划引领下，注重细节、追求精致，注重品位、打造精品。

注重注入活力的城市更新。学习德国通过中心城市更新促进活力的先进经验，减少大拆大建，通过循序渐进式的有机更新，增加城市交往空间，不断提升城市功能品位和改善人居环境。坚持保护与发展并举，融入现代城市的理念，同时注重改造区块整体风格的统一和城市文脉的延续，并通过引入高端商业业态等现代化服务功能，不断提升城市能级，强化文化创意、精品购物等服务功能，激活城市活力。努力将中心城市建设成为现代化网络型田园城市的中心服务区。

注重自然生态的保护。加快构筑城市生态绿道网络建设，构建人与自然和谐共存的区域生态系统，大力推行水系整治、岸线控制，推进市区环城河、外环河、京杭大运河（杭州塘）等八条主干河道水系的整治和滨水岸线保护，形成统一有序的滨水界面，再现水乡特色营造，全面提升城市生态环境品位亮点。

注重历史文脉的传承。在城市建设中要正确处理好城市现代化建

设与历史文化传承的关系，坚持保护与开发相结合，做出城市文化底蕴特色新亮点。按照"保护优先、合理利用、修旧如故、安全适用"的原则，加大城市历史遗迹、工业遗存的保护力度，注重发挥现代化功能和与周边环境的相映衬，更好地彰显城市历史文化底蕴。

（五）深入推进新型城镇化，加快田园城市建设，必须要有精细的建管

注重常态精细的城市管理。积极探索"智慧城市"建设，紧扣"三城一市"建设目标，将物联网、传感网等新技术运用于楼宇节能、路网监控、城市生命线管理、食品药品监管、城市保洁等领域，推进城市管理精细化智能化。

注重精细量化的管理考核。对城市管理工作层层落实责任制，明确市、区、镇（街道）在城市网格化管理中的职责，建立协调统一、分工合理、权责一致的长效管理机制，对各级、各部门和各层级干部分解城市管理的细化工作责任，做到有指标、有时限、有考核，任务一旦确定，就一杆子插到底，切实做到管住、管好、管到位，使城市运行有序、管理有效，市容、市貌大为改观，城市形象不断提升。

我们相信，紧紧抓住德国田园城市考察重要经验启示这一契机，针对嘉兴市新形势、新任务和新要求，实事求是，与时俱进，创新完善好发展思路，抓紧谋划好建设重点，组织实施好工作任务，定能有效有力地推进"三城一市"建设，定能把嘉兴的明天建设得更加美好。

参考文献

[1] Friedman, J. The World City Hypothesis[J],Development and Change,1986, (17):69–83.

[2] 周一星，陈彦光．城市地理研究的几个基本问题 [J]．经济地理，2004, 24(3): 289–293．

[3] Castells M, Hall P. Technopoles of the world: the making of twenty–first–century industrial complexes. London：New York：Rutledge,1994.

[4] 许学强，周一星，宁越敏．城市地理学 [D]．北京：高等教育出版社，2003.

[5] Pred, A. City–Systems in Advanced Economics: Past Growth, Present Processes and Future Developent Options[M]．London: Hutchinson & Co(Pub lishers) Ltd, 1977.

[6] Fujita, Masahisa, Paul Krugman and Tomoya Mori. On the Evolution of Hierarchica Urban Systems [J].EuropeanEconomic Review, 1999,(43): 209– 251.

[7] Patrick Geddes ,Cities in Evolution:An Introduction to the Town Planning Movement and to the Study of Civics[D].New York：Oxford University Press, 1950 .

[8] Hall P. The world cities.Londoon:Heinemann,1966.

[9] Friedman J, Wolff G. World city formation: An agenda for research and action. International Journal of Urban and Regional Research, 1982, 6(3): 309–344.

[10] J.R. Friedman. The world city hypothesis：development and change [J]. Urban Studies,1986,23(2)：69–83.

[11] Castells M.The rise of network society. Oxford: Blackwell.1996.

[12] Sassen. S. Cities in a world economy .London: pine Forge press,1994;Sassen,S.The global city: New York, London, Tokyo, Princeton: Princeton university press,1991.

[13] Perter Hall. The Global City [J].International Social Science Journal, 1996,48(1),15–23.

[14] Peter J. Taylor. World City Network[M]. London and New York：Routledge,2004：58 –64.

[15] Jan Ritsemavan Eck . The randstad as a network city. 45th Congress of European Regional Science As sociation 2005 Lecture.

[16] Luca Bertolini, Martin Dijst. Mobility environment and network cities[J]. Journal of Urban Design,2003,8(1): 27–43.

[17] Evert Meijers. Polycentric Urban Regions and the Quest for Synergy: Is a Network of Cities More than the Sum of the parts [J].Urban Studies,2005,42(4): 765–

781.

[18]（美）简·雅各布斯.美国大都市的死与生（纪念版）[M].金衡山译.南京：译林出版社,2006,08.

[19]凯文·林奇.城市意象[M].方益平,何晓军译.北京：华夏出版社,2002.

[20] Marion Roberts etal,place and Space in the net worked city: Conceptualizing the integrated metropolis[J].Jounral of Urban Design Feb,1999.

[21]彼得·卡尔索普,威廉·富尔顿.区域城市终结蔓延的规划[M].叶齐茂,倪晓晖译.北京：中国建筑工业出版社,2006.

[22]汪淳,陈璐.基于网络城市理念的城市群布局——以苏锡常城市群为例[J]长江流域资源与环境,2006(06).

[23]赵红杰.网络城市系统节点的设计与构想[J].安徽农业科学,2007(24).

[24]王珺,周均清.从"单中心区域"到"网络城市"——武汉城市圈空间格局优化战略研究[J].国际城市规划,2008(05).

[25]李国平.网络化大都市——杭州市域空间发展新战略[M].北京：中国建筑工业出版社,2009.

[26]何韶瑶,马燕玲.基于网络城市理念的城市群空间结构体系研究——以长株潭城市群为例[J].湖南大学学报,2009(04).

[27]汪淳,陈璐.基于网络城市理念的城市群布局——以苏锡常城市群为例[J].长江流域资源与环境,2006(06).

[28]张楠,郑伯红.现代网络型城市的区域规划理论思辨——长株潭地区的案例[J].城市发展研究,2003(06).

[29]李国平,孙铁山.网络化大都市：城市空间发展新模式[J].城市发展研究,2013(05).

[30]周一星,胡智勇.从航空运输看中国城市体系的空间网络结构[J].地理研究,2002(03).

[31]熊剑平,刘承良,袁俊国.外城市群经济联系空间研究进展[J].世界地理研究,2006(01).

[32]姚士谋,朱英明.中国城市群[M].北京：中国科学技术大学出版社,2009.

[33]吴启焰.城市密集区空间结构特征及演变机制——从城市群到大都市带[J].人文地理,1999,(03).

[34]朱英明.我国城市群地域结构特征及发展趋势研究[J].城市规划汇刊,2001(04).

[35]王珺,周均清.从"单中心区域"到"网络城市"——武汉城市圈空间格局优化战略研究[J].国际城市规划,2008(05).

[36]胡彬.长江三角洲区域的城市网络化发展内涵研究[J].中国工业经济,2003(10).

[37] 石菘 . 从劳动空间分工到大都市区空间组织 [D]. 上海 : 华东师范大学 ,2005.

[38] 李健 . 从全球生产网络到大都市区生产空间组织 [D]. 华东师范大学 ;2008.

[39] 叶超 . 城市规划中的乌托邦思想探源 [J]. 城市发展研究 , 2009,8:59-65.

[40] 张婕 , 赵民 . 新城规划的理论与实践——田园城市思想的世纪演绎 [M]. 北京 : 中国建筑工业出版社, 2007.

[41] 莫里斯 , 迈斯纳 . 马克思主义、毛泽东主义与乌托邦主义 [M]. 张宁 , 陈铭康等译 . 北京 : 中国人民大学出版社 ,2005.

[42] 卡尔·曼海姆 . 意识形态与乌托邦 [M]. 黎鸣 , 李书崇译 . 北京 : 商务印书馆 , 2000.

[43] 托马斯·莫尔 . 乌托邦 [M]. 戴镏龄译 . 北京 : 商务印书馆 ,1982:50-80.

[44] Howard Ebenezer. Garden cities of tomorrow .Cambridge, Mass: MIT Press.1984,47-48.

[45] 金经元 .《明日的田园城市》的人民性标志着城市规划的新纪元 [J]. 城市规划汇刊 ,1998（6）:1-5.

[46]（英）埃比尼泽·霍华德 . 明日的田园城市 [M] . 金经元译 . 北京 : 商务印书馆 ,2000.12（1）.

[47] A.R.Sennett. Garden Cities in Theory and Practice.London:Bemrose & Sons Ltd,1905.

[48]C.B.Purdom.The Letchworth Achievement.London: J.M.DENT&SONSLTD,1963.

[49] Stanley Budder,Visionaries And Planners:The Garden City Movement and the Modern Community.Oxford:Oxford University Press,1990.

[50] Maureen Maddren(eds).Letchworth Recollections.England:Egon Publishers Ltd,1995.

[51]（英）霍尔 ,（英）沃德著 . 社会城市——埃比尼泽·霍华德的遗产 [M], 黄怡译 . 北京 : 中国建筑工业出版社 ,2009.

[52] 何刚 . 近代视角下的田园城市理论研究 [J]. 城市规划学刊 ,2006,162（2）: 71-75.

[53] 谷凯 . 城市形态的理论与方法——探索全面与理性的研究框架 [J]. 城市规划 ,2001(12):36-42.

[54] 段进 . 城市形态研究与空间战略规划 [J]. 城市规划 ,2003（2）:45-49.

[55] Jacobs J. The death and life of great American cities [M].New York: Random House,1961.

[56] Alexander C. A city is not a tree [M]. Cambridge: MIT Press, 1965.

[57] Hall P. Sociable city: the legacy of Ebenezer Howard [M].Chichester: Wiley, 1998.

[58] Hildebrand Frey,Designing the city: toward a more sustainable urban form. Routledge,London,1999.

[59] Jabareen Y R. Sustainable urban form: their typologies, models and concept [J]. Journal of Planning Education and Research.2006, 26:38–52.

[60] 秦成 , 毛蒋兴 , 车良革 . 基于熵值法的城市紧凑度综合侧度及其调控对策研究——以广西为例 [J]. 规划师 ,2010,26（8）：109–113.

[61] 张景秋 . 城市文化与城市精神——规划中的辩证统一 [J]. 规划师 ,2008,(11).

[62] 王恩涌，胡兆量，周尚意. 中国人文地理学 [M]. 北京：科学出版社，2008.

[63] 宗越光，张振世，陈红春，郭瑞华 . 北京大都市土地开发的乘数效应和增长模式研究 [J]，地理研究，2002,21（1）：89–97.

[64] 中国城市规划设计研究院 . 嘉兴市城市总体规划（2012–2020）（2012 年修改）[Z].

[65] 浙江省城市规划设计研究院 . 嘉兴市城市有机更新规划 [Z].

后 记

　　随着城市的快速发展，人口拥堵、交通问题、住房紧张、环境恶化等城市病频发。现实情况告诉人们：中国的城镇化之路必须转变发展模式，在此背景下基于十八大全面建设小康社会的要求，嘉兴市对新时期的可持续发展战略进行再认识、再深化，对内涵式的城市发展模式进行了再思考，意义显而易见。

　　本书的调研及资料收集得到了许多同行和朋友的支撑。在此要感谢中国城市规划设计研究院上海分院、浙江省城乡规划设计研究院等设计单位为嘉兴提供的宝贵意见，以及嘉兴市人民政府经济建设咨询委员会办公室、中共嘉兴市委政策研究室等政府部门提供的资料支持，同时感谢中期评估中提出宝贵意见的各位专家和老师，以及多位不知名的朋友的热心意见及帮助。

　　由于建设现代化网络型田园城市是嘉兴城市的愿景目标，涉及面广、内容丰富，是一个长期的过程，在这个建设过程中还有许多的研究工作需要进一步完善，书中的不足之处在所难免，欢迎广大读者朋友们的批评指正。

甄廷临

2015 年 5 月